全球治理与发展战略丛书

丛书主编：陶 坚

全球经济治理与中国对外经济关系

陶 坚 ◎ 编著

知识产权出版社
全国百佳图书出版单位

图书在版编目（CIP）数据

全球经济治理与中国对外经济关系 / 陶坚编著. —北京：知识产权出版社，2016.6
（全球治理与发展战略丛书 / 陶坚主编）
ISBN 978-7-5130-4126-3

Ⅰ.①全… Ⅱ.①陶… Ⅲ.①世界经济—研究②对外经济关系—研究—中国 Ⅳ.①F11 ②F125

中国版本图书馆CIP数据核字（2016）第067232号

内容提要

本书以全球经济治理的大时代为背景，分析了中国对外经济关系涉及的多领域、多层面议题。上篇，着眼于找规律，启发思考。作者对全球治理的理论进行了深入剖析，揭示了国际经济秩序的变革与全球经济治理的内在关系，并从全球可持续发展的视角研究了全球环境治理问题。接着，以二十国集团、欧盟、东亚地区、美国为例，从不同角度切入，探讨了各自的政策和实践、对全球和地区经济治理的影响以及对中国的启示。下篇，立足于谋对策，紧扣中国。作者围绕中国参与全球经济治理的国家角色、现状和能力建设，人民币国际化，中美经贸不平衡关系的治理，对美欧贸易协作的应对，以及推行"一带一路"战略实施，提出了全面推动中国对外经济关系发展的系统、有见地、可行的政策建议。

策划编辑：蔡　虹	责任编辑：李　瑾　杨晓红
责任出版：刘译文	封面设计：邵建文

全球经济治理与中国对外经济关系
陶　坚　编著

出版发行：知识产权出版社有限责任公司	网　　址：http://www.ipph.cn
社　　址：北京市海淀区西外太平庄55号	邮　　编：100081
责编电话：010-82000860转8392	责编邮箱：lijin.cn@163.com
发行电话：010-82000860转8101/8102	发行传真：010-82000893/82005070/82000270
印　　刷：三河市国英印务有限公司	经　　销：各大网上书店、新华书店及相关专业书店
开　　本：787mm×1092mm　1/16	印　　张：25
版　　次：2016年6月第1版	印　　次：2016年6月第1次印刷
字　　数：450千字	定　　价：55.00元

ISBN 978-7-5130-4126-3

出版权专有　侵权必究
如有印装质量问题，本社负责调换。

总 序

以下呈现给读者的，是国际关系学院国际经济系师生的最新作品。它们是国际经济系课题组承担的"北京市与中央在京高校共建项目"的部分研究成果，取名为"全球治理与发展战略丛书"，共5种。

全球治理与中国，是贯穿这项课题研究的一条主线，一个既宏大、长远，又具体、直接关系到世界进步、国家繁荣和企业发展的问题。

陶坚教授主编、十多位老师和同学协力完成的《全球经济治理与中国对外经济关系》一书，以全球经济治理的大时代为背景，展开分析了中国对外经济关系涉及的多领域、多层面议题。上篇，着眼于找规律，启发思考。作者对全球治理的理论进行了深入剖析，揭示了国际经济秩序的变革与全球经济治理的内在关系，并从全球可持续发展的视角研究了全球环境治理问题。接着，以二十国集团、欧盟、东亚地区、美国为例，从不同角度切入，探讨了各自的政策和实践、对全球和地区经济治理的影响以及对中国的启示。下篇，立足于谋对策，紧扣中国。作者围绕中国参与全球经济治理的国家角色、现状和能力建设，人民币国际化，中美经贸不平衡关系的治理，对美欧贸易协作的应对，以及推行"一带一路"战略实施，提出了全面推动中国对外经济关系发展的系统、有见地、可行的政策建议。

张士铨教授在多年的教学实践中发现，在全球化和转型两个大背景下，我国国家治理体系面对着一个中心问题——如何处理增进国家经济利益和现有全球公共物品的相互关系。虽然它们都是现实存在并有多样化的表现方式，也是当今我国继续推动市场化改革获取国家利益，在此基础上谋求国际经济规则的制定权和发挥国际影响力的着力点所在，但为什么这样做，很多人尤其是学习国际关系的学生不甚了解。所以，他在专著《国家经济利益与全球公共物品》中，以由浅入深、由简到繁的方法，依次对国家面对的利益格局调整、国家利益的获得以及它们和全球利益的博弈关系，对国内公共物品和全球公共物品的需求和面对的矛盾逐一展开分析，并提出了精辟观点：第一，国家利益并非铁板一块，而是取决于内外环境的变化，不同利益集团的组合既超越了国界限制也打破了意识形态束缚；第二，增进一国的国家利益，必须说明并夯实各方的利益基础，否则国家利益就是空谈，无法实现；第三，国家利益有其内在结构，在一定外在环境下各种利益之间存在互补与替代关系，优先发展经济利益是取得国家利益的关键；第四，以问题为导向，分析利益格局和公共物品的供需关系。在国家实力提升、更主动参与全球治理体系的背景下，以提供"硬公共物品"为先导，逐渐对"软公共物品"发力，促进我国利益与全球利益融合，提升我国的全球影响力。

　　气候变化与环境保护是当前全球经济治理的重要领域。史亚东博士在《全球环境治理与我国的资源环境安全研究》一书中，详细介绍了全球环境治理机制的主体、原则和政策工具，结合我国资源安全和环境安全的现状，对参与全球环境治理对于我国资源环境安全的影响进行了深入分析。她以全球气候变化为例，探讨了当前全球气候治理机制存在的问题、未来的改进方向，以及对我国能源安全、水资源安全和粮食安全的影响，还具体分析了节能减排约束下我国能源价格风险和能源效率问题。

　　服务经济与服务贸易的兴起和发展已经在很大程度上改变了世界经济和贸易的格局，特别是区域经济合作进程不断加快，推动了服务贸易自由化在全球各地区的迅速发展，包括中国在内的东亚国家在国际服务贸易领域占据了越来越重要的地位。刘中伟博士的专著《东亚区域服务贸易自由化合作发展机制研究》，在总结借鉴服务贸易和服务贸易自由化理论研究的基础上，回顾东亚区域服务贸易发展现状，研究东亚区域框架下服务贸易自由化的合作发展机制和区域经济治理问题，并就中国参与区域服务贸易自由化合作进程提供政策建议和理论依据。一是通过回顾全球和东亚区域服务贸易发展格局，对东亚地区服务贸易总体状况和服务贸易自由化的发展特点与趋势进行了阐述。二是基于传统比较优势理论适用于服务贸易理论分析的观点，认为贸易自由化在提高经济效率、形成贸易效应方面的作用在服务贸易领域同样适用，并对东亚区域服务贸易自由化的积极作用明显。三是东亚区域服务贸易自由化的合作发展，一方面在于各经济体自身的服务业发展，服务生产要素资源在产业内的整合、互补和投入程度，具备开展服务贸易合作的基础；另一方面在于东亚各经济体要具有开展合作的意愿，并通过寻求签订服务贸易合作协议来实现服务贸易自由化。四是在全球价值链整合和服务业跨境转移背景下，东亚服务生产网络的形成与发展对东亚区域服务贸易体系和结构产生了深刻影响。构建有利于东亚地区长远发展的稳定、平衡的合作与治理机制，将最终成为东亚区域服务贸易自由化实现的制度保障。五是中国在参与东亚区域服务贸易自由化进程中，可以立足于比较优势和专业化分工深化，改善自身服务贸易出口结构；大力推动服务外包产业发展，加快促进服务生产要素自由流动；把握东亚服务贸易自由化合作进程重点，注重合作与治理机制整合发展；建立健全服务贸易政策体系，促进我国服务贸易可持续发展。据此，作者指出，当前东亚区域服务贸易自由化进程主要通过其共享机制、开放机制、竞合机制和经济增长机制四种机制，推动包括中国在内的东亚地区经济体深入开展服务贸易合作，完善区域开放性经济一体化和治理机制建设，促进东亚各国经济的可持续发展。

刘斌博士的《21世纪跨国公司新论：行为、路径与影响力》，重点围绕跨国公司的经济属性、管理属性和政治属性的"三维属性",从一个整合的层面,结合全球经济治理的视角,对其中的七大核心问题进行分析和阐述。全书通过对跨国公司的产业行为、经营行为、战略行为、组织行为、创新行为、垄断行为、主权行为进行纵向历史性总结分析,阐述了在相关领域内跨国公司行为的特点、模式、路径,以及产生的影响,特别是分析了21世纪以来的10多年间跨国公司在相关领域行为的新动向。本书将中国跨国公司的行为特点和发展现状视为一个重要的部分,分别在相关的章节进行了分析和说明,希望由此描绘一个对中国本土跨国公司分析的完整视图。

相信上述5部著作能够帮助读者从不同的视角,来观察和理解中国在全球治理中的角色,在不同领域面临的挑战,靠什么来维护国家利益,又如何扩大全球影响力。

作者们将收获的,是学术发表的喜悦和为国家经济发展建言献策的荣耀。

是为序。

陶坚(国际关系学院校长)
2015年7月16日于坡上村

中国"融入"和"塑造"国际体系是一个长期进程[①]

陶 坚

中国正在从"适应性融入"迈向"建设性塑造"国际体系。现在看来,从"融入"到"塑造"不会是简单的阶段转换,更有可能的是两者长期并行、互为促进。党的十八大以来,中国对国际体系的态度、扩大对外开放和参与全球治理的实际行动都表明,中国"适应性融入"国际体系的进程还会继续,而且步伐加快,水平提高;同时,"建设性塑造"国际体系的力度也在加大,影响力上升。从这个角度观察,似有助于把握中国与国际体系的互动机理和国际秩序演进的未来趋势。

一

国际秩序是指在一定世界格局基础上形成的,参与国际活动的主体所遵循的规则,保障这些规则实施所需要的机制,以及这些规则和机制所决定的国际行为主体之间的关系。长期以来,包括中国在内的广大发展中国家建立国际新秩序的愿望之所以强烈,源于对国际旧秩序不公正、不合理本质的切身感受和深刻认识。中国主张以和平共处五项基本原则为

[①] 原文发表于《外交评论》2015年第6期,略有改动。

基础建立国际新秩序，并以此作为对外战略的核心任务之一。

改革开放以来，中国务实地选择了"适应性融入"国际体系的道路，对内坚持经济、政治和社会体制改革，对外坚持开放并努力融入国际社会和世界市场。实践证明，这条道路对中国可行，对世界有利。在融入国际体系的过程中，中国加深了对国际秩序和国际规则的了解，尤其是国际秩序有利于世界稳定与发展的积极一面。如果国际秩序中的规则、制度运转良好，会保障国际经济政治活动有序开展；反之，则可能出现无序、失序的混乱状态，甚至爆发国际冲突乃至战争。

基于这样的理解，将现有秩序完全推倒重来，从未进入过中国战略决策者的理性选择视野。即使经过30多年的高速经济发展，中国迅速壮大了实力，很大程度上改变了国际力量的对比态势，自己却没有变成国际秩序的"挑战者"。相反，随着综合实力和大国地位的上升，中国对于现存国际秩序的问题缺陷和解决出路的思考趋于深刻，对国际秩序失序、无序的担忧加重，对全球治理的参与热情上升。比如，党的十六大从多个角度阐述了中国对建立国际政治经济新秩序的主张。党的十八大报告指出，中国将积极参与多边事务，支持联合国、二十国集团、上海合作组织、金砖国家等发挥积极作用，推动国际秩序和国际体系朝着公正合理的方向发展。在十八届五中全会上，中央提出，坚持开放发展，必须顺应我国经济深度融入世界经济的趋势，奉行互利共赢的开放战略，发展更高层次的开放型经济，积极参与全球经济治理和公共产品供给，提高我国在全球经济治理中的制度性话语权，构建广泛的利益共同体；积极参与全球经济治理，促进国际经济秩序朝着平等公正、合作共赢的方向发展；积极承担国际责任和义务，积极参与应对全球气候变化谈判，主动参与2030年可持续发展议程，等等。从逻辑上看，中国对国际体系的"建设性塑造"，是"适应性融入"的必然结果。

也正是在融入国际体系的过程当中，中国的自我认识和定位趋于清晰准确。习近平同志早在2012年就表示，"中国已成为国际体系的积极参与者、建设者、贡献者"，并多次提到了中国在这一体系中的"建设性作用"和"建设性参与"。[①]他又指出，中国将始终做国际秩序的"维护者"，这个国际秩序指的是以联合国宪章宗旨和原则为核心的国际秩序和国际体系。他提醒国人，不仅要看到我国发展对世界的要求，也要看到国际社会对我国的期待。[②]可以说，做一个负责任大国，推进全球治理、引领世界和平与发展，已成为中国作为一个崛起大国的内生要求。中国不仅在考虑如何改变国际秩序以对我有利，而且关注如何改革现行国际体系和治理以有益于全世界；不仅用增强实力、创新理论等来为改变世界做准备，而且做好了进一步改变自身以顺应世界潮流变化的心理和舆论准备。适应性和建设性，是理解崛起的中国与现存国际秩序之间关系性质的一把钥匙。

二

日益强大的中国必然追求更多的话语权、更大的影响力。为了推动改革现行国际秩序，中国有意识地采取行动，提出了一系列新理念和新倡议，比如和谐世界、和谐亚洲、"一带一路"、命运共同体、中国梦，等等，而且辅之以有力的落实措施，比如创建亚洲基础设施投资银行，设立金砖国家开发银行等。2016年中国还将主办G20峰会，力图在全球治理领域占据制高点。中国的新理念、新倡议引人瞩目，具体的行动举措更为外界所重视。加强全球治理、塑造国际秩序的积极行动，如何让外界理解接

---

① http://news.xinhuanet.com/politics/2012-07/07/c_112383083_2.htm.
② http://news.gmw.cn/2015-10/14/content_17336049.htm.

受而不是疑虑抵触,已是摆在中国面前的现实课题,需要我们真正像世界大国一样展开全球视野,包容各方利益,用行动的力量来树立权威,用榜样的力量号召和吸引跟随者。

中国对国际体系的建设性塑造,离不开其他国家尤其是大国和邻国的回应和互动。要做到这一点,首先必须营造积极信任的氛围,重点是在主要大国之间倡导对话、客观理性看待彼此的战略意图,摒弃传统的二元对立思维,尊重各自利益,加强协调合作,培育各方的"积极信任"。"积极信任"既是双向、开放、平等对话的产物,又是对话得以持续和升级的前提。特别是在现存体系的主导大国美国与崛起大国中国之间,更离不开这种"积极信任"。为此,中国应明确自身定位,坚持对内改革与对外开放,坚持以经济建设为中心,坚持走"和平发展"道路,既增强"大国自信",又绝不"妄自尊大"。各个大国则应认真反思,变"回应来自中国的强大挑战"为"包容和接纳中国的建设性参与",并实质性地调整自己。这里特别要指出,美国已经到了切实改变自己传统思维和行为方式的时候了。

不可否认,现行国际秩序对中国的行为方式有着巨大制约,作为崛起的大国,中国的行为也有力地反作用于国际体系和国际秩序。中国体量大,现已成为国内生产总值超过10万亿美元的超大型经济体,即便是"适应性融入"的行动,也会对国际体系和规则产生很大的冲击力,比如加入WTO后的情况就是如此,更何况近些年来中国试图重塑地区和国际体系的主动行动了。所以说,摆脱"守成大国"与"崛起大国"权力转移产生的战略困境,避免出现零和局面,管控好冲突,尤显重要。中美两国建立新型大国关系的"新"字,精髓在于此。

对于世界其他国家来说,由于中国"融入"与"塑造"阶段的长期并行,所以不太容易辨识中国的行为到底属于应战还是挑战,因而出现战略上的犹疑和策略上的混乱或不连贯，但与此同时，也使得他们与中国相处和化解矛盾的弹性空间和转圜余地扩大。客观现实告诉我们，国际秩序的"平等"只能在动态中实现，要经历漫长曲折的过程。新兴大国应致力于在动态中追求平等、体现平等，逐步加强自己的经济影响力，扩大政治影响力、文化影响力以及对国际重大事务的话语权。西方大国也将在这一动态过程中，逐步接纳和适应新兴大国的崛起，尽管会很痛苦。不管怎样，中国参与国际体系的适应性和建设性导向，使得现存体系中的国家特别是主要大国完全有可能，也有动力采取包容的方式对待中国。

三

新兴国家的"群体性崛起"与西方国家的"集体性衰落"，是"二战"结束以后从未出现过的格局变化，势必推动国际秩序大调整。当下我们讨论中国与国际体系和国际秩序的关系，不能脱离这一大背景，中国只是建立"国际新秩序"的重要推动力量之一。

与以往不同的是，此次崛起的国家面临着一个比历史上任何时期的任何秩序都更为成熟、完整的国际秩序。新兴国家若游离于这套秩序之外，必会被边缘化；若另起炉灶建立新制度，代价昂贵；若融入其中，则一定程度上帮助了这套不平等秩序的存续，也为改革增加了难度。制度一旦形成，制度的参与方就会产生"路径依赖"，进而会维持这种制度的存在，让制度更具稳定性。以国际经济秩序为例，"二战"后形成的国际经济规则和机制虽有所调整，并且参与国家越来越多，但其本质没有变化，以不合理分工为基础的国际生产体系，以不等价交换为基础的国际贸易体系，以发达国家公司为主体的国际投资体系，以及由发达国家支配的国际货币金融体系都没有根本性的改变。①

国际秩序影响和支配着各国在国际舞台上的行为表现和利益分配。因此,阻挠国际秩序变革的强大势力,主要来自发达国家。他们利用实力优势,抵制和反对发展中国家的改革主张和要求,在一系列根本问题上不肯做出让步和妥协。发达国家竭力维护的核心是制度与规则,包括旧规则的修订权、新规则的制定权,比如2015年达成的跨太平洋伙伴关系协议(TPP),就拉开了经贸领域"规则之争"的大幕。更为重要的是,这股阻挠国际秩序变革的力量不仅强大,而且形成合力。比如美欧之间有着深度的利益捆绑,从跨大西洋贸易与投资伙伴关系协议(TTIP)的进展可见一斑。

面对西方国家的联合阻挠,群体性崛起的新兴国家自然就不应以一国之力去改变整个国际体系。只有用集体行动的力量,才能应对现存国际秩序的制度惯性问题;只有用集体行动的力量,才能解决好新兴国家崛起所面临的共性问题。发展中国家虽然在推动国际秩序改革问题上有着共同的利益和诉求,但由于国家数量多、分布广、发展阶段不同、国情各异,尚未形成能与发达国家相抗衡的合力。从这个意义上说,以金砖国家等为代表的新兴国家集团,承载着凝聚发展中国家力量和共识的使命,而推动发展中国家团结互助、联合自强,一直是中国致力追求的目标。

四

回顾冷战结束到21世纪初叶国际力量格局的变化,包括中国在内

---

① 张伯里:《当代世界经济》,中共中央党校出版社2015年版,第293—297页。

的新兴大国国力的非均衡性，与其实力增长速度同样令人印象深刻。中国上升势头最快，发展也最不平衡。从科学发展观、"和谐社会"，到"十三五"规划创新发展、协调发展、绿色发展、开放发展、共享发展五大理念的提出，反证了中国的经济、政治、社会、军事、文化和生态环境等方面的失衡和不可持续性。在可预见的将来，中国国力的非均衡性和不平衡发展还会存在，新兴国家都面临补强自身力量的共同任务。

中国对国际秩序的塑造，本意是涵盖经济、社会、文化等诸多领域的、立体化的，而在初期的较长时间里，核心在经济，表现为经济实力、经济影响力和经济话语权。中国改革开放、融入国际体系，促成了经济高速增长，积累了强大的生产力和消费力；巨大的经济成功，又创造了重塑国际秩序的物质基础。这充分说明经济力量对于崛起中国的极端重要性。当前，中国正受到经济改革模式、经济增长方式的制约，经济脆弱性加重。因此，在经济新常态下，讨论中国的大国崛起及其与国际体系的关系时，已不能把经济长期高速增长当作既定的前提了。开始"建设性塑造"国际秩序的中国，仍是一个需要不断完善、补强自身力量尤其是经济力量的国家，壮大了的中国面临着维护现有优势和建立新优势的艰巨挑战，战略机遇期里的第一要务仍然是发展。

国力的非均衡性和发展的不平衡性，制约着中国塑造国际体系的能力与成效。力量非均衡性长期存在，决定了中国与现存国际秩序和主要大国之间的关系是多样、多变的。西方大国对中国国力性质的复杂性，发展走向的不确定性，以及战略意图的可信度，时常产生过高或过低的判断，比如"中国威胁论"和"中国崩溃论"。中国力量结构的上述特点，亦使得西方挤压中国发展空间、扰乱中国发展进程的诱惑巨大。美国方面曾称中美关系是"复杂的关系"，而双方力量性质上的差别则是这一"复杂性"的重要根源。尽管中国经济实力显示出快速追赶美国的势头，但两国国力的完整性仍有质的差别——美国的国力结构比较均衡而中国极不平衡。美国仍是世界主导国家，不光在经济总量上超过中国，在科技和军事上的领先优势更大，且经济的修复力和社会的活力都很强。这一差距决定了中美两国在国际权力结构中地位落差将继续存在，中国对现存国际体系的塑造能力仍是相对有限的。

现行国际体系和治理到了非改不可的时候。此时此刻，快速崛起的中国会对现存国际体系采取何种行动，施加何种影响，把变革引向何方，就成了一个为世人关心的大事。中国挺立于国际秩序变革的潮头，是当今时代所造就，又将影响这个时代。如何推动国际体系变革，涉及目标设定、能力建设以及使用力量的意志、采取的方式方法等，这些都是全新的理论和实践课题。中国的回应将是，在改变自己的过程中塑造国际秩序，在塑造国际秩序的过程中更加完善自己。

目录

上篇　分析与启发

第一章　"全球治理"理论简述及"自洽性"构思 …………… 3
- 第一节　全球治理的理论概述——导言 ………………… 4
- 第二节　全球化——全球治理的基础 …………………… 15
- 第三节　全球治理简论 …………………………………… 32
- 第四节　从G7到G20——全球治理的典型模式 ………… 44
- 第五节　全球治理的根本在于"善治" …………………… 47
- 第六节　全球治理的理论思考 …………………………… 54
- 第七节　全球治理与中国和平发展 ……………………… 68

第二章　国际经济秩序视角下的全球经济治理 …………… 71
- 第一节　国际经济秩序及其演变 ………………………… 71
- 第二节　当前的国际经济秩序 …………………………… 78
- 第三节　国际经济秩序变革与全球经济治理发展的内在关系 …… 87
- 第四节　国际经济秩序改革视角下的全球经济治理前景 ……… 94

第三章　全球可持续发展与全球经济治理 ………………… 99
- 第一节　全球可持续发展的概念 ………………………… 99
- 第二节　全球环境问题与全球环境治理 ………………… 105

第三节　全球气候变化与中国的减排责任 …………… 112

第四章　二十国集团与全球经济治理 ……………… 120
第一节　既有全球经济治理机制的滞后性 …………… 120
第二节　二十国集团的形成 …………………………… 123
第三节　二十国集团的演进 …………………………… 126
第四节　二十国集团演进路径的不确定性 …………… 135
第五节　美国的二十国集团战略剖析 ………………… 138
第六节　中国参与二十国集团治理的战略 …………… 142

第五章　欧盟影响力与全球经济治理 ……………… 152
第一节　欧盟影响力的基本内涵 ……………………… 152
第二节　欧盟影响力的主要表现 ……………………… 154
第三节　欧盟参与全球经济治理的主要理念 ………… 160
第四节　欧盟在全球经济治理中影响力的制约 ……… 165
第五节　结语 …………………………………………… 168

第六章　东亚地区参与全球经济治理的经验与启示 … 170
第一节　东亚地区参与全球经济治理能力分析 ……… 170
第二节　东亚地区参与全球经济治理的历史演变 …… 174
第三节　东亚地区参与全球经济治理的重要形式 …… 177
第四节　东亚地区参与全球经济治理的启示 ………… 188

第七章　从美国量化宽松货币政策看中国参与全球金融治理 … 194
第一节　美国的量化宽松货币政策内涵及其背景 …… 194
第二节　美联储实施的量化宽松货币政策及其效果 … 199

第三节　美联储量化宽松货币政策对我国的影响及其对策 …… 203

第四节　对我国参与全球金融治理的思考 …………………… 210

下篇　对策与行动

第八章　参与全球经济治理进程中的中国国家角色 ………… 217

第一节　问题的提出 …………………………………………… 217

第二节　全球经济治理源于"问题" ………………………… 219

第三节　我国参与全球经济治理进程中角色的变化 ………… 227

第四节　结语 …………………………………………………… 231

第九章　中国参与全球经济治理的能力建设 ………………… 232

第一节　问题提出与文献综述 ………………………………… 232

第二节　全球经济治理能力的评价标准 ……………………… 236

第三节　中国参与全球经济治理的现状分析 ………………… 239

第四节　提升中国参与全球经济治理能力的若干对策 ……… 254

第五节　结语 …………………………………………………… 257

第十章　中国参与全球经济治理——人民币角色 …………… 259

第一节　国际货币体系改革是全球经济治理的重要内容 …… 259

第二节　中国参与国际货币体系改革 ………………………… 265

第三节　人民币国际化的历史借鉴与现实起点 ……………… 270

第四节　人民币国际化的路径选择："三步走"策略 ……… 275

第五节　人民币国际化需要通盘经略 ………………………… 277

第六节　结语 …………………………………………………… 282

第十一章　美欧经贸协作与中国的应对——以TTIP为例 … 283
第一节　提出的背景和动因 …………………………………… 284
第二节　谈判的进展和前景 …………………………………… 293
第三节　潜在的影响 …………………………………………… 307
第四节　中国的应对 …………………………………………… 314

第十二章　构建"丝绸之路经济带"的机遇和挑战
　　　　　——"丝绸之路经济带"代表性国家分析 ……… 317
第一节　前言 …………………………………………………… 317
第二节　建设"丝绸之路经济带"给各国带来的优势互补性
　　　　　分析 …………………………………………………… 327
第三节　建设"丝绸之路经济带"面临的挑战 ……………… 342
第四节　建设"丝绸之路经济带"政策建议 ………………… 349

第十三章　21世纪海上丝绸之路
　　　　　——发展中国家参与全球经济治理的新模式 …… 353
第一节　全球经济治理结构与发展中国家参与 ……………… 353
第二节　21世纪海上丝绸之路的合作模式框架 ……………… 358
第三节　21世纪海上丝绸之路合作的意义 …………………… 371
第四节　结语 …………………………………………………… 376

（代跋）做大全球治理变革的"耐克区" ………………………… 377

上 篇
分析与启发

第一章 "全球治理"理论简述及"自治性"构思[①]

20世纪是人类历史上最动荡、最无常和最非凡的世纪：首先，人类社会内部发生前所未有的竞争、冲突和斗争，即经历两次世界大战的灾祸、半个世纪的冷战磨难、无数的民族或阶级的"革命"洗礼。其次，在各种争斗中，人类创造了无与伦比和空前巨大的物质技术、精神理智和秩序制度的文明、财富和国际规范，特别是"新科技革命"的发生，冷战的理性平和结束，信息网络的普及应用，全球化的发展，"和平与发展"共识的产生与运用，使全世界各国制度、社会经济、生活方式发生天翻地覆的变化。再次，随着世界的起伏曲折发展，全人类面临的一系列世界问题日益增多、凸显和严重。人类共同的生存命运、发展前途和道义责任，将世界各国政府和人民紧密地结合起来。最后，各国人民和政府都共同诉求、向往和争取持久的世界和平，追求可持续稳定的经济发展，建设平等、正义、自由、民主、善意、法治和稳定的社会秩序，当然也包括国际秩序，渴望21世纪成为世界和平、安全、发展、合作和有益改善全人类生活的新世纪。

可以确定的是，21世纪既是人类历史发展的新纪元，也是人类总体命运前程的关键选择时期。当断不断，必受其乱；时不我待，当机立断；知行合一，创新世界。全球治理正是基于以上认知而成为当代国际社会的重大命题和任务。

[①] 作者：张澜涛，国际关系学院国际经济系教授。

第一节　全球治理的理论概述——导言

　　2010年10月31日，在上海世博会高峰论坛上，美国加州大学圣巴巴拉分校卡弗里理论物理研究所所长、2004年诺贝尔物理学奖得主David J. Gross教授发表题为《科学与城市》的演讲："我们必须实现全球治理，建立'全球政府'。20世纪科学界最伟大的英雄——爱因斯坦，在他最后的日子里曾经说过，我认为全球现有的主权国家的体制只能带来粗暴、野蛮、战争和非人性，只有全球的法律和规则才能够带领我们向前实现文明、和平和真正的人性。爱因斯坦勇敢地迎接了核武器以及核威胁的挑战，而这个挑战今天仍然存在。但是我们还遇到另外一个挑战，那就是环境的灾难。而这个问题甚至比核威胁更加严重，这是一个真正的全球性问题，要解决它就必须所有的国家共同努力。而最终在我看来，必须要建立一个全球的政府。"这是一种非常美好、善良和遥远的理想，在它没有到来之前，世界经济的客观形势已经向各国政府提出了"全球政府"所必须承担的任务。

　　在世界经济中，并不存在着一个各国公认、具有强制权威和调控能力的全球性权力机构组织，因此，世界经济治理（亦可称"全球经济治理"）是指在没有强力中央权威干预的情况下，以得到认可的法则、规范和制度所形成的框架为基础进行全球经济的协商、合作、互动与规范。全球治理是指在没有一个全球性强力中央权威干预的情况下，以得到认可的法则、规范和制度所形成的框架为基础进行全球合作，在原有的国际经济制度、规范和法律基础上，进一步完善、改良和构建新的国际经济秩序，以促进世界经济健康发展。

　　（1）将历史与逻辑尽可能实现认知统一，是马克思的辩证唯物主义最重要的思想方法。历史犹如一条曲折、浩荡和无尽的时空长河，其实不论清流或浊水，总是自有起源。从现代历史的意义上概论，追溯全球治理的源头，或许能够对全球治理有更加深刻的理解。

　　中国著名经济学家林毅夫认为，经济学和其他学科的理论，都是要解释现象背后各种变量之间因果关系的一个简单逻辑体系。理论用以解释现象，是对现象的抽象，并不是现象本身。一种理论要成为一个科学，必须具备两个一致性：首先，理论都是几个特定变量间因果的逻辑关系，因此理论内部逻辑必须是一致的或者说是自洽的①；其次，理论不是简单逻辑游戏，理论目的或任务就是明确、真实、科学地解释现象，因此理论的逻辑推论要与解释的客观现象相契合，即理论推论和经验的外洽性。

古希腊哲学家赫拉克利特（Heraclitus，公元前540—前480年，辩证法和逻辑学的创立人）认为，逻辑有三个基本内容：逻辑必须是大众生活中的道理并在生活中被无意识地享用和广泛认同；虽然，逻辑作用于生活，但大众却不自觉或有意认知逻辑，大众对逻辑熟视无睹和置若罔闻，因此，若将逻辑作为正确的思维，必须首先使自己的理论符合逻辑；世间一切事物本质都是逻辑。正所谓道生一，一生万物。正如苏格拉底所说，逻辑是作为辩证法的一种基本思维方式而产生、存在和应用的。

达尔文认为，科学就是寻找和整理事实材料，从中发现规律，做出真理的结论。因此，科学也就是建立在实践基础之上，并进行实事求是的思维、探索和论断，并经过实践实验检验和严密逻辑论证，从而得出符合客观世界各种事物的本质的、运动的、数据的和规则的知识体系。恩格斯在《反杜林论》中说过，"历史从哪里开始，思想的进程也应当从哪里开始，而思想进程的进一步发展不过是历史过程在抽象的、理论主张前后一贯的形式上的反映。"逻辑与历史的统一，就是理论逻辑进程应当与历史进程相一致，与理论的历史发展相一致。就是说，历史是第一性的，历史内容决定逻辑内容；逻辑是第二性的，是对历史的认知或理论的概括，两者辩证统一。

凯恩斯指出，"许多经济学理论仅仅致力于追求效益，而不理会人性的伦理。似乎只要能让人们的物质生活得以改善，就是经济学最大的功劳。我却以为，经济发展只有在当它不仅能够改善人们的物质生活，而且更重要的是使人们在道德上提高改善时，才算是经济学真正的事业和目标。文明其实只是由少数几个人的个性、天赋和意志所追求尽善唯美的目标而建立起来的一种纯洁、精美和脆弱的生活表象或外壳。在绝大多数情况下，大多数人只是通过巧立名义并制定规则制度和不择手段地谋取利益并

---

① 自洽性（self-consistency），最早是由俄罗斯理论物理学家诺维科夫在20世纪80年代提出的有关时间悖论的逻辑规则，即理论内部必须"自圆其说"。

维护习俗来维持文明。我自愿做将一生和思想贡献给捍卫'纯洁、精美和脆弱'文明外壳的极少数的人。"

英国政治学家古德温指出,"政治正义最基本的原则之一就是坚持和平。政治家最高尚的品质和美德为善良而富有同情心,而这种品质美德的成熟的理性与情感则包含着全人类的利益,而且经常要求自己创造最大限度的生活幸福。""任何群体或国家出于各种原因,在理性上必然带有一定的局限甚至偏见,正是由于这种局限或偏见而腐蚀了社会政治的正义和人们生活的幸福。战争——人们被政治偏见而引导有意识地相互残杀,往往不是根据理性和正义,而是看哪个政治单位的军队更加强大,更具有破坏力来衡量的。"(在许多国际关系理论中,一些学者,经常是以对比双方军力作为评价国际是非的根据)"因此,扩张领土、征服或威慑邻国,在文化或军事方面超过邻国,这些欲望都是建立在偏见和错误之上的。靠强暴力而得到的外交权势,绝对不是获得民众幸福的可靠手段。因此,比起那些能使全世界感到恐惧的国家威名,我们更希望得到的是安全与和平。'四海之内皆兄弟'。我们在一定国际范围内联合起来,是由于这种联合有利于我们国家内部的安定和团结,或者抵御共同敌人的侵犯是必要的。但是,国家与国家之间的军力竞争和对抗则是由偏见或阴谋而想象出来的产物。如果我们以追求财富为目标,那么,这个目标只应当通过经商来实现。我们的邻国的经济越发展而购买力越强,我们出售商品的机会就会越多。共同繁荣对于所有的人和国家都是有益的。而且也是实现政治正义的重要途径。"①

美国思想家罗尔斯在《正义论》中提出,"正义是社会制度的首要价值,正像真理是思想体系的首要价值一样。一种理论,无论它多么精致和简洁,只要它不真实,就必须加以拒绝或修正;同样,某些法律和制度,不管它们如何有效率和有条理,只要它们不正义,就必须加以改造或废除。"

(2)需要强调的是,经济全球化和环境全球化并不是在国际政治真空中产生与活动的,而且,经济全球化和环境全球化必然赋予政府(政治

---

① 威廉·古德温:《政治正义论》,中国社会科学出版社2011年版,第331、479页。

的主权实体)以更多和更重大的责任与任务,因而,全球化治理实质上表现为"政治全球化"(Political Globalization)。

在历史上,市场经济仅仅产生于法治和民主的国家。当代,许多发展中国家正在进行现代社会经济建设,即建立各种"国情"市场经济。必须认识到,所谓"国情"市场经济从外部形式,到实体内容,从行为方式到技术设备,从思维和语言,到组织结构和管理观念,都充满了各国各种社会文明,全方位国际化和全球化的品质、要求和内涵。因此,在国际社会,几乎所有的问题都不是孤立地发生和存在,都是有综合因素和原果关系。经济中有政治,政治里含经济。美国国际关系学者吉尔平讲道:"在现代国际事务中,再不会有所谓纯粹的经济问题或政治问题,两者总是结合在一起。因此,解决国际经济问题就必须考虑政治,反之亦然。""全球化"是全方位的,基于"经济全球化"发展,各国的市场开放、国际经济交往的扩大、深化和互动,导致政治交往范围的日益扩展和深入,出现了国际政治和国内政治相互渗透、国际组织和国际协调力量起愈来愈大作用的趋势,各国政治生活也随之产生了愈来愈多的相关性和广泛性。

美国学者林德特讲过,只要国家存在,世界经济就必须作为一种不同于其他经济学学科而单独存在的分析体系。在全球化中,由于国家是当代国际社会最重要的主体,国家利益、国家战略、国家制度、国家安全等各方面的问题或变化,都会给全球化造成直接或间接的影响。因此,对全球治理的任何具体问题的分析都离不开对相关国家的政治决策、国情实际、大政方针、行为事件等的了解研究。各国的政治制度、意识形态、政体形式、历史文化等因素存在差异,在现实中,政治全球化则成为全球治理必须考虑的至关重要的因素。

"政治权力也是一种经济力量。"因此,"一切政府,归根结底都不过必然是本国状况的经济运动的执行者。"(恩格斯)"资产阶级的这种发展的每一阶段,都有相应的政治上的成就伴随着。""政治是经济的集中表现。"(马克思)毫无疑问,国际生产力的发展必定会引起国际生产关系的变革,世界经济上的任何变化都会从世界政治上表现出来,特别是通过国际政治率先、突出和明显地表现出来。特别是现代交通、电信和互联网的世界普及应用,极大地缩小了人与人之间、地区之间、群体之间、国家之间的空间距离,同时,将人类时间统一为公历纪年。在现代世界,几乎一切个人、社会团体、经济组织(企业)都必须集合于一定国家之中,并由所在国的政府登记、组织、管辖和保护。由此,全球治理必须是以政府为主体,其主要策划、组织、活动、协定和落实,也是由参与国家的政府承担,即全球治理的一切权力、责任和利益只能统一于相关国家的政府主体。

全球化从经济、文化和科技等方面显示出了中国和西方发达国家的巨大差距,必然唤起了人们对于改善生活、改革社会和改进政治现状的政治诉求。在全球化和市场经济的压力下,人们对社会政治的平等公正、民主化、法治化和现代化的要求越来越高,强烈要求对现有政治体制进行改革。人们对政治文明的渴求一方面会呼唤出更多强烈的参政议政的激情,另一方面也必然产生对现实政治进步的要求。虽然对政治全球化还没有一个明确定义,但是,在全球治理中,政治全球化主要从以下方面体现出来:

政治从一国走向全球,国内政治与国际政治紧密联系,国内政治不断需要顺应、结合甚至某些方面服从国际政治。政治全球化的最重要发展和表现,就是各种国际组织不断出现,从"二战"后形成的联合国(UN)、世界贸易组织(WTO)、国际货币基金组织(IMF)、欧盟(EU)、世界银行(WB),到后来产生的"亚太经合组织"(APEC)、"七国集团"(G7)、20国领导人峰会(G20),各种各样的政府间的国际组织不断涌现。有资料统计,1907年,世界上仅有37个政府间国际组织(Inter-Government Organization, IGO)和176个非政府间国际组织(Non-Governmental Organizations, NGO)——国际社会的共识:宗教组织和政党通常不被看作"非政府组织";2000年,政府间国际组织共计6 556个;2010年,全世界共有非政府间国际组织约40 000个。

由于在国际社会,实行的是国家不分大小、不分强弱、不分文化而一律平等的基本原则,因此,从来不存在一个绝对的政治权威。然而,国家是由人组织的,"国家是人的本性和生活的放大"(柏拉图);"有什么样的国民就需要什么样的政府,并产生什么样的国家"(胡适);"人不是天使,因此需要政府,政府是由人组织的,因此从来只有人的政府而没有'天使'的政府"(休谟)。恩格斯说:"国家是社会在一定发展阶段上的产物。它表明，这个社会陷入了不可解决的自我矛盾，分裂为不可调和的对立面而又无力摆脱这些对立面。而为了使这些对立面，这些经济利益互相冲突的阶级，不致在无谓的争斗中把自己和社会都消灭，就需要有一种表面上凌驾于社会之上的力量，这种力量应当缓和冲突，把冲突保持在'秩序'的范围以内；这种从社会中产生但又自居于社会之上并且日益与社会相异化的力量，就是国家。"国家是社会政治的最高组织形式和权威，是人类秩序文明的最经典的表现。

国际社会也是人类社会，因此，国际社会虽然从来没有"国际权威"，但是并不等于不需要"国际秩序文明"（制度文明），并不意味着不需要维持人类生存必需的生存及寻利安全、物质资源交换和社会秩序；同时，作为人类社会的政治国际化，国家间的关系，各种不同文化也必然包含人性共同、必要和生理的善良、理智、正义、逻辑、平等、尊严、真诚、幸福、快乐和美好的内容，在此基础上，通过交流、协商和契约而确立国际政治组织、原则和协议。

其实，全球治理即是对现有的各种制度和秩序进行改善，或者治理不是目的，目的是促使现有的国际秩序（制度）更加文明进步，更加有利于全世界国家和人民的幸福生活，更加维护世界和平。需要注意的是，无论是全球治理还是政治全球化都必须放在目前关于全球化规模和重要性的人类社会和文明进程的大背景下来考虑。无论政治、学术或文化的差异如何，世界各国绝大多数国际关系学和政治地理学的学者们都一致认为："我们正生活在一个全球化的世界里。然而，对于国家权力与超地域关系的含义和作用，尚需正确评估，需要各方认真负责地研究和讨论。"（克劳斯·道兹）此外，亦如约翰·埃仑（Jhonl Alen）和格拉汉·汤普森（Garhameh Tomspon）谈到经济全球化时所警告的那样，无论我们考虑用什么来作为全球化的象征——经济、政治、文化或生活方式，都将影响我们的特殊发现，所以我们的参考术语需要仔细界定，并将各方面联系和结合起来思考。

"全球治理委员会"在《我们的全球之家》中，对于全球治理则明确指出："要提高全球治理的质量，最为需要的，一是可以在全球治理指导思想下提高我们行动的全球公民的道德水平，一是组建具备这种道德的领导阶层。我们呼吁共同信守全人类都接受的核心价值,包括对生命、自由、正义和公平的尊重,相互的尊重、爱心和正直。"为实现这些普世价值,全世界公民都赋有以下权利和义务——安全生活、公平待遇;为自己谋生和谋取福利的公平机会;和平解决人们之间的争端;参与各级社会、政治和经济的治理;为摆脱不公正或歧视而进行的自由公平竞争的法制申诉的权利;平等的知情权;平等分享全球利益的权利。相应的义务有:促进平等,追求可持续发展,保护全球共同资源和环境,维护子孙后代的利益,保护人类文化知识遗产,积极参与全球治理,努力消除腐败。

(3)2014年12月,中国外交部国际司副司长腊翊凡对全球治理提出了几点看法:第一,要塑造以联合国为核心的全球治理体系。联合国是全球治理的最佳平台,但距离国际社会的期待未免有差距,我们支持联合国与时俱进,增强应对新威胁、新挑战的能力,以便更好地履行其职责。第二,要增加发展中国家的代表性和话语权。国际社会已经普遍认识到新兴市场的国家和发展中国家崛起是历史的潮流,也认识到增加广大发展中国家在国际组织中的代表性和话语权势在必行,关键就在于将共识转化为行动。第三,2015年后发展议程应该被确立为全球治理的优先方向。和平与发展是硬道理,是解决一切问题的关键,也是全球治理的首要任务。

全国政协委员会、国家外文局原局长黄友义认为:"联合国在全球治理中无可替代,但也无法单打独斗。联合国不能把人类带到天堂,但是可以避免让人类走向地狱。"

2013年9月,中国外交部长王毅在联合国大会上发言说:"中国将更加主动、建设性地处理国际和地区热点问题,劝和促谈,消弭战端,维护和平、稳定与安宁"。中国的"3C安全观",即"全面安全、合作安全、共同安全"。

同时,以联合国为核心作为全球治理体系当然也包括联合国自身的治理和改进。联合国已经走过70年的历程,无论是组织机制、决策规则、作用方式和保障机制,都已经落后于时代需要,需要改革完善——这是另一个专题。

(4)政治全球化的结果是国际政治多极化,表现在当代国际关系中:
①没有一个国家能在国际社会独揽大权,或仅凭霸权实力就可以任意

妄为，包括在地区。在全球化趋势下，国家的一切国际利益必定是世界性的。现代世界经济中，所有的国际经济活动都是在国家之间平等自由和互动地进行，不存在哪个国家第一或第几的顺序攀比或排名先后。

②在和平与发展的时代，那种由少数强国、大国利用强权随意欺压弱小国家，并企图主宰世界的历史一去不复返了。平等和自由、法治和民主、繁荣和发展不再只是发达国家的专利，而已成为整个国际社会的历史客观趋势。世界经济发展的呈现模式多样化、格局多极化和利益多元化，同时，在经济发展和经济利益追求目标与方式上，世界趋同化，这种多元与趋势同是一种和平、协调和渐进，即协调、合作、交流、共融的商业经济方式，平等互利，共同繁荣，由此相互信任和尊重、相互交流和协调、相互宽容和妥协，相互帮助和合作——求大同存小异、求大同存大异。

③多极化使国际关系更加复杂，由于各极利益目标、历史文化、社会制度和自然地理等情况不尽相同，而在新的国际关系结构中，从原有冲突、争斗，甚至战争，转变为要求制衡、协调和合作，因此，调节国家之间的各个方面的利益矛盾的最有效和可行性手段，就是相互妥协和国际合作。其内容更多，涉及面更广，活动范围更大，因而难度也就更高。

④多极化最大的好处是极大缓和了原来"冷战"的两极格局严重对立和矛盾全球尖锐化的状态，使世界各大国之间关系从原来的威慑、压制和防范，转为积极沟通和互利合作。事实上，多极化本身就是对单边主义和霸权行为的一种有力抑制和有效否定，从某种意义上讲，是全球治理的基础，也许建设新的、更加公平和更加合理的国际关系结构就由此开端。同时，造就了良好的国际和平环境，为中国改革开放和可持续发展提供必需的国际条件——若可持续发展，必须可持续和平。

⑤与其说全球化淡化了政府强权的权威，不如说全球化促使各国政府在政治理念、执政方式、管理效益、政务公开和国际合作等重大的政治方面，向着更加文明、正义、合理、人性和法治方向改善。美国政治学者汤普森指出："全球化的效果，势将削弱所有民族国家的政治文化的向心力，即使在经济上强势的国家，亦不能幸免于此。"全球化导致世界政治结构重组，世界政治中的行为主体，新闻网及发展能力均发生了变化，同时，国家的特征亦因此而改变。在这个正发生着转变的时代，仅仅用诸如"国

家"关系这类的字眼儿恐怕不足以说明问题。诚如贝利斯（Baylis）和史密斯（Smith）在《世界政治全球化》一书导论中所言："国际关系这个术语似乎太绝对了，我们所关注的领域不仅仅局限于国与国之间的政治关系，但我们仍未跳出国与国之间关系的旧框框。可以认为，城市之间，其他政府之间，抑或是国际组织之间的关系也同等重要。"琳达·魏斯（Undawies）在《无能政府的神话》一书中明确指出，许多正统的全球化主义者夸大了国家对内权力的丧失和国家经济的解体。然而，面临国际市场和跨国公司的冲击，国家权威确实经历了迅速的转变——政治的标准、方式和开放更加进步和文明。

⑥在全球化趋势下，我们在构建中国政治文明中，必须走全球性与本土性交融互动的道路，既要在新的历史条件下，以马克思主义为指导对自身进行客观的反省，开拓本土政治文化资源中的精华部分，又要以开放、求实的态度吸纳全球政治文化资源中的合理因素和优秀成果，邓小平说："社会主义要赢得与资本主义相比较的优势，就必须大胆吸收和借鉴人类社会创造的一切文明成果，吸收和借鉴当今世界各国包括资本主义发达国家的一切反映现代化生产规律的生产经营方式、管理方法。"由此可见，社会主义与资本主义其实都是人类政治文明和历史发展的产物，本不分优劣，仅仅是人类文明进程阶段的不同。各自为政，善政为之。协调合作，共同进步。

（5）全球治理需要"道法自然"。歌德说："生命中最重要的意义在于生命本身，而并非生命之结果。"如是"人生如旅"，全球治理在于世界各国国民、政府、国际组织等——几乎包括全人类的参与、讨论、行动的进程，成为全人类历史上人类自救（人类面临着核战争的危险、地球生态环境恶化的危急、资源和人口危机等一系列关乎生死的重大问题）的"地球工程"。在一般理论研究中，人们总习惯于讨论究竟"是英雄创造历史"还是"人民创造历史"，其实，还是马克思、恩格斯讲的好：历史是唯物的，"我们自己创造着我们的历史，但其中经济的前提和条件归根到底是决定性的。"（恩格斯）

历史是客观发生的，"历史什么事情也没有做，它'并不拥有任何无穷无尽的丰富性'，它并'没有在任何战斗中作战'！创造这一切、拥有这一切并为这一切而斗争的，不是'历史'，而正是人，现实的、活生生的人。'历史'并不是把人当作达到自己目的的工具利用的某种特殊的人格。历史不过是追求自己目的的人的活动而已。"（马克思、恩格斯：《神圣家族》）

历史是合力的，"历史是这样创造的：最终的结果总是从许多单个的意志的相互冲突中产生的，而其中每一个意志，又是由于许多特殊的生活条件，才成为它所成为的那样。这样就有无数互相交错的力量，有无数个力的平行四边形，由此就产生出一个合力，即历史的结果，而这个结果又可以看作一个整体的、不自觉地起着作用的力量的产物。在历史中，每一个意志都对历史合力有所贡献，因而是包括在这个合力里面的。"[①]

所以说，人类历史是全人类，包括各国人民与当政者、各民族文化、各地域的客观事物、各种生活方式和内容、各个时代的事件等，共同创造的。其中，概括地说，民众创造生活史，国王创造战争史，巫师和殉道者创造宗教史，哲学家创造思想史，手工业者创造工艺史，艺术家创造艺术史，思想者创造文学史等——唯物、客观与合力——在全球治理中，也许是一种有益启示。由此，从历史唯物主义讲，全球治理正是由全人类共同创造的历史新篇章。

（6）德国历史学家斯宾格勒说："'人类'的产生和生存本来就是既无目标，也无观念设计，更无计划，与山川草木等物存在没有两样。但是，当我们用思维理智和意志的力量除去幻影、打破魔圈和冲出迷信，立即就可以看到惊心动魄、神奇妙异和丰富多彩的现实形态——生活及其所内涵和具有的无限丰盈、深刻博彩和生机盎然——它们有史以来一直被一种强权的意志、一种索然无聊的模式或一种空洞虚张的仅仅属于掌握统治权、话语权和法律解释权的少数人的'意识'所掩饰着。人类进化绝不是由某种'主张'或主义而抽象塑造的历史空壳或虚拟模型——历史中那些无限丰富多彩的生活事实和内容，它只有通过生活的实体人的闭目沉默，才可能让那些大声喧哗和声嘶力竭的人去抽象和塑造——但是，历史永恒的铁律是，历史是无数众多的文化和生活戏剧，其中每一种文化和每一种生活都是以自身原始的生命力孕育了历史，都是历史勃兴的母土，并在其整个

---

① 恩格斯：《致约·布洛森》，《马克思恩格斯选集》第4卷，人民出版社，第697页。

生命周期中与那母土紧密联系在一起；每一种文化都将自己的原素、它的人类生活烙印在自身的意象内；每一种文化都有自己的观念，自己的激情，自己的生机、意志、尊严和情感，乃至自己的死亡和葬礼，这里必然始终充满着色彩、光闪和运动。要知道，人类的每一种文化、民族、语言、真理、神灵、景观、生活等，如同自然界的橡树和山岩，一如花朵、泉水或白云，都有其生成、兴盛和死亡——但是，'人类'决不会衰亡，各种文化正是在自我单独的色彩、光闪和运动进程中相互发生必然的交织和融合，并在交织融合中实现选择、突变和更新，从而使人类整个文化得以永生永存和永新。但是，许多理念或主义往往对人类文化的多样性视而不见或无知偏见，总强迫自己和强制别人坚持单一的文化主张。要知道，每一种文化自身的自我表现都是有各种自我更新的可能性，从发生到成熟，再到衰老，永不复返，关键在于在历史进程中，发生的大迁徙、大交流和大冲撞中，各种文化能否适应而选择改进。（在达尔文的进化论中，所有物种的适者能够生存，最重要的必须放弃自己的原始的生态，而与优质者交往而改变）"

  但是，历史并不是人类的个人、群体和民族国家肆意妄为、自由放任或随意盲目的结果。"放任各个人仅从自己的宗教信仰、认知思维、政治观念或利益动机着手，并顽强地将自己的意志确立为'神圣'不可侵犯的信条而强符于所有的人和整个社会，并利用说教、资产或权力胁迫或利诱他人必须服从自己的意志，否则就施于暴虐的政治倾向（顺者昌、逆者亡），这样一种呈现世界历史的方法是不符合人性、违背历史文明和完全站不住脚的。实际上，人类历史始终贯穿着某种公理——从不自觉逐渐进展为自觉、从消极被动逐渐进化为积极主动——在'理智、人性和真诚'的意志指引下，每一时代的民众都会在自己的生活中去追求最大多数人的幸福、启蒙、促进生产、民族自由、人的尊严和平等、自由贸易、认识和开发自然、谋求安全、维护正义和秩序和世界和平，由此作为评判全部千百年历史的标准，更重要的是，通过认知历史的标准，来启迪和激励人们对未来的奋斗方向。""在现实生活中，如果当事实证明，那些坚持'神圣'信条的掌权或决策人的愿望和目标并不同于已经存在过的历史'公理'，即我们普通民众的生活愿望和目标时，我们就能够据此认定，'神圣'教条忽视了历史'真正的道路'，或者说他们背离了历史的道路。因此，人类历史的'公理'

正是我们企图设计、预期或规划未来的最重要的标志。"①

由此,我们在对全球治理的讨论中,既要尽可能依据世界经济的实际情况,又要力求自己的理念观点在符合实际的基础上符合人类历史的逻辑与公理,并应用人类已有、所有和尽有的文明文化来创造全球治理的历史篇章。

第二节　全球化——全球治理的基础

当今世界,全球化是不可阻挡的历史趋势。但全球化也带来了很多问题和危机,人类历史面临前所未有的挑战。我们应如何认识和反思当前人类所面对的巨大困境? 又该采取什么样的手段来治理全球问题与挑战? 人类究竟需要什么样的理念和方法来改善世界秩序? 全球化不仅使各国各民族相互联系、相互影响与互动,甚至相互"依存而异化",由此产生种种复杂的全球问题,国家之间的关系日益复杂化。全球问题积累使自从1945年以来的"国际治理"(International Governance)漏洞百出、捉襟见肘,而"全球治理"(Global Governance)则变得日益必要和迫切。全球化和全球问题是全球治理的根本依据和需要,全球治理是当今世界最强烈的政治呼吁之一,因此,了解全球化和全球问题是理解全球治理的理论"序曲"。

毛泽东说:"人们要想得到工作的胜利即得到预想的结果,一定要使自己的思想合于客观外界的规律性,如果不合,就会在实践中失败。人们经过失败之后,也就从失败取得教训,改正自己的思想使之适合于外界的规律性,人们就能变失败为胜利,所谓'失败乃成功之母''吃一堑长一智',就是这个道理。"②因此,了解全球化是进行全球治理的前提。

1. 全球化(globalization)

全球化既是一种概念,更是一种人类社会发展的现象过程。1991年1月,联合国前秘书长加利曾宣称:"今天的国际社会,最明确的时代特征就是世界进入了全球化的历史进程。"全球化一词最早是由美国学者奥多

---

① 斯宾格勒:《西方的没落》,上海三联书店2006年版,第19、20页。
② 毛泽东:《实践论》,《毛泽东著作选读》,人民出版社1986年版,第122页。

尔·莱维特（Theodore Levitt）于1985年在《谈市场全球化》一文中提出的。莱维特用以说明现代世界经济发展中跨国公司、国际贸易和资源流动的全球化经营，即世界商品、服务、资本和技术等生产要素越来越在全球范围扩散流动。从此，全世界的学者、智能团体、政府政策谋略机构都投入"全球化"讨论中。

20世纪80年代以降，"全球化"已成为现代政治学、经济学、社会学、人类学、自然科学、文化学、哲学、国际关系学、军事学，甚至宗教学等几乎全部学科领域的研究重点，并产生一系列全球化理论而成为世界"显学"——"全球化这一术语已经从陌生无闻变为无所不在。如果不说全球化，任何政治演说或经济论证都是不完整或浅薄的，甚至连商业广告手册都是不受欢迎的。虽然，对于大多数人而言，基本上根本不理解全球化的含义和内容，但是，全球化事实上已经成为现代世界最时尚、最流行和最普及的名词，以至于我们进行理论研究时，根本无法回避。"[1]

全球化是指全球联系不断增强，人类生活在全球规模的基础上发展及全球意识的崛起。国与国间在政治、经济贸易上互相依存，世界资源逐步实现全球配置，在世界市场全球性覆盖的基础上产生全球性生产体系和国际分工协作。全球化弱化了各国传统统治疆界，使全球经济一体化，使人类社会前所未有地成为"地球村"。经济全球化是全球化基础并具决定性作用，与传统国民经济国际化相比，"'国际化'仅仅是跨国界经济活动在地理分布上的扩大，这并不是什么新现象（古代欧洲的海外贸易、中国的'丝绸之路'等）。与之相比，现代经济活动的'全球化'具有质的不同，即'全球化'与'国际化'相比，它是一种更先进、更复杂和更强大的历史趋势和发展形式。它意味着国际上分散的经济活动和资源配置在某种程度上运用的融合和整合。全球化要远比国际化具有更新意的现象，其内容更加丰富，活动范围越来越广泛，是现代世界经济新兴的运行模式。"[2]

虽然各国对全球化尚未达成统一共识，但全球化作为人类社会文明的

---

[1] 吉登斯：《第三条道路：社会民主主义的复兴》，北京大学出版社2000年版，第31页。
[2] 朱以清：《在动荡中发展——世界经济问题透视》，经济科学出版社1999年版，第2页。

演进、历史的客观趋势和现代化发展新阶段,却是不容置疑的,是理性逻辑的科学认知。

(1)黑格尔在其名著《历史哲学》中,明确提出过"人类文明,即人的自由本身就是人们自己追求的目的和'精神'的唯一目标,这个最终目的的实现就是世界历史。"马克思则认为,人类是在自身以劳动生产为基础和社会实践进程中创造着历史。人们的活动首先制约于生存的自然环境和一定历史时期之中。同时,人的本质是社会性,即人的生存和进化是群体性,并受到一定时间和空间的限制——在资本主义之前,"人们的生产和交往是局限于群体内部或少数群体之间,因此,人们所创造的历史和他们所认知自己的历史只是群体的历史——部落、民族或王国的历史。"人是能动性动物,即理智、精神和"世界历史"的。

(2)全球化本质上是人类历史和人的全面发展。马克思说:"世界史就是人类的总体历史,因为世界史并不是过去一直存在的,作为世界史是人类历史发展的结果。""人类历史只是进入资本主义的生产和交换的时代,各个民族之间的分工和相互影响越来越大,各个民族的原始的闭关自守的状态由于日益被社会化大生产和世界市场的交换所瓦解和替代,因此,资本主义大工业创造了交通工具和现代化世界市场,首次开创了世界历史。因为世界市场使每一个人的生活需要的满足都依赖于整个世界,它实际上消灭并不断继续消灭着各国的独立状态。"(马克思:《德意志意识形态》)马克思的科学社会主义理论,正是建立在全人类一切人的全面自由发展的基础之上。在《共产党宣言》中,马克思对社会主义社会做出明确注释:"代替那存在着阶级和阶级对立的资产阶级旧社会的,将是这样一个联合体,在那里,每个人的自由发展是一切人的自由发展的条件。"由此,"各个单独的个人才能真正摆脱各种不同民族局限性和地域局限","各个个人的全面依存关系、他们的这种自发形成的世界历史性的共同活动的形式,由于共产主义社会而转化为对那些异己力量的控制和自觉的驾驭,最终,狭隘地域性的个人为世界历史性的、真正普遍的个人所替代。"[①]

---

① 马克思、恩格斯:《马克思恩格斯选集》第1卷,人民出版社,第40页。

(3) 马克思科学地指出了"资本的本质就是在运动中实现无限扩张和增值"。根据逻辑推理和实践证明,随着社会生产力的发展、资本的无限扩张、国际化的不断提高,必然会出现世界性的经济关系和经济活动。世界经济实质上就是资本主义经济在全世界扩张的终结模式和最后的运行形态。在历史上,资本的扩张首先是从资本的人格化(资本家)开始,进展到资本集团化(垄断资本),再发展到资本的国格化(国家垄断资本:国家政权与社会资本的制度化结合),当资本突破国界而国际化后,就达到了其扩张的最后疆界。今天,经济全球化实质就是资本的彻底的国际化。从另一个角度来看,全球化又是人性的一种演化和进步,是由组合的各种社会主体和追求利益的世界化,即从人的个性、群体性(民族国家性质)到人类共性的全面发展,最终形成人类共同利益、意志文明和生活方式。"全球化最明显的特征之一,就是出现了能够以全球规模经营和策划发展并实施其世界整体策略的跨国公司。从经营设计、投资和建设,到经营管理、资源配置和市场竞争,完全全球化。"([美]伯努瓦:《面向全球化》)

(4) 全球化推动了市场经济制度世界化,一方面意味着世界各国经济从传统的不同体制、模式和生产方式逐步向现代市场经济趋同;另一方面则意味着各国经济必然越来越开放。马克思说:"社会——无论其形态如何——是什么呢?其实只是人们生活必然所进行的交往活动的产物。人们是否能够自由地选择某一社会形式呢?绝不可能!任何社会只能是建立在一定的生产力和社会经济的基础之上,在生产、交换和消费发展到一定阶段上,就会形成相应的社会制度、相应的家庭、等级或阶级组织,一句话,就会产生相应的市民社会。"(马克思:《致帕瓦·安年科夫》)在人类社会和一定历史时期中,各种资源都是有限的,因此,人类的经济活动的首要目标就是高效有益地使用各种资源进行生产,以取得最大效益和满足生活需要。斯密说:"关于可以把资本用在什么种类的国内产业上面,其生产物能有最大价值这一问题,每一个人处在他当时的位置,显然能判断得比政治家或立法家好得多。"这里的"每个人处在他当时的位置",既包括他当时所掌握的知识和信息,也包括他的身份,他和资本的关系即财产的所有权问题。哈耶克更是认为,专家和领导所掌握的知识和信息,并不等同于市场活动当事人处理和解决问题的全部知识和信息。人类社会的发展,是由世界各地、不同的民族国家、不同文明进步，最后集合于全球化的现代道路。"殊途同归"也好，"百川归海"也罢，即共同趋向于现代市场经济体制。经济学认为，市场经济之所以能够取得最大效率，根本在于市场经济中，一切行为主体都是自利的，即以自身利益最大化作为行为动机的有理性的"经济人"，因此每个人都充满活力、积极性和创造力。然而，如果我们认真地读懂读透"经济人"的创始人斯密的《国富论》，就会发现，斯密的确认为自利能够为社会经济带来繁荣，但先决条件是实现市场的自由竞争。"缺乏竞争的制约，商人的自利往往会危害国家的整体利益；只有建立真正的自由市场，个人对私利的追求才可能产生有利于社会整体的后果。因此，为了维护自由竞争，以防止商人的自利活动变为负面的自私行为，社会必须订立能够促进同情心和正义感的公平公义的法规。"理性的认知全球化，可以借用邓小平关于改革的评价："要看是姓'资'还是姓'社'的问题。判断的标准，应该主要看是否有利于发展社会主义社会的生产力，是否有利于增强社会主义国家的综合国力，是否有利于提高人民的生活水平。"

2. 全球化的主要表现和基本特征

（1）全球化首先是科技创新和社会生产力高度发达的必然表现。马克思说："在社会生产力中必然包含科学。因此，劳动生产力是随着科学和技术不断进步而不断发展的。""人们在发展其生产力时，即在生活时，也同时发展着一定的相互关系，这些关系的性质必然随着这些生产力的改变和发展而改变。"（马克思：《资本论》，《致瓦·安年科夫》）今天，许多学者在分析全球化时，仍然遵循着马克思的历史唯物主义的方法——"全球化可以被理解为世界范围内经济的网络联系，即全球化的经济理解为在真实时间内，在地球范围内统一运作的一种经济。这是一种在资本流动、劳动力市场、信息传递、资源配置、产品销售、管理组织、技术创新、利益分配和教育培训等全方位实现了国际化，而完全相互依赖、相互信任和相互合作的经济体系。"（[德]弗里德里希斯：《全球化——概念与基本构思》）因此，全球化是世界各国（地区）经济在国际分工、世界市场和科技发展的基础上，各种各类利益行为主体为实现自身的国际利益，而通过对全球性自然资源的开发、利用和配置，通过商品、资本、科技专利、劳务和各种生产要素的国际流动、国际交易和国际合作,通过发展国际生产力所形成的相互联结、相互渗透、相互依赖、相互制约并相互竞争和共同发展的统一的、有机的和文明的世界的经济整体,是超越一切民族和国家界限的全球性社会经济体系。

(2)人类历史概括有四大文明:物质文明、精神文明、秩序(制度)文明和生态环境文明。因此,全球化也必然包含着这四大文明的内容——其中,最难解决的则是秩序文明。"社会不是以法律为基础的。那是法学家们的幻想。相反地,法律应该以社会为基础。法律应该是社会共同的、由一定物质生产方式所产生的利益和需要的表现,而不是单个的个人的恣意横行。"(马克思:《对民主主义者莱茵地区委员会的审判》)早在17世纪,英国经济学家霍布斯提出了一个非常重要的论点,他认为,在国际事务中,那些国际商务惯例、国际原则或国际规范,都是产生于纯粹无政府状态,并且是通过几百年的创建和运用,特别是通过众多国家众人的汇集、磨合和选择,因此,它们与生活最为接近,它们实质就是将生活常识规范化或有序化。因为,在国际社会,从来不存在一个最高的法律政治权威,每个国家都是根据自身的利益需要来选择或承认国际商务准则,必须是"公理",即一种全世界共识、通用和参考的公理。因此,全球化所依据的规则制度、理念原则和行事方法,以及相关的国际法律和制度更具有人类社会的共性和各种文化的组合,其本身就是普世主义的体现。建立在理智、人性、善意、平等、正义和互利合作的基础上,使之一切都是合理、和平与有效的,全球化最重要的表现就是商品货币关系和市场经济已经浸透和作用于世界各国和全人类的生活中,由此,市场经济的公开、公正、公平和信用的原理浸透于世界文化。

(3)国际经济的主要内容,包括国际贸易、国际金融和国际投资已成为大多数国家经济运行和发展的主要内容;同时,跨国公司已成为世界经济最重要的实体组织;"和平与发展成为时代主题",由此,发展经济,提高本国人民福祉成为大多数国家主要战略目标和现实任务,国际竞争的重点从传统的政治和意识形态逐渐转向国际经济利益和国家经济安全方面。各国围绕着国际经济利益、世界资源和世界市场展开了新的国际竞争。为此,各国对国家安全战略做了必要调整,即将国家安全重点从传统的政治安全和军事安全转向维护本国国际竞争力和经济利益的国家经济安全。在全球化的竞争中,各国注重追求经济利益最优化和最大化,尽量淡化意识形态色彩。

(4)全球化的基本特征表现在:第一,科技创新是全球化的强大动因,由新科技创新而形成了一系列新产业、新市场和新经济。经济发展模式从传统工业经济迅速向"高科技经济"和"信息经济"转变发展;同时,许多发展中国家则是从二元经济结构直接向工业经济和信息经济并进。虽然,工业经济仍然是现代世界经济的基础,但是,社会经济发展的主导力量已经从加工制造转向技术创新,而全球化的网络经济将各国经济技术开发、生产经营、营销出售和组织管理全部集合联结成全球经济体系。第二,国际社会分工从垂直型转向水平主导垂直的新型世界分工体系和跨国组织。国际生产体系从原有的资源开发和生产加工为主导转向新技术开发、核心技术主导分工、人力资本掌控经营权、高科技垄断市场的新经济特征。第三,资源和利益分配趋于倾向和偏重于工业知识产权、专有技术和市场创新。劳动价值发生重大转移——国际经济活动主体的高智力、智能和智育成为全球化经济的主导动力和竞争力;同时,市场主体从"单一国籍"向"多国籍"转变。第四,现代交通、通信和信息交流的工具和手段的快捷、精确和高效,为全球化提供了必要的物质技术、操作方法和组织机制的基础保障。第五,国际金融、投资、生产和贸易的全球一体化,特别是国际经济组织向各国经济活动主体提供必要的国际法律规范、协商谈判、调控监管、公平竞争、解决争端、规避风险等有效机制与制度保障。

(5)全球化加强了国家(政府)对社会经济特别是对外开放的干预力度、必要性和管理权力。原来,在传统的资本主义市场经济中,政府的作用是有限的,对此,亚当·斯密说:"在政府中掌权的人,一般最容易自以为是,即常常对自己所想象的政治计划的那种虚构的完美和正确而迷恋不已,以致不能容忍任何的批评,更不允许它的任何一部分出现偏差,这些当权者总自认为是社会的精英而比其他民众要更高明、更聪明或更优秀。他们似乎认为自己能够像用手摆布一副棋盘中的各个棋子那样非常容易地摆布偌大的一个社会中的各个成员;然而,他们并没有考虑到,棋盘上的棋子除了手摆布的作用,并不存在任何别的行动原则和内容意义,但是，在人类社会这个生活大棋盘中，如果每一个人是作为其中的棋子，都有着自己的生活的行动原则，它完全不同于立法机关或是政府可能选用来指导它的那种政策行动原则。如果政府政策的原则与公民个人生活原则相一致、行动方向也相同，人类社会这盘棋就可能顺利和谐地走下去，并且很可能是走出巧妙的和良好的结局。但是，如果这两种原则并不一致，甚至相互抵触冲突，这盘棋就会下得非常艰难和危机四伏，不但政府的权威存在维持的危险，最严重的是必然会导致整个社会处于高度混乱和灾难之中。"（斯密：《国富论》，商务印书馆）然而，在20世纪初期，凯恩斯创建了"国家干预"的宏观经济理论，他说：其实资本主义经济自身并不能形成它能够持续生存、进步和发展所必需的社会条件。资本主义的历史早已说明，资本主义经济正是通过周期性波动而运行发展的，即周期性危机是资本主义经济的一种常态和必然，而所谓"看不见之手"形成的市场均衡却是一种例外或偶然。也就是说，资本主义固有的机制本身并不具备解决失业和市场波动的功能。而这些问题只有依靠国家干预和管理才可能有效改善。我认为，市场上工商业的活动所受到最大的制约就是无法降低的不确定性。消费取决于现实预期，而生意的决定取决于长远预期，而对于投资的长远预期，人们是不可能找到科学根据并在此基础上形成可预测的概率。这就意味着，在资本市场经济中，金融市场波动是必然的、正常的和规律的现实。我们不可能发明一种终极解决问题的方案或理论，仅仅是从原来的单纯依靠市场机制解决而找到一种国家干预的新思路。（凯恩斯：《政府与对外投资》）最重要的是1933年富兰克林·罗斯福任美国总统后实行一系列经济政策，核心是3R：救济（Relief）、复兴（Recovery）和改革（Reform），史称"罗斯福3R新政"。这是资本主义历史上国家第一次直接动用行政法律手段，对陷入严重危机的市场经济进行管理和调控，并得到巨大的成功。从此，宏观调控成为现代经济理论的重要甚至是主导内容。

在现代国际社会，几乎所有的问题都不是孤立地发生和存在，都有综合因素和因果关系。经济中有政治，政治里含经济。美国国际关系学者吉尔平讲道："在现代国际事务中，再不会有所谓纯粹的经济问题或政治问题，两者总是结合在一起。因此，解决国际经济问题就必须考虑政治，反之亦然。"（[美]吉尔平：《国际政治经济学》）

而在全球化进程中,"已经过时的工业社会的世界中只有两个雇主居于强大而无比的统治地位:资本和国家。"([德]贝克尔:《没有劳动的资本主义》)"当经济发展为全球化时,国家与经济之间的关系必然发生决定性的变化,我们已经看到,现代的国家首先搬出为了社会福利而必须进行权力垄断的理由,为自己获得权力独占甚至'寻租'而进行合法的辩护。而现代的国家,不仅继承了传统国家对政权的独占,更可疑的是,那些掌权人还以国家干预的理由——全球化使这一理由更加充分和合理——通过政权而向社会资源资本甚至市场伸手,由此为'保护本国市场''保护本土资源'或'向社会提供更多的公共产品'为最佳理由,从而完成对社会经济的垄断和控制。这种全球化的需要而加强国家权力,其实,本身就与全球化一样,具有正反两面的效果。这也是在全球化中最需要我们警觉的地方。"([德]布洛克:《全球化时代的经济与国家》)

3. 全球化的世界经济意义

全球化是人类社会经济文明共同发展的统一、有机和崭新的整体。恩格斯说:人是由兽性和人性相结合的生物体。人只能通过文明、理智和规则来不断压制兽性,发扬人性。但是,人永远不可能彻底消除兽性。因此,每一个人首先是以最基本的人性和生活原则来确立自己的理念。全世界所有的人,即整个人类,首先是具有自己生活生命生存所必需的个性,然后是人类共同的人性,再后才可能是集体性。这就是说,全球化是建立在各国(地区)的基础之上,由各国民经济的扩展和外延相互交织结合而成,是一种全人类的普世主义的社会经济体系的历史进步结果,是社会生产力发展到一定水平阶段而产生的历史产物,是社会经济从低级到高级、从封闭到开放的必然结果,是社会化大生产方式和市场经济在全世界得以确立和资本国际化的运动趋势。全球化最重要的意义就在于,经济全球化和新科技革命的高度发展产生新的国际分工、国际市场和国际生产体系,使各国之间形成了"你中有我,我中有你""一损俱损,一荣俱荣"的内在利益相互依赖关系,以及内在的和必然的国际安全关系,追求全人类利益同时实现国家利益。各国在分享"和平与发展的红利"时,就必然用平等互利的商业规则代替恃强凌弱的强权逻辑,用经济利益的合作竞争代替意识形态和军事的对抗。这就要求,所有的国家,特别是大国,必须放弃冷战的思维和理论，即实现库恩的范式转换。全球化和全球治理所追求的目标是：人类各国家各民族可以通过和平、平等互利的文明方式进行商品贸易、经济文化交流和社会协调合作，由此进行各种政治经济、文化生活、理性信念的交流、互通有无，实现人类的融合、繁荣和发展。

全球化是全方位的，在现代科技高度发展和大规模、高效益及国际化社会大生产的基础上，必然呈现出文化全球化。文化全球化是指"世界各民族的、国家的文化通过世界经济的必需的、普遍的及日趋的频繁、紧密和高度交往互动，通过越来越日常的国际分工合作，通过越来越发达的现代交通、通信和网络科技方式，形成民族国家文化的世界融合与共荣，即形成一种属于全人类共同的世界性新文化。"（［美］丹尼尔·贝尔：《资本主义文化矛盾》）

全球化还表明，从世界问题角度看，人类已经进入了十分危急的关键时刻，必须全球治理：当代世界的金融危机、人口增长、能源危机、生态环境、宗教冲突、恐怖主义、毒品泛滥、粮食危机、疾病传播、难民灾难、贫富差距、小行星碰撞地球等国际事务和问题——其中任何一个问题都事关人类的前途与命运，事关相关民族和民众的生活与生存，事关世界安全与和平，没有一个问题是能够单靠一个国家的力量解决，非常严重的是，即使全世界联合起来，也仅仅是有可能缓和或缓解，而且需要长期的真诚合作才可能有效解决。因此，世界问题把世界各国政府和人民从全人类的生存和发展的根本利益和共同命运上紧密地联结到一起，全球化毫无疑问地将人类结合为一体，并让人类毫无其他选择。并由此产生了国际相互合作，实现和平和发展的客观需要的基础。

全球问题迫使全世界国家和人民理智、真实和急切地联合起来，因为，没有任何一个国家有能力有办法单独解决世界问题，更重要的是，这既是对各国进行全球治理的根本原因和客观需要，也是考量各国进行全球治理的诚意、智慧和方式方法的实践证明。

4. 全球化指数

在全球化进程中，国际互联网的创立与普及应用，对全球化具有强大的推波助澜的积极效用。由此，全球化趋势从国际经济迅猛地向国际政治、科技、文化、信息、社会生活和军事等各个领域全面发展。基于现实分析和发展预期的需要,世界各国对全球化进行系统和专门的分析,并设计创立了专门统计方式。

(1)科尔尼"全球化指数"。2001年美国政治外交双月刊《外交政策》和著名科尔尼(A.T. Kearney)国际咨询公司推出"科尔尼/外交全球化指数"。参评的72个国家GDP占全世界GDP的97%、人口占全世界人口的88%左右。该指数包含了经济融合、人际交往、技术联络和政治参与四大维度,共使用14个指标对具体国家"全球化"程度进行统计量化分析(见表1-1)。

表1-1 科尔尼"全球化指数"

分类	变量	变量含义
经济融合	对外贸易	(商品和劳务进口额+出口额)/GDP
	对外投资	(FDI流入量+流出量)/GDP
	证券组合投资	(证券组合收益流入量+流出量)/GDP
	投资收益	(支付非居民雇员工资补偿+对外投资收益)/GDP
人际交往	国际旅行与旅游人数	每100居民离开或到达该国次数
	国际电话使用频率	人均打入或打出国际电话分钟数
	个人收益转移支付	个人转移支付总量(包括不计回报的侨汇和馈赠)
技术联络	互联网用户数	网络用户和占总人口比重
	网络主机数量	人均计算机数量
	安全服务器数量	人均安全服务器数量
政治参与	参与国际组织数量	参与国际组织绝对数
	联合国维和财力人力支出	(财力支出/GDP+人力支出/总人口)/2
	通过多边条约数量	通过多边国际条约绝对数量
	政府之间转移支付数量	政府间转移支付的供货总量/GDP

(2)世界市场研究中心全球化指数。2001年8月,英国伦敦国际研究所发布"全球化指数"(Globalization Index)。该指数包括"传统经济"和"新经济"两大类指标,共有国际货物贸易、国外直接投资、净私人资本流动、服务产品出口、因特网主机数量和国际电话使用率6大指标,具体指标体系见表1-2。

表1-2 伦敦"世界市场研究中心"全球化指标

分类	变量	变量含义	变量权重（%）	分类权重（%）
传统经济	国际货物贸易	年度以美元计算货物进出口总额占GDP比重	50	70
	外国直接投资	年度以美元计算外国直接投资总额占GDP比重	10	
	净私人资本流动	年度以美元计算私人资本流动额（包括债券、非债券信用证、证券组合投资）占GDP比重	10	
新经济	服务产品出口	年度以美元计算服务产品出口总额占GDP比重	20	30
	因特网主机数	年度因特网主机数金额占GDP比重	5	
	国际长途电话使用率	以分钟计算国际长途电话通话时间金额占GDP比重	5	

（3）荷兰马斯特里赫特大学研究生兹维茨（Zywiez）在科尔尼和伦敦世界市场的"全球化指数"基础上，建立了"测量全球化——修正指数"。兹维茨认为，全球化在经济全球化的基础上，还应当包括全球政治和武装组织（Organized Violence）因素，因此全球化有全球贸易、全球金融、人口流动、技术、环境、政治、武装组织等7个基本内容（文化是融合于贸易、人口流动等内容之中)，11个变量。具体指标见表1-3。

表1-3 兹维茨"全球化修正指标"

维度	变量	变量值确定	权重
全球政治	使馆	该国驻外使馆和使节团数量	1/11
	参加国际组织	该国实际参与国际组织数量	1/11
武装组织	军事	该国常规武器贸易额占总军费开支比重	1/11
全球贸易	对外贸易	该国进出口总额占GDP比重	1/11
全球金融	对外直接投资	该国对外直接投资总额占GDP比重	1/11
	私人资本国际流动	该国私人资本国际流动总额占GDP比重	1/11
人口流动	移民	该国在国外出生居民占总人口比重	1/11
	国际旅游	每100居民在该国出入境次数总量	1/11
技术	国际电话	人均使用国际电话分钟总量	1/11
	国际互联网	全国网民占人口总量比重	1/11
环境	生态环境	该国生态赤字	1/11

（4）2005年，德国雷德尔博士在论文《全球化及对世界经济的影响》一文中提出"雷德尔全球化指数"。雷德尔指数包括三大类27个指标，其内容与其他指数基本相同，但是，这一指数的最突出表现在于它是目前"全球化指标"中唯一设计有文化内容的，因而比较全面地反映了全球化的内容。具体内容见表1-4。

表1-4　雷德尔全球化指数

维度	变量	变量含义	权重（%）
经济全球化指标（占指数总权重34%）	实际流动（占变量权重50%）	对外贸易占GDP比重	23
		对外直接投资占GDP比重	28
		证券组合投资占GDP比重	27
		公司收益转移支付占GDP比重	22
	各种限制措施（占变量权重50%）	隐形进口壁垒	20
		平均关税率	30
		国际贸易税收量占经常项目比重	24
		资本账户限制	26
政治全球化指标（28%）	一国驻外使馆数量		34
	一国参加国际组织数量		34
	参与联合国维和行动数量		32
社会全球化指数（38%）	人际交往（占变量权重24%）	打出国际电话频率	31
		个人收益国际转移支付	9
		国际旅游人次	1
		向美国拨打电话费用	33
		外国人口占总人口比率	26
	信息流动（39%）	全国电话普及率	18
		人均互联网主机总量	15
		互联网用户总量	18
		有线电视普及率	16
		每1000人拥有报刊数量	16
		每1000人拥有广播电台数量	17
	文化趋同37（%）	人均麦当劳快餐店数量	100

5. 全球化的影响

全球化与一切事物一样，在其行动发展的过程中，都会给相关地区、国家和民族带来一定的影响，特别是对发展中国家而言，全球化意味着什么？是利还是弊？是福音还是祸灾？是得还是失？这也是任何现代国家和族群无法回避的现实的、重大的甚至是休戚相关的问题。由于全球化起源于发达国家，其中最大的问题就是产生了整个世界经济的"马泰效应"，即拉大了"穷国与富国"的差距。对此，不同的人从不同的立场、不同的意识、不同的信仰表达了不同的观点。其中最凸显的就是"反全球化"（anti-globalization）的理论、政策和运动。"反全球化"起源于20世纪90年代初世界学术界的思潮，理论本质上是"反资本主义"和"反霸权主义"的后现代翻版，一般多见于"激进"或左派理论。当然，更多的"反"论从理性和良知的角度而客观严肃和如实地讨论全球化问题，这些人并不是反对全球化本身，而是反对全球化中所出现的各种弊端以及主导国不负责任、不道义或极端自私的行为政策。

1996年7月24日，马来西亚总理马哈蒂尔在演讲上公开宣称："全球化是给人类带来破坏和灾难的'冷战'。全球化是富国宣传的一个恶劣的'神话'和陷阱。"1996年8月，坦桑尼亚总统姆克巴在联合国讲话指出："开放我们国家的经济是一个严重的问题，对于我们国家而言，全球经济一体化的前景是极其黯淡的。"1999年11月30日到12月，美国西雅图发生了反全球化示威游行，成为反全球化运动国际化的起点和标志。

在中国学术界，也有一部分学者加入到"反全球化"的讨论中。他们认为，"全球化的实质是资本主义的全球化，其进程主要是由美国为首的西方发达资本主义国家在平等竞争和自由开放的旗号下掩盖'经济霸权主义''金融霸权主义'和'新科技霸权主义'，向全球推行以美国为首的西方大国所建立和制定的国际经济法规和秩序，并以此来统治、控制和剥削发展中国家。"（纪玉祥：《全球化与当代资本主义的新变化》）……甚嚣尘上、不一而足。

"反全球化"的理论更多的是一种客观、负责和有益的讨论，即"反全球化"只是代表一种积极的改良主义和民族主义倾向，主张人权、民主和共同富裕的价值观，提出社会福利、保护环境、加大对富人的税收和反对垄断等合理有益的观点。正如美国经济学家苏姗·乔治指出的，"这一反全球化运动，其真实的目的不是消灭资本主义，而是要让它改善得更加仁慈、更加民主，并可以受到国家的制约。"（[美]乔治：《21世纪世界秩序

中反全球化运动》，广西师范大学出版社）

需要强调指出：全球化是历史的进步，是人类社会发展的一种必然趋势，也是人们向往自由、文明和幸福生活的追求方向。相应而言，反全球化仅仅是历史主流的小小逆向浪花，对全球化既不可能有实质性阻碍作用，也不可能有利于世界问题的妥善解决。然而，反全球化作为全球化进程中的重要组成内容，警示人们：

（1）全球化不仅仅是一把"双刃剑"，具有正反两方面的作用，而且很可能异化为一把"野火"，一旦点燃而失控，就会破坏国际社会的安稳秩序与和平，甚至激化社会矛盾导致玉石俱焚。更重要的是，反全球化的主张和理由有很大部分代表着世界上绝大多数人构成的社会弱势群体的利益和诉求，并对全球化所带来的各种严重问题和消极影响提出警告。

（2）大多数反全球化势力并不反对全球化本身，只是反对其中不合理、不公平和不负责的负面内容。1998年诺贝尔经济奖获得者阿玛蒂亚·森（Amartya Sen）说："许多反全球化人士其实并不是真正地反对全球化，他们是在反对某种同他们本身的信念、价值观相背离的全球化，其中有对世界南北差距的拉大、对分配不公的忧虑，有对少数大国操纵甚至主宰世界的不平不满，当然也包括为了维护自己的狭隘民族利益，甚至有无政府主义。既然全球化是全世界和全人类的事，那么，我们就应当认真听取各方面的意见，善意而平和地讨论与协调，使全球化为全世界人民都带来福祉。"[①]

（3）从科学的意义上讲，这种理性、善意和负责的反全球化，其实是对全球化更加有益、有助和有用的促进，是全球化真正的动力。因此，辩证、冷静而认真地深思，反全球化为人们提供最重要的理念就是："在顺应全球化的历史潮流进程中，必须积极主动地扬善抑恶。"（邵鹏：《全球治理的理论与实践》，吉林出版集团）

（4）美国著名学者基辛格认为："全球化对美国是好事，对其他国家也许就是坏事了，因为全球化确实加深了贫富之间的鸿沟。因此，全球化不应当是少数国家的'专利'，而应当是全世界各国和民众的共同愿望。因

---

① 蔡拓、刘贞晔：《全球学的构建与全球治理》，中国政法大学出版社2013年版，第170页。

此，在实际行动之前，需要对全球化进行平等、理智和民主的协商。"（基辛格：《关于全球化的讨论与争议》）反全球化是全球化矛盾运动的体现，也是促进在全球化中进行"全球治理"，促进世界各国走向公平、公正、正义、和平和环保的可持续发展的方向。

全球化进程的实践表明，倡导和主导全球化的主要是发达国家和国际资本大财团等强势主体，而反全球化更多的是社会势力、学术界和在国际制度边缘的少数弱小国家。美国国际关系学家杰夫·古德温（Jeff Goodwin）认为，"社会的反对运动是对权威、权力所有者或文化信仰与习俗的一种集体的、有组织的、持续的和非制度化的挑战。其中的目的，往往包含促进社会变革和改良的意义。"（[美]古德温：《社会运动的产生与影响》）随着全球化的深入，反全球化运动为全球治理奠定了必需的理由和必要的原因。因此，全球化进程中，一个重大内容就是：主导全球化的有关国家要认真听取反全球化的意见，宽容、依法和妥善处理好反全球化运动；其次，在联合国和现有国际组织的基础上，建立世界性（包括反全球化势力的参与）全球治理机制、制度和规范；最终，将全球治理有效纳入推动全球化的体制之中。

下面，让我们用美国著名经济学家萨缪尔森的言论对全球化进行小结。

（1）"全球化会导致贫富差距拉大，中国是任何转变的关键，将成为占统治地位的经济体。"这是2005年9月17日萨缪尔森接受德国《明镜》周刊记者采访时的观点。萨缪尔森认为，在全球化中，不可能人人都获益。"'人人获益'的承诺，从来就只是一个不负责的谎言。"但他并不认为自己是一个全球化的反对者。首先，他对欧洲在战后的崛起就相当肯定，认为在战争年代，经济只是一种零和游戏：如1870—1871年的普法战争，俾斯麦的崛起意味着拿破仑三世的衰落；特别是20世纪第二次世界大战给人类带来的是毁灭性的灾难。"从某种意义上讲，我是同意列宁的观点——垄断资本很容易导致战争，因为，所有的垄断资本，无论是什么主义的国家，都必须为本国资本的扩张，利用政治强力开拓国际市场和竞争国际资源。真切希望全球化的主张者认真学习一下列宁的理论，并以此在现实中警惕和防范新兴国家资本与老牌国家资本的国际矛盾激化。而全球化有利于国际合作。"事实是,战后情况就不一样了:德国崛起了,法国同样也崛起了。如果没有全球化的动力,就不会有强劲的世界性经济增长。但不是每个国家都能从全球化中得到同样多的好处。在大多数情况下,除了双赢局面之外,也有一些赢—输局面。对于全球化会导致什么样的后果,萨缪尔森认为,那就是全球范围内的贫富差距会拉大。"全球化会提高我们的富裕程度,也会造就更多新兴国家的经济发展,但是,全球化不可能解决全世界所有的问题,也不可能让全世界所有国家共同富裕起来。当世界的贫富差距扩大后,富裕的国家必然会变得更加不安全、紧张和不平衡——正如列宁所说过的,国际垄断资本国家在政治上经济上发展的不平衡规律,就是导致战争的重要原因——全球化所扩大的国际贫富差距,起码在美国致使就业者胆战心惊。"

(2) 既然全球化有不利的一面,我们应该如何面对?萨缪尔森认为,放慢全球化进程不失为良策,但不能也不应该让全球化进程停下来。"我们可以用税收制度的力量,把像我这样的富人的钱再分配给不富裕的人。这几乎不会阻止我们的经济增长。"萨缪尔森认为,在全球化过程中,经济水平不同的国家(发达国家和发展中国家)之间出现紧张关系是毫无疑问的。如果这些国家之间不出现紧张关系,那倒会令人吃惊。他进一步解释说:在开放经济条件下,自由贸易在某种程度上是廉价劳动力进入你的国家的替代物。如果欧盟做出将新的国家纳入共同体的决定,那么欧盟不仅仅是在做经济决定,而且也是在做社会决定。如果人们宁愿转移工作岗位,也不愿让廉价劳动力进入自己的国家,那会减少一些社会紧张关系。

(3) 近年来,印度和中国的发展令人瞩目,比拉美国家更有成效。对此,萨缪尔森认为,印度只沉睡了40年。而中国在不久的将来就能超过日本,这是不可避免的。萨缪尔森甚至认为,中国将成为世界上占统治地位的经济体,如果它不受政治制度阻碍的话——这是一个非常重要的"如果"。2009年10月,萨缪尔森发表了《全球化能否得到救赎》一文,在论及深受金融危机影响的全球经济时,认为"中国是任何转变的关键"。他论述道,发展中国家可以取代美国消费,成为世界经济发展的引擎。这些国家早已占领了全球产出的一半以上,其中中国、印度、巴西加起来约占50%。关键在于当一个国家经济发展了,其全体国民的消费水平、生活质量、社会保障和环境保护是否能够与其跟进,这是国民经济可持续发展的基本原理。

可以确定的是,中国是全球化的主要受益国,也是全球治理重要角色国。萨缪尔森的言论虽说是一人之言,却也良言真诚、感人心脾。

第三节　全球治理简论

(一) 全球治理的概念与理解

治理(governance)概念源自古典拉丁文或古希腊语"引领导航"(steering)一词,原意是控制、引导和操纵,指的是在特定范围内行使权威。治理隐含着政治和管理中改良,即在众多不同利益共同发挥作用的领域建立一致或取得认同,以便实施某项计划。在中国古典词语中,治理为明确职责、树立公德和搞好工作,"明分职,序事业,材技官能,莫不治理,则公道达而私门塞矣,公义明而私事息矣。"(《汉书·赵广汉传》)

全球治理理论是顺应世界多极化和全球化趋势而提出的,旨在对全球政治、经济、环境和世界问题及国际事务进行共同改善的理论。

(1) 全球治理理论最初由社会党国际前主席、国际发展委员会主席勃兰特于1990年在德国提出。1992年,28位国际知名人士发起成立了"全球治理委员会"(Commission on Global Governance),并由卡尔松和兰法尔任主席,并于1995年联合国成立50周年之际发表了《我们的全球之家》(Our Global Neighborhood)的行动纲领。该纲领所提出的全球治理理念在全世界引起了广泛反应和支持,并由此引发了全球治理的大讨论。在《我们的全球之家》中,对治理做了界定:"治理是各种公共的或私人的个人和机构管理其共同事务的诸多方式的总和。它是使相互冲突的或不同的利益得以调和并且采取联合行动的持续的过程。它既包括有权迫使人们服从的正式制度、法律和规则,也包括各种人们协商、契约和同意或以为符合其利益的非正式的制度安排。因此,治理的特征主要是:治理不是一整套规则,也不是一种单项的活动,而是一个社会改善的过程,既需要针对现实问题,也应当考虑到可持续发展;治理过程的基础不是为某单方面控制,而是多方协调。这意味着全球治理的实质是以全球治理机制为基础,而不是以正式的政府权威为基础;全球治理既涉及公共部门,也包括私人部门,必然关系到各方面的利益,因此,全球治理形成一个由不同层次的行为体和运动构成的复杂结构,强调行为者多元化、利益多元性和方法多样性;全球治理的方式是参与、谈判和协调,强调程序的基本原则与实质的基本原则同等重要。"治理不是追求建立一种正式的制度安排,而是组建持续进步的互动、协调与合作的国际机制、程序或平台。"全球治理与全球秩序之间存在紧密的联系,全球秩序包含那些世界政治不同发展阶段中的常规化安排,其中一些安排是基础性的,而另一些则是程序化的。

(2)全球治理的重大意义在于:由于世界没有一个传统政治意义的权威,因此,全球治理既是全世界各国的现实利益需要,也是未来人类社会和平发展的必然。因此,全球治理具有与生俱来的善治(good governance)内涵;全球治理意味着人类政治生活发生重大变革,即从统治(government)走向治理(governance),从善政(good government)走向善治(good governance),从传统政府的统治走向包括政府在内的各种主体结合起来或没有政府的治理(governance without government),从民族国家的政府统治走向全球治理(global governance);许多理论家和政治家提出,全人类利益和前途重于政治权威,因此,在全球治理中,必须"少一些统治,多一些治理"(less government, more governance),这既是全球治理的目标,也应当是全球治理的方法;世界经济发展中的历次重大经济危机表明,传统的国家统治功能已经不能适应全球化的趋势,"统治"已不可能解决全球化的所有问题,而在国际社会,各种统治权力由于存在着政治、经济、文化、宗教和体制的差异,因此,既不可能自我治理,也不可能相互治理。因此,全球治理并不是单纯或单一地对统治进行治理,而是借鉴管理的治理形式,进行全球化的改善。

(3)治理的理论意义。20世纪80年代,在国际理论界,从管理学、经营学(市场营销学)、经济学(主要宏观经济),进展到政治学和国际关系学,"治理"越来越流行,其原意是对管理(manage; administration)进行重新诊治、整治和改善,以期提高管理水平和促进管理系统的效益。由于统治与管理存在较大差异,因此,全球治理则是对"统治"进行协调、整合和改善,以期扩大国际法制秩序的公平、正义、文明和促进国际安全及世界各国社会经济共同发展。两者的最终落脚点都是改善关系、促进效益。

因此,为了更好地理解全球治理,有必要对统治与管理做一简单分析。从现代政治学意义讲,政治统治原本于社会事务管理,由于阶级和私有制的出现,才使事务管理异化为政治统治。而两者的相同之处在于是通过权威对一定的人类社会或组织维持秩序、协调利益和解决争端;不同之处主要在于:①权威的性质不同。政治统治是属于国家等级、主权和权威的强力确立和实施,而事务管理则是人之社会性的关系、结合与活动,以平等、自由和互利为社会基础。②目标不同。政治统治的主要目标是维护政权专制、权威地位和统治利益;而事务管理的主要目标是提高系统运行效率和实现价值增值。③手段方法不同。政治统治是依靠国家法律和强力机器,而事务管理则是运用利益诱导、制度职责和契约规范。④权威者的品质不同。政治统治者的理念根本取决于政治立场,"国家是整个社会的正式代表","是与人民大众分离的公共权力"。(马克思)因此,政治作为经济的集中表现,统治者对社会利益是按权力地位、政治关系和统治需要进行分配。主权者与民众是明确的统治管辖与被统治管辖、政治主宰与人身依附和利益无偿获得与依法纳税的关系;而事务管理则是契约关系,一是在法律面前人人平等,二是每个人的权利与义务(责任)相制衡;人与人之间在平等互利的基础上建立的分工、合作与职责关系。事务管理必须是运用管理技术、管理经验和管理规范实施管理,体现相互尊重、相互信任和相互理解的人际关系和互动,其利益是按契约、绩效或职能而权衡协调和合理分配,实现合作赢利、各方共荣。

美国著名管理学家彼得·德鲁克说:"未来的世界正是由一些完全独立自主的人物创造的。明天社会将会如何,主要取决于今天的管理者和决策者,尤其是企业的经营管理者,取决于他们的知识、道德和素质。"这意味着,在人类社会未来发展中,管理肩负重要的历史使命和责任,有着重要的并不可替代的作用。

科学管理的创立人泰罗主张:科学管理是一种善良、和谐与人性的管理,由此而改善工人与资本家的关系,并可以为双方都带来更多的利益。

在历史上，泰罗是第一个主张工人和资本家合作，利益共享的思想者。在人类社会经济关系中，通过科学的管理，是可以使利益双方实现平等互利、共同合作和利益共享的，而这种人性善意的合作共享关系，往往比相互之间争斗甚至相互残害而更加文明、有益和和谐，当然，也就更加有利于每个人，包括工人和资本家的幸福和发展。这也体现了管理的最重要、最本质和最优异的内涵和目的——改善、促进和优化人与人之间的社会关系，由此促进人性文明和发展。泰罗精辟地分析到："科学管理的每一步都是一种发展，而不是一种理论。在各种情况下，实践都应当在理论之先，并重要于理论。据我所知，凡是对科学管理进行认真和负责的研究的人，都是准备随时放弃现有的计划、任何观点，转而赞同、拥护和探索更好的东西。也就是说，在科学管理中，并不存在任何固定不变的或者说是绝对正确的东西。"管理者必须首先放弃任何个人偏见。

毫无疑问，管理和科技作为现代经济发展的两大"发动机"，对世界经济和各国国民经济都有着必要、有益和高效的促进作用：促进生产力的发展与扩大，或者说提高整个工作系统功能、能量和效率；有益于调整和完善人际关系。泰罗说："无论怎样好的管理制度，都不应当死板僵硬地应用。只要能够在雇主与工人之间始终维持和谐合理的人际关系，企业都能够保持良好的生产秩序和积极的生产能力，从而促进效率"；管理最有益于促进社会的科技进步。现代管理既是科技发展的成果，也是科技发展的需要。两者互为因果、相互促进、相互作用；管理有利于社会资源优化配置，即通过管理，能够运用有限资源实现最佳效益和最好的效率。在宏观经济中，通过市场经济资源的自由流动，将资源配置到社会最需要的产业之中；在微观经济中，通过市场竞争，将有限的资源配置给生产和管理水平最优秀的，从而是生产力最高和最能够创新的企业，实现市场公平竞争的最佳效果——优胜劣汰；管理是提高人的才干、素质和道德全面发展的重要途径，是一种文明、一种文化和一种优质的人的生活。德鲁克说："管理机构的良好精神意味着产出的能量大于投入的努力，其实质意义是创造能量。然而，很明显的事实是新能量的创造是不能通过机械手段实现的。从理论上讲，机械设备最多能够完好无损地保存能量，却不会创造能量。只有人的主观能动性——人通过道德而在生产领域发挥作用才可能取得产出大于投入的效果。管理既需要促进生产力的提高,更能够培养出具有高素质、优秀职业道德和积极智慧才干的人才。"管理是一种科学、人性和文明的管理,是人类文化的结晶。

综上所述,全球治理的治理不是政治统治在世界的扩张或发展,而是在国家层面的治理和善治在国际层面的延伸。全球治理既不是管理在国际社会的直接扩展,也不是对传统统治的直接整合,而是将两方面有机、稳妥和多元地结合起来。正如德国原总理施罗德所说:"这种崭新的'治理',其治理核心不应是传统的国家或政府的执政能力,而是整个'公民社会'。这既是'主权在民'的国家理念的体现,也是全社会进步和民众自由发展的必然趋势。"可以说,全球治理是由各国政府主导,由全世界各种国际社会组织参加,由各国民众广泛议论表态的全人类社会共同关心、共同促进和共同行动的全人类联合活动——表现出人类文明、理智、秩序和理想的一体化。

(4)全球治理预示着人类社会从统治(government)走向治理(governance),再进入善政。因此,在全球治理中,需要坚持平等自由、民主协商和和平共处的基本原则。

关于全球治理,至今还没有一致的、明确的定义,类似的概念还有"世界政治的治理""国际治理""世界范围的治理""国际秩序的治理"和"全球秩序的治理"等。大体上说,所谓全球治理,指的是通过具有约束力的国际规制(regimes)解决全球性的各种利益冲突、生态恶化、资源紧缺、贫富差距、基本人权、移民难民、毒品侵害、走私泛滥、传染病等问题,以维持正常的国际政治经济秩序。研究全球治理的著名学者安东尼·麦克格鲁说:"全球治理不仅意味着正式的制度和组织——国家机构、政府间合作等——制定(或不制定)和维持管理世界秩序的规则和规范,而且意味着所有其他组织和压力团体——从多国公司、跨国社会运动到众多的非政府组织——都追求对跨国规则和权威体系产生影响的目标和对象。很显然,联合国体系、世界贸易组织以及各国政府的活动是全球治理的核心因素,但是,它们绝不是唯一的因素。如果社会运动、非政府组织、区域性的政治组织等被排除在全球治理的含义之外,那么,全球治理的形式和动力将得不到恰当的理解。"

马克思说过，"批判的武器当然不能代替武器的批判，物质力量只能用物质力量来摧毁，但是理论一旦被群众掌握，也会变成物质力量。理论只要说服人，就能掌握群众；而理论只要彻底，就能说服人。所谓彻底，就是抓住事物的根本。但人的根本就是人本身。"①全球治理作为现代人类社会最雄伟、复杂和紧迫的世界系统工程，首先需要辨明"治理"与"统治"的意义，"治理从一开始就必须区别传统的政府统治概念"（皮埃尔·戈丹），由此来说明治理的内涵与意义。

治理意味着国际社会全体，包括一系列来自政府、非政府公共机构的活动主体，政府权威不再是治理中唯一的权力中心。

治理意味着对社会、经济国际化和问题在寻求解决或改进中，社会和各类个体都允许并且发挥越来越重要的作用，政府的权威与社会共同担当起治理的任务和责任。政治权威统治越来越转移到社会契约管制，在某种意义上，治理更是一种国际社会各种主体——包括政府——通过国际交往、协商、契约和规制，在建立一种人类共识和共同规范的基础上实行自治机制。

政府统治属于内政，范围仅限制于以领土为界的国内区域；而治理所涉及的对象、内容和区域则是全球性的，例如全球生态环境、金融危机、人口、资源、难民、传染病流行等，使全球治理必然要超越国家领土范围，这既是政府参与全球治理的理由，也是全球治理的必然。

（5）全球治理不仅是少数人的理论研究命题，更是事关全人类前途命运和世界各国人民生存生活的决断选择。英国经济学家马歇尔认为，市场自然存在波动而破坏市场均衡，但是，市场具有一种自我修复和调节的功能，即在波动中实现新的均衡。美国经济学家布坎南认为，市场经济的缺陷并不直接等于政府干预的优点。同理，统治仅仅是各国政府政要的职责，而全球治理绝对不仅仅是政府政客或社会精英等少数人的事情，全球治理必须建立在全世界各国绝大多数人的共识、认可和共同努力的基础上。没有大多数人的同意和行动，全球治理根本没有本质或实际意义。全

---

① 马克思：《黑格尔法批判》，《马克思恩格斯选集》第1卷，人民出版社，第9页。

球治理理论的主要创始人詹姆斯·罗西瑙（James N.Rosenau）特别强调："更明确地说，治理是必须被多数人所接受（或至少被它所影响的那些最有权势和资产的人所接受）才能生效的规则体系；然而，在生活中，许多政府的决策即使受到普遍反对，仍然能够付诸实施。因此，没有政府的治理是可能的，即我们可以设想这样一种规章机制：尽管它们缺少正式权力的强制性，但在其活动领域也是能够有效地发挥功能。"①

（二）全球治理的内涵

在国际理论界，一般认为全球治理主要有五个核心要素，即全球治理的价值、全球治理的规制、全球治理的主体或基本单元、全球治理的对象或客体，以及全球治理的结果。

（1）全球治理的价值。即在全球范围内所要达到的理想目标，应当是超越国家、种族、宗教、意识形态、经济发展水平之上的全人类的普世价值。

（2）全球治理的规制。即维护国际社会正常秩序，实现人类普世价值的规则体系，包括用以调节国际关系和规范国际秩序的所有跨国性的原则、规范、标准、政策、协议、程序等。

（3）全球治理的主体。即制定和实施全球规制的组织机构，主要有：各国政府、政府部门及亚国家的政府当局；正式的国际组织，如联合国、世界银行、世界贸易组织、国际货币基金组织等；非正式的全球公民社会组织。

关于全球治理的主体，有学者如斯蒂芬·吉尔、罗伯特·考克斯和马丁·休逊等特别强调"全球精英"在全球治理中的作用。全球精英主要包括：政治精英，特别是大国政要、重要国际组织的首脑和西方发达国家的政治精英。斯蒂芬·吉尔将确定全球治理方向的主要要素归结为"全球化精英"的共识与合作，G7和G20就是典型示范；商业精英，尤其是跨国公司的高级管理阶层。他们不仅控制着全球资本的流动，而且对国际政治经济运行规则的制定也有着决定性影响；知识精英，即各个专业领域的知识

---

① 罗西瑙：《没有政府的治理》，江西人民出版社2001年版，第5页。

权威,特别是信息、金融、国际关系智库和传媒专业的精英。休逊认为,一些知识权威和信息专家"主导着正在兴起的全球信息秩序",左右着全球变革的进程。麦克格鲁则不无担忧地指出:"在全球性风险社会中,社会生活的各方面开始受到专家的高程度控制,如此,全球治理的许多常规领域以及某些最关键领域,就成了职业性或专家的网络,即知识共同体的专有领域,他们掌握甚至垄断了宣传与解释的话语特权。因此,国际民用航空组织的专家委员会负责制定全球航空安全标准,而联合国国际禁毒计划则为全球打击非法毒品贸易制定许多技术性规则。知识共同体通过将其重新界定为技术或程序问题——最好是借助专家通过技术讨论过程来解决——而设法将许多问题非政治化。这样,专家的知识和理解力就变成了参与、促进全球治理过程的基本通行证。"这可能在全球治理过程中导致一种"专家政治"(technocracy)或精英垄断。对此,借用布坎南对政府干预的质疑,他说:"公共选择理论开辟了一条全新的思路,在这里,有关政府及官员的行为的浪漫的、虚幻的和高尚的观点已经被有关政府能做什么、应该做什么的充满怀疑的观点所替代。而且,这一新的观点与我们所观察到的事实更为符合。因为,生活中无数的事实告诉我们:官员并不比商人更高尚。"同理,对幸福生活逻辑和理智,专家并不比普通百姓更高明。

(4)全球治理的客体。指已经影响或者将要影响全人类的、很难依靠单个国家得以解决的跨国性问题,主要包括全球安全、生态环境、国际经济、跨国犯罪、基本人权等。

(5)全球治理的效果。涉及对全球治理绩效的评估,集中体现为国际规制的有效性,具体包括国际规制的透明度、完善性、适应性、政府能力、权力分配、相互依存和知识基础等。

有学者把上述五个核心要素转化成五个问题,即为什么治理、如何治理、谁治理、治理什么、治理得怎样。

(三)全球治理基本模式

在各治理主体参与全球治理的过程中,由于其自身特色以及在国际体系中的不同地位,体现出四种不同的治理模式:

(1)国家中心治理模式,即以主权国家为主要治理主体的治理模式。

具体地说，就是主权国家在彼此关注的领域，出于对共同利益的考虑，通过协商、谈判而相互合作，共同处理问题，进而产生一系列国际协议或规制。

（2）有限领域治理模式，指以国际组织为主要治理主体的治理模式。具体地说，就是国际组织针对特定的领域（如经济、环境等领域）开展活动，使相关成员国之间实现对话与合作，谋求实现共同利益。

（3）网络治理模式，即以非政府组织为主要治理主体的治理模式。具体地说，就是指在现存的跨组织关系网络中，针对特定问题，在信任和互利的基础上，协调目标与偏好各异的行动者的策略而展开的合作管理。

（4）重点治理模式，即针对国际社会急迫、频发或严重的现实问题，在联合国主导下，联合一切有益力量、采取多种有效手段和加大力度重点治理。

（四）全球治理的实践意义

"冷战"结束后，原有的"雅尔塔体系"发生重大变化，特别是世界经济经历了1997年、2008年国际金融危机，致使全球治理无论在实践上还是在理论上都具有十分积极的意义。

在实践上，随着全球化进程发展，原来的国家主权对社会的垄断式统治已经不适应全球化，事实上发生了不同程度的弱化，而人类所面临的经济、政治、生态等世界问题则越来越具有全球性，需要国际社会的共同努力。全球治理顺应了这一世界历史发展的内在要求，有利于在全球化时代确立新的国际政治秩序。

在理论方面，全球治理打破了传统的二元对立的思维方式，即市场与计划、公共部门与私人部门、政治国家与公民社会、民族国家与国际社会等，而将有效管理看作是两者的协调合作过程，由此而发展出一套管理国内和国际公共事务的新理念、新规制和新机制——管理就是合作、治理就是改进、善治就是进步。最重要的是，全球治理更强调民主参政，政府不是唯一的合法权力方，公民社会拥有同样合法的治理权力，治理是当代民主的一种新的现实形式。

辩证地看，全球治理也面临着诸多制约因素，主要体现在：①各民族国家在全球治理体系中极不平等的地位、能力和话语权必然严重制约着全球治理合作目标的实现。富国与穷国、发达国家与发展中国家、大国与小国不仅在经济发展程度和综合国力上存在巨大的差距,在国际政治舞台上的作用也极不相同,由此在全球治理的价值目标上存在很大的分歧。②美国是目前世界上唯一的超级大国,其单边主义的国际战略对公正而有效的全球治理具有负面影响。③目前国际治理规制远远不尽完善,也缺乏必要的有效性。④全球治理的国际主体都没有充分的普遍性权威,用以协调、指导和约束各国国际性行为。因此,在许多重大国际问题上,各国依然是各行其是、自作主张和分散抉择。⑤各主权国家、全球公民社会和国际组织各有自身不相同的利益、价值和目标,在重大的全球性问题上难以达成共识,特别是落实到位。⑥全球治理机制自身尚未健全完善,存在许多不足,如管理不足、合理性不足、协调性不足、民主性不足、评价不足等。

(五)全球治理的理论概述

1992年,世界银行发表《治理与发展》的报告。同年,"全球治理委员会"成立,发表《我们的全球之家》。1996年,经济合作与发展组织(OECD)发布了《促进参与式发展和善治的项目评估》。同年,联合国开发计划署(UNDP)发表年度报告《人类可持续发展的治理、管理的发展和治理的分工》。1997年,联合国教科文组织(UNESCO)发表治理文件《治理与联合国教科文组织》。以后,世界各国知识精英、跨国非政府组织和公民社会团体开展了全球治理的国际讨论,并以各种方式组织无所不包的社会实践。以罗西瑙(美国华盛顿大学国际政治学教授,《没有政府的治理》作者)为代表的西方学者普遍把全球治理视为人类社会第一次世界性的自下而上的革命。

从当前全球治理的实践方向和理论分析,可以把全球治理分为以下几点:

(1)全球主义的全球治理理论。指从继承和发扬全球治理这一概念本身所具有的全球共同价值观、人类共同前途和"地球村"的思路而言。1992年由"全球治理委员会"创办了名为《全球治理》的杂志,1995

年联合国成立50周年之际发表的报告《我们的全球之家》(Our Global Neighborhood)，则是全球主义的全球治理理论的经典表达。全球治理理论强调全球契约关系，致力于全球层面的价值共识和公共舆论，推动建立自上而下的全球治理体制，并试图通过具有强制力的法律和有约束力的全球宪章、条约实现有效治理的目标。全球主义的全球治理实践所取得进展的最大实效表现在全球生态环境保护方面：2002年，国际刑事法院（ICC）成立，2005年，《京都议定书》开始强制生效。国际刑事法院超越国家直接管辖个人的普遍管辖权其实代表了全球法治和全球主义全球治理的一贯主张，即建立在全球公民社会之上的"共识"——"主权取决于它保护个人权利的责任，无论任何国家失去了这个责任，其他的主权国家就可以运用国际权威保护和维护个人的权利"。《京都议定书》所展示的则是另一个迫在眉睫的"全球契约"，为了防止气候变暖可能最终无法控制的可怕后果，联合国政府间气候变化专门委员会制定了"将大气中的温室气体含量稳定在一个适当的水平，进而防止剧烈的气候改变对人类造成伤害"的全球治理具体目标。罗西瑙在其著作《没有政府统治的治理》和《21世纪的治理》中指出：治理与政府统治不是同义语，两者存在重大区别，具有很大区别的政治内涵。统治属于政府的单方面的职能和作用，而治理则是全社会甚至全球化的行动。治理是社会整个领域一系列活动的社会管理机制、协定和共同能效，或许在现实法律制度中并没有得到正式授权，却能有益有效地发挥扬善抑恶的作用。全球治理与单个政权统治的最大不同在于，治理是一种社会共同的责任和共同需要的目标支持的活动，属于整个社会自行管理活动，其主体更多的不是政府，也无须依靠国家强力来实现。与政府统治相比，治理具有更广泛、更深刻和更长远的人类共性的内涵。政治统治往往是以政权生存为焦点，而治理则包含着人类几乎全部的生存、繁衍和发展的内容。因此，治理是包括政府在内的所有非正式的、非政府机制的全社会系统的综合的、自动的、长期的和整体的活动。

（2）跨国主义的全球治理理论。跨国主义的全球治理理论是全球治理理论的最新发展。该理论认为，全球治理是以人类整体论和共同利益论为价值导向的，多元行为主体平等对话、协商合作，共同应对全球变革和全球问题挑战的一种新的管理人类公共事务的规则、机制、方法和活动，是建立"世界公共产品"和国际新秩序的跨国活动。①全球治理具有以下内容特点：其一，从政府转向非政府。其二，从国家转向社会。其三，从领土政治转向非领土政治。其四，从强制性、等级性管理转向平等性、协商性、自愿性和网络化管理。其五，全球治理是一种特殊的跨国政治权威和世界观。由此，全球治理具有三个基本支点：一是跨国政府部门的网络（指各国政府、次级政府部门之间所形成的横向联系网络），二是主要由跨国非政府组织和跨国公民社会团体组成的跨国社会机制，三是借助世界市场规律、市场力量、跨国公司和互联网而产生的有利于解决全球问题的市场机制。跨国主义的全球治理理论其实是灵活利用世界上现有的权力机制、市场机制和社会机制及其内在规律，尤其是对于市场机制、社会机制内在规律的灵活的组合运用，使得许多国际难题得到现实化解、缓和。但跨国合作机制在当前的全球治理机制中尚处于起始阶段，方兴未艾。

（3）国家主义的全球治理理论。其基本主张仍是强调国家在全球治理中的主导性地位。在国家主义的全球治理主义者看来，国家和国家之间的合作仍是实现全球治理目标的终极单位和最有效途径。理论上，我们可以把以联合国为代表的所有政府间国际组织的活动视为此类全球治理理论的伟大实践，但这种看法可能有所偏颇。这是因为国际组织建立时确立的宗旨和目标实际上并不是为了什么全球利益，而是为了维护各自的国家利益而相互谈判、妥协。实际上，更加符合此理论主张的国际机构是1975年为了应对石油危机而成立的七国集团（G7）和1997年俄罗斯加入后的八国集团（G8），直到G20。在这些国际峰会的议事日程中，"经济危机""粮食危机"、人口资源等全球性问题一直占据着重要位置。但是，由于联合国等国际组织现行体制与改革的问题，它们能否担负起全球治理的重任还需

---

① 蔡拓：《全球治理的中国视角与实践》，《中国社会科学》2004年第1期，第96页。

要进一步观察。

从价值取向看,目前全球治理理论又可概括为三类:国家中心维持现状派、新自由制度改良派、全球市民社会变革现状派,见表1-5。

表1-5　全球治理理论主要流派归纳[1]

	国家中心维持现状派	新自由制度改良派	全球市民社会变革现状派
基本价值选择	国家利益至上、价值认同的一致与统一	义务的一致、协议与共同责任基础上的价值认同	价值平等、自由、社会公正、普世公益(public goods)
治理行为主体	国家、人民、市场经济	市民社会、具有实效性的国家、国际机制与跨国经济组织	从地方到全球的多层治理自治体与人民
政策选择	国家统治能力的强化(必要的条件下)、国际政治中的权力政治	国际自由贸易、国际治理体制的建构、全球公益的稳定提供	变革以往全球不平等的秩序、彻底改造国家中心的国际体系
全球理想状态	民族国家能力的强化,以实际有效的地缘政治来维持世界秩序	以政府间协调机制为中心,建构民主、多元的全球治理	实行多层次的民主治理,自下而上地在全球各层面建构公益不断增长的全球市民社会

第四节　从G7到G20——全球治理的典型模式

2008年9月从美国引发的全球金融危机被认为是自20世纪30年代大萧条以来最严重的一次危机。在这次金融危机的冲击下,传统的国际金融治理机制,即七国集团(G7)及国际金融主要执行机构国际货币基金组织都遭遇了应对无力、挽救不力和治理乏力的困境,两者的合法性、效益性和行动能力受到了整个国际社会的严重质疑。而成立十年来一直不受重视、在国际经济体系中处于边缘地位的二十国集团(G20)却在此次国际金融危机中大显身手,成为力挽狂澜的主角,得到国际社会普遍认可,一举成为

---

[1]　刘小林:《全球治理理论的价值观研究》,《世界经济与政治论坛》2007年第3期,第107页。

应对金融危机的核心及主要的新的国际金融制度模式。

从2008年11月到2010年11月，G20先后在华盛顿、伦敦、匹兹堡、多伦多和首尔召开了五次峰会。世界各国以G20为制度平台，进行紧密的政策协调与合作，在改革既有国际金融机构和国际金融规则方面达成了诸多共识，并联手采取了一系列经济刺激计划，有效地控制了金融危机的恶化。

历史上，G7作为后布雷顿森林体系时代国际金融体制治理最为核心的机制，也曾多次在国际金融治理中发挥积极作用。例如，通过"广场协议"以扭转世界经济失衡、积极应对拉美债务危机、缓解亚洲金融危机等，都有过出色的表现。但由于G7天然具有明显的单一发达国家的大国强权色彩，广大发展中国家和新兴国家无法在国际金融体系中获得发言权和有效决策建议。在G20创建中，经过G7内部激烈争论，最终达成创建新机制的共识。因此，G20是适度规模与合法性之间反复平衡的产物。同时，中国和印度被认为是新机制当之无愧的成员国。

G20是在全球治理实践中不断改进自身功能的：在设计上，G20为新兴国家参与国际金融治理提供了一定程度的制度保障。不过，在1999—2008年的最初十年里，G20部长级会议作为一个新兴的国际制度形式，虽然每年都召开例行的双部长会议，但缺乏更加强有力的政治支持，并没有发挥出金融治理的实际功效；G20决策及行动能力有限。G20部长会议是一个基于协商一致的论坛，不是一个基于投票的决策实体。G7也不谋求将G20提升为一个决策机构，因此不产生具有法律约束力的决策。最初，G20讨论议题过于宽泛，又缺乏政治强力，从而陷入一种清谈空论的尴尬之中；G20遭到传统治理机制的强大挑战。在创建后十年时间里，G20一直面对相对成熟的国际货币基金组织和G7的强大竞争，几乎没有作为。本来，G20的创建不是为了将新兴经济国家囊括到国际金融治理的决策机制中，而只是为了使G7的决策合法化并将其更好地执行。

2008年全球金融危机成为一个重要分水岭。危机爆发之后，G7体制已经无力招架危机冲击，为了应对世界经济的严重衰退，各国一致同意将运转了十年的G20由部长级会议升级为首脑会议，并成功召开五次首脑峰会，成为全球治理的重要机制。其实际意义在于：①新兴国家参与国际金融治理的地位制度化。在G20峰会上，新兴国家以完全平等的身份参与了全球治理金融危机的政策商讨和决策。②对传统的国际机构进行了改革，加强其治理能力。首先是确保国际货币基金组织、世界银行和其他多边开发银行拥有充足的资源，以帮助在危机中受到严重打击的发展中国家，并提供贸易和基础设施的融资。伦敦峰会公报宣布，向国际货币基金组织等国际机构提供1.1万亿美元的补充资金，以缓解其资金困难。其中，绝大部分资金投给国际货币基金组织，以重建其作为国际金融体系首要监管者和最后贷款的职责。G20峰会决定向国际货币基金组织追加总额为5 000亿美元的贷款储备金，从而将其贷款储备金规模扩大为原来的3倍。此外，G20还决定一次性增发2 500亿美元的特别提款权，它将分配给其所有的185个成员。与以往不同的是，国际货币基金组织将加强它的国际公共属性，在向经济困难的国家发放贷款时不再附加苛刻的条件，在发展中国家中树立新的良好形象。③各国达成联手刺激经济和扭转国际经济失衡的共识。各国领导人承诺通过财政政策和货币政策来抵消全球经济几十年来最剧烈的减速。在第一次峰会上，中国做出了投入4万亿元人民币以刺激经济复苏的决定，日本提出了27万亿日元的刺激政策。伦敦峰会上，各国总计筹集5万亿美元的联合财政扩张计划，相当于全球经济总量的10%，用以平衡国际金融；如果危机恶化还会出台补充刺激方案。其中，美国出台的刺激经济计划高达8 000亿美元。④G20作为一种国际制度形式，适应了国际决策权力结构的改善。应对2008年金融危机中，G20成功实现了制度升级，自身发生了质的提升和改革，并成为应对金融危机的主要平台和国际合力，显示出卓越有效的全球治理成绩。⑤G20形成相对较低的制度更新建设成本——国家间在短期内达成缔约高效新制度建设的低成本既是及时抑制金融危机的需要，也是让各国顺利接受的理由。⑥国际团结合作的新典范。面对"二战"后最剧烈的金融危机，世界各国没有如同以往的"相互转嫁、以邻为壑而祸水外泄"，而是理智、负责和积极地联合起来，共同作为。G20五次首脑峰会给危机中的国际经济体系注入了合作的动力，填补了传统机制不能应对国际结构变迁所带来的制度空白，并且在应对危机中表现出相当大的功效。由于二十国集团促进了国际社会的经济合作，世界经济不仅没有陷入20世纪30年代经济战争的局面，反而在2009年下半年提前出现了复苏态势，到2014年已经呈现基本稳定和发展,这表明以G20为中心的发达国家与新兴国家的联合协调机制取得了较大成果。

当然,与世间一切事物一样,G20并不可能在短期内一蹴而就地成为全球治理的最优机制:过去的五次首脑峰会尽管达成了很多国际合作的具体措施,但一些重要的国际经济目标因为成员国的分歧并没有实现。主要有,五次峰会所达成的反击贸易保护主义的承诺并没有成为现实;美国并没有放弃在国际货币基金组织中的否决权,国际金融结构没有根本性改善。而且G20没有常设的秘书机构,使之缺乏规范机制。另外,G20系列峰会比较容易达成协议,主要是本身没有对"违约"的惩罚措施。当各国领导人发表声明后,各国都表示履行承诺,这既是G20的灵活性,也表现了该组织的低效性。因此,在未来建设更加有效的全球治理制度中,需要借鉴G20的经验。

第五节　全球治理的根本在于"善治"

众所周知,对于一个政府执政、治理或政策的评价主要有三个:一是政治的目标包括文件纲领、宣传口号和企图主张;二是行为方法、方式和手段,以及行动过程的客观作为效应;三是目标、手段和实现目标的最终客观结果。亚里士多德说,全部问题只有两点:一是确定正确的目标,二是为实现正确目标构建正确的手段和方法。

如果说全球治理是目标,那么"善治"就是正确方法和手段。善治就是使公共利益最大化的社会管理过程。善治的本质特征就在于"它是政府与公民对公共生活的合作管理,是政治国家与市民社会的一种新型的良性循环和互动关系,是权威和社会、政府干预与市场机制、国家主权与国际人权、人类社会与自然环境的最佳和谐与平衡状态。"

(一) 善治的含义

在全球治理进程中,首先是各国的学者和国际组织在对全球治理理论研究中提出了许多治理的理念,其中"善治"(good governance)理论最有影响,并得到国际社会的广泛认同。虽然,对善治的具体内涵众说纷纭,但归纳起来主要有:

(1)平等、互信和互利为"首善"。包括：①各国和各方主体在全球治理中，应当超越社会制度、意识形态和历史文化的差异和己见，特别需要摒弃冷战思维、强权政治和唯我独尊的大国意识，在国家、民族、民众之间互不猜疑，互不敌视和互不干涉，通过对话和交流谈判来消除矛盾、对抗和冲突。在安全利益方面，互信更是实现国际安全的重要基础与前提，即在国家间以对话和谅解代替指责和强暴，化差异为互补，化分歧为共识。②全球治理中，全体成员的安全、利益和尊严都具有法制的保障，并得以文明发展，绝对不能损害某一（几）方，而丰富另一（几）方。起码在全体成员都不受损失的基础上，能够至少有一（几）方受益者——特别是有利于当前的弱小国家或群体；在此基础上，再对现有国际法规、制度和程序进行改进。③在全球治理中，世界上所有国家、民族、社团、企业和学派，无论大小、强弱、贫富、国际社会地位或声誉影响力的高低，在全球治理的资质一律平等（当然，首先是国家之间平等而必须相互尊重，平等相交，互不干涉内政）；在平等的基础上，各国各主体都有平等讨论探索、参与协商和评价监督全球治理的权利，并都必须遵守联合国宪章、国际法和国际规则。平等还体现在国际关系中，对不同的民族文化、意识形态、社会制度和发展道路应一视同仁。平等也是在全球治理中逐渐实现国际关系民主化合作的实质内容，即意味着用国际民主代替强力霸权，用友善理解代替歧视欺侮，用治理代替国际统治，由此避免"文明冲突"，实现全球善治。

康德将道德与理性视为做人行事的最高准则，同样也应当是政治家的最高原则。他提出"诚实是最好的政策"，信用是最高政治手段。即使世界面临崩溃，也要保持诚实和真确。孔子曰：治国之道有三，一强兵，二富民，三守信。如只二则去强兵，如唯一，坚一守信。在全球治理中，各方各国言行一致、真诚在行、知行合一最为重要。

(2)共同努力和共同负责为"实善"。经济学基本原理说明，任何改革、发展和治理都必须付出代价。由此，全球治理必须将权力、责任和利益相制约，公平、公正、公开地确定治理费用——特别强调，在全球治理中，各主体和各方应当将理论研究、预期目标、行动计划、实施方案和时间期限向全世界公开，尤其是政治法律的信息。全球治理的信息透明既是世界公民最广泛参与的需要,也是世界公民对全球治理进行国际公共监督的必要——"一切善良的政策必然是公开,是不需要任何掩饰的。"(康德)由此,一切善治必然是透明公开的。国际政治的最高境界是妥协,国际经济的最高境界是合作,全球治理的最高境界是"善治"和世界和平发展。善治的程度越高,全球治理的成本必然越低,或者说善治的效益性就越高。

(3)稳妥和渐进为"智善"。胡适说:"一切文明进步都只能是渐进,因为只有渐进才可能平和稳妥。"托克维尔认为,人类的一切文明进步,只有渐进和改良,任何飞跃其实都是新专制的借口和需要。因此,全球治理的善治必须坚持"渐进、逐步和审慎的改革",将世界各国和国际社会的现实情况与全球治理的基本原则灵活机动地结合起来,"群策群力、积极稳妥、各司其职、秩序井然"。

(4)和谐治理为"和善"。康德认为,人类社会虽分隔为不同民族国家,却存在一种共同理念、理想和理性,即对正义、自由、善良与平衡的追求,对生存安全与世界和平的一致认同。这些精神道德的东西是至高无上、普世共有和永恒不变的,并在国家决策和国际行动中具有决定性作用。2005年,中国政府将建设和谐社会这一国内政治理念推向世界,提出建立和谐世界的建议——2005年9月15日,联合国成立60周年首脑会议上,中国国家主席胡锦涛发表《努力建设持久和平、共同繁荣的和谐世界》的演讲,首次提出了"和谐世界"的理念。"和谐世界"理念的内涵可概括为:以开放包容的思维和谋求世界和平的理念,追求人与人之间的和睦、国与国之间的和平、人类与自然的和谐,通过交流、对话与合作谋求全人类共存共赢。毫无疑问,这也是全球治理的思维理念和追求目标。

和谐世界的理念可以用"政治多边、经济平衡、文化多元"来表述,体现出中国和平发展新的安全观的诚意和信念。

同时,实现善治,也必然符合和谐世界的和平谈判、对话协商和互谅互让的方式解决国际争端,就共同利益和国际安全进行广泛密切合作,以消除冲突和战争隐患的要求。"全球治理"需要和平的国际环境。因此,为安全地实现善治,各国必须在反恐、军控、发展、人权、环境等领域开展更广泛的国际协作和共同努力。

(5)以人为本则"至善"。康德提出：人唯一优越于动物的地方是，人是有理性有灵魂的存在物。"有理性之物是以自己为目的而存在。"因此，康德发出历史上最光辉、最响亮的名言：绝不许把人作为某种理论的手段，人必须是一切理论和主义的终极和最高的目的，是具有绝对价值的客观目的，即人的生存、人性是理论最重要的——这是一种绝对不能违背的道德律令。当今世界，和平发展、合作已成为时代的主流趋势。全球治理的根本目的是世界各国"富民强国"，是全世界人民群众生活更加美好幸福，是整个人类社会的全面文明进步。因此，善治必然要求以人为本、以民生为要务和以人性为善治的宗旨。没有各国人民的生活安全和富裕，缺少百姓家庭生活的提高，全球治理其实也就失去了合理和必要的意义。善治就是改善全世界人民的生存、生活和生命意义，实现人的全面自由和文明发展。(马克思)

(二)善治的基本原则

治理是一种公共管理活动和公共管理过程，它包括必要的公共权威、管理规则、治理机制和治理方式。善治(good governance)的基本要素有以下10个：合法性(legitimacy)、法治(rule of law)、透明性(transparency)、责任性(accountability)、回应性(responsiveness)、有效性(effectiveness)、参与(civic participation)、稳定(stability)、廉洁(cleanness)、公正(justice)。

美国自由学者托尼·贾特(Tony Judt, 1948—2010)说：国家政治是一项伟大的"道德事业"，即社会民主制度应当是具有古典自由文化和改善公共事业之责任的结合。而我，一个知识分子的义务，就是无论如何，不计功利、不畏风险、不辞辛劳地向"当权者陈述真理和实情"。而那些左派和右派作为意识形态的解说者和辩护人，如若说好听一点，他们是无知，难听一点则是自甘堕落的当权者及富人的自愿玩偶。真正的知识分子只是一个理想主义的并具有不断学习知识的独立思想的人。这是因为，对于新的一代人而言，我们所面临的选择并不再是资本主义或共产主义，或者说是历史的终结还是历史的回归，真正的问题在于，如何继续向前进，即建立起一种高于集团目的的具有全社会共同进步繁荣和自由之凝聚力的政治，不要恐惧政治，否则就会导致社会凝聚力的流失。因此，不是要不要政府调控的问题，而是选择什么样的政府调控，或者说政府应当采用什么样的政策和手段来进行社会经济的管理与调控。一切权威主义和自由主义应当都冷静下来，放弃互相指责，多了解一点生活实际，少一些空谈；多做工作，最大化地减少争吵。特别是那些掌握权力和话语权的精英和权威们，如果能少一点设计、指导和建议，也许，社会问题会变得更加容易解决，或者说，许多现实问题，本身就是那些精英和权威们的高明建议和政策才产生和出现的。请看，历史上，几乎所有的战争和冲突，不都是由权威和精英们谋划、策动和指挥的吗？如果让他们少一点作为，我们人类社会肯定会变得更加美好和安然。

也许，全球治理近似"公共选择"，由此，美国公共选择理论学家布坎南说：公共选择理论开辟了一条全新的思路，在这里，有关政府及官员的行为的浪漫的、虚幻的和高尚的观点已经被有关政府能做什么、应该做什么的充满怀疑的观点所替代。而且，这一新的观点与我们所观察到的事实更为符合。因为，生活中无数的事实告诉我们：官员并不比商人更高尚。既然社会的利益主体是多元多项与多人的，那么要和平安稳地达成一致意见几乎是不可能的。那么，为了公平和正义，人们就必须对活动规则达成一致意见，即我们必须公平地选择"让人们在其中进行选择"规则。国家经济的最大弊端是"除非人人都赞成，否则就有人受损"。比尔·盖茨这样的人赚得多少财富也是无可非议的，但是，政府官员"寻租"或他人接受其巨额的遗赠就不合理。于是，我们想要做的事情，就是把40年来人们用以检讨质疑市场经济的缺陷和不足的方法，原封不动地用来审查和研究国家和公共经济的一切部门。

（三）善治的条件和内容

（1）就治理主体而言，善治是"善者治理"。作为全球治理的主体，无论政府、非政府组织或是私人企业都应具有合法性。尤其是发挥治理功能的政府，更应是正义、善良、真诚、理智和公正的治理者，是值得公众信赖的、言而有信和以身作则的治理者。帕斯卡尔说："我们的本性都天然具有自私和侵占的欲望，必然导致我们的社会很难建立真正公正的法律；因为如果能够建立真正公正的法律，也就不会也没必要把自己国家的强权作为正义的准则。正是因为找不到公正，人们才找到了强力并借此企图伸张正义。"

韦伯认为，行政管理者必须具备三种基本素质：一是激情，二是责任感，三是理智和才干。这里，激情是积极性、事业心和进取心；责任感是勇于担当和负责的真诚与良知；理智和才干是指专业技能、组织经验和宽容教养。康德认为，政治家应当集正义、理智和善良于一身，拒绝"道德政治家"，而坚持"政治道德家"的品德。若要"达则兼济天下"，必先"穷则独善其身"。鲁迅说："由历史所指明，凡是改革，最初，总是觉悟向前和善良明理的智者的任务"。中国古人对于"政治人才"，一贯主张"德本才实"，因为德行对于治国平天下有第一位的重要作用，因为，"唯仁人为能爱人，能恶人"（孔子）。政治家素质根本在于其品质和德行，即行政管理者自己如何做人如何用人——"古之欲明明德于天下者，先治其国；欲治其国者，先齐其家；欲齐其家者，先修其身；欲修其身者，先正其心；欲正其心者，先诚其意；欲诚其意者，先致其知，致知在格物。物格而后知至，知至而后意诚，意诚而后心正，心正而后身修，身修而后家齐，家齐而后国治，国治而后天下平。"（《礼记·大学》）故，政治家做人的基本品行是格物、致知、诚意、正心、修身、齐家、治国、平天下，政治家须从个人内在的德智修养，到外在作为的成家立业，甚至经邦济世，构成一贯行善有益和不断开展的人生过程。由此，政治家的人生目标则是"为天地立心，为生民立命，为往圣继绝学，为万世开太平。"（[宋]张载）

（2）一般来说，治天下（国家）分上中下三策：道法自然、善为而治为上策；纲目并举、适为而治为中策；劳师天下、恶民而治为下策。天下之事，本于民生——"千头万绪、气象万千和繁杂多样、变幻莫测"。因此，任何统治、政治、管理，都有可管、应管或必管的，亦有不可管、不应管和不必管的。可管者不管则衰，应管者不管则渎，必管者不管则乱；不可管者而管之则锢，不应管者却管之则拙，不必管者若管之则恶；政者之道就在于自先明德而明理，顺其自然而优选管者，善为负责而治。并非不作为，其实就是把该做的事情做好了，并真诚担当重任、勇于实践和敢于承担责任。《论语》曰："子贡问政。子曰：足食，足兵，民信之矣。子贡曰：必不得已而去，于斯三者何先? 曰: 去兵。子贡曰: 必不得已而去, 于斯二者何先? 曰: 去食。自古皆有死, 民无信不立。"这里, 民若守信, 须先要政府坚定公信, 因为,"上有好之, 下必甚焉", 古今中外皆然。

(3) 全球善治需要综合治理。美国政治哲学家汉娜·阿伦特说:"人类生活的首要事业是争取我们的生存和战胜'有死性', 也就是说, 我们之所以在这个世界上生活并有所作为, 即人类生命的真实意义为的就是要证明, 我们不仅仅是来到这个世界上的匆匆过客, 只是草草活过一生而仓促退场的动物, 我们人类作为万物之灵, 在自己短暂的生命中, 必然通过生命的学习、活动和作为来积极寻找某些生活途径, 能让我们感到我们属于这个世界、我们在一定程度上能够稳固地生存于此生。人类就是通过自己的生存而积极进取、创造和发展, '劳作'(work)地创造出一个永恒的、可触摸的和共享的文明世界。归根结底, 这就是我们人类共同的不朽事业。实现这一属于全人类的伟大事业, 关键还是得靠全人类共同努力的'行动'(action)——那些能够表达对于全人类有益思想的言辞(words)和令人能够记住的文明'举止'(deeds)——来完成。"[①]因此, 全球治理并不是一次国际权利的重新配置, 更不是对现有的国际利益进行分配, 它应当是, 也只能是全球环境、国家社会、个人群体和国际秩序的全面改善, 达到全球善治。

就全球治理目的而言, 善治是"善良治理"。治理本意是有益于人类社会的文明进步和人的自由发展, 解决现实问题。没有进步发展和解决实际问题, 治理就没有存在的必要和实质意义。从根本上讲, 全球治理是能够让世界各国民众享有更充分的世界公共物品、公共财富和公共福利, 享有理性、高满足度的公共管理的服务, 从而实现世界资源最合理配置、国际利益的最优化分配和国际安全可靠保障。

就全球治理方式而言, 善治是"善于治理"。既不是国际峰会包统揽治理, 也不是权力强制、精英展现或意识形态偏向, 而是建立在契约基础上的权责利一体化的联合合作, 是多主体、多中心和多方面的良性互动过程。

[①] 阿伦特:《康德政治哲学讲稿》, 上海人民出版社2013年版, 第3页。

就全球治理结果而言,善治是"善态治理"。这是一种境界,是一种多元治理、和谐治理的国际社会安全、稳定与和平发展的势态。在善治势态中,旧矛盾解决,又会出现新问题,在运动中善治的机制和势态能最大限度被国际社会所包容、谅解和缓和,再被善治制度所化解。

(4) 全球治理的善治势态下,必须督促各个活动主体——首要的是政府应当廉洁自律,否则难以保证治理的合法性。在现实生活中,治理作为公共权力的实施,最容易导致活动主体的异化——寻租、腐败或假公济私,这是全球治理的"癌变"。由于国际社会缺乏法律的"外律",因此,全球治理的防病主要是借助各个活动主体的道德"自律",还需要在国际联合行动中相互督查,其中,最重要的是全球治理的信息透明化。透明程度愈高,善治的程度也愈高。

第六节 全球治理的理论思考

1893年5月11日,已暮年之际的恩格斯对法国《费加罗报》记者发表谈话时说:"我们没有最终目标。我们是不断发展论者,我们不打算把什么最终规律强加给人类。关于未来社会组织方面的详细情况的预定看法吗?您在我们这里连它们的影子也找不到。如果我们能够把生产资料转交到整个社会的手里时,我们也就心满意足了。"他还说过:"我们只能在我们的时代的条件下对世界进行认识,而且这些条件达到什么程度,我们便认识到什么程度。"[1]

马克思说过:"人们是不能自由选择自己的生产力——这是他们的全部历史的基础,因为任何生产力都是已在既得的力量,是现在人们以往活动的产物。可见,生产力是人们应用能力的结果,但是这种能力本身决定于人们所处的条件,决定于先前已经获得的生产力,决定于在他们以前已经存在、不是由他们创立而是由前一代人创立的社会形式。"[2]他指出,"许多人在同一生产过程中,或在不同的但互相联系的生产过程中,有计划地

---

[1] 恩格斯:《自然辩证法》,《马克思恩格斯选集》第4卷,第224页。
[2] 马克思:《致帕·瓦·安年柯夫》,《马克思恩格斯选集》第4卷,第532页。

一起协同劳动,这种劳动形式称作'协作'。""这种协作不仅是通过合作能够提高单个个人的生产能力,而且是创新出一种生产力,这种生产力本身必然是'集体合力'。且不说由于许多力量融合为一个总的力量而产生的新力量。"① "单个工人的力量的机械总和,与许多人同时共同完成同一不可分割的工作时所发挥的机械力,在质上是不同的。协作直接创造了一种生产力,这种生产力实质上是集体力。用马克思的话来说,就创造出'新的力量'。"②

1. "全球治理"就其国际社会本质而言,在经济哲学意义上就是"社会关系必须适应于社会生产力和经济的发展",这也是马克思主义的基本原理

马克思说:"物质生活的生产方式制约着整个社会生活、政治生活和精神生活的进程。不是人们的意识决定着人们的存在,恰恰相反,是人们的社会存在决定人们的意识。""社会关系和生产力密切相关。随着新生产力的产生,人们必然改变自己的生产方式,随着生产方式即谋生获利的方式的改变,人们也就会自觉要求并实际改变自己的一切社会关系。手推磨产生的是封建主的社会,蒸汽机产生的是工业资本家的社会。"③(如此推理,在电子计算机和信息网络的"新经济"中,必然产生"知识精英"的"全球化"社会)"各个人借以进行生产的社会关系,即社会生产关系,是随着物质生产资料、生产力的变化和发展而变化和改变的。""人们在发展其生产力时,即在生活中,也必然同时发展着一定的相互关系;这些关系的性质必然是随着相应的生产力的改变和发展而改变的。"④

（1）一切"治理"的目的是进步和发展,即是在原有的、现实的和存在的基础上进行学习传承、良性改善和创新发展。在人类文明的进程中,一切物质技术、思想意识和制度规范,都是人类社会内生的动因,都是基于人类自身生存生活的需要,都是源于人的特质——人的思维理智和实践认知的创新。物质文明的进步必须首先是学习继承和掌握运用好"旧"的

---

① 马克思:《资本论》第1卷,第362页。
② 恩格斯:《卡尔·马克思〈资本论〉第一卷提纲》,《马克思恩格斯全集》第16卷,第316页。
③ 马克思:《哲学的贫困》,《马克思恩格斯选集》第1卷,第142页。
④ 马克思:《雇佣劳动与资本》,《马克思恩格斯选集》第1卷,第345页。

物质技术,在此基础上再探索创新,再"新旧融合"或"以新代旧",而绝对不可能先破旧——"空手道路"——再创新,因为物质的问题只能依靠物质来解决。

①马克思主义认为,存在决定意识,"我们首先应当确定一切人类生存的第一个前提,也就是一切历史的第一个前提,这个前提是:人们为了能够'创造历史',必须能够生活。但是为了生活,首先就需要吃喝住穿以及其他一些东西。因此第一个历史活动就是生产满足这些需要的生活资料,因此,物质生产活动是人类生存和发展的前提和必需内容,现在和过去几千年都是如此,毫无疑问,将来也一定是这样。""唯物主义历史观从下述原理出发:生产以及生产而来的产品交换是一切社会制度的基础;在每个历史的出现的社会中,产品分配以及和它相伴随的社会之划分为阶级或等级,是由生产什么、怎样生产以及怎样交换产品来决定的。"(马克思恩格斯:《德意志意识形态》《社会主义从空想到科学的发展》)根据马克思主义的理论,社会主义的目的是"必须推翻那些使人成为被侮辱、被奴役、被遗弃和被蔑视的事物及社会的一切关系","重建个人所有制"而实现全人类的平等自由和发展。因此,马克思主义的社会主义目标不是消灭"有产阶级",而是消除"贫困无产阶级",实现全人类共同富裕。而全球化最大的弊端就是扩大了发达国家与发展中国家,特别是极度贫困国家的贫富差距,由此,全球治理的主要目的亦是通过全球治理,采取广泛有效的国际合作,尽量缩小国家间、民族间、民众间和阶层间的贫富差距。

②第三条道路。过去30年,全球层面上发生了一次左、右大换场,也可称为"大转型"。左右都失灵,左右都作恶,左右大换场,就是意味着需要超越左与右。全球环境问题、全球能源问题、全球金融问题、全球人权问题、全球福利问题,甚至全球卫生问题以及全球食品安全问题等,都是高度复杂的、跨越界限的、危机式的新议题。它们已经很难被纳入传统的左、右框架中来充分讨论并引出政策。但是,什么样的"范式"能够替代左与右?几乎无人能够说清楚。全球治理其实质就是对全球化进程中所内生的资本主义经济弊端、发达国家与发展中国家在全球化中所发生的矛盾、全球化所导致的世界问题等,进行全球化的治理。马克思认为:资本主义社会是社会主义社会的母体,或者说社会主义只能产生、脱胎或演

进于资本主义社会。社会主义与资本主义具有完全相同的社会基因——物质技术、自由人、法律制度、社会分工、世界市场，而绝对不是凭空产生的"飞地"。也就是说，任何新秩序绝不是对原有的制度进行彻底决裂、绝对分割或一刀两断，而是一种自我更新、补益改善和调整修正。众所周知，在迄今为止的人类社会历史发展中，从来没有过，也不可能产生"十全十美""尽善尽美"或"全正全能"的社会制度秩序。因此，唯有在旧的、原来的和存在的制度秩序上，进行理智的认知，与时俱进、改善改进和创新进取。中国著名经济学家顾准说："在人间是不可能建立起天堂，唯一的只有争取进步。"因此，我们所提倡的"全球治理"，是一种对现有国际秩序的"扬弃"而进步——理智讨论、协商合作和改善进步。国际政治的最高境界是妥协，国际经济的最高境界是合作。在国际经济关系中，可有三种境界："求大同、存小异"——追求的是国家的理智、实力和利益；"求大同、存大异"——依据的是民族的宽容、真诚和特性；"求小同、存大异"——全体国人的品质、和平与善良。值得注意的是，在国际经济关系中，必须反对"为达目的不择手段"的原始丛林法则的方法论。

③国家利益，一般来说是指一个国家在经济、军事或文化上的目标和实际收益。这是一个在国际关系中的重要概念，而对国家利益的追求就是现实主义学派的基础。一个国家的国家利益具有多个层面。首先是国家的生存和安全（主权、领土）。同样重要的是对财富和经济增长与权利的追求（物质、资源和各种实物）。另外，许多国家，特别是现代，把保持国家的文化（民族精神、信仰、政治制度、意识形态）也看得非常重要。当然，在现代有关"人权"的国家理念中，还在一定程度上包括对国民生命的保护。

在人类历史的早期，国家利益相对宗教或道德被认为是第二位的。要发起或参与战争，统治者需要证明开战在宗教或道德上具有充足的合法理由。尼可罗·马基亚维利是公认的倡导国家利益应为首位的第一位思想家。国家利益理论的第一次实践是在三十年战争中的法国进行的，当时为了阻止神圣罗马帝国力量的增长，尽管法国属于天主教国家，却加入了新教一方。国家利益的观念很快便主宰了欧洲政治，在接下来的几个世纪中，欧洲政治发生了猛烈的竞争。为了自身的利益，国家可以公然地发动战争。重商主义可以被看作积极地追求国家利益的一个经济借口。根据追求国家利益而调整的外交政策是国际关系现实主义学派的基础。曾任美国国务卿希拉里在竞选中遇到美国CNN记者提问:"当美国国家利益和民主自由发生冲突时,你选择谁?"起初希拉里想回避,说美国国家利益不会和民主自由发生冲突,可CNN记者追问:"我是说假如,假如美国国家利益和民主自由发生冲突时,你选择谁?请直接回答。"此时希拉里眼里光芒四射,十分坚定地回答:"我当然选择美国的国家利益!"希拉里的回答赢得了台下美国民众热烈的欢呼。

基辛格曾经说过,只有用捍卫国家利益这样的理由,才能说服美国人去牺牲自己的生命。此话包含了两层意思:一方面说明美国人拥有一种对国家的绝对忠诚,可以为了国家利益而牺牲生命;另一方面说明在美国的政治生活中,国家利益占有极为崇高的地位。

"君子爱财,取之有道。"全球治理是新方法,目的是使全球资源共享——实现国际利益更加公平公正的最优化配置。因此,在国际社会,既要按国际规矩办事,也要按国际规矩"治理"。全球治理正是从原来国际社会的丛林法则的"弱肉强食"进化到文明有序的"协作善治"。

(2)制度文明的进步发展同样需要连续性、传承性和创造性,即任何新的制度绝不是"飞来石",能够凭空、无根或突然地产生,而只能和必然形成于原有的社会。

①秩序文明的进步是人类社会生存和生活需要的进化,既是以正义、平等、和平、博爱和有益于生活而自然形成的社会形态,也是一种人类自觉区别、自治脱离和自我革除"丛林法则"的弱肉强食野蛮争斗的渐进改善和文明发展。马克思认为,资本主义社会是社会主义社会的母体,或者说社会主义社会是资本主义社会自身不断发展的"产物"。"无论哪一个社会形态,在其所能容纳的全部生产力尽量发挥出来以前,是绝不会灭亡的;而新的更高的生产关系,在它的物质技术存在条件在旧社会的胎胞里发育成熟之前,也是绝不会出现的。"[①]因此,在全球治理的过程中,既要反对"空中楼阁"和"花拳绣腿",更需严防"取而代之"与"改朝换代"。

②对旧制度仅仅停留在批评的阶段是不够的,一方面是"批判的武

---

① 马克思:《〈政治经济学批判〉序言》,《马克思恩格斯选集》第2卷,第32页。

器绝不能够代替武器的批判",另一方面是"一切制度的文明改善其实质是建立在各方共识、善意理智和平等协商的基础上,对原有制度的自我更新、内在修正和完善提升。"①同理,制度的改善,除了对旧制度问题的批评指责,更需要有新制度的设计、构思和建议。在具体实施中,更需要参与各方群策群力、齐心协力和合作协力。《圣经》第11章表述:在古巴比伦时代,人类联合起来设计和建造一座能够直接通往天堂的高塔(通天塔)。为了阻止人类企图避开上帝的最终审判而自己进入天堂的计划,上帝就此让人类说不同的语言,使人类相互之间不能沟通和共识,人造"通天塔"计划因此失败,人类自此各散东西,形成不同的民族部落。此故事试图提供解释世界出现不同语言和种族的缘由——无论是否如何,却证明了一条道理:在设计和构建有益于全人类的工程时,最重要、最关键和最根本的因素是参与的人们必须首先取得语言、思想和意识的共识。今天,对于全球治理,虽然是无须升天就能够为人类在地球上更好生活而建设的一项"全球化宏伟工程",但是生活的逻辑却是相同的。中国著名考古学家、原国家博物馆馆长俞伟超说:"从考古学的科学意义上讲,人类的历史只有十多万年,现代人是智人进化而成的。如果单纯从人的自然生理性来看,即从人的生物本性——或者用中国话来说'人的七情六欲'而言——智人与我们现代人相比较,其实几乎没有任何区别。因此,智人与现代人的区别仅仅在于人的智力的进化,并由此导致的科学认知、理性思维和情感表达的进步,进而使人类实现生物本性的七情六欲的技术手段和方式更加有效、内容更加丰富美好而已,人类的全部文明和进化的意义和内容也正是如此。因此,全人类的生物本性既是同根同源,其文明进化也是同性同理。这一考古学的科学知识真的特别需要世界各国政治家们了解知道,以在各项政治决策中坚持以人性为根本根据,从而有利于全人类的文明进化。"

③马克思主义认为,政治制度决定于又反作用于经济制度。"政治权力在对社会独立起来并且从公仆变为主人之后,可以朝两个方向走作用,或者按照合乎社会规律的经济发展的精神和方向去起积极有益的促进作

---

① 艾尔·巴比:《社会研究方法》,华夏出版社。

用,在这种情况下,政治制度与社会经济发展之间没有任何冲突,社会经济由此得到加快速度的发展;相反,政治制度违反社会经济发展的规律而起反作用,在这种情况下,除了极少数例外,这必将在社会经济发展的压力下陷入困境直到崩溃。""因此,一切政府制度,即使是最专制的政府,归根结底都不过是国民经济运行的必然执行者。各个政府可以通过各种方式——好的、坏的或不好不坏的政策——来执行对社会经济反作用的任务;它们可以或是加速或是阻碍社会经济发展及其政治法律的结果,然而,政治制度最终必须服从或遵循社会经济发展的客观要求。"[①]由此可以确认,在全球治理中,对已有国际经济组织规则和法律制度的批评和治理,其根本目的是认知其已经不适合国际经济发展的问题,并在各国协商探讨的基础上,寻求解决方案及途径。无论是修补改革,还是重组改造,都不是目的,目的是使其适应、促进和有益于世界经济和各国国民经济的发展进步。1992年,邓小平在"南方谈话"中提出了"三个有利于"标准。他说:"改革开放迈不开步子,不敢闯,说来说去就是怕资本主义的东西多了,走了资本主义道路。要害是姓'资'还是姓'社'的问题。判断的标准,应该主要看是否有利于发展社会主义社会的生产力,是否有利于增强社会主义国家的综合国力,是否有利于提高人民的生活水平。"2010年10月27日,《人民日报》在《沿着正确政治方向积极稳妥推进政治体制改革——三论牢牢抓住历史机遇、全面建设小康社会》一文中写道:"邓小平同志明确指出,评价一个国家的政治体制、政治结构是否正确,关键看三条:第一看国家的政局是否稳定,第二看能否增进人民的团结、改善人民的生活,第三看生产力能否得到持续发展。"可见邓小平的思想与马克思主义一脉相承,是对马克思主义的与时俱进。同理,进行全球治理的理论、方案和标准,也应是"是否有利于促进国际生产力的发展,是否有利于稳固国际和平环境,是否有利于促进世界各国人民生活水平提高和社会福利增长。

(3)对于人类精神文明建设,在全球治理中最为显著,更具重要的人文意义。古罗马思想家亚历山大·蒲伯说:"要认识你自己,不要以为上帝了解就够了;正是人,才是人类进行一切研究的最终归宿点和最适当题

[①] 恩格斯:《反杜林论》,《马克思恩格斯选集》第3卷,第526页。

材。"柏拉图提出：国家就是大写的人，是人性的放大。在人类社会中，人与人之间形成一定人际关系和社会关系。社会关系是人类自然性和社会性的有机统一，而国际关系则是社会关系发展的最高形态。英国思想家穆勒曾指出："个人才是具体的最真实的存在。个人应被看作一个人而且仅仅被看作一个人；社会共同体，如民族、国家、社团或家族，都是由个人组成的。如果不讲个人，国家只是抽象的概念，没有任何生命力和意义。最重要的是，个人是一切历史和现实价值的源泉，凡一切聪明事物或高贵事物的发端总是也必是出自某些个人。"因此，国家的实质意义、价值和内涵，从长远和宏观范畴分析，归根结底还在组成它的全体个人的意义、价值和内容。

在国际社会，一国的国际行为实力并不直接等于具有全球治理的能力和方法。从政治学而论，一般国家治理的基本方法有：实施和落实法制关于社会秩序的规矩；代表社会统治阶层和主要实力集团利益、舆论和意识形态的政策导向；维护和负责社会整体利益的运行安全、秩序和成果；塑造社会的民族国家的共同利益的价值观。这四类方法或可简要为执法（law enforcement）、代表性（representation 或 accountability）、责任感（responsibility）、正义观（justice）。[①]

从政治学意义上讲，全球治理的内容虽然是事关世界各国和全人类的利益、前程和命运，然而，参与主角却只能、必然仅是各国政府（首脑和政要），即按照政治方法行事。因此，对全球治理需要有清晰明确的政治理念和认知：

"政就是众人之事，治就是管理，管理众人之事，便是政治。""夫国者人之积也，人者心之器也，而国事者一人群心理之现象也。是故政治之隆污，系乎人心之振靡……心之为用大矣哉！夫心也者，万事之本源也。""国家政治者，一人群心理之现象，是以建国之基，当发端于心理。"[②]孙中山先生旨在强调国家是由有意识、有目的的人所组成的，国家政治生活中所发生的一切事情及其兴衰成败，都是生活中人们的一定精神思想和价值观作用下自主活动的结果，都可以从隐藏其后的文化心理状

---

① 潘维：《比较政治学理论与方法》，北京大学出版社2014年版，第37页。
② 孙中山：《孙中山全集》第9卷，中华书局。

况、利益诉求和思想动因中找到注解。

"政治知识以关于社会的知识为基础。""什么是社会？社会就是由本地人们相互关系构成的共同体，由本地人之间或紧密或松散的相互关系构成。"①人是社会或群体"动物"，必须生存生活于一定的群体规范之中——在全球化时代，则当然包括国际规范之中——既然有规范，必然形成群体等级制度、权力控制和支配决议等关系，而这些关系进而直接关系、影响和作用到群体中每一个人（个体）的利益、意志与活动。当权者掌握权力如何支配他人？政治学原理认为，权力由四种构成：财富、暴力、思想、人格，或可简记为WVIP（Wealth, Violence, Idea, Personality）。财富与暴力属于物质类——硬权力；观念和人格属于精神类——软权力。我们似乎可断定：拥有硬权力者难以拥有软权力，拥有软权力者难以拥有硬权力。显然，在全球治理中，一方面是应当在硬权力（国际社会财富分配和制度规则）的作用力和软权力（文化和意识形态的话语权或感召性）的影响力两方面"重新调整"；同时，往往是"熊掌和鱼很难兼得"，因为，国家利益和国际道义之间的选择，往往是"君子喻于义，小人喻于利"（孔子：《论语·里仁》）——孔子认为："君子义以为质，礼以行之。" 认为君子与小人价值指向不同，道德高尚者只需晓以大义，而品质低劣者只能动之以利害；君子于事必辨其是非，小人于事必计其利害，仅以利益为行事根据或标准，在国际社会，执君子理念者，可参考毛泽东于1970年5月20日的名言："无数事实证明，得道多助，失道寡助。弱国能够打败强国、小国能够打败大国。小国人民只要敢于起来斗争，敢于拿起武器，掌握自己国家的命运，就一定能够战胜大国的侵略。这是一条规律。"相应地，持"小人"主张的，亦有："没有永远的朋友，也没有永远的敌人，只有永远的利益。"②

对于"小人喻于利，君子喻于义"的理解，孔子的原意是说，普通人都为生活奔走，目的是要赚钱；有理想的人追求社会的正义。其实，他并没有说小人不好，君子好，而仅仅说的是一个社会现象。不过后人对孔子的

---

① 潘维：《比较政治学理论与方法》，北京大学出版社2014年版，第29页。
② A country does not have permanent friends, only permanent interest. 此言是流行于国际社会和中国国际关系学术界的名言，出自19世纪英国政治家和作家本杰明·迪斯雷利，后经19世纪英国首相帕麦斯顿和20世纪丘吉尔引用，流传于全世界而成为外交理念和国际关系学的"圭臬"。

原话增添了自己的理解或误读，即认为"小人是没有道德，只知道谋利赚钱；而君子才是追求道德高尚而不屑计较金钱利益"，是我们值得学习的榜样。著名经济学家茅于轼认为："小人忙于赚钱，并不见得就没有道德；君子追求正义并不是不讲私利。赚钱和讲道德并不矛盾；君子追求正义，也不妨碍他也要生活，也要赚钱。"但是，一个社会、一个民族国家，乃至整个人类，若全部是由仅仅喻于利的"小人"组成，就不会产生卓越杰出的思想者、发明者、人文者、艺术者，而政治者若缺少理智和人文精神，仅仅是与普通喻于利的"小人"同人品，那么，政治必然堕落为"庸俗低级"甚至"以权谋私"，全球治理也就可能异化成各国"政客"或钩心斗角或自我表现的"闹剧"。因此，需要强调的是，参与全球治理的是各国政府首脑、政要和其身后的"智囊团"，无论是其理智，还是品质，或是责任，都理应远远高于一般民众。全球治理、人类大义，责任重大、任务艰巨。故，非正人君子不得担当。2013年9月5日，在二十国集团领导人峰会上，习近平说："完善全球经济治理，使之更加公平公正。二十国集团是发达国家和发展中国家就国际经济事务进行充分协商的重要平台。我们要把二十国集团建设成稳定世界经济、构建国际金融安全网、改善全球经济治理的重要力量。"①

在全球治理中，最重要的问题是能否妥善、正确和"中庸"地处理好"原理服从社会，还是社会服从原理"的关系。老子认为，"人法地，地法天，天法道，道法自然"。"这是常识，却是被强调'顶层设计'的制度主义者们有意忘掉的常识。制度主义强调制度'设计'而非制度的社会历史基础，属'唯意志论'（voluntarism）的'主观主义'。"（潘维）对此，需要特别指出的是，在全球化的今天，我们必须意识到，任何国家的政府权力不但要受到国民生活的自然法则的限制，还要受到国际关系或国际规范的限制，每一个政府都是处在还存在其他政府的世界中。然而，一国的政策、法律经常是以封闭、专权和自给自足的国家为根本原则。在国际社会，从来不存在一个最高的法律政治权威，每个国家都是根据本国民众的生活利益和生活价值观的需要来选择或承认国际准则，必须是"国际公理"，即

---

① 习近平：《习近平谈治国理政》，外文出版社2014年版，第337页。

具有"全球化"而适应于各国、各民族生活文化的普世意义。全球治理的原则若如是,就必然实现一切原理"法于自然"而是最合理、最平等、最有效的。

法国思想家帕斯卡尔认为:君主因权力而获得的荣耀应当远远低于我们对艺术家、科学家和哲学家们的尊重,更低于对神圣性的尊重。因为,一个人往往越是拥有权力,他就越是不需要除了权力统治的想象力之外的其他思维,不需要用正常生活的想象力去思考。国王是运用军队的力量而不是用理智和仁慈的思想力量进行统治,他并不能够真正赢得人民的尊重,根本原因就在于来自政治权力的判断力,被国王直接当作来自真理的判断。从此意义上讲,通过权力决定的决议永远肯定都是正确的,因为,在所有的政治家的脑袋里,有了权力就有了一切,当然也就掌握了真理;相反,若丧失权力就是丧失一切,当然也包括失去真理。帕斯卡尔的观点提醒世界各国民众,由政治当权者所讨论、争议和设计后推出的全球治理的东西,并不一定全是真理,进而任何一学之言、一家之言或一国之言,更是具有局限性,各国需要协商、妥协和宽容。

所谓"物竞天择,适者生存",关键在于"天择",而不是人择,更不是"权择"。帕斯卡尔对于人的本性,提出非常实际的观点:"人具有一种支配他人和占有财富的强盛本性,以至于人们绝对无法仅仅通过祈祷公正或说服教育就能改变这种本性。财富的每一次分配都只能是抽象的公正合理,实际上人们永远是顺从权力的意志,结果永远是强权者会得到更多的财富。因此,在人的社会,不可能将公正强力化,人们只能是将强权公正化,于是达到强权与公正的和谐统一、和平共处与各得其所。这样的政治权力,就是理智的主权。"中国有句古语,"寡人有疾,好色、好货、好勇"。"寡人",中国古代皇帝自称,"疾"即个人爱好:好色、好财和好权。面对强权,帕斯卡尔提出一种明智而平和的理念,他说:"人总是希望统治世界。那么,这个世界的结构是建立在什么样的基础上呢?如果是以每一个人的本性为基础,那一定会是非常混乱!仅仅是以正义为基础吗?人类从来并不知道真正的正义为何物。人类社会的正义从来都是与权力结合而存在的。正义理想和权力力量相合作,由此建立起公正和服从:对于人的社会生存和安全而言,公正的东西得到服从是正当的,最强力的东西得到服从是必要的。因此,必须把正义和力量结合起来;为此,我们应当使正义的东西变得更加强大,或者使强大的东西更合乎正义。"①

中国儒学认为:"中庸之为德也,其至矣乎。"(孔子:《论语·雍也》)不偏不倚为"中",平和正常为"庸","中者,天下之正道。庸者,天下之定理。"因此,全球治理的理念,调不在高,有益则名;理不在深,可行则灵。

清华大学何兆武先生说:"人类总是有一些价值是永恒的、普世的,不能以强调自己的特色而抹杀人类普遍的价值。中国有没有自己的特色?有特色,但是这特色你不必强调。保持自己特色最好的方式是想方设法将自己特色更好地融于世界,而不是相反为保持特色与世界对立。当全世界或整个人类进步了,中国自然也在其中。"同理,在全球治理中,我们中国的角色、意义和作为也是如此,当全球治理实现世界"善治"之时,亦是我们达到实现"中国梦"之日。

2. 全球治理需要多种理论,以下特别引用10位名人的语录,以开拓思维、明理增智

老子:"人法地,地法天,天法道,道法自然。""居善地,心善渊,与善仁,言善信,政善治,事善能,动善时。""将欲以天下而为之,吾见其不得已。天下神器,不可为也。为者败之,执者失之。""善有果而已,不得以取强。果而勿矜,果而勿伐,果而勿骄。果而不得已,果而勿强。物壮则老,是谓不道,不道早亡。"

吉登斯:"从历史上看,刚步入21世纪时,欧洲对一群知识分子做了一个调查,结果85%的学者对21世纪表示悲观。而在20世纪之初,在战争还没发生之前,欧洲同样做了一个类似的调查,结果85%的知识分子对20世纪表示乐观。你瞧,世界的变化难以捉摸,下一秒钟就可能完全不同。今天的世界变得很难懂,以前的理论都不够用了,在全球化时代,21世纪正寻找新的社会学理论,能够给我们指引一个适应于现代社会的方向。"

爱因斯坦:"我认为全球现有的主权国家的体制只能带来粗暴、野蛮、战争和非人性,只有全球的法律和规则才能够带领我们向前实现文

---

① 帕斯卡尔:《思想录》,译林出版社。

明、和平和真正的人性。"(《爱因斯坦文集》第3卷)

马克思:"无论哪一个社会形态,在它所能容纳的全部生产力发挥出来以前,是绝不会灭亡的;而新的更高的生产关系,在它的物质存在条件在旧社会的胎胞里成熟以前,是绝不会出现的。所以人类始终只提出自己所能解决的任务。"(马克思:《〈政治经济学批判〉序言》)

威尔·杜兰:资本主义的恐惧迫使社会主义放宽自由,而社会主义的恐惧也迫使资本主义增加平等,东方是西方而西方也是东方,不久,两者就要碰头。①

恩格斯:"共产主义不是一种单纯的工人阶级的党派性学说,而是一种目的在于把连同资本家阶级在内的整个社会从现存关系的狭小范围中解放出来的理论。这个理论在抽象的意义上是正确的,然而在实践中却是绝对无益的,有时比现实的资本主义还要更坏。"1890年8月27日恩格斯在致拉法格的信中说:"所有这些先生们都在搞马克思主义,然而是十年前你在法国就很熟悉的那一种马克思主义,关于这种马克思主义,马克思曾经说:'我只知道我自己不是马克思主义者'。马克思大概会把海涅对自己的模仿者说的话转送给这些先生们:'我播下的是龙种,而收获的却是跳蚤。'"

毛泽东:"马克思主义认为人类社会的生产活动,是一步又一步地由低级向高级发展,因此,人们的认识,不论对于自然界方面,还是对于社会方面,也都是一步又一步地由低级向高级发展,即由浅入深,由片面到更多的方面。"(毛泽东:《实践论》)

布热津斯基:"我们是生活在这样的一个世界里,它实际上已与我们自以为理解的那个世界有着很大的不同。而且每当我们的认知和理解跟上现实时,世界可能已经在很多方面比眼前看起来是不可思议的情况又有了更大的变化与不同,它要求人们对我们时代的内容含意应进行更深刻的探讨。"

黄炎培先生对毛泽东说:"我生六十余年,耳闻的不说,所亲眼见到的政权,真所谓'其兴也渤焉,其亡也忽焉'。一人,一家,一团体,一地方,乃

---

① 杜兰:《世界文明史》第11卷,东方出版社。

至一国，不少单位都没有能跳出这周期率的支配力。大凡初时聚精会神，没有一事不用心，没有一人不卖力，也许建业初时艰难困苦，只有从万死中觅取一生。既而环境渐渐好转了，精神也就渐渐放下了。有的因为历时长久，自然地惰性发作，由少数演为多数，到风气养成，虽有大力，终无法扭转颓势，并且无法补救。也有为了区域一步步扩大了，它的扩大，有的出于自然发展，有的为功业欲所驱使，强于发展，到干部人才渐见竭蹶，艰于应付的时候，环境倒越加复杂起来了，控制力不免趋于薄弱了。一部历史，'政息宦成'的也有，'人亡政息'的也有，'求荣取辱'的也有，总之没有能跳出这周期率。""中共诸君从过去到现在，我略略了解的了，就是希望找出一条新路，来跳出这周期率的支配。"据史料记载，时年53岁的毛泽东听此言显惊愕，肃然相答："我们已经找到了新路，我们能跳出这周期率。这条新路，就是民主。只有让人民起来监督政府，政府才不敢松懈。只有人人起来负责，才不会人亡政息"。

基辛格："对于中国与美国而言，我们是无法避免意见相左的，但是却可以避免冲突，实际上是必须避免冲突。世事与时代都已经发生了重大的变化。历史上，一场战争之后，总会有一个或几个国家是胜利者。但现在要严肃、认真地扪心自问的是，如果中国与美国发生了战争，谁会是赢家？而如此荒唐的战争，又能获得什么益处呢？我们不能总是强调冲突是不可避免的，如果大家总是陷入这种最没有道理的和最拙劣的思维模式，也许就真的会走向冲突。不知为什么，在中国和美国，总是有一批人死抱着中国与美国一定要冲突起来的主观假设和预想来考虑未来，他们总是把对方往恶魔方向理解。为什么不去想办法和积极寻求中美两国避免冲突的模式呢？我最感到自豪的不是某一件事担当了重任，而是我曾努力与中国人建立互相信任的关系。为此，我是竭尽所能、全力向双方阐明我所理解的状况，千方百计地寻求两国避免冲突的各种办法。既然是大家都认为不愿意中美两国发生冲突，为什么又总是去假设或预测冲突，并企图在实际上并不存在的冲突中争当赢者呢？谨慎和负责地思考一下，最重要的是，我们一切外交官、理论学者，真的是希望通过中美两国发生冲突来证明自己的正确预见吗？难道中国和美国的人民生命利益不比个人的一己之见重要千万倍吗？难道全世界各国人民、各个民族和各个国家，共同的前提和共同属性不都是属于人类吗？"

3. 客观变了，人的主观理智也应"性随境迁"——"范式转变"

全球化是在冷战末期和结束时，在世界形势发生了全面、重大和深刻变化后形成发展的。马克思认为，客观形势的变化是人的主观认识变化的根据。这里，用范式转换来解释是最明确不过了。"范式"（Paradigm）最初是由美国著名科学哲学家托马斯·库恩（Thomas S. Kuhn）于1968年在《科学革命的结构》中提出的一个概念。库恩长期以来研究科学史，他发现一种传统、保守和累积性的科学史观长期统治着学术领域，但他认为，这种认识是不能真正反映科学史真实本质的面貌的。

库恩认为：范式理论指常规科学所赖以运作的理论基础和实践规范。范式是从事某一科学的研究者群体所共同遵从的世界观和行为方式，它包括三个方面的内容：共同的基本理论、观念和方法；共同的信念；某种自然观（包括形而上学假定）。范式的基本原则可以在本体论、认识论和方法论三个层次表现出来，分别回答的是事物存在的真实性问题、知者与被知者之间的关系问题以及研究方法的理论体系问题。这些理论和原则对特定的科学家共同体起规范的作用，协调他们对世界的看法以及他们的行为方式。

显然，全球治理是人类思想最伟大的一次"范式转变"。

第七节　全球治理与中国和平发展

中国作为世界负责任的发展中国家，参与国际经济活动的目的，不仅是谋求自身的利益，还应当为建立一个持久国际和平、普遍和谐与共同繁荣的世界而做出有益贡献。所谓"和谐"，一定是由各国和多民族不同利益目标的不同声调、不同音阶、不同音质的乐音共同发出"共鸣"或者说"和声"，正如孔子所言，"君子和而不同，小人同而不和"。这是全世界人民的共同理想，也是中国的崇高目标。

(1)和平发展,内圣外王。2003年,中国曾向全世界显示"和平崛起"的意向,表明中国的发展不会损害别国利益,更不会对世界经济与世界和平构成威胁。"和平崛起"表达的内涵是再次张扬起民族振兴的大旗,由此极大鼓舞和振奋起全国人民团结奋斗的精神和力量;明确了中国大国战略的伟大目标,充分表达了中华民族将通过自己的智慧和努力必将"屹立于世界民族之林"的决心。

"内圣外王"最早出于庄子言:"圣有所生,王有所成,皆原于一(道)。""是故内圣外王之道,暗而不明,郁而不发,天下之人,各为其所欲焉,以自为方。"(《庄子·天下》)其意是指统治者应于自己之内具有圣人的才德,于他人对外施行王道统治。道德与政治的统一,也就是由"内圣"到"外王"。这里,"内圣"是"外王"的前提和基础,"外王"是"内圣"的自然延伸和必然结果。"修己"自然能"治人","治人"必先"修己"。然而,最重要的是:"己所不欲,勿施于人,己所之欲,慎施于人。"

中国的发展离不开世界,离不开世界和平,离不开世界经济。在全球治理中,国际政治的最高境界是和平妥协,国际经济的最高境界是互利合作。因此,中国参与"全球治理"就是本着"和平与发展"的理念,即"善意、和谐、理智"并量力而为;在坚持对外开放、和平共处、平等互利的基础上,同世界一切友好国家发展经贸关系,并努力建立相互信任、相互协调的合作关系。

(2)中国以和平而发展,以永远不称霸而开创出一条新的大国"崛起"之路,对此中国抱有坚定的决心和信心。中国的发展不会妨碍也不会威胁任何国家。中国现在不称霸,将来即使强大了也永远不会称霸,包括不在亚洲地区称霸。"和平发展""大而不霸"、强而不暴,既是中国作为一个负责任的大国向全世界公示自己的发展目标,也是中国向世界的郑重承诺;既是中国政府对本国负责,也是对全世界的一种责任。邓小平提出改革三条基本标准:"一是有利于生产力发展,二是有利于综合国力提高,三是有利于人民生活水平提高",这既是中国全面深化改革、扩大开放的基本原则，也是中国积极参与全球治理的自律道义。

时代在变化，世界在进步，社会在发展。中国以"和平发展"参与"全球治理"，是世界历史和时代的使然，也是中国自身正确的时代定位。列宁说："历史在愈来愈大的程度上成为世界的历史。"[①]中国社会主义的选择必然受到世界历史大趋势的影响，必然反映着时代特征。中国作为世界经济大国，在全球治理中应当成为善治的先锋模范，在全球善治中实现和平崛起。

2015年7月，中国国务院总理李克强访问欧洲期间，中国接受了加入"经济合作与发展组织"（Organization for Economic Co-operation and Development）下属的经合组织（OECD）的发展中心，并由中国国务院发展中心主任李伟签署了相关协议。这是"在经济全球化深入发展的今天，中国作为发展中心成员，表明了中国主动参与全球治理的积极态度，是中国积极参与全球治理的重要一步。"

---

① 《列宁选集》第1卷，人民出版社1995年版，第52页。

第二章 国际经济秩序视角下的全球经济治理[①]

国际经济秩序支配着各国在国际经济舞台上的行为模式以及利益分配，重要性不言而喻。"二战"后，随着第三世界国家的政治独立与经济发展，西方国家主导的国际经济秩序越来越不能满足时代的要求，其改革一直是国际焦点议题。但从实际情况发展看，国际经济秩序改革步履缓慢，"二战"后形成的体制和框架没有大的改变，与之形成鲜明对比的是，近年全球经济治理概念迅速升温，在国际舞台越来越受到重视。本章拟从国际经济秩序及其改革的角度切入，分析国际经济秩序与全球经济治理之间的区别与联系，进而展望未来的全球经济治理发展趋势。

第一节 国际经济秩序及其演变

"国际经济秩序"目前学界尚无明确、统一的定义。有学者认为，国际经济秩序是指在世界范围内建立起来的国际经济关系以及各种保证正常国际经济交往的制度安排的总和，是使世界经济作为相互联系和相互依存的整体进行有序发展和变化的运行机制[②]；有学者则认为，国际经济秩序是指在某一时期内，国际行为主体以国际经济关系为主题形成的国家利益最大化的对比关系或权力均衡状态；[③]也有学者认为，国际经济秩序一词含混不清，想给它下个准确的定义会劳而无获。[④]尽管如此，"国际经济

---

① 作者：刘明礼，中国现代国际关系研究院副研究员。
② 朱世龙：《二十国集团与世界经济秩序》，《世界经济与政治论坛》2011年第2期，第47页。
③ 刘笑瑜：《国际经济秩序的演变过程及决定因素》，《当代经济》2011年9月（上），第66页。
④ 阿瑟·刘易斯：《国际经济秩序的演变》，乔依德译，商务印书馆1984年版，第2页。

秩序"不论是一种状态,还是一套制度,它都是一种客观存在,它在影响、支配着我们的行为。笔者以为,国际经济秩序表现为一系列准则、规则、制度,背后体现的是国与国之间的经济关系,而这一经济关系是各国凭借实力通过斗争、博弈、协商等方式所形成的,它决定了各国在国际经济秩序中所处的位置以及利益分配。

(一)国际经济关系的建立

公元1500年前后,不仅对于研究国际经济秩序而言,甚至对于整个人类历史,都是一个重要分水岭。在此之前,人类生活在相互隔绝的土地上,彼此相互独立,各自都认为自己是世界的中心,相互了解、联系、往来甚少,甚至不知道对方的存在,国际经济关系更是无从谈起。15世纪末,葡萄牙、西班牙在航海技术方面取得突破性进展,标志性事件是1492年哥伦布发现美洲大陆,以及1498年达伽马绕过好望角进入印度洋。新航线的开辟为欧洲国家通过海洋向外扩展贸易提供了历史性机遇。在16世纪初的前5年中,葡萄牙的香料交易量从22万英镑迅速上升到230万英镑,成为当时的海上贸易第一强国。当时的另一海洋大国西班牙,从1502年到1660年,从美洲得到18 600吨白银和200吨黄金。到16世纪末,世界金银总产量中,83%被西班牙占有。从这一过程,我们能够得出结论,技术进步是改变国际经济关系的直接推动力。葡萄牙、西班牙通过航海技术控制了海洋,进而控制了世界。海洋技术的进步让世界变小,或者说让世界真实地呈现在人们面前,在此之前人们对自己身处大陆以外的世界几乎一无所知,技术进步让不同陆地的国家和人们经济关系增加起来,世界逐渐开始形成一个整体。美国著名学者依曼纽尔·沃勒斯坦认为,在1450—1640年这一时期,资本主义世界经济体系得以创立,从此可以把欧洲经济当作一个整体对待。[①]

对于这一时期的国际经济活动使用"国际经济秩序"一词可能引发争议。一方面,全球性的国际经济秩序尚未形成,当时国与国的经济关系主要在于西欧海洋霸主与殖民地之间,参与国家数量有限。另一方面,当时的国际经济秩序还没有形成成文的机制,没有形成各国普遍认可的交易

---

① 依曼纽尔·沃勒斯坦:《当代世界体系》(第1卷),尤来寅等译,高等教育出版社1998年版,第80—81页。

规则,如果说有规则的话也是弱肉强食,强取豪夺,凭实力说话。但不论如何,国与国之间的经济关系正在发生,而且愈加紧密,国际贸易量迅速扩大,即便"秩序"尚未形成,但至少也在形成之中。

(二)重商主义

在15世纪航海大发现后,一直到18世纪这一段时间,对于如何看待和处理国与国的经济关系,占主导地位的经济思想已经基本形成,那就是重商主义。关于重商主义的定义一直存在争论,但一般都认为,重商主义是欧洲15—18世纪的主流经济理论,也是各国制定经济政策的主要依据。重商主义认为,一国积累的金银越多,就越富强。主张国家干预经济生活,竭力禁止金银输出,增加金银输入。重商主义者认为,要得到这种财富,最好是由政府管制农业、商业和制造业;垄断对外贸易;通过高关税率及其他贸易限制来保护国内市场;利用殖民地为母国的制造业提供原料和市场。在这一思想的指导下,葡萄牙、西班牙等大国都把贸易当作财富的来源,忽视了国内工业的发展。当然,忽视工业的发展不仅仅是经济理念的原因,更在于这符合国内王公贵族的利益,确保其统治地位。

重商主义的发展可以总结为早期重商主义和晚期重商主义两个阶段。早期重商主义产生于15—16世纪,以货币差额论为中心,强调少买。该时期代表人物为英国的威廉·斯塔福。早期重商主义者主张采取行政手段,禁止货币输出,反对商品输入,以贮藏尽量多的货币。一些国家还要求外国人来本国进行交易时,必须将其销售货物的全部款项用于购买本国货物,或在本国花费掉。晚期重商主义流行于16世纪下半叶到17世纪,其中心思想是贸易差额论,强调多卖,代表人物为托马斯·孟。他认为,对外贸易必须做到商品的输出总值大于输入总值,以增加货币流入量。16世纪下半叶,西欧各国力图通过实施奖励出口、限制进口的政策措施,保证对外贸易顺差,以达到金银流入之目的。

重商主义在国际经济领域的表现就是大国凭借实力追求贸易顺差,对殖民地进行掠夺,使其成为自己经济发展和积累财富的后院,帮助资本主义实现资本积累。在这一历史时期,制度化的国际经济秩序尚未形成,但资本主义国家经济理念基本相同,"重商主义"成为西方大国从事经济活动奉行的基本准则。也正是在这一"准则"下,西方资本主义国家,包括这些国家的殖民地，逐渐形成体系。伊曼纽尔·沃勒斯坦主张将全球的资本主义作为一个体系来看待，他的著作《现代世界体系》第二卷就以"重商主义与欧洲世界经济体系"为标题，认为现代世界体系采取了资本主义世界经济的形式，这种资本主义世界经济在16世纪得以产生。[1]

在15—18世纪这一段时期，国际经济秩序为"重商主义"思想所主导，或者说是由资本积累的冲动所支配。[2]国与国所处地位极不对称，强国处于明显有利地位，可以对殖民地进行掠夺，占有其财富。同时，欧洲列强之间也有竞争，葡萄牙最早取得海上优势，时间不久就被西班牙取而代之，之后荷兰也曾凭借强大的海上实力建立庞大的商业帝国，但也是昙花一现。这一时期，欧洲列强争夺激烈，战争不断，"大国"更迭频繁，但"国际经济秩序"保持相对稳定，不论谁充当世界霸主，国际经济秩序都在遵循"重商主义"的思想，认为国际贸易是"零和博弈"，一方的收益必然以另一方受损为代价。因此，强国极力谋求贸易顺差，对进口严加管制，以占有和积累金银财富。但18世纪后，另一个大国的崛起改变了"游戏规则"，"重商主义"逐步退出历史舞台，"自由贸易"的概念映入眼帘，这个国家就是"日不落帝国"英国。

（三）自由贸易

15世纪末以来，随着新航线的开辟和殖民扩张，国际贸易量迅速增长，世界对欧洲商品的需求急剧上升，供不应求，传统的以手工业为主的生产方式已经难以满足需求，整个欧洲都急迫希望大幅提高生产效率，满足资本积累的愿望。而这种能大幅提高生产效率的生产方式最终于17世纪发生在英国，也就是我们现在所说的第一次工业革命。第一次工业革命出现在英国并非偶然，英国国内的经济理念、经济制度调整调动了各行各业积极性，为工业革命的到来铺就道路。工业革命注定选择了发生在英国，而不是其他国家，尽管从外部看，当时的欧洲强国同样面临着庞大外部需求这一共同的历史机遇。英国人不仅抓住机遇壮大了自己，引领世界，也改变着国际经济规则，并用新的国际经济规则让自己变得更强大。虽然欧洲

---

[1] 阿瑟·刘易斯：《国际经济秩序的演变》，乔依德译，商务印书馆1984年版，第2页。

[2] 陶大镛：《世界经济格局研究》，北京师范大学出版社2001年版，第4页。

近代史上不乏大国轮替,但"日不落帝国"之强大,"统治"世界时间之久,对国际经济规则以及其他国家经济影响之深,非其他欧洲国家可比,也理所当然应当成为大国崛起与国际经济关系研究的重点对象。

英国之所以崛起,其直接推动力是通过工业革命极大地提高了生产效率,国力迅速增强。飞梭、珍妮纺织机的出现改变了以往的生产方式,手工作坊成为历史,现代工厂得以诞生。瓦特发明的高效能蒸汽机为工厂的生产提供了强大动力,这一发明十分重要,也是第一次工业革命的标志。当时,动力问题已经成为欧洲各国工厂生产的重要瓶颈,传统的靠水力提供动力的效率十分有限,整个欧洲都对高效能蒸汽机充满期待。历史选择瓦特可能是偶然,但选择英国则是必然,因为此前英国的一系列改革已经孕育了滋生新技术的土壤。首先,英国的专利保护政策极大地刺激了整个社会发明创造的积极性。18世纪以来,英国加强对专利的保护,专利持有人能在专利保护期内,一般为15年,获得可观的收入。这极大地刺激了发明创造的积极性,整个社会对新科技、新工艺的追求可以说是达到了狂热的程度,申请专利的人数大幅增加,对国家发展影响深远。

其次,科学的进步大大加快了技术创新的节奏。工业革命以前,技术创新一般来自经验积累,所需时间长,速度慢。17世纪以来,英国在自然科学方面取得了突飞猛进的成就,人们对自然规律有了新的、革命性的认识,并用这些自然规律来指导实践,而不是继续在经验中摸索,让技术创新少走了不少弯路。瓦特发明蒸汽机,就是建立在大量的力学、化学领域的进步基础之上。英国科学进步的代表人物无疑是伟大的科学家艾萨克·牛顿。牛顿三大运动定律、万有引力定律的发现,为后来的工业革命奠定了科学基础。从这个意义上说,正是牛顿开启了英国工业革命的大门。

最后,英国的经济理念有重大转变。1776年,亚当·斯密发表了著名的《国富论》(全名为《国民财富的性质和原因的研究》),引发英国乃至全世界经济理念和经济体制的一次革命。亚当·斯密在《国富论》中严厉抨击了重商主义,提出"自由贸易"和"自由竞争"的概念,认为"看不见的手"能够调节经济,每个人虽然都从利己的角度谋求个人利益最大化,但客观上会形成利他效果,增进整个社会的福利,促进社会发展。斯密的理论不仅仅停留在书本上,更为重要的是得到了当权者的认可,落实为经济政策，焕发了整个国家的经济活力。英国国力因此迅速增强，从深层上决定了1815年英国军队打败拿破仑，进而称霸世界。英国"自由经济"理念的影响还不止于此，在英国称霸世界后，或者说在称霸世界的过程中，还把其经济理念推广到国际层面，一改往日重商主义强调贸易顺差、对进口严加管制的思想，主张自由贸易，认为其他国家的经济增长有利于带动英国出口，自由贸易对各方都有利。

英国为推行自由贸易政策，出台了多项重要举措：第一，废除谷物法。谷物法是当时重商主义保护贸易的重要立法，用征收滑准关税的办法，限制谷物进口。经过工业资产阶级与地主贵族之间的长期斗争，谷物法终于在1846年被废除，工业资产阶级实现了降低粮价和工资，争取到自身利益，这被视为英国自由贸易的最大胜利，也是由原来的保护关税转向自由贸易政策的重要标志。第二，削减关税壁垒。1842年英国进口征税项目共有1 052个，1 859年减至419个，并基本上废除出口税。第三，与贸易伙伴签署自由通商条约。1860年，英法签署通商条约，还有后来的英意、英荷、英德等通商条约，相互提供最惠国待遇，放弃贸易歧视。第四，用坚船利炮打开其他国家的通商大门。英国的主要目的是与这些国家通商，不同于之前的霸权国家赤裸裸地掠夺资源和财富。从这点看，英国的思想比以往殖民主义有所进步，但只是方法上的改进，没有改变英国与殖民地之间的剥削与被剥削的关系。

（四）金本位制

英国随着海外贸易的急剧扩张，需要一个稳定的国币货币体系作为支撑，进而打造了以金本位制为基础的国际货币体系，这在国际货币体系历史上影响深远。所谓金本位制就是以黄金为本位货币的货币制度。在金本位制下，每单位的货币价值等同于若干重量的黄金，即货币含金量。当不同国家使用金本位时，国家之间的汇率由它们各自货币的含金量之比来决定。金本位制有不同的形式，包括金币本位制、金块本位制、金汇兑本位制等。

1816年，英国制定"金本位制度法案"，在世界上首先实行了金本位制。1844年的《英格兰银行条例》赋予了英格兰银行垄断货币发行的权力，1872年，英格兰银行开始对其他银行负起在困难时提供资金支持的责任,也就是扮演"最后贷款人"角色,成为世界上第一个真正意义上的中央银行,对世界其他国家中央银行制度的建立产生了重大影响。英镑逐渐成为被全世界普遍接受的国际货币,伦敦成为国际金融中心。英国凭借其经济、军事优势,在国际经济交往中对许多国家的货币制度施加影响,促成了国际金本位体系在19世纪70年代的最终形成。

自从英国于1816年率先实行金本位制以后,到1914年第一次世界大战以前,主要资本主义国家都实行了金本位制,而且是典型的金本位制——金币本位制,可见英国对国际货币体系影响之大。国际金本位制是一种比较健全和稳定的货币制度,它持续了数十年时间,对于维持国际收支平衡,保持各国市场经济发展初期的繁荣和稳定,增进国际贸易,促进各国经济增长起到了举足轻重的作用。

(五)保护主义

英国率先完成产业革命,工业竞争力强大,同时又是最大的殖民帝国,版图占地球陆地面积的1/4,自由贸易政策极大地促进了英国经济。[①]英国的时代是自由资本主义的时代,英国的兴盛是由自由主义支撑的。英国靠"自由放任"达到兴盛的顶峰,因此也希望自由资本主义的时代永远保持下去。但随着德国、美国工业实力的崛起,英国国力的相对下滑,自由贸易又逐渐为保护贸易所代替。从19世纪80年代到第二次世界大战前的60年间,自由贸易走向倒退。

面对19世纪后期强烈的市场竞争和英国经济优势地位的丧失,以及贫富不均、环境污染等工业化负面问题的加重,斯密和李嘉图等人提出的古典自由主义思想开始受到质疑。从某种意义上说,在英国经济地位下降的同时,古典自由主义的主流地位也在发生动摇和变化。特别是当德国等新兴国家依靠国家支持,经济实力迅速发展甚至超过英国的时候,新自由主义社会思潮和政策主张也开始在英国出现。1932年,英国议会通过《进口关税法》,规定除小麦、肉类和英国不生产或短缺的原材料外,所有的进口商品都要征收进口税。该法案的出台,标志着英国实行几个世纪的自由贸易原则被放弃。自由贸易是英国经济政策的基石,也是英国在19世纪称霸

[①] 陶大镛:《世界经济新格局》,北京大学出版社2001年版,第6页。

世界的经济哲学。自由贸易政策的终止,标志着英国衰落了,属于不列颠的自由贸易时代已经成为过去。1936年约翰·凯恩斯发表了《就业、利息和货币通论》一书,提出了著名的凯恩斯理论。该理论从根本上否定了英国从斯密开始奉行的自由主义理论传统,提出利用国家的财政政策和货币政策对经济进行干预,即通过刺激消费达到充分就业,从而消除贫困。国家的作用在凯恩斯的理论中被提到了一个新的高度,标志着自由放任时代在英国的彻底结束。

在两次世界大战之间,因为世界政治、经济动荡,国际经济关系受到严重冲击,虽然英国主导的自由贸易体系解体,但新的国际经济秩序却未能形成。这一段特殊时期也给我们研究国际经济问题提供一个教训。美国著名学者罗伯特·吉尔平在其著作《全球政治经济学:解读国际经济秩序》中写道,世界经济全球化的程度,相对于世界经济的整体规模来说,19世纪中期要比今天高。英国运用它的经济和军事实力,支持了全球经济一体化进程。但到19世纪下半叶,全球化速度大大放慢,保护主义政策盛行,第一次世界大战后,全球化垮台。这一历史教训启示我们,全球化的成功需要有利的政治环境,世界经济的全球化并不是自动发展的,要求经济大国之间进行合作。[1]经历两次世界大战后,如何建立一个稳定的国际经济秩序,保障国际经济健康发展,成为战后的一个重大议题。

第二节 当前的国际经济秩序

"二战"结束后,美国在资本主义世界中实力超群,工业制成品占世界一半,对外贸易额占世界的1/3,并成为世界最大债权国。相比之下,"日不落帝国"英国的衰落已经无法挽回,国际力量格局被颠覆,国际经济秩序也势必随之改变,或者说是重新建立。"二战"后到现在,国际力量对比虽然也有消长,但美国始终保持超级大国地位,当前的国际经济秩序总体上沿袭着"二战"后建立的体系。

---

[1] 罗伯特·吉尔平:《全球政治经济学:解读国际经济秩序》,杨宇光、杨炯译,上海人民出版社2006年版,第3页。

"二战"后，世界性的国际经济秩序并未立即得以建立，由于政治上的对立，世界划分成资本主义和社会主义两大阵营。美国在资本主义国家中的霸主地位得以确立，加上英国、法国等传统资本主义强国，在西方组成资本主义阵营。同时，在东南欧和亚洲出现了社会主义国家，与苏联一道构成社会主义阵营。两个阵营的出现，导致了资本主义和社会主义两种经济体系的存在，以及互不交汇的两个"平行市场"，这是"二战"后国际经济力量格局的基本特征，也决定了世界性的国际经济秩序无法建立。从这一现象我们再次看出国际政治、安全环境对国际经济秩序的影响。虽然我们正统的经济学分析中几乎不考虑政治因素，安全因素更不在分析框架范围之内，但政治、安全因素对经济问题，尤其是国际经济问题的影响不容忽视，尤其是在国际经济秩序转变这一问题上可能是决定性的。

　　在"两个平行"市场中，资本主义与社会主义两种制度、两种意识形态、两种经济体系各自建立经济秩序。在社会主义阵营，1949年1月，在苏联的领导下成立了"经济互助委员会"，其主要职责是协调社会主义国家之间的经贸往来，最初成员除苏联外，还包括波兰、捷克斯洛伐克、罗马尼亚、匈牙利和保加利亚等六国。"经济互助委员会"建立后的一段时间内，促进了社会主义国家间的友好和经济合作，为苏联和东欧国家战后的经济恢复发挥了积极作用。但"经济互助委员会"的运作有严重的问题，各国之间的关系并不平等，劳动分工和贸易主要是通过"计划"和行政手段实现的，长期看难以维持，而且国家间的经济关系极容易受到政治关系的影响，具有明显的脆弱性。[1]随着时间的推移，东欧国家越来越对苏联的大国沙文主义不满，认为苏联主导的"社会主义国家内部分工"没有顾及他们的利益。20世纪60年代末70年代初，东欧国家与苏联的矛盾不断深化、扩大，并相继加入了西方国家主导的经济体系。1989年柏林墙倒塌和1991年苏联解体，社会主义经济体系彻底瓦解，1992年"经济互助委员会"宣告解散。原社会主义阵营的国家逐步加入到资本主义国家建立的经济体系当中，客观上使得真正统一的世界大市场和国际经济秩序终于得以形成。社会主义国家加入西方的经济体系，并不意味着资本主义制度对社会主义制

---

[1] 陶大镛：《世界经济格局研究》，北京师范大学出版社2001年版，第16—17页。

度的胜利,这些国家以及其他不断取得政治和经济独立的第三世界国家,加入到新的国际体系后,也在影响和改变着这一体系,在为建立更为公正合理的新国际经济秩序进行斗争。但无论如何,战后资本主义国家所建立的经济秩序仍然是当前国际经济秩序的基础,也是我们接下来研究分析的目标。

(一)国际货币体系

"二战"后的资本主义世界,在美国的主导下建立起"布雷顿森林体系"。在这一秩序的建立过程中,经历了美英两个崛起大国与守成大国之间的博弈,充分反映了国际力量对比的变化及其后果。1943年,"二战"尚未结束之时,美英两大国就开始规划战后的国际经济秩序,分别提出了各自的方案,也就是英国的"凯恩斯计划"和美国的"怀特计划"。所谓"凯恩斯计划",是英国财政部顾问凯恩斯提出的"国际清算同盟方案",内容主要包括:由国际清算银行发行一种名为"班柯"的国际货币,用于各国之间的相互结算,班柯与黄金之间有固定比价;各国货币与班柯之间建立固定汇率,该汇率可以有序进行调整,但不能竞争性贬值;各国中央银行在国际清算同盟中开设账户,彼此用班柯进行结算。一国发生盈余时,将盈余存入账户;发生赤字时,可以申请透支。清算后,一国不论盈余过度还是赤字过度,都需要对不平衡采取调节措施。从上述方案中可以看出,凯恩斯计划强调盈余方和赤字方都有调节收支失衡的责任。

相比之下,美国财政部部长助理怀特提出"怀特计划",也叫"联合国平准基金计划",与"凯恩斯计划"有很大的区别。怀特建议:成立一个资金总额为50亿美元的国际货币稳定基金,资金来源由各成员国以黄金、本国货币等形式认缴,各国根据认缴的份额确定在这一基金内的投票权;基金组织发行名为尤尼他的货币,该货币有确定的黄金含量,可以兑换黄金,可以在会员之间转移;各国货币与尤尼他建立固定汇率制,不得随意更改;基金组织的主要任务是稳定汇率,帮助成员国应对国际支付危机。根据"怀特计划",由于美国经济实力超强,可以很大程度上控制基金组织。

两个方案相比较我们会发现,"凯恩斯计划"更为强调机制和原则的作用,不论实力如何,不论是顺差方还是逆差方,都有调节国际收支的责任,霸权国家并不享有明显的特权。而"怀特计划"将国际收支的管理权更多地交给了"基金",而美国凭借经济实力可以主导"基金",事实上也就是将国际经济问题的主导权交给了美国。英美两国提出两个方案后,进行了激烈的争论与较量,鉴于美国在实力对比上的明显优势,英国不得不接受美国的方案,当然美国对自己的方案也有所调整,根据英国的诉求做出一定的让步,最后双方达成一致。1944年7月,在美国布雷顿森林召开的"同盟国家国际货币金融会议"上,也就是我们所说的"布雷顿森林会议",通过了以"怀特计划"为蓝本的《国际货币基金协定》和《国际复兴开发银行协定》,也就是"布雷顿森林协定",它是战后比较完整成型的国际经济秩序,也是当前国际经济秩序的基础,其最核心的内容就是国际货币体系。

"二战"后所建立的国际货币体系我们称为"布雷顿森林体系",其主要特点可以概括为"双挂钩",也就是美元和黄金挂钩,其他货币和美元挂钩。美元规定了黄金官价,即1美元等同于0.888 671克黄金,参加该体系的国家政府和央行可按照官价将其持有的美元向美国政府兑换黄金。参加国的货币与美元挂钩,也就是以美元的含金量为平价,确定兑换率或者直接规定比价。在汇率安排机制方面,实行"可调节的钉住汇率安排机制",各参加国货币按比价直接钉住美元,平价汇率一经确定不能随意更改,汇率波动上下限均为1%,各国货币当局有义务维持波动幅度;参加国汇率变动接受国际货币基金组织统一安排和监督,国际收支出现严重不平衡时,可要求变更汇率,幅度在10%内可自行调整,幅度超过10%的需经IMF批准。在储备货币方面,以黄金为基础的美元成为主要国际储备货币,美国保证提供用于国际储备和国际支付的美元,保证各国按官价向美国兑换黄金。IMF创设特别提款权(SDR),作为黄金、美元的补充。当某一国发生暂时性支付危机时,可根据在IMF的份额,向IMF申请贷款,以平衡其国际收支;成员国每年借款不得超过其份额的25%,累计借款不得超过其份额的125%。

"布雷顿森林体系"为国际经济活动提供了可靠的国际货币,稳定的汇率机制,以及国际支付危机的应对工具,有利于维持国际金融稳定和国际贸易增长。但"布雷顿森林体系"有自身难以克服的缺陷。一是美国对外负债增长快于黄金储备增长,也就是国际流通中的美元数量增长快于黄金的增长速度,美元要维持与黄金的汇价越来越困难。随着世界经济的增长,美国要保证参加国不断增加对美元储备的需求,但却面临黄金因为产量制约而供应不足的困境,使得美国陷入两难困境。而且,美国的负债不断扩大,逐渐超过其黄金储备,导致美国的美元与黄金自由兑换的承诺越来越难以持续。二是固定汇率刚性和参加国国际收支调节的不对称性。为了维持汇率波动幅度,参加国无论顺差还是逆差都必须积累一定量的美元储备,特别是逆差国要牺牲其国内经济目标,而美国却例外,它可以通过输出美元弥补逆差,这种不对称性造成了各国之间的矛盾。

以上缺陷伴随着美国经济的相对衰落逐渐暴露出来。进入20世纪60年代,美元危机频繁,对外信用不断下降,无法支撑整个国际货币制度的稳定发展,这就必然导致激烈的货币制度危机。1971年,爆发了旷日持久的美元危机,使得美元兑换黄金的平价体系再也无法稳定维持。1971年8月15日,尼克松政府被迫宣布实行"新经济政策",停止美元兑换黄金,并对进口增加10%的附加税。"新经济政策"不仅不再维持黄金与美元、美元与其他货币的稳定比值,并开始对国际支付加以限制。这表明美国已完全放弃了美元应承担的义务。"新经济政策"的实施直接导致了国际金融市场的紊乱,外汇市场上各国纷纷抛售美元,汇率波动剧烈,"布雷顿森林体系"土崩瓦解。

"布雷顿森林体系"解体后,主要西方国家货币开始自由浮动。1973年,第一次石油危机爆发,西方经济陷入混乱,浮动汇率却在衰退和混乱中表现良好。1975年西方六国在首次首脑会议上表示接受现实,放弃重建固定汇率的尝试,要求IMF修改章程,承认浮动汇率。1976年1月,IMF "国际货币制度临时委员会"在牙买加召开会议,讨论修订《国际货币基金协定》条款。各国经过多次协商,最终达成《牙买加协定》,承认了既成事实,正式开始了"牙买加体系"时代,并一直延续至今。

当时,虽然日本、联邦德国、法国等主要工业化国家经济实力快速增长,美国经济相对衰落,但美国仍是经济实力最强的国家,特别是美国在工业生产等领域远远领先于其他国家。同时美国仍是世界上最有实力的政治大国、最先进的军事大国,综合实力居世界首位。以雄厚实力为基础的美元仍然享有很高的声誉,仍然是国际储备货币的主体、国际信贷和计价结算标准、国际清算支付手段,没有任何一种货币能取代美元的地位。

在牙买加体系下,美元与黄金脱钩,黄金不再是平价基础。各国根据情况自由做出汇率安排,汇率体系容纳单独浮动、联合浮动、钉住某一货币等混合安排。美元虽然与黄金脱钩,但仍是最重要的国际储备货币,日元、德国马克(后为欧元)、黄金、IMF特别提款权作为补充,国际货币越来越呈现多样化。在国际收支调节方面,各国可以通过IMF贷款、汇率机制、利率机制、国际政策协调、国际金融市场融资等多种方式调节国际收支平衡。

牙买加体系实际上是一种"没有体系的体系",也有明显的局限性。第一,本位机制受美国经济和美元信用影响,基础不稳定,不牢固。美国经济实力自20世纪70年代以来相对削弱,国际收支出现大量逆差,美元币值发生变动,导致了各国特别是主要工业化国家的现实利益矛盾,不利于世界经济健康发展。第二,汇率体系不稳定,多种汇率制度并存加剧了汇率体系运行的复杂性,汇率波动和汇率战不断爆发,助长了国际金融投机活动,金融危机风险大增,国际贸易发展受到影响。第三,国际收支调节机制在多样化的同时也暴露出不健全的一面,比如汇率调节机制受出口商品弹性限制,商业银行的逐利性竞争导致贷款约束放松,并造成发展中国家的外债积累甚至爆发债务危机,等等。

"牙买加体系"确立后,浮动汇率制成为世界主流。名义上,在该体系下,储备货币多元化,美元、欧元、日元和英镑都是储备货币,但事实上美元的国际货币地位不但没有因此削弱,反因摆脱"黄金十字架"的束缚,成为至今为止最重要的国际计价、清算和储备货币。"欧元之父"蒙代尔将当今国际货币体系比作一个"太阳系",美元作为主导货币,其他国家货币都是围绕美元运转的"行星"。具体细分,当前国际货币体系可分为一个三层的环状结构,位于核心的当然是美元,充当主导货币。位于中间的是实行浮动汇率制国家的货币,这些国家对本国汇率较少干预,货币在一定范围内围绕美元自由浮动,如欧元区、日本、加拿大、澳大利亚等国。位于外围一环是所谓的"钉住美元制"汇率制度下的货币,这些国家或地区拥有大量外汇储备,本币汇率跟随美元波动,如中国、韩国和东南亚国家。在这三大环状分布中,三者的联系也不尽相同。美元与浮动汇率货币主要通过资本账户发生联系,而与钉住汇率货币主要通过经常账户发生联系。国际经济关系中,就表现为美国和欧洲主要成为金融伙伴,而和亚洲主要是贸易伙伴关系。①

(二)国际贸易体系

自从亚当·斯密以后,不论各个经济学派观点有多大分歧,自由贸易几乎得到了所有经济学家的认可,但客观现实是,保护主义政策仍然存在,甚至一度摧毁了自由贸易体系。亚当·斯密发表《国富论》之后,典型的自由贸易和国际放任主义持续了不到30年时间,也就是19世纪40年代废除谷物法到19世纪70年代这一段时间,之后贸易保护主义逐步壮大,日益流行。②第一次世界大战之后,主要资本主义国家激烈争夺国际市场,贸易壁垒林立。1929—1933年,美国爆发空前的经济危机,并随即波及欧洲和整个世界。为转嫁危机,各国竞相采取保护主义措施,降低产品价格,对本国产品提供补贴,提高进口关税,以及通过其他方法抵制进口他国产品,维护本国企业的利益,掀起了全球性保护主义浪潮。在经济大衰退的背景下,美国率先举起保护主义大旗,1930年颁布了《霍利-斯穆特关税法》,随后加拿大、法国、意大利、澳大利亚等国也先后提高了关税,甚至连一直倡导自由贸易政策的英国也搞起了保护主义,在英联邦国家之间建立起针对美国的"帝国特别关税制"。这种"以邻为壑"的经济政策导致了巨大的经济灾难,也是引发第二次世界大战的根源之一。③

因此,"二战"后国际贸易体系的使命就是重启自由贸易时代。尤其值得一提的是,美英两大国虽然在战后国际经济秩序安排上有分歧,但在推动贸易自由化问题上,立场几乎是一致的。对于20世纪20—30年代的大萧条,美英都记忆犹新。美英对当时的国际合作的失败都负有责任,美国的错误是坚持收回欧洲各国的欠债,英国的错误是把其他国家排斥在帝国市场之外,直接刺激德日铤而走险。因此,在美英两大国的推动下,国际经济

---

① 张茂荣、徐刚:《美元体系的演变与改革前景》,中国现代国际关系研究院网站:http://www.cicir.ac.cn/chinese/newsView.aspx?nid=3247(上网时间2014年3月20日)。
② 罗伯特·吉尔平:《全球政治经济学:解读国际经济秩序》,杨宇光、杨炯译,上海人民出版社2006年版,第178页。
③ 钟昌标:《世界经济》,中国人民大学出版社2011年版,第105页。

合作重新走向自由贸易也就顺理成章。

1946年,在美国的倡议下,参与组织联合国的50多个国家在伦敦、日内瓦、哈瓦那等地连续举行会议,磋商战后贸易体系。1947年,23个国家签署了"关于关税及世界贸易的总协定",确认了若干贸易规则和首批减税的范围。1948年3月制定了《国际贸易组织宪章》,也被称作哈瓦那宪章,确定了国际贸易管理的正式框架。当时各国的初衷是,让关贸总协定在宪章正式生效之前发挥过渡作用。等哈瓦那宪章得到各国批准以后,再将国际贸易组织作为管理国际经贸的核心机构来运行。但遗憾的是,美国国会拒绝通过哈瓦那宪章,导致国际贸易组织胎死腹中。之后,美国总统只好利用贸易法案的常规授权,在关贸总协定框架内发起减免关税的谈判。因此,关贸总协定成为国际贸易合作的核心平台,此后经过多轮谈判,内容不断完善,在推动国际贸易方面发挥了重要作用,虽然从性质上看它仍然是多边协定,而不是一个真正的组织。

关贸总协定大幅削减了关税和非关税壁垒,促进了战后贸易的自由化。经过了八个回合的谈判,配额大幅减少,许多补贴也被降低或取消,贸易争端解决机制总体运转良好,成员国从最初的23个增加到135个[1]。关贸总协定还形成了一套被广泛认可的国际贸易制度、规章、原则,成为缔约方处理国际贸易问题和制定贸易政策的依据,同时还为各方提供了解决贸易纠纷的场所,有利于缓解和解决贸易纠纷,避免贸易摩擦升级。总体而言,关贸总协定有力地促进世界统一大市场的形成,推动了世界经济发展。

但随着时代的发展,关贸总协定也逐渐难以适应形势需要。关贸总协定性质上毕竟是"协议"而不是组织,缺乏对成员国的有效监督和约束,有些原则落实起来困难重重。加上关贸总协定也确实存在一些漏洞和"灰色地带",可能为成员国所利用。比如在倾销问题上,关贸总协定认为一国以低于"正常价值"的价格将产品销往另一国,同时给对象国产业造成"实质性伤害和威胁",就构成倾销。但"正常价值"和"实质性伤害和威胁"实践中都很难界定,容易被滥用,引起纠纷。而且,关贸总协定解决贸易争端的办法是协商一致,缺乏有约束力的强制手段,容易使贸易争端久拖不决,

---

[1] 罗伯特·吉尔平:《全球政治经济学:解读国际经济秩序》,杨宇光、杨炯译,上海人民出版社2006年版,第207页。

并扩大成员国间的贸易摩擦,甚至是旷日持久的贸易战。①

1994年4月15日,在摩洛哥的马拉喀什市举行的关贸总协定部长会议上,各国决定成立世界贸易组织(WTO),以取代关贸总协定。世界贸易组织于1995年1月1日正式成立,在国际贸易历史上具有里程碑意义。与关贸总协定相比,世界贸易组织的法律地位更加明确,是正式的、具有法人地位的国际机构,在法律上与联合国等国际组织处于平等地位。而且,世界贸易组织的协议几乎全部为多边,所有成员方都受其约束,增加了权威性。世界贸易组织的内容也更为广泛,将长期游离于关贸总协定之外的农产品、纺织品和服装业纳入其中。成员方还签署了《服务贸易协定》《知识产权协定》和《与贸易相关的投资措施协定》,这些以前都是在关贸总协定管理范围之外的。世界贸易组织还改进了贸易争端解决机制,专门设立了贸易争端解决机构,提高了裁决效率,缩短了裁决时间,增强了裁决的法律效力。世界贸易组织还负责加强同国际货币基金组织和世界银行的合作,以实现全球经济决策的一致性。到2011年年底为止,世贸组织正式成员已经达到156个。

世贸组织的宗旨是:提高生活水平,保证充分就业,大幅度、稳步提高实际收入;扩大货物和服务的生产与贸易;坚持走可持续发展之路,各成员方应促进对世界资源的最优利用和保护;积极努力确保发展中国家,尤其是最不发达国家在国际贸易增长中获得与其经济发展水平相适应的份额和利益;建立一体化的多边贸易体制。

世界贸易组织奉行的基本原则包括:第一,互惠原则,也叫对等原则,这是WTO最为重要的原则之一,意思是指两成员方在国际贸易中相互给予对方贸易上的优惠待遇。它明确了成员方在关税与贸易谈判中必须采取的基本立场,以及相互之间必须建立一种什么样的贸易关系。第二,透明度原则。是指WTO成员应公布所制定和实施的贸易措施,没有公布的措施不得实施,同时还应将这些贸易措施及其变化情况通知世贸组织。成员方所参加的有关影响国际贸易政策的国际协定,也应及时公布和通知WTO。第三,市场准入原则。这一原则要求各国开放市场,有计划、有步骤、分阶段

---

① 钟昌标:《世界经济》,中国人民大学出版社2011年版,第119页。

地实现最大限度的贸易自由化。世贸组织倡导最终取消一切贸易壁垒,包括关税和非关税壁垒。第四,促进公平竞争原则。世界贸易组织不允许缔约国以不公正的贸易手段进行不公平竞争,特别禁止采取倾销和补贴的形式出口商品,对倾销和补贴都做了明确的规定,制定了具体而详细的实施办法。第五,经济发展原则。也称鼓励经济发展与经济改革原则,该原则以帮助和促进发展中国家的经济迅速发展为目的,针对发展中国家和经济转轨国家而制定,给予这些国家特殊优惠待遇。比如允许发展中国家在一定范围内实施进口数量限制或是提高关税的"政府对经济发展援助"条款,仅要求发达国家单方面承担义务,而发展中国家无偿享有某些特定的优惠。

世界贸易组织成立以来,有力地推动了世界经济全球化,促进了世界经济贸易的发展,世界贸易已经进入协商时代,各国贸易政策更多地建立在"双赢"或"多赢"基础之上,20世纪20—30年代"以邻为壑"贸易政策的历史未再重演。世界贸易组织的贸易争端解决机制效果明显好于关贸总协定。世界贸易组织的一些基本原则让成员方在一个更为公平、公正、客观和透明的竞争环境中从事生产和贸易,降低企业经营风险和成本,生产要素也可以更合理地配置,成为当今国际贸易体系的组织基础和合作平台。

第三节 国际经济秩序变革与全球经济治理发展的内在关系

国际经济秩序与全球经济治理两个概念都是关于如何维持和促进国际经济稳定和发展,两者有很强的内在关系,有很大的重合性,但也有区别。从时间上看,国际经济秩序的诞生要明显早于全球经济治理;从近年的发展势头看,全球经济治理的提法更为受到关注和研究;从概念含义上看,全球经济治理是国际经济秩序的延伸和发展,但内容更为丰富,也更能体现时代特点。全球经济治理概念的提出和发展,一个重要背景就是国际经济秩序改革迟缓,已经不能满足当前世界经济发展、解决国际经济问题的需要，理清二者之间的关系，有利于我们更深刻地认识全球经济治理，更好地把握其未来发展前景。

（一）国际经济秩序的本质

研究国际经济政治秩序不仅要看规则与机制这些表象，更重要的是要看到这些规则和机制背后反映出的本质。第二次世界大战后，美国等西方国家凭借实力，建立了对自己有利的国际经济规则和机制，之后这些规则和机制虽然根据形势变化有所调整，但总体上看是原来秩序的延续，其本质没有改变，仍然是发达国家对发展中国家的剥削，这体现在以下几个方面。

第一，国际生产分工不合理。"二战"前的资本主义国际生产体系是以宗主国和殖民地附属国之间的垂直分工为基础的。殖民地附属国主要生产并向宗主国提供工业生产所需的初级产品，在国际分工中处于低端；而宗主国则利用这些初级产品加工成制成品，并把殖民地作为销售市场，处于国际分工的高端。不合理的国际分工体系，使殖民地附属国依附于宗主国的经济。

"二战"后，各国的产业结构都不同程度地有所调整和提高，国际分工体系也有明显变化。首先从国际分工的广度来看，已经由传统的第一产业和第二产业的分工，发展到第一、第二和第三产业之间的分工。其次从国际分工的深度来看，已经由不同产业间的分工发展到每个产业内部不同产品之间、同一产品的不同零部件之间、同一零部件不同工序之间的分工。再次，国际分工的媒介由以国际商品交换为主渠道，发展到生产资本的国际流动及区域经济集团的内部政策协调等多种渠道。特别是跨国公司从其"全球战略"出发，以充分利用国际资源和国际市场为目标，在全球范围内安排其子公司和分支机构的供产销、资金调拨、技术转让等生产经营的主要环节，跨国公司内部的分工也就表现为国际分工。

国际分工体系的变化必然对南北之间的国际分工格局产生影响。首先，由于国际分工主要发生在经济技术水平相近的西方发达国家之间，所以发展中国家和地区，特别是其中大多数经济落后的发展中国家和地区，参与和利用国际分工的领域相对狭小，一些最不发达的国家基本上被排除在国际分工体系之外。其次,从当前南北之间的国际分工格局来看,基本保持了农业与工业之间、采掘业与加工业之间垂直分工的格局。一些新兴工业化国家和地区虽然也参加了制造业内部的分工,但在国际分工体系中仍然处于低端。西方发达国家在国际分工体系中占有优势地位,高新技术产品和关键零部件的生产以及新型服务业,基本上为他们所垄断和控制。即便在传统上南方占优势的第一产业,由于现代化大农业的发展,西方发达国家在不少农产品的生产和出口方面占据优势,如粮食、蛋乳制品、畜禽肉类等。总之,在南北国际分工体系中,西方发达国家主要生产技术含量和附加值高的产品,这种不合理的国际分工不仅使南北两方在国际分工中获得的收益极不均衡,还会导致发展中国家单一和畸形的经济结构凝固化,使产业结构调整和升级更加困难。

第二,国际贸易交换不公平。南北双方在国际分工中的不同地位,决定了他们在国际交换中的地位和利益分配也截然不同。

不合理的国际分工导致不对称的贸易依存关系。由于科技水平的差距大,南北国家之间的交换主要是农产品与工业制成品之间、初级产品与加工产品之间、物质产品与服务产品之间的交换。在商品贸易方面,发展中国家出口对发达国家市场的依存度达3/4至4/5,而发达国家出口对发展中国家市场的依存度仅为1/5至1/4。在服务贸易方面,西方发达国家既是主要的进口国,又是主要的出口国;发展中国家则主要是进口国,即依赖于发达国家的出口。这种不对称的依存程度,使发达国家在国际交换中往往处于主动、有利的地位,而发展中国家则处于被动、不利的地位。

西方发达国家的贸易保护主义严重损害了发展中国家的利益。"二战"后,在关税贸易总协定的协调下,国际贸易中的关税壁垒逐步削减,贸易自由化有了快速发展。但20世纪70年代西方国家陷入"滞胀"后,以非关税壁垒为特点的贸易保护主义盛行。美国的贸易政策以《1988年贸易和竞争综合法案》的形成和实施为标志,实现了由全球多边主义向双边互惠主义、由倡导"自由贸易"向"公平贸易"的转变。2008年金融危机后,美国推出的经济刺激计划公然包含"购买国货条款",规定经济刺激计划支持的工程项目必须使用国产钢铁和其他制成品。进入21世纪以来,伴随竞争力下滑,欧盟的保护主义倾向愈加明显,针对发展中国家,其保护产业不限于服装、鞋类等劳动密集型产品,电子、新能源等产品比重增加。欧盟还以保护主义为手段,借以打开其他国家市场,2010年11月出台的"贸易新战略",表示将在反倾销、反补贴等传统贸易救济工具之外创设新的政策工具,对"拒不向欧盟企业开放政府采购市场"的国家实施限制,迫使对方"对等开放"。

第三,国际货币金融体系为发达国家所支配。在发达国家主导的国际货币金融体系中,发展中国家发言权十分有限,经常被动承受货币和金融冲击,甚至不得不为发达国家的金融危机"埋单",利益很难得到保障。

美元主导的国际货币体系,限制了发展中国家货币政策的独立性。"二战"后建立的以美元为中心的"布雷顿森林体系",美元与黄金挂钩,其他货币与美元挂钩,美国得以凭借货币发行特权,从全世界获得"铸币税"。20世纪70年代"布雷顿森林体系"瓦解,但美元仍在国际货币体系中处于核心地位。世界贸易的2/3以美元结算,各国外汇储备的2/3为美元资产。在美元霸权下,世界其他国家的财富源源不断流向美国,才使得美国人能够借钱消费"寅吃卯粮",国家能够长期保持财政与贸易"双赤字"。而发展中国家在国际货币体系中的从属地位,使他们既无力影响汇率波动,又难以防范汇率风险,处于十分被动的地位。2008年美国爆发金融危机后,美国政府为缓解危机采取的"量化宽松"货币政策导致国际市场资金泛滥,大量资金涌向发展中国家,美国随后计划采取的相关"退出政策"又引发资金回流,发展中国家面临资金"大进大出"带来的剧烈冲击,饱受其害。

国际金融组织中以钱换权的决策机制,限制了发展中国家参与决策的权力。国际货币基金组织和世界银行是两个全球性的国际金融组织,但各成员方在决策中的权力是不平等的。按照章程规定,成员方参与决策的投票权不是一国一票制,而是根据各自向这两个国际金融组织认缴的份额和股本多少而定。发达国家由于经济实力强、认缴的份额多,因而其投票权就多,在决策中发挥的作用就大。各成员方认缴的份额和股本的数量,还决定了他们在获取贷款和分配特别提款权方面的优先权力。国际金融机构这种以钱换权的决策机制,维护的是西方发达国家的政治和经济利益,而对发展中国家的意志和利益往往重视不够甚至不予考虑。因此,发展中国家迫切要求改变国际金融机构的决策机制,增加发展中国家的投票权,使他们的代表性和发言权有效地得到保障。

(二)国际经济秩序改革缓慢

鉴于"二战"后国际经济秩序的内在不合理性,发展中国家要求建立公正、合理的国际新秩序,有着改变国际旧秩序的强烈愿望。在20世纪50年代初,亚非国家便在万隆会议上通过了关于促进世界和平与合作的决议与宣言,确定了各国和平共处、友好合作的十项原则。20世纪60年代,一大批亚非拉国家获得政治独立,但是国际旧秩序严重阻碍着这些国家的经济发展。1964年,77国集团发表联合宣言,表达了发展中国家要求改变国际旧秩序的强烈愿望。1973年,第四次不结盟国家首脑会议明确提出了"国际经济新秩序"这一概念。1974年4月,联合国第六届特别会议在77国集团的推动下,专门通过了关于建立国际经济新秩序的宣言和纲领。两极格局结束后,发展中国家要求建立公平、合理的国际新秩序的愿望更加强烈,主要内容包括:改变发展中国家与发达国家在不平等基础上形成的国际分工;改变世界经济中不合理的生产、贸易和消费格局,保证发展中国家能够控制自身资源的开发;加强南南合作,特别是推动区域一体化,同时积极参加南北合作;改变发展中国家在国际事务中的无权地位,大小国家一律平等,使发展中国家能够更充分、有效地参与国际事务的决策过程。

尽管来自发展中国家的呼声一直存在,但从进程上看,改革速度相当缓慢,"二战"后的国际经济秩序的框架基本未变,延续至今。即便是2008年、2009年美欧相继爆发金融危机和债务危机后,这一体系仍未受到根本性动摇。原因在于:

首先,发达国家将利用现存的实力优势,竭力阻挠国际经济政治秩序变革。发达国家近年来虽然面临许多困难,但战后形成的优势存量依然很大,短时间内很难改变。美国等发达国家是国际经济政治旧秩序的制定者、得益者和维护者,绝不会轻易放弃这套秩序。他们会顽固地抵制和反对发展中国家的改革主张和要求,在一系列根本问题上不肯做让步和妥协。不仅如此,他们还可能花样翻新地提出一些所谓的新主张,打着建立新秩序的旗号,维持旧秩序的本质。

其次,发展中国家实力虽然普遍呈上升趋势,但能否形成合力仍是问题。发展中国家虽然在推动秩序改革问题上有共同的利益和呼声,但发展中国家数量多,分布广,发展阶段不同,各国国情复杂,不易形成合力。2011年IMF总裁选举被认为是守成大国与新兴国家的一次权力角逐,但选举过程中,美欧铁板一块,新兴经济体各有考虑。金砖五国虽然联合发表声明反对欧洲人继续把持IMF总裁职位,但各有自己推荐的候选人。相比之下,美国虽然未公开支持拉加德,但仍然延续了"欧洲人担任IMF总裁、美国人当世界银行行长"这一战后几十年的"默契",最终拉加德顺利当选。美欧的优势不仅在于经济规模和实力,更在于有深度利益捆绑,而新兴国家利益交织远不如美欧紧密。从地缘政治上看,这些国家要么相隔万里,要么是近邻却存在竞争关系,想要达到美欧式的"团结"并不容易。

再次,是制度惯性问题。制度一旦形成,制度的参与方就会形成"路径依赖",进而维持这种制度的存在,让制度表现出一定的稳定性。当前,伴随新兴国家崛起以及发达国家的相对衰落,国际格局确实处于转变之中,但与以往国际格局以及国际秩序转变不同的是,此次崛起国家面临着一个比较成型的国际秩序,这一体系比历史上任何时期的任何秩序都更为成熟、完整,对崛起中国家的行为构成了制约。由于这一秩序的存在,新兴国家在崛起的过程中,不得不面临选择:融入现存秩序还是游离于这套秩序之外。这套秩序已经比较完整,且吸纳了世界上的绝大多数国家,身在其外有可能被边缘化。在这样的情况下,如果有国家要另起炉灶,建立新制度,代价十分昂贵。因此,世界上几乎所有国家都选择接受这些规则,尽管这些规则有许多不公平、不合理之处。选择的结果是,一定程度上帮助了这套秩序维持存在,也为改革增加了难度。

(三)全球经济治理获得广泛认同

与国际经济秩序变革的迟缓相比,全球经济治理的概念在国际上越来越受到关注。尤其是2008年金融危机后,世界对全球经济治理的关心似乎超过了国际经济秩序改革的呼声。那么,国际经济秩序与全球经济治理是什么关系?二者有什么联系和区别呢?

前面已经对国际经济秩序的概念、沿革、发展等进行了阐述,下面我们来分析一下全球经济治理。就如同国际经济秩序一样,学界对于全球经济治理也有不同的理解。总体来看,全球经济治理被认为是全球主要经济体对于关系到全球整体利益发展问题的共同应对与合作解决[1],或者说是一部分或者全体主权国家之间进行的、超越国家主权的经济合作和共治,既包括合作行为和行动,也包括创立和运行合作机制,同时也包括相关的各种理念和构想。[2]从内容上看,包括国际金融、国际贸易、知识产权、环境变化、发展援助,甚至移民等问题。凡是涉及主要经济体的或者说是全球性的共同利益,都可以纳入全球经济治理的概念和框架下讨论和寻求解决办法。因此从基本概念来看,全球经济治理的含义比国际经济秩序更为丰富,它不仅包括了为解决国际经济问题所形成的国际制度、规则——也就是国际经济秩序,也涵盖了还没有被制度化,但却需要全球共同解决的一些议题。2008年金融危机后,全球经济治理的提法之所以比国际经济秩序改革更"受欢迎",更加受到国际社会的重视,原因在于:

一方面,"二战"后形成的"国际经济秩序"对于管理世界经济愈加"力不从心"。国际格局加速转变,新兴国家加速崛起,老牌强国相对下滑,但国际经济秩序却未同步做出调整,新兴国家的诉求和合理利益未得到体现,发达国家凭借实力守成,国际经济秩序虽然得以保留,但代表性、合法性都受到挑战,难以发挥管理世界经济的功能。全球经济治理受关注的一个直接原因就是2008年爆发于美国华尔街的全球性金融危机。危机

---

[1] 苏宁等:《全球经济治理——议题、挑战与中国选择》,上海社会科学出版社2014年版,第3页。

[2] 周宇:《全球经济治理与中国的参与战略》,《世界经济研究》2011年第11期,第26页。

的背景是，全球化不断深入发展，尤其是金融全球化发展迅速，但全球性的管理体制却未能建立，没有执行性的秩序能防范金融全球化带来的风险，而且当危机到来时，也没有机制性的全球应对。正是在这一背景下，世界主要经济体寻求在G20框架下应对危机，而当时的G20很难说是秩序，本质上属于政府间合作，属于全球治理范畴。一些学者还认为，直到2008年下半年全球性金融危机爆发为止，世界经济并不存在真正意义上的全球经济治理，直到G20首脑峰会的起步，全球经济治理才拉开帷幕。[1]

另一方面，国际经济秩序未变，但新的挑战、议题却不断出现。对于气候、环境等问题，"二战"后并未建立相应的管理秩序，而新的、全球性的秩序，由于各方分歧和博弈，短时间难以一蹴而就，难以期待通过某种秩序来管理，因而将其纳入全球经济治理的框架下，通过各方协商、谈判来解决，这更为现实。

国际经济秩序的改革或重建太难，从全球经济治理的角度入手解决国际经济问题更为务实。也就是说，在国际经济秩序改革碰壁的情况下，退而求其次，从"秩序之外"来推动改革，增添、补充新的治理平台，做起来更容易，因而也就更受到重视。从这个角度看，全球经济治理可以被视为国际经济秩序改革的发展，也可以说是国际经济秩序改革的补充，通过更务实、更开放、更有弹性的办法来寻求各国家之间的共识，在新形势下解决国际经济问题，避免世界经济管理陷入"无政府状态"。

第四节 国际经济秩序改革视角下的全球经济治理前景

从国际经济秩序改革的视角看，未来的全球经济治理发展前景可以分为两部分，一是现存国际经济秩序的继续改革，二是新的体制、机制、平台

---

[1] 周宇：《全球经济治理与中国的参与战略》，《世界经济研究》2011年第11期，第26页。

的搭建和发展。

（一）国际金融机构改革

这是国际经济秩序改革的一部分。不论是IMF还是世界银行，各成员方在其中的份额，很大程度上决定了成员方在机构的地位和利益。对IMF来说，发达国家一直在份额和投票权上占主导地位，少数发达国家对IMF决策有决定性影响，而发展中国家的代表性却严重不足。发达国家拥有IMF 60%以上的份额，其中约45%的份额集中于七国集团，美国一家就拥有17%的份额。由于IMF的决策一般需要50%以上的投票权通过，重大决策需要85%的投票权通过，因此发达国家足以决定基金组织日常决策，而美国更是事实上拥有对基金组织重大决策的一票否决权。在新兴大国崛起的情况下，这一决策机制显然需要调整。2010年10月23日，二十国集团财长、央行行长会议在韩国庆州宣布，IMF将向中国等新兴国家转移超过6%的投票权，欧洲将放弃两个执行董事席位。

世界银行方面也是如此。2010年4月25日，世界银行发展委员会通过了发达国家向发展中国家转移投票权的改革方案。这个方案规定，发达国家向发展中国家转移3.13%的投票权，使发展中国家的整体投票权从44.06%提高到47.19%。其中美国的投票权减少1.15%，从17%降为15.85%；日本的投票权减少1.98%，从8.82%降为6.84%；中国的投票权则增加1.65%，从2.77%上升为4.42%。

（二）二十国集团地位与影响力凸显

这是对现有秩序的发展和补充。2008年金融危机爆发前，八国集团（前身是七国集团）一直是重大国际经济事务的协商平台，其他国家尤其是广大发展中国家被排除在决策之外。但2008年金融危机后，这种局面有明显改变，随着实力以及影响力的变化，八国集团已经难以像过去一样垄断重大国际经济问题的决策，二十国集团应运而生，并成为全球经济协调的主要平台。

二十国集团早在20世纪末就已经成立。1997年亚洲金融危机的爆发使国际社会认识到，国际金融问题的解决除西方发达国家外，还需要有影响力的发展中国家参与。1999年9月，七国集团财政部长和中央银行行长在华盛顿发表声明表示，同意建立由主要发达国家和新兴市场国家组成的二十国集团，就国际金融问题进行磋商。二十国集团成立后，很长一段时间召开会议的最高级别仅为部长级，并未引起过多关注。但2008年美国华尔街金融危机爆发后，二十国集团迅速走到国际舞台的中央，成为世界各国协商应对危机的最重要平台。

  2008—2014年，二十国集团举行了九次峰会，讨论的议题越来越广泛，已不仅局限于金融危机的预防与解决，还包括打击恐怖主义融资、国际发展援助、打击金融犯罪、加强金融部门的制度建设、人口与经济发展、地区一体化、国际金融机构改革、气候变化等内容。二十国集团成员涵盖面广，代表性强，人口占全球的2/3，国土面积占全球的60%，国内生产总值占全球的85%，贸易额占全球的2/3。二十国集团取代八国集团成为国际经济协调的核心平台，是中国等新兴经济体崛起的结果之一，是新兴经济体实力和地位上升的体现。

（三）金砖国家合作上升

  这是"二战"后形成的国际经济秩序之外的新平台。二十国集团虽然凸显了中国和其他新兴经济体的实力和地位，但毕竟西方国家所占分量大，美欧传统强国总体上仍然掌控大部分话语权，是西方国家在经济遭遇困境的情况下不得已借助的平台。新兴经济体也应该拥有属于自己的舞台，这就是"金砖国家"峰会。"金砖国家"最初是指巴西、俄罗斯、印度和中国。因为这四个国家英文首字母组成的"BRIC"一词，其发音与英文的"砖块"非常相似，所以被称为"金砖四国"。2010年12月，"金砖四国"同意吸收南非作为正式成员加入该合作组织，形成"金砖五国"（BRICS），或者说是"金砖国家"。

  金砖国家国土面积占世界领土面积的26%，国内生产总值约占全球总量的20%，贸易额占全球贸易额的15%，人口占世界总人口的42%，对全球的经济增长贡献率约为50%，已经成为全球经济增长的重要引擎，其实力与地位不容低估，近年来举办的峰会也越来越引人注目。

（四）国际货币体系多元化

这属于秩序内的变化，也就是说秩序基本未变，但是各个经济体在秩序中的位置和影响力发生了变化。自1944年"布雷顿森林体系"建立后，美元在国际货币体系中处于绝对垄断地位。20世纪70年代初"布雷顿森林体系"崩溃后，逐渐形成以美元为主导，德国马克（后为欧元）、日元和英镑等货币为补充的"一极多元"货币体系，美元依然处于霸权地位。2008年的金融危机对国际货币体系冲击巨大，美元霸权地位受到多方质疑。联合国金融体系改革专家委员会主席约瑟夫·施蒂利茨持认为，"目前以美元为基础的体系存在重大缺陷，我们需要一种全球性的储备货币"。俄罗斯等新兴国家也表示，支持建立一种全球货币。在2010年5月的"金砖国家"领导人会议上，与会方提出将探讨以本币进行贸易结算问题。虽然美元的霸权地位短期难动摇，但从长期看各国会加快外汇储备结构调整，从而威胁美元的国际地位。德国前财长施泰因布吕克认为，美国最终将失去在全球金融体系中的超级大国地位，国际金融体系将朝多极化方向发展，美元、欧元、人民币和日元等将共同成为稳定而重要的货币，国际货币体系趋向多极化。

（五）区域性合作兴起

这部分可以认为是区域性经济治理，也可以说是全球经济治理。因为虽然治理的主体是区域性的国家或国家集团，但这种趋势带有全球性，而且有的区域合作影响力相当大，具有一定的全球性。

全球权力格局正处于转变之中，各种力量博弈复杂，全球层面的旧秩序在很多情况下难以发挥应有作用，新秩序短时间内又难以形成。在这样背景下，各种区域性、小多边的合作机制进展快，一定程度上代表着未来发展趋势。在欧洲，欧盟2009年通过了《里斯本条约》，曲折多年的一体化进程实现突破。欧债危机爆发后，欧洲在危机压力下，推出多项机制性举措，如2013年春天签署的"财政契约"，一体化在困境中走向深化。在亚洲，东盟的合作深度不断取得进展，中日韩建立了固定的合作机制，"10+3""10+6"等合作形式愈加受到重视。在南美，2009年3月成立了南美国家防务理事会，区域合作首次拓展至安全领域。此外，跨区域合作也不断取得进展，2013年6月，美国与欧盟就"跨大西洋贸易与投资伙伴关系"（TTIP）展开谈判。2015年10月，美国、日本、澳大利亚等12个国家结束了"跨太平洋伙伴关系协议"（TPP）谈判，达成协议。

值得一提的是，中国国家主席习近平2013年下半年访问哈萨克斯坦和印尼期间分别提出了建设"丝绸之路经济带"和"21世纪海上丝绸之路"的战略构想。"一带一路"战略构想，是借用古丝绸之路的历史符号，秉承和平合作、开放包容、互学互鉴、互利共赢的丝路精神提出的一个战略倡议。其主要内容是通过政策沟通、设施联通、贸易畅通、资金融通以及民心相通来促进沿线各国的互联互通、深化全方位的合作，建立一个政治互信、经济融合、文化包容的利益共同体、命运共同体和责任共同体。这一战略得到了国际社会的积极响应，目前已经有50多个国家表示愿意参与进来。[①]为实施这一战略构想，中国牵头发起成立了亚洲基础设施投资银行，得到了国际社会的广泛响应，包括英国、法国、德国、意大利、印度等57个经济体申请成为创始国。中国提出的"一带一路"战略以及配套措施、机构建设，成为推动区域经济合作的又一个重要平台。从"一带一路"战略可以看出，在世界银行、亚洲开发银行等这些"二战"后形成的国际金融机构不能反映时代格局变化，不能满足当前时代需求，而且又因为各种阻力改革缓慢，也就是说在国际经济秩序的转变难以一蹴而就的情况下，从全球经济治理角度，通过互利共赢的合作寻找新的解决问题的办法，越来越成为现实选择。

---

① 人民网：http://politics.people.com.cn/n/2015/0307/c70731-26653565.html（上网时间：2015年3月20日）。

第三章　全球可持续发展与全球经济治理[1]

第一节　全球可持续发展的概念[2]

（一）可持续发展的提出

可持续发展概念的提出，源于工业化所带来的一系列不可持续问题（生态环境问题）。不可持续问题的影响多数都是全球性的，其实质就是对地球生态系统（全球人类生存系统，是人类作为一个整体的根本利益）的损害。随着工业化和全球化的进展，气候变化、温室效应、臭氧耗竭、酸雨等一系列全球性环境问题对人类生存与发展构成严重威胁，成为关系到人类整体生存发展的重大问题。世界上任何经济活动导致的生态环境影响都是跨国性的，而解决生态环境问题的过程也都是全球性的，没有一个国家和地区可以独立解决外界或自身引发的全球性环境问题。经济的全球化进程，更加使得环境问题向全球联动性的方向变化。联合国环境规划署《全球环境展望2000》的序言指出[3]，历史上没有任何危机像环境危机这样清楚地表明各国之间的相互依存。全球气候变暖、臭氧层空洞、有毒废物转移、水资源短缺、森林锐减、物种消失等问题并非局部性的，而是超越了国界，具有了全球性质。尽管各国各自存在着不同程度的资源与环境问题，但全球性的生态环境问题毕竟是当今世界面临的最主要问题。世界性的环境问题，比各国的环境问题的总和要大。这样，就不能单凭各个国家独立的力量得以解决，需要超越本国的自身利益，通过国际合作，共同对付威胁全球的各类环境问题。由此可见，人类社会的现实发展背景

---

[1] 作者：史亚东，国际关系学院国际经济系副教授。
[2] 参见：钟茂初、史亚东、孔元：《全球可持续发展经济学》，经济科学出版社2011年版。
[3] 联合国环境规划署：《全球环境展望2000》，中国环境科学出版社2000年版。

要求从全球视角来探讨不可持续发展问题的解决,进而从全球合作的角度提出全球可持续发展的可行路径。

"不可持续问题"是与"可持续发展"反向对应的。可持续发展,是指在人类赖以生存的自然生态系统的可持续性得以保障的条件下,生态可持续所限制的"全球经济规模"不被突破条件下的"发展"(人类经济社会的发展,必须时刻顾及人类经济社会活动不可突破的界限,这才是"可持续发展"的根本!)[1]。由此可知,不可持续问题是指,由于人类经济社会活动过度行为,导致人类赖以生存的自然生态系统的可持续性被破坏,生态可持续所限制的"全球经济规模"被突破。亦即,人类赖以生存与发展的各种条件(大气、水、海洋、土地、矿藏、森林、草原、野生生物种群等构成的地球生态系统)遭到破坏而导致人类生存危机的问题。"不可持续问题"在20世纪后半期直至21世纪初期发展到了极其严重的阶段。面对日益深化的全球性不可持续问题,人类社会不得不直面全球可持续发展的严峻性和迫切性而采取全球可持续发展的协同行动。

(二)"人类整体利益"下的全球可持续发展

可持续发展的定义中明确提出"既满足当代人的需求,又不对后代人满足其自身需求的能力构成危害"(WCED,1987),可见可持续发展的讨论对象不是局部的,而是全球的、全人类的。在可持续发展的思想与行动中有重要影响的文件《人类环境宣言》(1972)、《我们共同的未来》(1987)、《21世纪议程》(1992)、《京都议定书》(1997)等,所讨论的都是针对人类整体层面的问题,哥本哈根气候大会讨论的更是有关"人类整体"未来命运的全球性问题。可见,"可持续发展"理念只有在"人类整体"视野下才具有更本质的意义。换言之,"可持续发展"只能是"人类整体的可持续发展",而无法分解为各区域各群体的可持续发展[2]。因为这是由于环境影响的整体性与资源环境使用权的整体性所决定的。

---

[1] 钟茂初:《"可持续发展"的意涵、误区与生态文明之关系》,《学术月刊》2008年第7期。

[2] 现实中,某某国家的可持续发展、某某地区的可持续发展、某某城市的可持续发展、某某行业的可持续发展,常见于报章,这些只能勉强地理解为局部生态系统不被破坏前提下对各主体发展的约束条件,但其完全可能通过外部性方式达成目标,这样的话,对整体的可持续发展并非是正面的。

对于这一整体性可以从以下几方面理解:

(1)不可持续问题是人类整体共同行为造成的,任何个人、群体、区域行为的影响都是非排他的,都是累积性影响的构成因子和构成成分;

(2)不可持续问题中的环境问题是全球共通的,无法区分影响疆域;

(3)不可持续问题中的资源问题是全球有限的、最终必然导致全域性的短缺与危机;

(4)不可持续问题中的生态问题是全球一体的,一个区域的生态破坏必然导致全球生态系统的脆弱与劣化;

(5)对于不可持续问题中各种现象,只有全球采取共同性行动、协同性行动,才有可能加以抑制。

从认知角度和行为实践来看,大多数与可持续发展相关的概念,都只有在"人类整体"视野下才具有真正的意义或真正的价值。如生态环境承载总量、可更新资源利用率、不可更新资源的消耗率、环境污染承受力、环境承载的人口容量和经济规模容量、生态安全临界、环境Kuznets曲线、绿色GDP、代际财富均衡等。在人口自由流动、资源和产品自由贸易以及生态环境无疆界的状况下,个别区域的"可持续发展指标值"是没有意义的。因为个别区域的"可持续发展指标值",完全可以通过将其行为影响外部化的方式而"优化",也完全可能因他人的外部化行为影响而劣化。如,对于污染物和废弃物的总量控制与减排,都只有在全球范围内实施才有实际的成效,否则就会出现一个区域的控制与减排导致其他区域增排的现象。也就是说,无论是对可持续发展进行评价,还是对可持续发展采取行动,都只有在全球范围内才有实际的意义。

(三)全球可持续发展经济学:从微观、宏观到人类整体观

既然"人类整体"是人类行为的一个重要主体,"人类整体利益"是人类行为追求的一个重要方面,那么讨论"人类整体"的行为和利益问题就应当成为经济学研究的一个重要领域,而这个领域恰恰是与"可持续发展"的本质含义相通的。换言之,这个领域,既是"人类整体观经济学",同时也是"全球可持续发展经济学"。

全球可持续发展经济学(The Economics of Global Sustainable

Development），其内涵是对"全球性可持续发展问题"的经济学分析。"全球可持续发展经济学" 必须对既有的微观经济学、宏观经济学理论实现超越，主要应体现在以下方面：

1. 要把维护自然生态系统的稳定性作为利益追求的基本约束

人类整体层面不存在某一目标利益的最大化追求，仅把生态系统的承载力作为协调各个主体利益最大化追求过程中不可逾越的基本约束条件。

为了维护人类生存基础的自然生态系统的"可持续性"，必须给出人类活动不可突破的界限，这就是"全球可持续发展经济学"所必须首先讨论的基本前提，在经济学中最主要的体现就是"经济总量规模的上限"。主流经济学的基本假设和思维方式都是目标函数（效用水平、利润水平、国民生产总值等）的最大化，它所讨论的只是经济体系内部如何配置资源来实现目标的最大化，而不讨论自然生态系统这一外部条件所规定的限制规模。E.Daly（1996）用船只的装载来比拟了这一问题，即现在的经济学只考虑如何更合理地"配置"装载物品才能使船只运载得更多，而不考虑船只及其运航条件可承受的最大承载量。显然，传统经济学理论把经济的"承载量"看作是既定的、无限大的，在实际经济运行中遇到了各种问题（无论是通货膨胀，还是失业问题，或是经济危机问题）所提出的解决方案都是增加投资、扩大经济规模。而"全球可持续发展经济学"所认同的假设前提是：自然生态系统所决定的"经济承载量"是有限的，并且现实的经济活动离那条限制线越来越近（在某些方面甚至已经超越了限制线），所以经济学首先应当解决的是全球的"经济总量规模"（自然生态系统所能够承载的经济活动总量），而后在"经济总量规模"之下去讨论"资源配置"的问题才有其实际意义。

2. 要把"自然价值"作为地球生态系统在人类经济活动中作用的表征

既然生态承载能力是有限的，全球经济规模总量是有限的，那么，自然资源和生态环境的使用就必然是有价的。

"自然价值"可以从地球生态系统的"稀缺性""产权""财富"等的角度去分析、去认识。一是稀缺性。只有稀缺的东西才有价值。地球生态系统之所以有价值，是因为生态功能在人类经济活动中是必不可少、不可替代的投入，而生态功能并不是无限供给的，而是有其一定的承载限度的，并且生态功能会因人类活动超载而损耗。所以，生态功能是稀缺的，是需要得到补偿的。二是产权性。"自然"的"产权"所有者有其特殊性，"自然"的所有者是当代人，同时也是后代人，整体的"自然"属于整个人类。自然价值要体现这一产权特征。三是财富性。"自然"在人类生产生活中所提供的各种生态功能，使人类成员得到相应的效用满足，"自然"所具有的这种能力，对人类来说无疑是一种实在的财富。反之，如果"自然"的生态功能能力逐步衰减，那么人类从中所能得到的效用满足也将相应地减低，显然就是人类自身财富的减少。

"全球可持续发展经济学"最重要的一点突破是要引入"负价值"（或称"生态损益"）的概念。将那些只给特定个体或群体带来利益反而给全球利益带来损害的社会生产活动看作是价值耗损的过程，要考察该活动消耗资源而形成的那部分"负价值"，该活动对环境造成影响而形成的"负价值"，该活动在消费及废弃物处理过程中所造成的外部性而形成的"负价值"等。在分配理论中，就必须引入这样的原则，凡是创造"负价值"者，都必须承担相应的补偿责任，凡是"负价值"的承受者都有权要求得到补偿。

人类行为都会对自然生态系统造成损益，"生态损益最小化"应成为人类行为的基本准则。效率化追求，只是减少生态损益的行为，而不可能带来正的财富创造。个体间、群体间的交易行为，也应把"生态损益"的减小作为交易准则。

人类个体及群体应公平地行使生态损益手段，公平地承受生态损益影响，公平地承担生态损益责任。

3. 要从人类整体利益及地球生态系统的角度去考察各种经济活动的系统效应

系统理论认为，系统的功能要大于组成它的各部分功能的简单加总，因此，人类个体及群体经济活动过程中所创造的"负价值"（"生态损益"）的系统效应必然远远大于其简单加总。比如某一社会经济活动对整个生态系统的负作用是极为有限的，但全球同一类型的活动加总对整个生态系统的负作用则可能是灾难性的，整体效应所造成的"负价值"则是巨大的,也许远远超过这一类活动带来的经济利益的总和,当今社会所产生的生态危机(土地荒漠化、环境污染、臭氧层破坏、物种灭绝等)都应从各种生产活动和消费活动的系统效应角度来认识,否则无从探寻自然生态环境破坏这样一些巨大的"负价值"的产生根源。

所以,"全球可持续发展经济学"必须考虑一切个体行为、群体行为的生态环境影响的累积,从累积影响的后果反过来制定约束微观行为的原则,对消费需求的增长、对技术发展的方向、对生产范式及消费范式等形成约束。

4. 要排除一切形式的针对地球生态系统的外部性,将全球所有主体的生态环境外部性问题内部化

生态环境危机的形成,最根本的成因就在于各个利益主体在其经济活动过程中形形色色的外部性手段,如企业利润获取的手段是成本的外部化,国家经济增长和竞位的实现手段也是将其负面影响外部化,各种外部化的最终承受者都必然转化为地球生态系统。"全球可持续发展经济学"以"人类整体"作为利益主体,就是要排除一切针对地球生态系统的外部性手段和外部性影响。

"人类整体"应作为外部性的利益受损者,主张不受损害的权利、主张利益补偿要求、主张追究和制约各主体的损害行为。另外,"人类整体"作为正外部性的受益者,应对维护生态环境或治理生态环境的行为支付补偿,激励各主体维护或治理生态环境的行为。

5. 要全面确立"全球性公共品"在"全球可持续发展经济学"中的重要地位,从"全球性公共品"供给角度确立各利益主体在维护地球生态系统中的责任

全球性公共品的类型包括:地球生态系统的生态功能维护类型(生态功能区的保护和不被开发、贫困治理等)、生态环境恢复与治理类型(环境治理工程等)、不确定性影响的保障类型(生态类保险)。全球性负公共品(人类整体行为,导致利益受损的不可排己性,无法追究责任者、需全体共同出资治理的),也应纳入讨论的范围。

第二节　全球环境问题与全球环境治理

(一) 全球环境问题日益严峻

1987年，世界环境与发展委员会（WCED）发表了题为《我们共同的未来》（Our Common Future）的报告，该报告列举了世界上发生的一系列令人震惊的环境事件，指出世界上存在着急剧改变地球和威胁地球上许多物种（包括人类生命）的环境趋势，系统地阐述人类面临的一系列重大经济、社会和环境问题。在这份报告中引用了大量的历史资料和各种数据，涉及当今人类面临的16个严重环境问题[①]。这些问题至今没有根本性的改变，甚至有日益深化的趋势。

(1) 人口呈几何级数增长且分布结构不合理，给全球社会和环境带来极大的压力，人类面临"僧多粥少"的局面。

(2) 土壤流失和土壤退化。土壤是生物生长之本，土壤质量极大地影响着人类的生活质量，土壤极度贫瘠会使人类失去生存条件。而今全世界每年损失1 000万公顷的灌溉土壤，且无机肥的大量使用使土壤肥力不断下降。

(3) 沙漠化面积呈扩大化趋势，不断有土地被风化成为沙漠。沙漠与人类长期争夺土地，全球每年有600万公顷有生产力的土地被沙漠化。

(4) 森林锐减，林政秩序混乱。全世界每年有1 100多万公顷的森林遭受破坏，平均每分钟有20公顷森林从地球上消失。森林带来的环境效益要远远大于木材的价值，但能源及其他生活用品对木材的需求，使得森林在无节制的采伐中不断消失。

(5) 大气污染和酸雨的危害日益严重。人类在进行物质生产时，大量的废气、烟尘被排放到空气中，日积月累超过自然界能够净化的数量，使得大气质量不断下降而影响到人类的生活环境，更为严重的是被排出的废气在空气中形成酸雨，对人类、对植物都造成危害，每年都有大量的森林因为酸雨而枯竭。

(6) 水污染不断加剧。工业生产、人类生活的废弃物、空气的污染导

---

① 世界环境与发展委员会：《我们共同的未来》，吉林人民出版社2004年版。

致了水污染的加剧,给人类健康带来严重危害,当水资源遭受严重污染时,人类对水资源的基本需求得不到满足。

(7)温室效应。化石燃料的巨量使用,导致大气中CO_2的浓度过高,而导致"温室效应"。地表温度的升高导致海平面的上升,使得海洋向陆地进发,给人类带来很大的危害。

(8)臭氧层的破坏。由于臭氧层的存在,人类才不至于遭受过多的太阳紫外线辐射。但现代工业社会向大气中大量排放诸如氟利昂之类的损耗臭氧层的物质,使得臭氧层遭受破坏,给人类健康安全带来极大的危害。

(9)物种灭绝。目前地球上的物种正以前所未有的速度灭绝,大量的动植物在人类的威胁下逐渐退化,这就必然损害到了生态系统物种多样化的要求,表征生态系统出现了问题。

(10)化学制品的滥用。人类使用着7万~8万种化学制品且每年又有1 000~2 000种新产品投入使用,大量的化学制品使用造成严重的环境问题,其造成的影响已经远远超过了环境的自净化能力。

(11)海洋污染严重。人类总是把海洋当成最大的垃圾场,全世界每年有几十亿吨废物倒入大海,油船泄漏等原因致使大量石油流入海洋,海洋沿岸各种设施、工厂的建设也使近海遭受严重污染,海洋生物遭受灭顶之灾。

(12)能源消耗与日俱增。全球每年能源消耗超过10兆千瓦时。能源消耗增长促使人类加剧对自然界的开发,而形成恶性循环的环境问题。

(13)工业事故频发。放射性物质、有毒物质的泄漏事故不断发生,这些物质的扩散导致土壤失去可耕性,危及广大地域人群的健康安全,影响各种生物的生长力。

(14)军费开支巨大。世界每年军费开支约1万亿美元,军事科学的进步、军事装备的发展、核武库的扩充都给人类环境安全带来了严重的威胁。

(15)贫困加剧。贫困促使人类对资源进行更无节制的开发,对环境资源造成巨大的压力,而环境资源的破坏(如森林退化、过度放牧、土地过度等)又加重了贫困。这种贫困与环境破坏的恶性循环,使得贫困与环境问题不断地深化。

（16）自然灾害增加。20世纪70年代死于自然灾害的人数是60年代的6倍，受灾害人数是60年代的2倍，此后的情形更甚。这些自然灾害（特别是极端的气候灾害）的发生大多与生态环境的不断恶化有关。

（二）全球环境治理机制的建立

全球环境治理的理论滞后于全球环境保护运动的实践。在20世纪60年代以前，环境保护很少出现在媒体舆论中或者被政府提及，以致全社会从上至下都沉溺在"对抗自然""改造环境"的自我陶醉和满足中。1962年，美国生物学家蕾切尔·卡逊出版了《寂静的春天》一书，描绘了在人类广泛使用DDT杀虫剂之后，田野出现昆虫绝迹、鸟类死亡、整个自然生态环境被严重破坏的景象。DDT是一种化学合成杀虫剂，最初是"二战"期间在美国军队中消灭蚊子之用，后来被广泛用于对付田间害虫。然而，这种杀虫剂不仅能消灭害虫，也能通过食物链危害鱼类、鸟类及其他生物，甚至能够在人类体内聚集，导致人罹患各种病症。这一可怕的环境事件像平静荒野里的一声呐喊，震惊了整个世界，而科学界也进一步佐证了这一现象出现的真实可能性。自此以后，人类社会开始重新审视自身发展与自然环境之间的关系，环境保护的意识逐渐明晰，应对环境问题的行动在世界范围内开展起来。

1972年，联合国环境规划署在斯德哥尔摩召开了首次人类环境大会，会议通过了《人类环境宣言》，阐明了与会的各国和国际组织所取得的七点共识和二十六项原则。这七点共识是：①科学技术的迅速发展，使人类能在空前规模上改造和利用环境。人类环境的两个方面，即天然和人为的两个方面，对于人类的幸福和对于享受基本人权，甚至生存权利本身，都是必不可少的。②保护和改善人类环境是关系到全世界各国人民的幸福和经济发展的重要问题，也是全世界各国人民的迫切希望和各国责任。③在现代，如果人类明智地改造环境，可以给各国人民带来利益和提高生活质量；如果使用不当，就会给人类和人类环境造成无法估量的损害。④在发展中国家，环境问题大半是由于发展不足造成的，因此，必须致力于发展工作；在工业化国家里，环境问题一般同工业化和技术发展有关。⑤人口的自然增长不断给保护环境带来一些问题，但采用适当的政策和措施，可以解决。⑥我们在解决世界各地的行动时，必须更审慎地考虑它们对环境产生的后果。为现代人和子孙后代保护和改善人类环境,已经成为人类一个紧迫的目标。这个目标将同争取和平和全世界的经济与社会发展两个基本目标共同和协调实现。⑦为实现这一环境目标,要求人民和团体以及企业和各级机关承担责任,大家平等地从事共同的努力。各级政府应承担最大的责任。国与国之间应进行广泛合作,国际组织应采取行动,以谋求共同的利益。

上述七点共识首次从世界范围的角度确定了人类保护环境的必要性和紧迫性,更为重要的,它确认了环境治理实践的开端,从此,人类社会从单纯的环境保护运动上升到环境治理的高度。在共识中的第七条,首次提出了环境治理实践的承担主体,即人民、团体、企业、各级机关以及国际组织,并且申明了各级政府应承担最大的责任这一原则。人类环境宣言及其所达成的共识和原则,为开展环境治理实践奠定了良好的基础。

(三) 全球环境治理的内涵特征

全球环境治理与全球治理理论一脉相承。由于全球治理的概念在学术界尚存在很多争议,因此,对于全球环境治理,学术界也没有达成一致认识。全球治理理论强调利用一系列国际规则来解决全球性的问题,因此在全球环境治理的理论内涵中必然包括一系列具有约束力的国际规则,而治理的目的则是整个人类社会的可持续发展。根据联合国《里约环境与发展宣言》《21世纪议程》和联合国环境规划署的文件,全球环境治理的途径是国际社会通过建立新的公平的全球伙伴关系,利用条约、协议、组织所形成的复杂网络来解决全球性环境问题。(蔺雪春,2006,刘颖,2008)这里,利用条约、协议、组织所形成的复杂网络构成了全球环境治理的主要机制。

鉴于学术界关于"全球环境治理"一词的概念仁者见仁,智者见智,每种定义似乎都有其合理性和不足,笔者在此不再针对其定义做出新的解释。但是,综合各位学者的研究,在全球化变革的背景下,我们认为全球环境治理具有如下几个显著特征。

首先,全球环境问题跨国界的特性,使得其影响对象十分广泛,区别于以往一般性的环境问题由一国政府干预的做法,全球环境问题的应对必然包含越来越多的其他主体。全球环境治理的主体除了各主权国家之外，还包括国际政府间组织、公民社会的群体性组织（国际非政府组织）、跨国公司、全球精英等。其中，国际政府间组织在当前全球环境治理的实践中发挥着主要作用，这些组织主要包括联合国及其分支机构、国际货币基金组织、世界银行以及其他区域性的多边发展银行、世贸组织（WTO）等。各主权政府、国际政府间组织代表了治理实践中政府的力量，而公民社会的群体性组织、跨国公司等则展示了非政府组织、非国家行为体和无主权行为体的作用。值得注意的是，全球精英在治理实践中的作用正日益增加。这些全球精英包含政治精英、商业精英、知识精英等。他们利用在信息和知识方面的主导地位，形成全球环境治理领域中特定的知识共同体，以知识、权威和理解力参与治理实践，左右了全球变革的进程。尽管对于在全球环境治理中哪类主体才应当是最主要的实施者，学者们有不同的看法，但可以肯定的是，全球环境治理的主体权利正在由主权主体向非主权主体、国内组织向国际组织转移。

其次，多边主体下的全球环境治理机制，是由协议、组织、原则和程序所组成的复杂网络。具体来说全球环境治理机制包含：国际环境会议及其达成的多边环境协议，具有强制力的国际环境法律体系，具体进行全球环境治理的政策工具，解决经济技术援助的资金机制等。

全球环境问题的解决，建立在各国广泛参与谈判的基础之上。自1972年以来，在联合国主持下召开的商讨全球环境问题的会议已超过1 000次。这其中以1972年的斯德哥尔摩会议和1992年的里约热内卢会议最为重要。特别是里约会议，吸引了超过180个国家和地区的参与，其通过的《环境与发展宣言》建立了生态环境领域的"布雷顿森林体系"。这些国际环境会议的召开，为多边环境协议的达成提供了平台，而多边环境协议体现了"治理"理论中的协调互动和自组织的内涵，亦即协议的达成具有自我执行（self-enforcing）的特点。目前这些协议覆盖了全球问题中的海洋、土壤、生物多样性、大气、化学品和有毒废弃物排放等方面，而其中又以海洋公约和相关协议的内容最多，例如，《联合国海洋法公约》《国际防止船舶造成污染公约》等。有关土壤保护的公约主要有《联合国防治沙漠化公约》，有关生物多样性的公约主要有《世界遗产公约》和《生物多样性公约》，有关化学品和有毒废弃物排放的公约主要有《控制危险废物越境转移及其处置巴塞尔公约》以及《关于持久性有机污染物的斯德哥尔摩公约》等。20世纪90年代以后，有关大气污染物排放的公约引起了全球更为广泛的关注，这其中以《保护臭氧层的维也纳公约》《蒙特利尔议定书》《联合国气候变化框架公约》《京都议定书》最为瞩目。

随着国际环境会议的召开和各项环境协议的达成，国际环境立法发展也十分迅速。据统计，1972—1997年，由联合国主持制定的全球性的国际环境立法已达40多项，涉及危险废物的控制、危险化学品国际贸易、化学品安全使用与环境管理、臭氧层保护、气候变化、生物多样性保护、荒漠化防治、物种贸易、海洋环境保护、海洋渔业资源保护、核污染防治、南极保护、自然和文化保护等内容。现在的国际环境立法基本上形成了一个门类齐全、内容丰富的国际环境法律体系（何忠义，2002）。

在全球环境治理机制中，有效的政策工具也是重要的组成部分。在治理理念下，政府的行为由"管理""控制"向"协调""组织"转变，因此相应的政策干预也由先前的命令控制向协调、互动性的政策转变。在全球环境问题治理中，这种转变表现得更为明显。因为，目前尚没有一个世界政府能够实施对全球环境问题的命令控制政策，而且鉴于全球环境问题的复杂性，实施此类政策也需要耗费大量成本。经济学理论给予利用协调、互动性政策以极大的可能性。在经济学家看来，环境问题的产生归咎于个人行为目标与集体行为目标的背离。因此，实现有效率的解决问题的途径就是使两者的行为目标相一致。这样基于效率最大化原则的政策即所谓的对微观行为主体的激励政策。它与命令控制政策最大的不同在于其在实现环境目标的同时节省了社会无谓损失，并且更赋有灵活性。但是这类政策实施的前提是具有良好的市场经济环境，这在发达国家并没有太大问题，然而对于发展中国家来说，应用这些政策还需要做好基础设施、制度监管和执行等实施环境的能力建设。

全球环境治理机制还包括进行经济技术援助的资金机制，主要是发达国家针对发展中国家的资金计划。目前，全球环境治理的资金来源主要有三个方面：一是官方发展援助。发达国家在《21世纪日程》第33章中重申将0.7%的国民生产总值用于官方发展援助。二是多边国际组织的资金。包括来自世界银行、国际货币基金组织的资金，也包括联合国环境规划署、发展署的资金。例如，1990年，世界银行、联合国环境署和发展署就共同建立了一项"全球环境基金"，用于帮助发展中国家支付解决全球环境问题的费用。联合国其他的专门机构如粮农组织、教科文组织、世界卫生组织等某些项目的组成部分，也致力于环境活动。此外，经合组织（OECD）的发展援助委员会、区域性的多边发展银行也是重要的资金来源。三是与多边环境协议相关的资金，主要通过以下几个渠道提供：传统的信托资金、其他旨在应对具体问题的多边基金机制、与捐款国的双边安排、基金、私有部门和非政府组织的捐助等。此外，还包括债务减免、私人资本流动、非传统的资金来源、非政府部门提供的资金和国内的资本流动等。（薄燕，2006）

最后，全球环境治理的显著特征还表现在其从理论到实践都围绕着"公平"与"正义"的量度，随之而来也伴随着诸多争议和不确定性。全球环境治理涉及两个维度上的治理，即地域与时域。从地域方面来看，全球环境问题的产生和影响在国家地域之间分布极度不均衡，这使得在治理机制中如何分配各国责任成为难题。当前，包括全球环境问题在内的全球治理机制都是由西方发达国家所主导，发展中国家要追求符合自身利益的公平对待，涉及在原有国际格局的框架下，建立一种新的国际秩序。全球环境治理中所体现出的问题实际上都包含了现有国际秩序的问题，这对于发展中国家在参与全球环境治理中是十分必要的警醒。全球环境治理的时域特点表现为全球环境问题的产生及其解决和治理，不仅影响当代人还要影响后代。由于后代人无法站出来替自己代言，因此跨时间的公平更加难以保证。治理理论中多层次治理的网络建构可能是解决途径之一，这也是造成未来治理主体更加多样化的原因。

第三节　全球气候变化与中国的减排责任[①]

当前气候变化问题已经成为国际社会面临的最为严峻的环境问题。这一问题的严峻性表现在：一方面，由气候变化造成的对人类生存环境的威胁不断显现；另一方面，人类社会应对气候变化的行动却停滞不前。政府间气候变化专门委员会（IPCC）发布的报告称，大气中温室气体的不断累积是造成气候变化的主要原因，而这些温室气体主要是由人类社会活动所产生。因此，全球应对气候变化的行动围绕着如何减少人为温室气体，主要是二氧化碳而展开。从1992年联合国气候变化框架公约（UNFCCC）的签订开始，到2005年《京都议定书》的正式生效，再到2009年年底召开的哥本哈根气候变化大会以及最近几年的坎昆会议和德班会议，围绕如何实现碳减排，全球气候谈判已经经历了20多年。然而，纵观这20多年的历程，国际气候合作的达成步履维艰。关于如何在各国之间分担碳减排责任，发达国家和发展中国家之间争论不休，矛盾的焦点在于《京都议定书》框架下确定的发达国家承担强制减排责任，而发展中国家进行自愿性减排的规定。其中，由于中国已经成为世界第一能源消费国和二氧化碳排放国，是否应当承担强制减排责任也成为影响谈判进程的关键。例如，美国声称其承担强制减排责任的前提是中国也加入到减排队伍中来，而中国等发展中国家要求发达国家率先做出承诺并实际履行，以气候行动中的领导者自居的欧盟则把谈判无果的责任推卸到中美两国身上。

作为一个发展中大国，中国的首要任务是发展。然而在经济取得迅速增长的同时，国内能源消耗和温室气体排放也急剧增加。在生态环境无比脆弱的今天，中国在发展经济的同时不得不考虑由此带来的环境效应。虽然在"共同但有区别的责任"原则和《京都议定书》框架下，中国暂时不用承担强制减排责任，但面临气候变化的威胁和国内进行减排行动的困难，中国在应对气候变化的过程中究竟应当分担何种责任是决策者必须要面

[①] 本小节内容参见：史亚东：《浅析中国在国际气候合作中的碳减排责任》，《生态经济》2013年11月。

对的问题。与其被动地承担外在的减排压力，不如主动面对，得到中国承担责任的理论和量化依据，这样不仅有利于推进当前气候合作的进程，对于国内顺利开展相应的措施也是大有裨益的。

(一)公平的责任分担原则

公平地分担碳减排责任是各国的共识，因此得到公平的责任分担原则，是中国决定承担多少责任并进行谈判的依据。由于公平本身就是一个玄奥复杂的概念，关于其内涵从古至今各个学派争论不休，因此涉及环境领域的公平也存在许多不同的理解。在气候领域，发达国家主张的公平原则是基于古典功利主义和主流经济学视角下的公平。这种公平追求最大多数人的最大幸福，隐含着对少数族群权利的侵犯。因此，发达国家认为气候领域的公平应当建立在效率实现的基础上。在这一认识指导下，他们号召全球进行统一的减排行动，并进行无限制的自由碳交易，由此来降低减排成本。然而，国际环境问题的处理不同于处理一般的国内问题。在一国以内，效率实现后借助于国家这样的主权机构进行再分配，可以弥补初始分配的不公。而在国际环境问题的处理上，由于缺乏一个凌驾于各国主权之上的超主权机构，初始分配的公平性显得尤为重要。此时，确保每一个国家的发展权益和环境利益是公平原则的应有之义。或者说，所谓国际环境问题的公平与正义，它并不是指一个有效管理环境资源的机制。相反，它是在平等状态中各国（或各主体）在环境权益分享与责任共担之间达成的一种互惠互利的合作关系。

我们认为，应对气候变化的公平与正义与罗尔斯的正义理论一脉相承。它是一种义务论，即所有主体在环境权利与义务上的平等作为正义原则独立于善，并处于第一优先的地位。另外，作为一种公平的正义，它更是一种契约论，是原初状态下社会选择的结果。按照罗尔斯关于"无知之幕"的假定，在原初状态下人们通过意识形态的契约签订过程会选择两个正义原则，即平等自由的第一原则和机会公正平等以及差别原则结合的第二原则。这两个原则同样是环境领域契约达成所选择的原则，它可以进一步表述为所有主体都拥有与基本的自由平等相关联的环境资源的使用权、享有权以及不受环境风险威胁的权利的第一原则;和依系于在机会公平平等的条件下与环境资源相关的政策参与、信息获得、投资管理的渠道向所有人开放(机会公平平等),以及在与正义的储存原则一致的情况下,符合环境利益最少受惠者的最大利益(差别原则)的第二原则。

在国际环境法中被确立下来的"共同但有区别的责任"原则符合上述罗尔斯的正义理论。但是在现实中,针对有区别的责任因何而区别、有多大程度的区别,却为各国所争论。因此,更进一步,我们认为应对气候变化的公平原则应当满足以下三个基本属性。

(1)原则的"共同性"和结果的"有区别性"。对应对气候变化领域"共同但有区别责任"的理解不能简单地认识为只有发达国家承担强制减排责任。根据罗尔斯作为公平的正义理论,"共同的责任"体现的是权利义务分担的"共同性",或者说是原则上的"共同性";而根据能力差别体现的"有区别"是一种结果上的区别。针对全球碳减排责任分担,发达国家和发展中国家争论的原因之一在于错误地把结果的"有区别性"理解为原则上的"有区别性"。即在减排责任分担原则上面各国应当有一个统一的标准,而不是针对不同群体有不同的责任分担方法。在这一共同标准中,有关历史责任、消费责任、生产责任、随着各国发展而动态调整分担责任等因素,都应包括其中。在实际责任分担中,用同一尺度去衡定出各自的分担责任,由此实现责任分担结果上的"有区别"。正是因为没有统一的分担责任标准,发达国家拥有了随意抨击发展中国家、逃避其责任分担的借口;也正是因为没有统一的分担责任标准,各国之间对责任分担结果没有统一认识,造成彼此的误解和曲解,影响国际气候合作的达成。

(2)促进合作广泛实现。应对全球气候变化不能单靠一个国家或某几个国家的力量来实现,公平原则的建立应当是促进国际气候合作的广泛达成。对公平原则不同认识的争论,使各个国家坚持自己的立场不肯让步,解决争论的方法是协调各方利益。责任分担结果上的"有区别",可以使发展中国家有动机参与到全球温室气体减排的行动中来,符合促进合作广泛实现的要求。在统一的责任分担标准中,使各方在平等的地位下选取合作的态度也是实现环境正义的应有之义。因此，要确保气候谈判各方平等地参与到应对气候变化的相关事务和行动中来，保证政策制定、信息获得等向所有国家敞开。促进合作的广泛实现还要求对环境受惠最小国利益的最大保护，这应当成为被法律所支持的正当，它优先于对全球气候环境资源的有效管理。

（3）不以效率实现作为首要的和唯一的目标。各国之间对气候问题的争议展现出对环境公平与环境正义不同的认识。发达国家目标取向的环境正义根源于主流经济学理论对正义的理解，因此它以效率的实现作为首要的和唯一的目标，认为利用市场化手段所带来的环境风险和环境收益的不均分配不再属于不公平的范畴。因此，发达国家多支持全球开展无限制的碳排放权交易，认为只要发展中国家获得合理的交易价格，则已经被公平地对待。根据潘家华（2002）关于人文发展的定义，以货币计量的财富的增加并不能完全反映社会福利的改进。发展中国家参与碳排放权交易获得货币收入的同时，丧失的是资源环境利用的权利。市场化手段关注于资源的有效配置，忽视资源在群体之间如何分配。虽然在一国以内利用税收和财政转移支付等机制可以起到调节资源分配的作用；然而扩大到国家之间，由于没有超主权的机构执行再分配的过程，以效率优先的目标将使得资源过度集中到发达国家手中。在世界经济秩序不公平的背景下，以效率作为实现气候问题公平性的首要目标，将不仅加剧世界环境资源分配的不公平，而且还会进一步加剧经济不公平，造成恶性循环。

考虑气候变化公平原则的基本属性，我们认为，碳减排责任分担的统一标准应当涵盖几个因素，它们分别是：消费者的责任、生产者的责任、历史的责任以及随着各国发展而动态调整的责任。相应地，中国在国际气候合作中的碳减排责任也是在这一标准下得出的。即中国是否减排、应当实现多大程度的减排，应以此为理论和量化的依据。

（二）综合考虑生产者和消费者责任的静态减排责任

以《京都议定书》为代表的一系列国际气候协议构成了当前的全球碳减排责任分担机制，然而关于《京都议定书》的实施效果却一直以来饱受诟病。主要原因之一在于该协议生效后,其对全球温室气体的控制效果并不理想,表现为:受协议约束的附件一国家(发达国家)的温室气体排放量有所下降,但发展中国家的却呈现巨幅上升态势。在学术界,这一现象亦被称为碳泄漏(carbon leakage)。很多学者(西方主流经济学家)把碳泄漏的发生归咎于《京都议定书》单边的减排政策规定,借此要求发展中国家也进行强制减排。也有部分学者将碳排放转移与国际贸易和全球化联系在一起,认为发展中国家已经成为全球的"污染天堂"(Kuik, Gerlagh, 2003, Babiker, 2005)。我们认为,上述对碳泄漏的认识如果仅限于此,不仅容易导致对公平的环境协议的挑战,也会导致贸易保护主义的抬头。事实上,碳泄漏的产生本质上在于当前的碳排放责任认定方法不合理。基于属地责任的认定标准将一国的碳排放责任局限在本国区域以内,因此,当这些国家受到减排约束时,自然有动力将污染跨境转移。

以中国为例,2009年中国被一些国际能源机构认定为全球第一能源消费国和二氧化碳排放国,但许多学者利用环境投入产出模型和计算隐含碳的方法,发现中国的碳排放有很大比例是为满足国外需求而产生,或者说由国外碳泄漏而来(张友国,2010)。特别是具有强制约束力的环境协议《京都议定书》生效后,在属地责任的碳排放认定标准下,国外更有动力加速向中国碳转移。

由上述分析可见,当前的属地责任认定方法急待改进,否则,越是公平而严格的环境协议其政策效果反而越不理想。20世纪90年代初兴起的生态足迹理论,把人类对自然环境的负面影响归咎于人类为维持自身生存和发展对自然资源的消费。因此,从这个角度来说,消费是产生环境污染的最终驱动力,如果要追究环境污染的责任必然要考虑消费者的责任。与此同时,生产者由于有采取先进技术和选择所需投入原料的能力,即生产者有选择减少对环境污染途径的能力,完全不考虑生产者责任也是不合理的。既然如此,在碳排放责任认定中综合考虑消费者责任和生产者责任将一方面符合责任分担的公平原则,另一方面也避免了使某一方面临的环境责任压力过大而导致争论不断,从而能够促进国际气候合作的实现。

2006年，Rodrigues等学者曾提出一种具备四个基本属性的环境责任指标，史亚东（2012）在他们模型基础上放松了可加性的假定，得出综合考虑两者责任、存在并且唯一的碳排放责任认定指标。利用全球贸易分析项目（GTAP）数据库提供的基础年份信息，该文构建了分为目标国家和其余国家的国家间投入产出矩阵，实际测算了2004年全球主要国家在该指标下的碳排放量。结果发现在该指标下，中国的碳排放责任比直接排放责任有所下降，说明当前的责任认定标准高估了中国的碳排放量。从直接排放量与经过调整后的排放量之间的差额可见，中国的绝对差额最大，说明我国在碳排放责任方面被错误估计的绝对量最大。从相对排放责任——重新认定的碳排放量占当年全球总排放量的比重来看，美国、中国的相对碳排放责任较大，其中，美国的相对碳排放责任接近中国的两倍。通过对实证结果的进一步分析发现，美国作为碳排放量最大的国家，经过指标调整后，其增加的碳排放责任相对其排放总额来说并不大；而欧洲一些排放量较小的发达国家，经过指标调整后，尽管其增加的绝对排放量不大，但相对量却较高。从推进国际气候合作的角度，依据该指标进行碳排放责任的认定，在兼顾责任分担的公平性基础上，能相对地协调各方利益，避免因为某一方需要承担过大责任而拒绝合作，甚至导致整个谈判的失败。

（三）历史的责任

利用上述指标模型，理论上可以获得全球各国任意年份的经过调整后的碳排放量。经过叠加后，即可获得各国历史上累积排放的二氧化碳。由于气候变化是大气中温室气体不断累积的过程，因此这种方法理论上可以作为确定各国历史排放责任的依据。然而，该种方法虽然理论上可行，但由于实际操作中缺乏相应数据，以综合考虑生产者责任和消费者责任的视角来反映各国的历史排放责任的做法并不可行。从直接排放量的变化趋势可见，人为温室气体大量排放始于19世纪的工业革命时期，此时国际贸易和经济全球化的开展十分有限，因此，可以认为此时的直接排放量大部分为满足本国区域的需求而产生，或者说此时的排放责任主要是处于工业化进程中的发达国家。在无法确切衡量在该指标下各国历史累积排放的背景下，强调发达国家率先履行减排责任符合责任分担的公平原则。从这个角度说，当前《京都议定书》关于强制减排的规定符合责任分担标准中的历史责任的规定，是机制改进中依然应当坚持的分担原则。

（四）动态发展的责任

虽然考虑历史责任的因素，发达国家应当率先减排，但是发展中国家的状态并非一成不变，随着经济的发展，其也有成为发达国家的可能。那么，在当前定义下的发展中国家是否永远不承担强制减排责任呢？按照应对气候变化的公平原则，答案显然是否定的。我们认为各国之所以对于减排持谨慎甚至反对态度，主要是担心因减排而降低的能源消耗会对经济增长产生负面影响。然而，许多学者已经证明能源消耗与经济增长之间并非完全的线性关系，如果一国经济对能源的依赖已经不强，那么这些国家就没有理由不再进行减排。史亚东（2011）通过考察能源消费对经济增长溢出效应的国家差异，建立了一种动态的减排责任分担机制。对于中国来说，利用这种机制，我们可以得出满足何种条件我国也应当加入强制减排行列的结论。

所谓动态减排责任分担机制，指的是在各国的动态发展过程中存在一个"减排门限"或者"触发机制"，一旦某个国家的某项指标达到或超过这一门限水平或触发值，这个国家就应当承担起强制减排责任。在该研究中，所考察的基本变量是各国的能源消费与经济增长。能源消费量代表了二氧化碳直接排放量，这只反映了生产者责任；而对于另一个关键变量，即减排门限变量，选取了人均消费水平，这与我们前述综合考虑两者责任的分析相一致。该文在Feder（1983）一个两部门模型的基础上，建立起以人均消费作为门限变量的能源消费对经济增长溢出效应的实证模型。利用1980—2007年45个国家的数据，发现能源消费对经济增长的溢出效应确实存在非线性转换关系。这种转换关系表现为，当人均消费水平超过一定值时（按购买力平价折算为2005年不变价约13 544美元），能源消费对经济增长溢出效应不再显著，这意味着超过此门限的国家相对于其他国家，无论在道义上还是出于经济利益考虑都更应当减少能源消费，并降低由此带来的温室气体排放。

该文通过考察门限水平之内的国家,发现它们大部分为发展中国家。其中,葡萄牙、韩国、匈牙利、墨西哥的人均消费水平已经接近第一门限值;而中国、印度、苏丹、肯尼亚和孟加拉国的人均消费水平还相对较低,这意味着这些国家在分担减排责任方面存在潜在的进入机制,即葡萄牙、韩国等国相对于中国、印度等国应当率先进入要承担严格的减排责任的国家行列。

综上所述,中国在分担全球碳减排责任时,应当依据应对气候变化的公平原则,利用统一的责任分担标准得到具体或量化的责任分担量。其中,依据历史的责任,中国应当要求发达国家率先实施碳减排。而考察静态排放责任时,中国应强调改变当前以属地责任为原则的碳排放认定方法,利用综合考虑生产者责任和消费者责任的碳排放责任认定指标,重新估计中国的二氧化碳排放量,以此作为静态减排责任分担的依据。另外,中国也应采取主动积极的态度,依据动态减排责任分担机制,做好进入强制减排国家队伍的准备。这样,一方面可以体现中国负责任的大国形象,另一方面,也能够打消发达国家不进行减排的借口,促进国际气候合作的顺利实现。

第四章　二十国集团与全球经济治理[①]

第一节　既有全球经济治理机制的滞后性

现行的全球经济治理机制源自"二战"后建立的"布雷顿森林体系",是以国际货币基金组织、世界银行和世界贸易组织为支柱,以资本自由化和贸易自由化为主要内容的多边经济体系,反映了战后世界政治经济格局,体现了美国的国家利益和价值诉求,目的是解决当时世界经济面临的主要问题。而七国集团(G7)则是"布雷顿森林体系"崩溃之后,国际金融体系最主要的治理机制,它反映了20世纪70年代美国霸权地位开始衰落后,发达国家用一种相互协调形式的"软制度"来替代"布雷顿森林体系"时代的"硬制度",以管理国际金融体系。

1975年,七国集团成立(第一年是G6[②])并成为国际金融体系治理的主要机构,这与当时的国际权力结构是基本吻合的。在过去几十年里,G7/G8无论是在世界经济舞台还是国际政治舞台都占据着绝对的优势地位。经济上,除俄罗斯外的7国国内生产总值长期占世界生产总值的2/3以上,贸易量占全球的一半以上;政治上,联合国安理会的5个常任理事国中有4国属于八国集团;此外,G8的多个国家还是世界顶尖的科技强国。绝对的超强实力地位是国际金融治理长期处于"G7时代"的根本原因。但是,在20世纪90年代以后,随着以中国、印度和巴西为代表的新兴国家的崛起,国际货币基金组织和七国集团对管理国际金融事务已显得越来越力不从心。具体表现在:

[①]　作者杨大鹏,国际关系学院国际经济系副教授。
[②]　20世纪70年代初,在第一次石油危机重创西方国家经济后,在法国的倡议下,1975年11月,美国、日本、英国、法国、德国、意大利六大工业国成立六国集团(G6)。加拿大于次年加入,此即七国集团(G7)。1997年俄罗斯的加入使得G7转变为G8。七国集团是八国集团的前身。2014年6月4日,由欧盟主持的七国集团(G7)领导人会晤4日晚间在比利时布鲁塞尔开幕,这是俄罗斯自1997年加入这一集团后首次被排除在外。

（1）作为一个超国家机构，虽然国际货币基金组织的日常工作具有相对的独立性，但重大决策仍然取决于成员方的投票，它使用一种加权表决机制，即成员方的投票权与其份额大小成正比。虽然国际货币基金组织经过了几次改革，新兴国家在其中的投票权略有上升，但它仍然反映了"二战"后的金融权力格局，无法适应新时代权力结构的变迁。在二十国集团推动IMF进行份额改革前，西方七国有46%的投票权，发达国家总体为60%，然而，这些国家中除日本外没有任何一个债权国位列其中。俄罗斯的份额比意大利要少，中国不及法国，美国至今仍拥有否决权，这种类似于股份制公司的运作机制使得国际货币基金组织更多地反映美国和欧盟的意志。在全球金融稳定不再仅仅依靠美国及其盟国，而必须同样依赖于中国和其他新兴国家的今天，IMF如果不采取行动以获取其他新兴国家的信任，这些新兴国家可能会彻底抛弃国际货币基金组织。国际货币基金组织在1997年东亚金融危机中的表现更是大大削弱了新兴国家对它的信任。

（2）国际货币基金组织的行动能力日益萎缩，在国际经济治理中越来越难以发挥建设性的作用。这一方面源于职能的转变。20世纪70年代，随着固定汇率体系的崩溃，IMF的汇率监管权威完全消失，汇率问题重新成为主权国家范围内的事情。为收支失衡的国家提供短期贷款成为浮动汇率时代IMF的主要职责。另一方面，由于不满于IMF在危机援助行动中提出的苛刻条件，新兴国家经济体开始选择自己积累大量的货币储备，如墨西哥、巴西、中国和印度，已经不再依赖于IMF的支持。如此一来，既弱化了国际货币基金组织对这些国家的影响力，也降低了基金组织通过贷款给这些国家所获得的收益。在有限资金运营下，IMF可以为小国危机提供必要的资金支持，但当美国深陷危机之时，IMF则显得无能为力。

（3）金融衍生工具的快速发展增加了金融体系的风险，也降低了IMF缓解风险的能力。这表明全球金融环境的变化发展使得IMF发挥作用变得更为困难。作为"布雷顿森林体系"遗留下来的金融机构，IMF本应在2008年的金融危机中发挥金融灯塔与危机处理的作用，但事实上，面对金融体系的核心国家遭遇危机时，它却显得束手无策。因此，美国只能选择抛开它一手缔造的IMF，转而向拥有巨额外汇储备资产的国家寻求资金援助。正如国际政治经济学学者菲利普·利普西所说，在如此剧烈的变化下，

IMF正在变成旧时代的纪念品。IMF必须进行改革,以更好地反映崛起中的经济大国的利益和关切。

为了弥补自身应对各种国际挑战时的不足,同时随着关注议题的不断扩展,在冷战结束后,七国集团尝试着进行了两次制度改良,通过"成员扩大、议程增设和机制深化",力求向"有效的全球治理中心"转变。但这些极为有限的制度改革无助于七国集团所面临的日益加深的合法性和有效性危机。

第一,通过吸纳俄罗斯以提高代表性。七国集团唯一的一次扩大是将俄罗斯吸纳为正式的成员国。但俄罗斯常常被排除在核心的七国财长和央行行长会议机制之外,在国际金融、国际贸易相关议程上的话语权远远弱于其他成员国。从七国吸纳俄罗斯加入的过程不难看出,其对吸收新成员抱着十分谨慎甚至是苛刻的态度。

第二,举行八国集团(G8)与其他国家的对话会议,以增强解决具体问题的有效性。随着20世纪90年代以来经济全球化的深入发展,人类在诸如粮食安全、能源安全、恐怖主义、疾病威胁和经济稳定等全球性问题方面面临越来越严峻的挑战。由此,从20世纪90年代后期开始,八国集团加强了与其他国家(主要是发展中国家)的对话,八国首脑会议发生了从G8到"G8+N"的变化。

2003年八国集团在埃维昂峰会[①]期间,举行了第一次南北首脑非正式对话会议。此后,除了2004年在美国佐治亚岛峰会之外,八国集团每年举行一次南北首脑对话会议。但在八国集团框架下,与会的其他国家毕竟是客人身份,难以完全平等、充分地参与重大议题的讨论和决策,而且,关于国际金融事务的讨论仍然是在原有的七国集团框架下进行的。因此,七国集团在国际金融治理问题上几乎没有任何重大的制度变化。

第三,加强与既有机制的联系,邀请联合国、世界贸易组织、世界银行和国际货币基金组织等重要国际机构的代表参加七国集团峰会或工作会

[①] 2003年6月2日至3日,八国首脑会议在法国的埃维昂举行。东道国法国把经济增长、团结和国际安全确定为峰会的三大主题。中国国家主席胡锦涛应希拉克总统的邀请,出席了八国集团在峰会前与11个发展中国家举行的南北领导人非正式对话会议。

议的对话和协调。通过这些联系，七国集团一方面实现了与联合国的关系制度化，另一方面借助世界经济三大组织——世界贸易组织、世界银行和国际货币基金组织——贯彻并实施其协议和具体政策。不仅如此，七国集团也注意到全球公民社会在现代世界治理中所拥有的优势，因此加强了与国际非政府组织的对话和沟通，这有助于从社会底层入手解决困扰整个国际社会的全球性问题。

尽管七国集团期望通过上述三方面的努力，改善其在国际金融治理上的效果并巩固其核心地位，但从总体上而言，七国集团在扩大正式成员规模上（特别是放松对国际金融治理的垄断权上）表现得异常保守，这使得其提高自身的合法性和有效性有限。更为重要的是，世界经济结构性的变化已经使七国集团所框定的体系无法满足国际金融治理的要求。

第二节　二十国集团的形成

二十国集团的创立和发展与金融危机密切相关。随着经济全球化的深入推进，全球性问题不断出现。20世纪后期，全球局部性金融危机不断出现，尤其是1997年的亚洲金融危机。东南亚金融危机尽管一直被控制在地区层面，没有对欧美发达国家构成实质性影响，但是国际社会仍然产生了对全球性金融危机的忧虑。对此，有学者指出，对新兴国家的经济、金融发展置若罔闻的时代一去不复返了。此次危机使美国意识到有必要针对亚洲金融危机采取共同行动，并且有必要改革既有的国际金融体系。七国集团内部也开始讨论设计新的，包括新兴经济国家在内的国际金融对话机制。

在二十国集团创建的过程中，七国集团曾为此进行了非常激烈的争论。创建一个新机制的倡议最先由美国提出，财政部长劳伦斯·萨默斯[①]致

---

① 劳伦斯·萨默斯（Lawrence Henry (Larry) Summers, 1954—），美国著名经济学家。在克林顿时期担任第71任美国财政部部长。因为研究宏观经济的成就而获得约翰·贝茨·克拉克奖。并且在2001—2006年成为哈佛大学的第27任校长。萨默斯在经济、公共财政、劳工经济、金融经济及宏观经济等各方面做出重要贡献。另外，他也活跃于国际经济、经济人口学、经济历史及发展经济学。他的工作集中于分析经济数据来解答明确的问题。

力于创建一个包括新兴国家在内的紧密的小组,目的是在国际范围内推广七国集团达成的共识,使其合法化。加拿大对创立新机制同样抱有积极的态度,它希望新机制具备更大的稳定性、更多元的价值,拥有更高的有效性和信誉度。德国、日本也加入到支持创建新机制的阵营中来。法国由于担心二十国集团可能会稀释法国在国际金融治理中的影响力,持相对消极的态度。但由于权力结构和利益偏好的对比,法国都处于弱势地位,因此,支持二十国集团的主张最终付诸实施。

当七国集团成员国达成创建新机制的共识之后,如何确定成员国的标准成为又一个新的焦点。其成员国普遍认为,二十国集团成员国要有能力为全球经济和金融稳定做出贡献,成员国要实现地区之间的平衡以体现广泛的代表性。另外,新机制不宜过大,以便促进坦诚的讨论。中国和印度是新机制中当之无愧的成员国。但在其他成员国的挑选上还是存在着很多争议,最终成员国的选定是七国集团充分平衡各国的经济实力、政治稳定程度、民主传统、地域代表性等因素的产物。

1999年6月,在科隆会议上,七国集团财长酝酿"召开具有系统重要性国家参加的世界经济金融会议,以推动发达国家和新兴市场国家就国际经济、货币政策举行非正式对话,寻求合作,防止类似的亚洲金融风暴重演,促进国际金融稳定和世界经济的可持续发展"。并决定于当年12月在柏林召开第一次会议。1999年12月,在柏林召开首次二十国集团的财长和央行会议,标志着二十国集团正式建立。成立后,"二十国集团一直作为'布雷顿森林体系'框架内的非正式对话机制存在,旨在推动国际金融体制改革,为就有关实质问题的讨论和协商奠定广泛基础。"

中国积极响应G7提出的建立发达国家与新兴经济体对话的倡议,表达了加入二十国集团的意愿并参与到二十国集团的筹备工作之中。1999年11月,在温哥华G20财长和央行行长副手会议上,中国密切配合东道国加拿大,推进二十国集团的"建章立制"工作。最终,温哥华会议达成了关于G20机制运行的一系列安排:"二十国集团是一个'布雷顿森林体系'框架内非正式对话协商机制,意在推动具有系统重要性国家之间就重要的国际经济、金融议题展开对话,以补充、强化'布雷顿森林体系'框架内现有国际经济、金融机构,以非正式的部长级会议形式运行,每年召开一次财长和央行行长会议、两次协调人会议,不设常设秘书处和工作人员,不签订《宪章》,会议过程采取协商一致的原则,达成共识,不搞投票,不签订具有法律约束力的国际协议。另外,国际货币基金组织、世界银行等国际经济组织应对二十国集团的工作提供秘书服务等。"在议题设置上,二十国集团坚持由易到难的原则,先商讨一些各成员国已达成初步共识的议题,然后再讨论各方分歧较大的议题,以利于会议机制获得持续不断的发展动力。在与"布雷顿森林体系"机构的关系上,会议认为,"二十国集团的主席应由二十国集团轮值主席国担任,固定邀请国际货币基金组织、世界银行等'布雷顿森林体系'机构的领导人参加,确保二十国集团内嵌于'布雷顿森林体系'框架。同时,保证二十国集团相对于国际货币基金组织和世界银行等正式国际组织的独立存在,维护其运行机制的非正式性。"当年的温哥华会议主席保罗·马丁[①]曾说:"G20机制成功的秘诀既在于会议成员国构成上的包容性,新兴经济体开始在全球经济治理体系中发挥作用;又在于会议形式上的开放性和非正式性,成员国可以坦率地交流各自对当前风险和挑战的看法,也可以分享彼此应对危机的经验,从而达到有效政策协调的目标。"G20机制的非正式性具有独特的优势,"非正式机制对成员国没有法律义务的约束,能够在危机时刻快速达成管控危机的协议,且其达成的协议不需要经过成员国内部立法部门的批准,从而绕开了成员国国内政治的阻挠"。同时,在外部经济政治环境发生变化的情况下,非正式国际经济机制更容易修订已有协议或达成新协议,以灵活应对新情况和新问题,这些都是非正式国际机制比正式国际机制更能促进成员国达成共识的原因。G20机制让系统重要性国家更快、更灵活、更有效地达成关于合作的政治共识,摆脱了正式国际组织制度框架的"刚性束缚"。但是,非正式国际机制由于没有建立成员国之间具有法律约束力的权利义务关系,其法律地位得不到国内政治制度的有效保障,成员国可以在遵守或不遵守机制,以及多大程度上遵守机制的行为选择上,保持较高的自由裁量权,导致各国无法对其他成员国的互惠合作行为形成稳定的预期,降低了G20机制的可信性。

---

① 保罗·马丁,加拿大自由党国会议员,加拿大第21任总理。

第三节　二十国集团的演进

1999年12月,七国集团邀请来自全球新兴经济国家的财长和央行行长在柏林召开了第一次非正式会议,这标志着包含新兴国家在内的非正式对话机制——二十国集团宣告成立。有学者指出,二十国集团的成立是朝着"全球性"的国际金融治理改革迈出的第一步,也是很关键的一步,因为它第一次将新兴国家纳入到讨论国际金融治理的结构中。该机制的成员国国内生产总值之和占当时世界总量的81%,从而使其进行全球金融治理时具有充足的合法性。此后历次会议发布的联合声明中,二十国集团都会宣布下次部长级会议召开的时间和地点,这意味着其在创立伊始就被定位为常态化的、连续性的对话机制。与先前的G22[①]和G33[②]相比,G20是"G7时代"国际金融治理机制改革的一个重要进步,它为新兴国家参与国际金融治理提供了一定程度的制度保障。不过,在从1999年到2008年最初的十年里,二十国集团部长级会议作为一个新兴的国际制度形式,虽然每年都召开例行的双部长会议,但它没有如部分乐观者想象的那样,发挥出金融治理的实际功效。

首先,二十国集团的制度形式具有松散性。二十国集团只是一个部长级的、就具体问题进行事务性磋商的功能性合作平台,它缺乏更强有力的政治支持。二十国集团起初并没有设置常设秘书处,每年召开一次部长级会议,两次副部长级会议,同时,每年根据会议主题成立相关的工作会议、研讨会和研究小组。较之七国集团每年召开3~4次财长会议、6次副部长级会议,而且还通过定期电话会议沟通交换意见,二十国集团成员国之间的沟通显然不够深入和频繁。

[①] Group of 22 Countries and Regions,也就是二十二国集团。1998年2月18日,22个国家和地区的代表在华盛顿举行会议,讨论有关亚洲金融危机的问题,从而形成了22国(地区)集团。该集团包括世界主要发达国家及发展中国家和地区,它们是阿根廷、澳大利亚、巴西、加拿大、中国、法国、德国、中国香港、印度、印度尼西亚、意大利、日本、韩国、马来西亚、墨西哥、波兰、俄罗斯、新加坡、南非、泰国、英国和美国。

[②] G33,也称三十三国集团,又名"WTO发展中国家农业议题33国协调组",2003年成立于WTO坎昆部长级会议前后,现有46个成员。

其次，二十国集团决策及行动能力有限。二十国集团双部长会议是一个基于协商一致的论坛，并不是一个基于投票的决策实体。七国集团也不谋求将二十国集团提升为一个决策机构，因此它不产生具有法律约束力的决策。二十国集团部长级会议的成果都是以联合声明的形式体现出来，这种联合声明既不是协定也不是条约，这使得它与世界贸易组织等更具有约束力的国际组织形成了鲜明的对比。因此，即便是二十国集团的成员国都对自己在多大程度上实现了承诺表示怀疑。同时，由于二十国集团并非基于投票的决策实体，其中的新兴国家也不能肯定能否将占据的多数席位的优势转化为对G20更大的影响力，所以新兴国家也无意在这样一个不具备决策能力的论坛中投入大量的政治资本，与实力强大的七国集团国家进行对抗和争论。这样一来，二十国集团更多地成了新兴国家和发达国家相互示好的平台。

再次，二十国集团讨论的议题过于宽泛。十年来，二十国集团部长级会议讨论的议题包括防止金融危机、全球化带来的挑战及长期的经济增长和发展、人口、地区一体化、国际发展援助等诸多问题。这一方面显示了二十国集团具有较强的灵活性和包容性，另一方面，有些议题已经超出了财政部门和中央银行所能管辖的范围，从而使二十国集团陷入了一种清谈的尴尬之中。而且，七国集团成员牢牢掌握了二十国集团部长级会议的讨论议题，如打击金融恐怖主义、反洗钱等，这些都是七国集团成员国极为关注的议题，也是二十国集团部长级会议讨论的核心内容。而那些关系到发展中国家福祉的议题却没有在二十国集团中取得任何进展。

最后，二十国集团遭遇了传统治理机制的强大竞争。在创建后的十年时间里，二十国集团一直面对着相对成熟的国际货币基金组织和七国集团的强大竞争，几乎完全没有用武之地。从一开始，七国集团的领导人就强调二十国集团是作为一个既有治理机制的补充而存在，并且重申国际货币基金组织和世界银行在世界金融体系中的核心地位。与此同时，二十国集团的运行规则和遴选成员标准被七国集团牢牢主导，新兴经济国家对他们参与的这个新机制并没有发言权。可以说，二十国集团的创建不是为了将新兴国家囊括到国际金融治理的决策中，而是为了将七国集团的决策合法化并将其更好地执行。另外，二十国集团深嵌在由七国集团主导的金融治理的制度环境中。不容否认的是,七国集团在国际金融治理的网络中拥有巨大的影响力,无论是在国际货币与金融委员会(IMFC)、世界银行和国际货币基金组织的执行董事会,还是在国际清算银行(BIS)和金融稳定论坛(FSF)中,七国集团都占据着绝对的主导地位。这意味着,一方面,七国集团可以充分调动这些组织中的资源来实现自己的目标,另一方面,二十国集团必须应对七国集团主导下的制度环境中的问题,因此,七国集团在很大程度上主导着二十国集团的议题。

通过考察二十国集团部长级会议十年来的运作与实践,不难发现,二十国集团部长级会议主要充当了将七国集团的倡议和政策合法化的工具。

重大的国际战争和国际危机是引发国际关系发生结构性变化的两个根本性因素。2008年爆发的全球金融危机成为冷战后国际关系史上一个重要的分水岭。危机爆发后,国际社会出现了"第二波"改革国际金融治理中的"G7体制"的舆论浪潮,而已运转了十年的二十国集团由部长级会议升级为首脑会议,并成功召开五次首脑峰会,成为这轮制度改革舆论浪潮中最实在的成果。英国《金融时报》评论到:"在全球危机的这一关口动用二十国集团,是一个明确的迹象,说明旧的秩序已过时了。"在高度相互依赖的国际环境下,金融危机暴露了以七国集团和国际货币基金组织为代表的传统治理机制的不足,同时也加深了国际社会对合作的巨大需求,从而刺激了新制度的创建,尽管它是以对已有机制进行制度升级的形式表现出来。

以二十国集团为制度平台,举行应对美国金融危机的国际金融峰会,最积极倡导者便是欧盟。欧盟认为,金融危机深层次原因就在于以美元为基准货币和以美国为核心的国际经济体制,主张加强对金融机构监督和管理,并提议对现行的、美国影响力较大的国际金融治理框架进行改革。

2008年9月15日,美国金融危机全面爆发后,欧盟轮值国主席法国总统萨科奇①最先倡导举办一个国际首脑峰会来应对这场危机。按照他的构想,先举办八国首脑会谈,而后举办有中国、印度和埃及等发展中国家参

---

① 尼古拉·保罗·斯特凡纳·萨科齐·德纳吉·博乔(Nicolas Sarkozy),人民运动联盟主席。1955年1月出生于巴黎,父亲是匈牙利移民,母亲是法国人(犹太人)。毕业于巴黎政治学院,获法律硕士,曾担任法兰西第五共和国总统,法国右派执政党人民运动联盟主席,在任期间,先后六次访问中国。

与的14国扩大会议,会议的举办地是纽约。布什勉强同意了举办国际峰会的倡议,但对萨科奇的构想进行了修改。首先,布什排除了在纽约举办会谈的可能性,因为纽约作为"世界之都",特别是联合国的驻地,不如华盛顿更能体现美国的权力。其次,他采用澳大利亚总理陆克文的建议,排除了14国会议的模式,而是决定举办二十国集团峰会,这个决定向发展中国家做出了友好姿态。对于举办二十国集团峰会的倡议,中国和印度给予了积极的回应,并表示将正式与会,因为这两个国家都开始感到危机的负面影响。

由此不难看出,二十国集团峰会的建立是美国金融危机向全球蔓延之后,国际社会为应对危机而进行合作的结果。尽管以法国为代表的欧盟和美国最先发出了峰会的倡议,但它们本身并不是二十国集团峰会体制的创建者。这一峰会体制的建立印证了自由制度主义的经典逻辑:相互依赖产生了国际合作的需要,进而产生了建立国际制度的动力,而国际制度的建立反过来又推动了国际合作。

2008年11月15日召开的首次二十国集团峰会拉开了国际金融治理机制改革的序幕,国际金融治理体系开始发生从七国集团向二十国集团的过渡,以至于有学者认为这是新的"布雷顿森林会议"。金融危机期间,二十国集团先后举行了五次峰会,出台了一系列应对金融危机和改善国际金融治理的协调措施,并取得了一些成效,从而获得了国际经济舞台上的主角地位。二十国集团峰会作为一个新生的制度形式之所以能够迅速获得国际认可,与它短期内所取得的成果密不可分。

其一,将新兴国家参与国际金融治理的地位制度化。在二十国集团峰会中,新兴国家以完全平等的身份参与了治理金融危机的政策商讨。2009年匹兹堡峰会正式同意将二十国集团峰会作为讨论全球经济议题的主要平台,使之对国际经济管理进一步制度化,以替代旧的、由西方控制的七国集团,从而打破了发达国家对国际金融治理的垄断权力。[①]这也标志着

---

① 二十国集团领导人第三次金融峰会于2009年9月25日在匹兹堡举行,匹兹堡位于美国东海岸的宾夕法尼亚州,是宾州第二大城市,有"世界钢铁之都"之称。本次峰会分两阶段进行,重点讨论推动世界经济复苏、转变经济发展方式、国际金融体系改革、发展问题等议题。时任中国国家主席胡锦涛出席峰会并发表题为《全力促进增长 推动平衡发展》的讲话。

对国际金融治理结构的权力转移给予了制度化的确认。

二十国集团峰会还达成了取消关于世界银行行长和国际货币基金组织总干事必须分别是美国人和欧洲人的意向性共识。在2010年11月国际货币基金组织通过的最新份额改革方案中,中国的份额将从3.72%升至6.39%,投票权也将从此前的3.65%升至6.07%,超越德、法、英,位列美国和日本之后。此次份额改革完成后,国际货币基金组织将向新兴经济体转移超过6%的份额,"金砖四国"(中国、印度、俄罗斯、巴西)将进入国际货币基金组织份额前十位之列。这是国际货币基金组织成立65年来最重要的改革方案,也是针对新兴市场和发展中国家最大的份额转移方案。同时,欧洲国家将在国际货币基金组织执行董事会中让出两个席位,以提高新兴市场和发展中国家在执行董事会的代表性。这被视为是扩大新兴国家权力的一个标志。

其二,对传统的治理乏力的国际机构进行了改革,加强其执行能力。首先,确保国际货币基金组织、世界银行和其他多边开发银行拥有充足的资源,以帮助在危机中受到严重打击的发展中国家,并提供贸易和基础设施的融资。伦敦峰会公报宣布,向国际货币基金组织等国际机构提供1.1万亿美元的"补充资金",以缓解其资金困难。其中,绝大部分投给了国际货币基金组织,以重建其作为国际金融体系首要监管者和"最后贷款人"的职责。二十国集团峰会决定向国际货币基金组织追加总额为5 000亿美元的贷款储备金,从而将其贷款储备规模扩大为原来的3倍。除此之外,二十国集团还决定一次性增发2 500亿美元的特别提款权,它将分配给其所有的185个成员。与以往不同的是,国际货币基金组织将加强它的公共属性,在向经济困难的国家发放贷款时不再附加苛刻的条件,这是IMF重建其在发展中国家中的形象的有力举措。

不仅如此,二十国集团峰会还达成加强对金融市场进行监管和金融产品信息通报的合作共识。导致美国金融危机以及过去30多年多次地区性金融危机的一个根本原因就是金融领域里自由放任原则的泛滥,金融机构过度扩张,导致金融泡沫的积累。因此,二十国集团峰会为防范和治理金融危机所达成的重要共识就是对金融机构加大监管力度,这标志着在20世纪90年代达到高潮的市场原教旨主义的退却。峰会还决定将金融稳定论坛更名为金融稳定委员会，扩大其成员代表性，吸引所有二十国集团成员国为其成员，并与国际货币基金组织一同实现对这一共识的监督与执行。该委员会将加强对银行和金融产品监管的职责，并制定高管薪酬、投资基金、评级机构、会计准则和金融产品的监管框架。此外，峰会还决定改革巴塞尔银行监管委员会。

其三，各国达成联手刺激经济和扭转国际经济失衡的共识。各国领导人承诺通过财政政策和货币政策来抵消全球几十年来最激烈的减速。在第一次峰会上，中国领导人做出了投入4万亿元人民币以刺激经济复苏的决议，而日本提出了27万亿日元的刺激政策。在伦敦峰会上，各国决定总共拿出5万亿美元的"联合财政扩张计划"，相当于全球经济的10%，如果危机恶化，各国还会出台补充刺激方案。其中美国出台的刺激经济计划高达8 000亿美元。

由于全球经济失衡是导致此次金融危机的主要原因，因此在匹兹堡峰会上，实现世界经济的均衡发展成为讨论的主题之一。二十国集团匹兹堡峰会基于美国的提案，一致认为要使世界经济走上平衡发展的轨道，拥有大量贸易赤字的国家如美国承诺以后减少借贷，提高储蓄率，削减财政赤字；而主要的出口国如中国、日本、德国承诺刺激各自的国内消费。各成员国同意接受国际货币基金组织来评估它们的经济政策，以确保不会产生具有危害性的经济失衡。

与20世纪30年代的大萧条时期相比，2008年金融危机之后的国际金融治理显然有了明显的进步。国际社会以二十国集团为核心制度平台，展开一系列卓有成效的合作，这与20世纪30年代的无政府状态形成了鲜明的对比：以邻为壑的货币战没有爆发，贸易保护主义有限反弹但没有破坏国际贸易秩序，经济复苏提早到来。

在应对2008年金融危机中，二十国集团顺利实现了制度升级，成为应对危机的主要平台，初步显示了其治理成效。这主要源于它一方面适应了国际权力结构的变迁，另一方面又具有较低的制度建设成本。这两方面的原因共同推动了国际金融治理机制实现从"G7时代"向"G20时代"的变迁。

第一，二十国集团作为一种制度形式，适应了国际权力结构的变迁。从1999年二十国集团部长级会议诞生，到2008年二十国集团首次峰会召开并被委以应对金融危机的重任,说明了世界经济的实力版图发生了重大的变化。首先,作为一个整体的七国集团,其GDP占整个世界GDP的比重由1999年的67%降到2008年的53%,而二十国集团中的新兴国家的比重则由14%上升到23%。其次,就单个国家而言,1999年只有中国的GDP超过七国集团成员中的加拿大,排名第七位;而到了2008年,巴西和俄罗斯已经超过了加拿大分别占据第八位和第九位;印度近些年发展迅速,超过加拿大只是时间问题;并且在2010年中国已超过日本,成为世界第二。最后,随着全球经济一体化贸易自由化的发展,跨国贸易在近十年来急速增长,而大部分增长来自新兴经济国家。1999—2008年,二十国集团中新兴国家的国际贸易占世界贸易的比重从13%上升到21%,而七国集团所占比重却从51%下降到42%。与此同时,国内资本市场的自由化以及资本账目的开放导致了跨国资本流动的增长,新兴经济国家的国际储备也迅速增加,特别是近几年,作为应对未来可能危机的手段,新兴经济国家的国际储备增长不断加快。二十国集团中的新兴国家的国际储备占全球的比重从1991年的14%提高到2006年的43%,到2008年,这一数字又提高了两个百分点,达到45%。而新兴国家的外汇储备正是美国应对金融危机的借款来源。

  由此可见,经过十年的发展,七国集团的相对实力不断下降,而新兴国家的相对实力不断增强,尤其是新兴国家中的"金砖四国"——中国、巴西、俄罗斯和印度——对世界经济的影响越来越大。如果离开这些新兴国家,国际社会几乎不可能采取有效的措施来应对危机。可以说,二十国集团峰会之所以能在短时间内取得明显的成效,与其适应了国际经济格局的变迁有着密不可分的关系。

  第二,二十国集团拥有较低的制度建设成本,这决定了它能够在短时间里完成制度建设过程。这种制度建设成本具体是指国家间的缔约成本,是国家为创建一个新的制度或机制而不得不为搜集信息、做出决策和讨价还价(谈判)付出的交易成本以及因制度约束当事国行动自主性而产生的主权成本。二十国集团从部长级会议升级为首脑峰会,并成为应对2008年金融危机的主要制度平台的一个重要原因在于,升级既有的二十国集团能够最大限度地节约制度建设成本。创建一个新机制需要高昂的交易成本和漫长的谈判时间,而应对全球金融危机需要国际社会采取迅速而有力的行动。因此，对既有的相对比较合适的机制进行改造，而非完全另起炉灶，成为当时应对国际金融危机的一种最佳选择。二十国集团具有的较低的制度建设成本集中体现在谈判成本和主权成本两个方面。

一是因搜集信息、决策、讨价还价而产生的谈判成本较低。在国际关系中，一般来说，当行为体面临着更多的潜在的交易伙伴时，往往需要投入更多的交易成本。比如"布雷顿森林体系"的建立，美英两国在之前不仅进行了数年之久的讨价还价，举行了多次工作预备会议，即便是在布雷顿森林会议上，各国也是经过了20多天的磋商才最终达成协议。美国金融危机爆发后，国际社会在应对危机时面临着几种制度选择：①继续坚持七国集团的治理模式，这种方式无须花费制度建设成本，但由于七国集团行动能力低下，西方国家将因此遭受更大的利益损失。②坚持"G8+5"①的对话形式，这有利于节省制度建设成本，但是新兴国家不会满意其在该机制中的地位，不会予以配合。③根据部分国家的提议，新成立G14，但创建一个新机制需要较长时间的谈判和讨价还价，无法满足危机状态下的紧急需要。④举行国际货币基金组织成员国部长会议，这类似于世贸组织部长会议模式；或者举行IMF成员国峰会，这类似于联合国大会模式。虽然这种模式能够最大限度地体现代表的广泛性，但众多领导人聚集在一起，达成协议的成本无疑相当高昂，这也是为什么两年一度的世贸组织部长级会议和一年一度的联合国大会几乎不能达成任何实质性协议的根本原因所在。

通过对各种不同机制设想的比较分析，我们发现，在美国金融危机的背景之下，将二十国集团部长级会议升级为二十国集团首脑峰会，比重建一个新制度在搜集信息、决策、谈判方面花费的成本小得多。二十国集团部长会议机制已经运行了十年，虽然在国际金融治理方面没有发挥实质性的作用，但已经形成了一套运行规则和程序，更重要的是，它形成了既定的成员国，直接将其升级，避免了重建一个新制度的过程中围绕成员国标准

---

① 中、印、巴、南、墨这5国就是G8+5里的5国，属于发展中国家里5大国，G8组织希望能扩大影响力加入了这5个非发达国家。G8+5的模式自2005年启动以来，产生了广泛的国际影响。G5不只是对G8的一种平衡，更是发展中国家为参与解决重大国际问题的新尝试、新努力。

之争所必定要产生的高额交易成本，这不利于危机的应对。同时，二十国集团成员的规模依然较小，但是总体而言，它在搜集信息、决策、谈判方面耗费的交易成本要比建立更大规模的国际论坛或召开国际货币基金组织成员国会议要小很多。总之，二十国集团较好地体现了代表性和有效性之间的平衡，它是一个有效而小规模的集团与更具代表性的大集团之间的最好选择。

二是二十国集团可以使成员国付出的主权成本相对较低，满足了国家在国际金融治理领域的制度偏好。就国际治理结构而言，制度化水平越高，等级制属性就越强，国家在行动自主性上所受的约束就越多；反之，制度化水平越低，无政府属性就越强，国家在行动自主性上所受的约束就越少。简言之，制度化水平不同，国家在行动自主性上所受的约束就不同。现实世界中，大量的国际制度的制度化水平都相对较低，而且成员国也无意对此进行改变。这是因为，国际制度化水平是以承受主权成本为代价的。国际制度化水平越高，主权成本相应也就越高，主权国家在进行国际制度的创建和设计时，都会在国际治理效果与主权成本之间进行十分精细的权衡，进而形成各自不同的制度偏好。总体而言，在合作方面，实力弱小的国家通常更关注主权成本，担心制度合作中对主权的损害；而实力强大的国家更加关注治理效果，因为强国在国际治理中获得的收益份额最大。

由于实力上相对处于弱势地位，新兴国家通常都对主权的让渡十分敏感，对于参加约束性强、授权程度高的国际组织保持了高度警惕。以中国为例，20世纪90年代以来，中国参与了很多地区性政府间国际组织，但其中大多数都是论坛性质的组织，比如亚太经济合作组织（APEC）、东盟与中日韩（10+3）及上海合作组织等。二十国集团作为一种国际论坛和对话的制度形式，其制度化水平相对比较低，属于典型的"软制度"，它的一切行动都是建立在成员国自愿实施的基础上，几乎不会限制成员国的行为自主性，也不存在让渡主权的要求，因此，这种比较松散的制度形式最大限度地适应了新兴国家对主权成本的考虑。正如约翰·伊肯伯里[1]所说："对强国来说，制度是有吸引力的，因为它能够有效地排除伤害其基础的某些

---

[1] 约翰·伊肯伯里（G.John Ikenberry）为美国普林斯顿大学伍德罗·威尔逊公共与国际事务学院教授。

结果,在未来限制其他国家。对于弱国来说,制度妥协也排除了它所担心的某些结果,如强国的统治和抛弃。"另外,在其他变量给定的情况下,问题领域敏感性程度越低,国家的同质性程度越高,缔约国就越有可能选择制度化水平较高的国际治理结构。而金融事务涉及国家宏观经济发展的大局,牵一发而动全身,它比贸易事务和其他技术性事务具有更高的敏感性,其敏感程度仅次于安全领域。特别是20世纪90年代以来,多次金融危机的爆发对危机国造成了重大的利益损失,从而进一步加剧了金融事务的敏感性。主权国家在进行国际金融合作中需要付出较大的主权成本,即便是西方发达国家,在"布雷顿森林体系"崩溃后,也是采用七国集团这种论坛方式的治理模式,而没有建立起新的超国家机构。与此同时,发达国家与新兴国家同质性程度较低,尽管都是市场经济国家,但由于各国的政治制度、民主传统、金融管理制度仍然存在较大差别,二十国集团不宜采取较高程度的制度化组织。

因此,二十国集团作为一种松散的制度形式,它能够满足绝大多数参与国在国际金融治理领域的制度偏好,从而在制度升级过程中遇到较少的抵制。不过也正是由于制度化程度不高,在后金融危机时代,它仍可能面临着治理乏力的困境。不过在当时金融危机发生后,在不到一年的时间里,二十国集团从一个几乎不为人知的非正式部长级会议机制,俨然成为取代G7/G8的"世界经济领导委员会",国际金融治理的核心从G7/G8向G20转变的过程,是一次意义重大的国际制度变迁。

第四节 二十国集团演进路径的不确定性

较重大的金融危机是促成国际机制发生变迁的重要刺激因素。危机加剧传统机制的失灵,被称为发达国家俱乐部的七国集团无法应对美国金融危机这一"世界性课题",从而为新机制的创建带来动力。二十国集团五次首脑峰会给危机中的国际经济体系注入了合作的动力,填补了传统机制不能应对国际结构变迁所带来的制度空白,并在应对金融危机中表现出相当大的功效。由于二十国集团促进了国际社会的经济合作,世界经济没有陷入20世纪30年代经济战争的局面,而是在2009年下半年就出现了复苏的趋势。这表明以二十国集团为中心的发达国家与新兴国家的联合协调机制取得了巨大成果。在20世纪30年代大萧条时期，国际合作的缺失造成了世界经济的混乱，正是这一教训推动了二十国集团的制度升级。因此，二十国集团是世界经济的现实推动世界主要国家采取合作的行为。

作为一个没有霸权国支撑，承认多元力量的国际机制，二十国集团的成功对国际制度的完善提供了很多启示。二十国集团之所以能取代七国集团成为治理金融危机的核心制度平台，主要是由于该机制适应了国际经济权力结构的变迁，正式承认了新兴国家在国际金融治理中的制度地位；同时，它具有较低的国际交易成本；而且，其松散的论坛式制度形式满足了大多数成员国的偏好。

但是，二十国集团是一个在组织结构、成员规模和治理目标都还处于发展阶段的国际机制，它能否获得更大的成功，还需要一定的时间来进行观察。危机时期的五次首脑峰会尽管达成了很多国际合作的具体措施，但仍有一些重要的国际经济目标因为成员国的分歧而没有实现。比如，五次峰会所达成的反对贸易保护主义的承诺并没有成为现实；美国没有放弃在国际货币基金组织中的否决权，国际金融治理结构没有得到根本性改善，也没有完全建立起新的"布雷顿森林体系"。而且二十国集团没有常设的秘书机构，这妨碍了它的运行效率。二十国集团系列峰会之所以能比较容易达成协议，很大程度上源于它对不遵守协议的国家并没有制定惩罚措施。当峰会的最后，领导人发表声明之后，各国都根据自己的意愿履行承诺。这在增加该组织灵活性的同时，也加大了该组织的无效性。

国际金融和全球经济的好转，显示出二十国集团在全球治理中的重要作用和显著地位。有中国学者认为，二十国集团在后金融危机时代的走向，取决于国际力量对比的变化，只要国际力量对比继续朝着有利于新兴经济体的方向转变，国际体系改革进程就不可逆转，二十国集团就不可能重回到危机前的那种沉寂状态。但受各种复杂因素影响，其发展前景也存在着不确定性。美国学者普拉萨德[1]分析了存在不确定性的重要根源：这

---

[1] 埃斯华·普拉萨德目前担任国际经济项目新世纪委员会主席、康奈尔大学的托拉尼贸易政策高级教授、国家经济研究局助理研究员。他曾任国际货币基金组织金融研究分部和中国分部部长。

个论坛的不同国家还存在着实质上和观念上的分歧,在面临最严重的金融危机,各种经济体开始出现返祖现象的时候,这种分歧越发变得明显;美国和英国保持着盎格鲁—撒克逊人对市场力量的强烈推崇,而法国人和德国人带领着欧洲经济体希望增加监管的范围和力度;主要的新兴经济体大多关心如何融入一个新的国际调节框架。要想使二十国集团运作起来需要应对三个方面的挑战:界定论坛的目标、确定定量的标准和执行机制。由于二十国集团国家中的主要国家对上述三个方面有着完全不同的观点,这意味着会有潜在的冲突。有的国家从政策变量角度来界定二十国集团的目标——财政平衡和实施监管政策;而其他国家则关注结果变量,即应该将经常账户收支包括在框架之中。即使各国就目标达成了一致,比如将经常账户收支设定为国内生产总值的3%,也不大可能就定量标准取得一致。各国就目标和标准都取得了一致意见,最重要的问题仍然没有解决,也就是缺乏有效的机制使国家做出可信的承诺来实现确定的目标。缺乏有效机制,就容易出现欺骗。国际货币基金组织承担了二十国集团管理者的角色。现在需要的是一个强有力的实施者来采取哪怕是象征性的行动来反对不履行承诺的国家。

二十国集团的内部分歧和二十国集团本身的机制建设,是影响二十国集团未来发展前景的重要因素。美国学者迈克尔·佩蒂斯[1]认为,"参加伦敦二十国集团会议的各国领导人就采取一些具有实质意义或者象征意义的措施达成了一致,但他们回避了引起主要经济强国分化的真正议题,因此,他们不能解决全球贸易和投资不平衡的根本原因。而这几乎是不可避免的,因为在理解全球金融危机的原因方面,中国、欧洲和美国有着几乎不可调和的概念框架。此外,它们彼此冲突的国内政治约束也很难就如何解决问题达成一致。"

还有很多因素影响着二十国集团的未来走向。比如尽管美国和欧洲有

---

[1] 迈克尔·佩蒂斯是一位中国经济问题专家,现任北京大学光华管理学院金融学教授,专业为中国金融市场。另外,迈克尔·佩蒂斯教授还分别于2002—2004年在清华大学经济管理学院、1992—2001年在哥伦比亚大学任商务研究所授课。他是哥伦比亚大学拉美研究顾问委员会的成员,也是哥大公共及外交事务学院院长顾问委员会的成员。

分歧，但在发达国家应该主导二十国集团领导权的问题上观点是一致的。新兴经济体在二十国集团中仍处于弱势地位，它们不断地被发达国家要求承担更多的义务。发达国家在解决金融危机和恢复全球经济上，迫不得已将合作中心转移至二十国集团，但政治和安全问题仍依靠发达国家组成的七国集团解决。因此，很多国家在面对二十国集团的发展前景时，始终做着两手准备：一方面参加二十国集团，另一方面试图构建自己能够得心应手控制的多边治理机构。

第五节　美国的二十国集团战略剖析

作为当今世界唯一的超级大国，美国的态度对二十国集团的发展至关重要。从目前来看，美国的态度对二十国集团的发展具有明显的双重作用。一方面，美国对二十国集团的积极参与无疑为推动二十国集团的发展注入了活力，并在一定程度上解决了二十国集团的领导权问题，引领二十国集团的发展；另一方面，美国借助二十国集团，拒绝对包括国际金融秩序在内的国际经济秩序进行实质性改革以维持其金融乃至经济霸主的做法，必然引起与其他发达国家、发展中国家的尖锐矛盾，从而阻碍了二十国集团的发展。

早在奥巴马总统就职之前，美国布鲁金斯学会[①]的研究人员就为新政府提供了针对二十国集团的具体建议，这些建议包括：应该支持二十国集团成为目前合适的全球治理的顶尖机构；讨论如何完善二十国集团峰会的构成以便在基本不质疑二十国集团框架的情况下，提升其可信性和有效性；支持通过合作的方式解决目前的金融危机，同时重建全球金融体系；做好准备，探索用创新方法有效管理二十国集团进程。奥巴马就职后，基本上采纳了上述建议，最终确立了较为明确的二十国集团总体战略。

---

① 布鲁金斯学会总部在美国首都华盛顿，是一家研究公共政策的非营利组织。其宗旨是开展高质量的独立研究，并据此提出具有创新精神和实用性的政策建议，以达到三个目标：捍卫美国民主；确保所有美国人获得经济繁荣，加强社会保障，维护公共安全带来的机遇；推进一个更加开放、安全、繁荣和合作的国际社会。布鲁金斯学会一向被誉为最有影响力、最值得借鉴和最受信任的智库。

第一，承认二十国集团在世界经济及国际社会中的重要地位和作用，将二十国集团视为应对国际金融危机、加强国际经济合作的主要平台。

二十国集团的诞生及其发展壮大与全球性金融危机有关。建立二十国集团的设想最初是由美国等七个发达国家的财政部长于1999年6月在德国科隆提出的，目的是防止类似亚洲金融风暴的重演，让有关国家就国际经济、货币政策举行非正式对话，以利于国际金融和货币体系的稳定。成立二十国集团的初衷是，促进工业化国家和新兴经济体展开对话，讨论国际经济、货币政策和金融体系等领域的重要问题，通过合作来推动国际金融体制改革，加强国际金融体系架构，促进经济稳定和持续增长。2009年9月在匹兹堡举行的第三次峰会上，各国领导人决定将二十国集团确定为处理全球金融、经济问题的最重要的平台。奥巴马说："我们正在经历一个全球经济的困难时期，靠中庸措施或任何国家单枪匹马的行动都不足以战胜挑战，现在，二十国集团领导人肩负着采取大胆、全面、协调行动的重任，不仅要刺激和带动复苏，而且要开启一个经济接触的新时代，杜绝类似的危机再度发生。二十国集团会议为一种新的全球经济合作提供了论坛。"2010年5月28日，在美国公布的《国家安全战略》中，美国已经将重点转移至二十国集团，以此作为国际经济合作的主要平台，并正在努力重新平衡全球需求，使美国增加储蓄及扩大出口，新兴经济体则需要创造更多的需求。

第二，要求二十国集团采取配合美国政策的措施。

二十国集团的经济规模非常可观，人口占全球的2/3，国内生产总值和在全球贸易中的比重分别占到85%和80%，因此，奥巴马政府明确要求二十国集团配合美国恢复自身经济采取的一系列行动：①要求二十国集团实施财政刺激方案，配合美国的经济复苏计划，迅速采取行动以刺激经济增长。2009年美国通过了《美国复苏和重新投资法》，要求二十国集团共同承诺鼓励开放和投资，同时遏制会导致危机深化的保护主义。二十国集团的其他成员国都实施了财政刺激方案。②寻求与二十国集团合作，稳定美国主导的金融体制。奥巴马提出，美国在调查主要银行的资产状况并直接促成贷款。在帮助美国人购物、保障住房、扩大经营等行动上，必须继续得到二十国集团伙伴方的配合。美国将与二十国集团采纳一个共同的框架——扩大透明度和坚持问责制,并着力恢复信贷流动这个全球经济增长的生命线。③要求二十国集团配合美国的对外援助行动,维护美国世界经济领导者的角色。2009年3月,奥巴马在演说中指出:"我们肩负着经济、安全和道义三重义务,必须向面临最大风险的国家和人民伸出援手。我们如果置他们于不顾,这场危机造成的恶果就将蔓延,进而造成我国产品出口市场的进一步缩小,更多的美国人失业,延迟我们自身的复苏。二十国集团应当迅速调配资源,以稳定新兴市场,大力加强国际货币基金组织的应急能力,帮助各地区开发银行加快贷款速度。与此同时,美国将支持对口粮保障进行实质性的新投资,帮助最困难人口度过今后一段困难时期。"

第三,以领导者自居,为二十国集团未来发展设定议程。

美国财政部长莫西·盖特纳和国家经济委员会主任劳伦斯·萨默斯2010年6月23日在《华尔街日报》联名发表的《我们的二十国集团峰会议程》的文章中提出,"二十国集团对确保全球经济增长至关重要,多伦多会议应该有三个重点议题:①二十国集团必须继续共同努力,继续保障经由巨大努力带来的全球经济复苏,我们必须保证全球需求继续强劲且平衡。②我们需要加紧努力,建立一个全球金融监管框架。进一步推动二十国集团为实现将全球性的金融机构和市场纳入更透明的监管制度下所做的努力。③我们需要在其他一些对世界未来安全与繁荣至关重要的全球性问题上取得进展。在匹兹堡,二十国集团国家同意逐步取消对化石燃料的补贴。美国已经表明美国将如何实现这一目标。二十国集团的协调行动是对抗未来挑战的唯一有效途径。"上述内容的确定了二十国集团多伦多峰会的重要内容。

第四,美国将二十国集团视为改革金融秩序并维护美国金融霸权地位的重要舞台。

美国除了将二十国集团视为共商当前国际经济问题的平台之外,还将二十国集团当作推动国际金融秩序改革的重要场所。美国支持国际货币基金组织份额改革具有双重目的:一方面通过增加新兴市场和发展中国家份额和表决权,反映国际经济力量对比的变化,增加美国主导的国际金融秩序的合法性,拉拢新兴经济体支持其国际金融改革计划;另一方面减少欧盟在国际货币基金组织的份额和表决权,削弱欧元对美元霸主地位的威胁。

实际上，美国只是希望对国际金融秩序进行有限的改革，而从改革的结果来看，美国依然保持着对国际货币基金组织和世界银行的控制权。这只是美国金融霸权的策略性调整。

首先，美国对二十国集团政策的根本目的是维护美国的国家利益，维护其主导地位。奥巴马积极推动二十国集团框架发挥作用，目的是在美国难以单独治理全球事务的情况下，通过集体合作，保持美国对国际事务的主导权。从美国、欧盟和新兴经济体对国际金融体系改革的博弈中，可以看出美国的意图。在历次二十国集团峰会上，美国、欧元区与新兴经济体都在救市的风险和成本分担、刺激经济增长的货币政策，以及国际金融机构体制变革方面展开激烈的国家利益博弈。美国最关注的是如何推动各国进一步联手扩大市场资金投入以刺激经济复苏，而并非金融体系的改革。以法国为代表的欧洲国家则主张重新考虑美元在国际货币体系中的支配地位，实行货币体系多元化和加强金融监管。2010年11月12日，法国经济、工业和就业部长克里斯蒂娜·拉加德提出了法国在二十国集团的目的和优先议程。在国际货币体系改革方面，拉加德认为，目前美国主导的国际货币体系是无效和效率低下的，国家之间缺乏有效的协调，过剩的货币及资本流动危害着全球经济。基于此，她认为有三个方面的问题需要加以解决：①不稳定和无规则的资本流动会损害最不发达国家的经济，危害最不发达国家的币值稳定；②国际货币体系需要多元化，当今国际货币体系缺乏多元化会导致风险；③关于监管问题，二十国集团应更好地协调货币政策，选择更好的金融监管政策。因此欧元区国家主张对美国主导的国际货币体系进行彻底的改革，提升欧元的地位，而美国只是主张对国际货币体系进行诸如适当加强监管、有限增加新兴国家在国际货币基金组织和世界银行中的份额等有限改革。美国国务卿希拉里·克林顿则做过更明白的表示："单靠美国无法解决最为紧迫的（国际）问题，而没有美国，世界也无法解决这些问题。我相信，世界一向需要美国的主导，而现在仍然需要。只要美国信守理念，并采纳符合时代要求的战略，它就始终是一个国际领袖。"

其次，提升二十国集团地位，加强与二十国集团合作，是奥巴马政府实施"巧实力"外交政策的重要组成部分。安德鲁·赫里尔指出:"当霸权弱化的时期,可供华盛顿选择的方案主要有三种:第一种是选择全心全意地拥抱自由主义的多边主义,这是最有可能的一种选择;第二种选择是重新运用国际制度,但同时按能密切反映目前美国利益的方式尽量改革这些国际制度;第三种选择是重新关注美国外交政策中的长期因素,也就是构建轴心—轮辐体系,通过这样的方式,与主要新兴大国和地区力量发展关系。"国务卿希拉里·克林顿对"巧实力"外交表述为:要通过灵巧运用可由美国支配的所有政策工具,包括外交、经济、军事、政治、法律和文化等各种手段,恢复美国的全球领导力。美国学者建议,如果多边主义被有效运用,美国就能重建在国际社会的声望,从而为美国在全球的国家利益和行动提供更大的合法性。奥巴马政府注重多边主义主要表现在三个途径上:一是积极加强与联合国的关系;二是确保美国在八国集团中的领导地位,修补其与其他发达国家的关系;三是积极参加二十国集团的行动,与发展中国家合作应对全球挑战,提升美国的软实力。

第六节　中国参与二十国集团治理的战略

(一)目前中国面临的世界政治经济环境

国内学者张宇燕说得好:真正的革命常常爆发于平静之中,以至于当事人根本没有意识到他们正在创造历史。当今中国就处于这么一场寂静的革命之中:西方发达国家正在加速制定和推广新的国际规则,以期最大限度地利用对自身更为有利的、非中性的国际规则来约束或限制竞争对手。这一情形正在被称为"再全球化浪潮正在涌来"。这一"再全球化"的背景就是全球经济格局正在发生变革。根据国际货币基金组织的统计,按购买力平价计算,2013年发展中国家GDP占全球的50.4%,超过发达国家,这是近百年来的第一次。欧美上层精英对这一变化异常敏感。哈佛大学教授、美国国家经济委员会前主席劳伦斯·萨默斯很好地描述了这种变化背后的重大意义,他认为,在过去三百年的世界历史中,社会主义与资本主义,美国与苏联的冷战终结是第三大事件;伊斯兰世界与世界其他各国的斗争、争论和挑战是第二大事件；而以中国为核心的亚洲崛起，其影响力位居第一。工业革命之所以被称为"革命"是因为在19世纪之前的2 300年里，人们的生活水平只提高了50%，而工业革命第一次让人们的生活水平在几十年的时间出现了重大变化。中国经济的高速增长持续了30多年，中国人民的生活水平在不到十年的时间翻了一番，这种变化发生在占世界人口1/5的土地上，涉及数以亿计的民众，它对全球经济体系的影响不亚于工业革命和文艺复兴，甚至可能超过后者，所以萨默斯认为当今这个时代所面临的重大挑战是如何管理大国的崛起。所谓管理大国的崛起就是发达国家需要一个"再平衡"，平衡新兴国家，特别是约束和控制中国的崛起对发达国家既得利益格局的冲击。

这个"再平衡"的关键就是积极推动发达国家间更紧密的合作，特别是要巩固和加强欧美同盟，以欧美为核心打造出一个制度化、机制化的发达国家间政治、经济和金融集团，同时联合一些发展中国家，重建对西方有利的国际经济政治新规则、新机制，也就是布热津斯基笔下的"大西方"战略，这就是为什么美国要致力于推进跨太平洋伙伴关系协议（TPP），而欧盟则要力推"跨大西洋贸易与投资伙伴协议"（TTIP），并且与日本也启动了双边自由贸易区谈判。美日欧之间自贸区协定谈判的政治含义非常明显，卡内基伦理与国际事务委员会资深研究员斯都尔特概括得很清楚：TPP和TTIP都含有如何通过经济活动来设定和推广自由主义价值观这一目标，它们都能平衡中国的影响力和中国的国家资本主义发展模式。欧盟贸易委员会德古赫特也非常明确地表示，TTIP的重要目的之一就是应对以中国为代表的新兴经济体的崛起。

相较于试图重新规范实体经济运行的TPP和TTIP在世界各国政策界和学术界所引起的巨大反响和激烈讨论，全球虚拟经济层面规则的变化则显得异常低调和悄无声息，但其正在根本性地改变着国际货币体系的运行机制和治理平台。2013年10月31日，美联储、欧洲央行、瑞士央行、英国央行、加拿大央行和日本央行全球六大央行同时宣布，它们将把现有的临时性双边流动性互换协议转换成长期协议，而且，任何当事央行都可在自己的司法辖区内以另外的五种货币中的任何一种提供流动性。这意味着，在主要发达经济体之间，一个长期、多边、多币、无限的超级储备货币网已经编织成型。发达经济体央行之间在货币互换平台上的协同一致,很有可能替代以国际货币基金组织为代表的原有的治理机制,但这个全球超级储备货币网络依然将中国排除在外。

2014年7月15日,在巴西举行的金砖国家领导人峰会发表了《福塔莱萨宣言》[①],宣布成立金砖国家开发银行和应急储备安排,显示了中国经济外交的新动向和新趋势。此外,作为全球重要的债权国以及持有规模庞大的外汇储备,中国将来还可以倡议和组织全球债务重组机制,为有效消除全球公共债务风险和可持续发展做出贡献。在这一轮国际规则变革过程中,中国的经济外交正在经受着严峻挑战,但同时也迎来一个大有可为的时代。

(二)中国的战略应对

在G20内部,原G7/G8国家与发展中国家间的结构性冲突阻碍了全球治理的有效进行,使现行的全球治理机制脆弱。纵观全球治理现状,寻找打破发达国家和发展中国家传统结构性界别间的冲突,是缓解系统内利益冲突、促进合作的重中之重。只有缓解20国成员国之间的结构性冲突,才能维持G20作为全球经济治理平台的重要地位。

1. 克服结构性冲突,建立"议题联盟"

在G20的框架下,可行的方案之一是弱化利益冲突、意识形态,根据议题领域,通过协商寻找动态共识,组建议题联盟。这种方式的意义在于利用"议题联盟"拆解结构性冲突。在不同的议题界别里,成员国可以通过有效协商,寻找共识。

议题联盟有很多种表现形式,例如在结束经济刺激计划的契机、气候变化治理与经济发展、全球统一金融税制等议题领域内,已经打破了传统发展中国家与发达国家的差异性。在有的情景下,存在着中美共识、俄罗斯与发达国家的共识、欧洲与发展中国家的共识,发展中国家的差异性、

---

① 《福塔莱萨宣言》是金砖国家领导人第六次会晤时达成的合作共识,发表的文件宣言。2014年7月15日,中国、巴西、俄罗斯、印度和南非在巴西福塔莱萨签署协议,发表《福塔莱萨宣言》,成立金砖国家开发银行,建立金砖国家应急储备安排。金砖国家新开发银行初始资本为1 000亿美元,由5个创始成员平均出资,总部设在中国上海。

发达国家间的差异性也比比皆是。

IMF份额改革近年来一直是G20峰会的重要议题。对以中国为代表的新兴国家来说，IMF的份额分配已经远远落后于时代，没有给有关国家以正确的成比例的发言权。所以新兴经济体国家希望通过改革IMF份额的方式，建立公平的国际经济治理新秩序。然而，美国则希望坚持一票否决权，维持其在全球治理格局中的主导地位。我们再看看欧洲的态度，传统的欧美一致并没有在这个议题领域达成。为了摆脱欧债危机，欧洲积极支持IMF改革。背后的原因可以联系到欧洲需要IMF的援助，而援助的主要来源则是呼吁新兴经济体国家向IMF增资。作为交换，答应增资的新兴经济体国家则希望通过欧洲让渡IMF份额，改善现有治理秩序的不平衡。

在全球金融治理议题上，传统的发展中国家与发达国家的偏好差异也不一定是铁板一块。在涉及全球金融机构改革、国际资本监管、金融领域开放等问题上，并非是单纯的发达国家与发展中国家之间的差异。深陷欧债危机的欧洲大陆积极倡导在全球征收统一金融税；而加拿大、中国、俄罗斯甚至美国等发达国家都在一定程度上持有异议。毕竟各个国家对全球金融系统的依赖度和脆弱性不同，抵御金融风险的能力不同。以中国为代表的国家反对推行全球统一标准的金融税，认为金融税并非是规避金融危机的唯一出路和明智选择。至于是否支持金融税的推广，各国应该视自己的具体情况而定。就这一议题而言，各成员国应该寻找大家普遍可以接受的应对措施，例如完善金融监管机制、防患于未然等。

围绕着放弃经济刺激计划的期限这一议题，美国和德国等国家担心过度刺激可能导致泡沫经济，希望早日敲定结束日期；而法国则认为经济复苏还没有真正到来，不能轻易放弃经济刺激方案；中国认为要审慎把握时机、节奏、力度，巩固世界经济复苏的同时防止过度刺激的负面效应的出现。

在国际货币秩序改革的议题领域，中国主张采取渐进式的改革方案，反对过激的替代方案；俄罗斯和巴西等国家主张激进快速地降低对美元的依赖程度。一方面，相对美元资产较少的后者，中国持有4 000亿美元的债券，是美元体系的重要支撑者，激进的改革并不符合中国的切身利益。另一方面，过去的实践证明，欧元、日元、人民币还不具备成为美元替代币种的条件。尽管不排除中长期格局变迁的可能,就现有的情况来看,建成美元、欧元、亚元"三元"国际储备货币的设想还不现实。就这一点上,欧洲、美国、日本、俄罗斯、中国等国的看法大相迥异。这样的例子还有很多,在此不一一列举。

打破原有结构的"议题联盟"所具备的呈现形式还有很多,例如各成员国对防止气候变化融资和碳减排方面,二十国集团内部也存在着各式各样的分歧。英国态度明确而坚决,美国态度暧昧,俄罗斯支持欧盟态度,其他金砖国家期待减缓行动。总之,由于议题联盟的存在,传统的界别冲突有些已经不再明显。

在征求议题的过程中,也要警惕发展中国家的共同利益被分化,应该积极协商、寻求共识,从而联合提升新兴经济体国家、发展中国家在全球经济秩序中的地位和发言权。例如,巴西和印度加入了美国的阵营,要求人民币汇率改革,实现人民币大幅度快速升值。巴西和印度出于本国利益考虑,担心稳定的人民币币值可能损害两国工业制成品的竞争力。然而,人民币大幅度快速升值对巴西和印度未必全是好事,起码对他们稳定通货膨胀就有很大的副作用。作为新兴经济体国家中重要的三国,相互指责的结果只能是都受伤害。寻求完善资本监管的措施、相互协调、寻找共识,才能达到共赢。

议题联盟作为一种产生于全球化时代、新的世界政治经济格局中的新概念,倡导的是通过议题分类和积极协商,寻找共识,促成合作的精神。国家没有全天候的宿敌,也没有全天候的伙伴。国家因为议题的差异和偏好的转移而达成暂时的联盟。在G20的框架下,议题联盟突破了以往发达国家和发展中国家共识的划界,凝聚了更广泛的共识。在一个议题领域里合作精神具有"溢出效应",从而可以在更广泛的议题场景中凝聚共识,促成合作。谨慎地运用议题联盟,将有助于促进G20突破合作困境,提高合作效率。

2. 界别议事:降低沟通成本,提高议事效率

在界别冲突的影响下,G20面临的困境正是协商过程与决策之间的脱节,清谈难以直接转化为行动。从规则来看,国内的政治协商与政治决策是相互切割的,政治协商可以通过民主集中的机制影响政治决策。比如政协中要分界别，界别可能提升协调效率。各界别的政协代表作为该界别的意见领袖，将本界别的主张通过提议带入政协的讨论中来。G20里面也可以有界别，现在已经自发形成了G7、欧盟这样的界别（集体身份），除了发达经济体的界别外，还有E11①或金砖国家与非金砖国家等界别。同一个界别的国家，由于同质性较高，容易比较快地得出一个讨论结果。例如，七国集团因其成员具有同质性，更加容易在内部达成一致，开展集体行动，一直以来也共同扮演着国际货币秩序调整主导者的角色。而新兴经济体国家因为所处的发展阶段相同、面临的发展问题相似，也更容易达成一致。

从政治技术（系统理论）的视角谈协商民主的经验，可以借鉴给存在众多界别的G20全球治理。政协里的界别设置体现了一种意见征集的分层模式，这种模式将议政过程分为界别内、界别间的讨论两种。就政协的经验来说，界别内的讨论，是从人民中收集信息的过程；而各个界别的对话是通过协商达成一致的过程。界别内进行充分讨论，首先得出一个界别内的统一意见。在收集及整理各界别意见的基础上，传达给党中央。界别的共识意见，通过意见领袖（代表）的整理汇总，更为系统和专业化地反映到中央层面。充分协商和界别的代表性尊重了群众多元化的意见，可以起到动员群众的作用，提升了党的凝聚力，使政策更有说服力。因此从执行层面上来讲，效率得到了大大的提高。

G20作为一种低机制化的全球经济治理平台而存在，体现为一种经多边协商自我实现的正式规则，具有深刻的意义。它体现了一种多边合作的新形式。G20目前是一种非正式性的对话机制，具备相当大的灵活性，容易创造出一种成员国之间的对话、协商的氛围。结合政协界别讨论的经验，多边合作在G20的框架下可行性非常显著。现有的G7、E11、金砖和非金砖界别都具有显著的界别态度。充分利用已有的界别展开分层讨论，具体来说可以体现为子系统内外兼顾的对话机制，南南合作、北北合作、南北合作。

在后金融危机时代，整顿金融体系是欧美为首的发达国家界别的共同利益。美国急于抛出《金融监管法案》，希望重建稳定的金融秩序；而欧

---

① E11即新兴经济体11国：包括G20国当中的阿根廷、巴西、中国、印度、印度尼西亚、韩国、墨西哥、俄罗斯、沙特阿拉伯、南非和土耳其。

洲面临着严峻的债务危机,期待重整金融体系,建立约束机制,启动财政紧缩,重树欧元信心。即使美欧存在一定的分歧,在全球范围内进行金融监管改革与财政约束依然是美欧的核心利益所在,而他们共同期望以中国为代表的新兴经济体国家可以在其间承担更多的义务。

在G20的平台上,E11国家参与全球经济治理,可以说是一种新的南南合作机制。其中,金砖国家间的合作,也是界别内合作的重要形式之一。因为金砖国家具有较高的相似度,协商相对容易达成共识。金砖国家具有共同利益的领域有:改革国际金融体系、发展援助、减排、提升在全球经济治理中的话语权等问题。经过金砖国家与其他新兴经济体国家的一致努力,它们在国际经济中的地位也得到了一定程度的提高。一个显著的例子是新的改革方案确认了新兴经济体国家在世界银行和IMF的投票份额将明显提高。其中,在世界银行中的份额将由44.6%提高到47.2%;在IMF中的份额将由39.5%提高到42.3%。

发展议题是新兴经济体国家普遍关注的另外一个议题。新兴经济体国家主要还是发展中国家,它们面临的发展问题依然显著。为了实现千年目标,解决发展中的众多问题,它们呼吁将发展议题列入G20的主要议题清单中。它们呼吁发达国家继续兑现发展援助的承诺,并且希望发达国家可以向发展中国家减免债务、开放市场、转让技术。

走出G20的治理困境,急需解决其合法性不足和执行力低下的问题。协商民主原则指导下的"议题联盟"和"界别协商"对全球治理提出了可行方案。但是,需要指出的是,两种解决方案之间也是矛盾互动的。一方面,为了克服旧的结构性冲突,克服国家原有结构性界别,强调议题界别;另一方面,为了效率,又强调了结构界别的存在。兼顾效率和公平,对G20的治理机制提出了严峻的挑战。协商民主的精神必须贯彻其中。只有协商民主理念,才能引导具有异质性和不同偏好的各成员国走向公平与效率的"均衡点"。通过充分的协商,成员国之间达成共识,实现接近帕累托最优的决策结果。基于以上原因,今后治理机制的变迁,将体现出多层性、开放性、松散性、渐进性。

界别不仅仅是指发达国家和新兴经济体国家之间的界别,也可以是议题之间的界别。界别之间的界限错综复杂,有利于国家出于协商民主的治理理念,相互理解,做出必要让步,达成一致决策,应对全球性问题的威胁。协商民主机制是一种既民主又集中的治理模式。它体现了"从群众中来",也重视了"到群众中去"。在全球治理的环境中,它既尊重了国家偏好的多元性,又重视了集中和效率,用中国的经验、中国话语为全球治理提供了启发和智力支持。

在G20匹兹堡峰会前,中国外交部国际司司长吴海龙在吹风会上提出,应将G20机制化,各方应该就G20机制化以及今后安排达成共识。关于如何安排G20机制,中国提出四条原则:透明、民主、公正、公平;三个建议:增加发展中国家在国际经济治理中的作用,机制运作应该平衡吸取意见,在议事、文件起草和决策上体现民主,避免空谈、兑现承诺。为提高G20机制的可信性和权威性,中国支持国际货币基金组织、世界银行、经济合作与发展组织等机构领导人参加二十国集团会议,推进二十国集团与国际金融组织的联系与协作,构建融合重要经济组织的G20机制运行框架。时任国家主席胡锦涛在参加多伦多G20峰会时指出,"要处理好二十国集团机制同其他国际组织和多边机制的关系,确保二十国集团在促进国际经济合作和全球经济治理中发挥核心作用。"习近平主席在2013年二十国集团圣彼得堡峰会上以《共同维持和发展开放型世界经济》为题的发言中指出,"二十国集团是发达国家和发展中国家就国际经济事务进行充分协商的重要平台。我们要把二十国集团建设成稳定世界经济、构建国际金融安全网、改善全球经济治理的重要力量。"

G20匹兹堡峰会上,领导人宣布自2011年起G20峰会每年举行一次,并指定"二十国集团作为国际经济合作的首要论坛"。在G20戛纳峰会上,二十国集团领导人同意,G20继续作为一个非正式的集团存在,并决定主办国和前后届主办国三驾马车的组织形式正式化,完善了"三驾马车"制度,有利于促进会议议程的前后连贯和峰会共识的监督落实。领导人重申,"G20创立的精神是在平等基础上将世界主要经济体组织起来,采取一致行动,以共同的政治意愿支持经济和金融议程,推进改革,并与相关国际组织开展更有效的合作。呼吁国际组织,特别是联合国、世界贸易组织、国际劳工组织、世界银行、国际货币基金组织和经济合作组织,加强对话与合作,包括在经济政策的社会影响方面增加协调。"从而,确定了G20机制的建设路径,形成了以非正式的G20峰会为核心和引领,以联合国、国际货币基金组织、世界贸易组织、世界银行、金融稳定委员会、国际劳工组织、经济合作与发展组织等正式国际组织为实施平台的"非正式机制+正式机制"的G20机制框架,保持了G20的非正式性和领导人战略引领的特征。在相关议题领域,IMF和WB发挥自身优势,为G20机制的运行提供了专业技术支持,如IMF每年对全球经济形势的分析为G20领导人采取宏观政策协调提供了一定的参考。由于没有常设机构,G20领导人达成的共识或协议,如金融监管、规则调整、机构改革、信息发布等,大多都转交给国际货币基金组织、世界银行、金融稳定委员会等正式国际组织监督、落实。在G20机制推动下,相关正式国际经济组织的功能得到强化。

3. 议题建设及与非成员国关系建设方面

在议题建设方面,现状是每年的轮值主席国设置峰会的议题,保持议题的开放和灵活,时刻关注国际政治经济形势的变动,讨论影响"当下"国际环境的热点问题。存有争议的是G20要不要缩小议题范围,集中讨论几个核心问题,如金融、贸易等。

有学者担心G20议题广泛容易导致峰会不能集中突破取得成果。但如果从G20本质上是非正式机制的特征出发,"集中议题"的建议也值得商榷:一是非正式的特征决定了G20的主要目标是在大国之间谋求共识,议题之间相互关联的特点,决定了保持议题开放更有利于领导人统筹各项议题,通过"议题联系"来建立解决问题的共识。二是其他专门性的正式国际组织可以参与G20峰会,如已经开始邀请了联合国、国际货币基金组织、世界银行、世界贸易组织、国际劳工组织等来参加,由它们负责具体议题领域达成协议的执行,让领导人将更多时间集中于各问题统筹达成共识的"务虚"层面。

在机制架构方面,作为一个非正式会议的体系,现今G20已经形成了"峰会—协调人会议—部长级会议—工作组会议"的机制架构,但过于集中在"峰会层面",其他层次的会议有待进一步加强。峰会事务协调人作为领导人参加G20机制的"全权代理人",理应在峰会会前筹备和会后成果落实中发挥更大作用,召开更多的峰会协调人会议无疑具有重要意义。部长级会议主要是财长和央行行长会议以及劳工部长会议,但随着G20更多地涉及贸易、环境、能源等议题,应该考虑召开G20贸易部长会议、环境部长会议、能源部长会议等,为峰会取得成功奠定扎实的部长级会议支撑。

在与非成员国关系方面,虽然是一种非正式对话,但由于来自当今世界最先进的发达经济体和新兴经济体构成的"豪华阵容",还是使得不少国家质疑"为什么是这二十个经济体来决定关涉60亿人民的世界经济大局",因此保持与非G20成员国的良好互动,对G20机制的合法性与有效性至关重要。但行为体参与集体行动的数量与效率本身就是个悖论,数量越多,效率越低,因而在不降低效率的情况下,增加更多成员国参与G20进程的办法可能包括:一是增加具有广泛代表性的国际组织领导人在G20中的作用,如联合国秘书长、七十七国集团轮值主席等;二是增加各地区集团和联盟领导人在G20中的影响力,如东盟领导人、非盟领导人等,这样有可能在成员数量与机制有效性之间实现"帕累托最优"[1]。

---

[1] 帕累托最优(Pareto Optimality),也称为帕累托效率(Pareto efficiency),是指资源分配的一种理想状态,假定固有的一群人和可分配的资源,从一种分配状态到另一种状态的变化中,在没有使任何人境况变坏的前提下,使得至少一个人变得更好。帕累托最优状态就是不可能再有更多的帕累托改进的余地;换句话说,帕累托改进是达到帕累托最优的路径和方法。帕累托最优是公平与效率的"理想王国"。

第五章 欧盟影响力与全球经济治理[①]

在当今全球化的时代，国与国之间的关系既有竞争亦有合作，任何一方力量都已无法完全左右国际秩序，即便是美国仍占优势，实力也渐呈相对下降，而欧盟作为世界上最大的发达国家集团，在全球舞台上扮演着重要的角色。欧盟所追求的理念和行为方式与美国有所区别，这正是其影响力的特殊性所在，也是对全球经济治理内涵的重要补充。受金融和债务危机冲击，欧盟当前仍深陷内外各种问题难以脱身，内部分化进一步加剧，影响力受到削弱。因此，需要对欧盟这个全球第一大经济体的影响力进行分析，以期准确理解其未来在全球经济治理中的作用。

第一节 欧盟影响力的基本内涵

影响力一般是指领导者通过言语指令（命令、建议、劝告）和非言语指令（榜样示范）引起被领导者做出预期反应的感召力量，它在本质上是领导者权力作用的表现，是指挥和协调他人活动的一种能力，使他人能够按照领导者预期的方向去行动。[②]影响力不同于一般意义上的霸权，后者更多的是一种强制力，而前者更多的是一种软性权力。从国际关系的层面上看，一个国家的影响力应是其综合国力的外在体现，是使他国被动或主动追随其行动的能力和手段。因此，一国的影响力应当包含很多方面，就像一个系统工程，有政治、经济、外交、文化、社会、宗教等多个要素，而且这些要素之间相互影响、相互作用。虽然一国的天然禀赋是其影响力的根基，但并非唯一的决定性要素。良好的政治制度有利于保障经济的健康发

[①] 作者：王朔，中国现代国际关系研究院欧洲所副所长。
[②] 罗伯特·B.西奥迪尼：《影响力》，闾佳译，中国人民大学出版社2011年版。

展,实现可持续的经济增长,促进社会稳定和思想文化进步,反过来这些又会进一步优化政治制度。同样,一国良好的经济状况有利于其增强在国际上的文化影响力和政治影响力,而国际影响力的增强又会改善其国际经济地位并优化其外部经济环境,进一步拉动经济,促成其整体影响力的扩张。政治学研究的主要对象是权力,经济学针对的主要是财富,事实上权力和财富是一体两面的,国际关系中的政治与经济的关系同样是这样,一国影响力中政治和经济要素的关系也是如此。

要准确地描述欧盟的影响力,确实是比较困难的。主要原因在于欧盟具有以下一些特征:①复杂性。作为一个超大型主权国家联合体,欧盟一体化的程度是所有区域合作中最高的,但可能也是影响力受到质疑最多的之一。许多观点认为,当今世界的主导权仍在美国手中,欧盟硬实力明显不足,在软实力上似乎也不如美国,甚至对其影响力到底是什么都不甚清晰。②多层次。欧盟既非单一主权国家,也非传统意义上的国家联盟。正如奥地利因斯布鲁克大学政治学教授安东·佩林卡所指出的,现在的欧盟仍属于一个"尚未完成"的准联邦国家。[1]首先是欧盟内部存在多个权力中心,既有欧盟理事会、欧盟委员会、欧洲议会等这样欧洲层面的权力机构,又有各成员国层面的政府和议会;其次是政策的多元化,欧盟有共同的贸易政策、农业政策、外交和安全政策等,但同时各国仍很大程度上拥有财政、税收权,甚至外交和安全政策也时常是各自为政;最后是权力分配不均衡,虽然《里斯本条约》的签订很大程度优化了欧盟权力构成,但目前的欧盟仍然存在新老欧洲、欧元区和非欧元区、核心和外围等之分,特别是在应对债务危机过程中,进一步强化了以欧元区为先导的"双速欧洲"。③特殊性。一般而言,国际体系中的霸权是建立在强大的物质生产基础之上的,但在生产方式的选择上存在效率和公平之间的平衡问题,相对于美国,欧盟的选择更偏向于公平,即社会市场经济,因而欧盟霸权或者说是影响力的模式也自然不同于美国或其他国家。因此,要考察欧盟独特

---

[1] Anton Pelinka: "The European Union as an Alternative to the Nation-State", "International Journal of Politics, Culture, and Society", Vol. 24, No. 1/2, March/June 2011, pp. 21—30.

的影响力，必须从系统多维的角度来认识，既有政治、经济、外交、社会等基本层面，又要内外结合、欧盟层次与成员国层次相结合。

第二节 欧盟影响力的主要表现

欧盟的影响力并不仅局限于联盟层面，事实上由于结构的多元性，还应考虑到成员国的层面，如德国、法国、英国等，而且这些成员国本身都曾是世界顶级列强，虽然"二战"后实力有所下降，但仍在一定程度上保有各自的国际地位，并以主权国家的身份积极参与国际事务，试图发挥自身的大国影响力。因此，在谈及欧盟影响力的具体表现时，必然要涉及各成员国，但本章在论及全球经济治理内容时仍更多从欧盟层面来阐述。

(1) 欧盟的经济影响力

欧盟影响力的根基在于其经济实力，也是其参与全球经济竞争的重要依赖。仅就单个国家而言，欧盟任何一个成员国的经济实力都无法与美国、中国和日本相比，并且随着新兴经济体的力量总体上升，还在呈相对下降趋势。但如果将欧盟视为一个整体来看，其实力则基本与美国不相上下，是世界经济格局不可或缺的重要一极。具体分析，欧盟的经济影响力首先体现在人口、国内生产总值、国际贸易、竞争创新、货币等方面的指标上。①人口。人口是一国经济发展的基础，不仅标志着其总体的经济能力，也意味着其未来发展的潜能。根据欧盟统计局（Eurostat）最新的数据，2014年欧盟28个成员国的总人口约为5.07亿，远超美国的3.2亿，而且普遍教育水平较高，人均预期受教育年限为17.6年，15至64岁人口中接受高等教育的比例为26%。②国内生产总值（GDP）。GDP是一国经济规模的数值体现，也是经济实力的具体证明。目前欧盟GDP总量已超过美国成为世界第一，而且随着欧盟未来的继续扩大，其GDP总量也将水涨船高（见表5-1）。当然，如果按购买力平价（PPP）计算人均GDP，欧盟虽然仍仅相当于美国的7成左右，但与经合组织（OECD）的平均水平已相差不远（见表5-2）。③国际贸易。进出口不仅反映了一国与外界商品和服务交换的情况，也是经济实力的直接外部表现,更是其影响国际经济运行的重要工具。虽然欧盟在国际贸易中的地位近10年来不断下降,但其商品和服务进出口总额仍居全球首位(见表5-3)。④创新能力。科技创新既是支撑经济增长的重要因素,也是一国经济影响力的直接表现。在世界经济论坛发布的2014—2015年全球竞争力排名中,欧盟成员国占据了前20位中的9席。在世界知识产权组织(WIPO)等联合发布的《2014全球创新指数报告》中,欧盟成员国占据了前20位中的一半。同时,在作为经济全球化主角的跨国公司方面,欧盟的表现也与美国不相上下。在《财富》杂志公布的2014年全球500强企业排行榜中,欧盟与美国都约占1/3,而且前20名中,欧盟成员国占了7个,而美国是6个。⑤货币。货币是一个国家影响力的综合体现,也是实现自身战略目标的重要手段。货币不仅代表着一种经济权力,同时蕴含着一种政治权力,特别是在经济全球化的背景下,大国竞争日益表现为经济竞争甚至是直接的货币竞争。目前,欧元虽然还不是整个欧盟的货币,但欧元区在不断扩大,2001年希腊加入,2007年斯洛文尼亚加入,2008年塞浦路斯、马耳他加入,2009年斯洛伐克加入,2011年爱沙尼亚加入,2014年拉脱维亚加入,2015年立陶宛加入,其成员国数量已从成立之初的11个增至目前的19个。欧元的重要性越来越突出,虽然遭受了主权债务危机的冲击,但至今仍屹立不倒,在全球外汇储备、贸易结算和商品计价方面拥有着仅次于美元的地位,在国际货币体系多元化中扮演着不可或缺的角色(见表5-4)。

表5-1 2014年世界主要国家/地区GDP比较

国别	数额（亿美元）	国别	数额（亿美元）
欧盟	184 953	日本	46 163
欧元区	133 905	德国	38 595
美国	174 189	法国	28 469
中国	103 804	英国	29 451

资料来源：IMF, World Economic Outlook Database, April 2015.

表5-2　2014年世界主要国家/地区人均GDP比较

国别	数额（美元）	国别	数额（美元）
欧盟	36 700	日本	37 390
发达国家	44 588	德国	45 888
美国	54 597	法国	40 375
中国	12 880	英国	39 511

资料来源：IMF, World Economic Outlook Database, April 2015。

表5-3　2013年世界主要国家商品和服务业贸易额比较

国别	占世界比重（%）	国别	占世界比重（%）
欧盟	16.4	美国	13.5
德国	3.6	中国	12.6
英国	2.4	日本	5.0
法国	1.7	韩国	3.5

资料来源：Eurostat。

表5-4　2014年全球外汇储备主要币种基本情况

币种	数额（万亿美元）	币种	数额（万亿美元）
全球	6.01	英镑	0.231
美元	3.826	加拿大元	0.116
欧元	1.352	澳大利亚元	0.11
日元	0.241	瑞郎	0.017

资料来源：IMF。

（2）欧盟的政治影响力

欧盟并不只有经济上的含义，其本身更多是一项"政治工程"，如果没有强大的政治意愿推动，一体化不可能走到今天。因此，在论及具有浓厚政治色彩的欧盟的影响力时，就不得不提及其背后的政治意义。欧洲是现代国际关系尤其是传统现实主义均势理论的发源地，但两次世界大战的惨痛经历让欧洲各国意识到单纯追求均势只能再次落入战争逻辑，新自由主义的思想逐渐成为主流。冷战期间，由于欧洲长时间处于东西两大集团对峙的前沿，虽然有美国的核保护伞以及北约军事同盟的存在，但安全上的危机感仍普遍存在于欧洲各国之中。为了不成为东西方对抗的"牺牲品"，抱团取暖成为欧洲各国的必然选择，即不断推进更为紧密的一体化。冷战结束让欧洲的外部威胁骤然消失，彼此的合作意愿似乎有所消退。正如瑞典乌普萨拉大学教授斯特法诺·库奇尼在《欧洲重回地缘政治？》一书中指出的，虽然冷战结束象征着历史性和平的到来，许多欧洲国家却开始重回各自的现实主义传统，地缘政治逻辑又再次兴起。但欧洲面临的是随之而来的全球化浪潮的巨大冲击，以及各种非传统安全威胁，特别是柏林墙的倒塌使德国重新统一成为可能，欧洲各国尤其是法国担心强大的德国会打破欧洲现有的平衡，成为欧洲的统治力量，使欧洲变成"德国的欧洲"。事实上，近一个世纪以来，欧洲爆发的三次大的战争均主要是德法之间的战争。尽管德国已经为纳粹的战争罪行进行了较为彻底的清算，但法德双方不论如何加强合作，彼此仍存在不信任。德国要想谋求发展空间，必然面临以法国为首的诸多成员国的阻碍。法国希望将德国的权力"装入制度的笼子"，即用欧洲一体化的框架圈住德国，使德国继续成为"欧洲的德国"。对于德国来说，无论其经济实力多么强大，政治上仍受诸多牵制，在欧洲一直无法获得其应有的大国地位，必须主动融入欧洲一体化，才有可能消除其他欧洲国家对自己的顾虑，从而打破安全困境，为自身发展换取更为宽松的空间。早在1953年，德国文学家托马斯·曼在汉堡的一次演讲中就曾指出，德国应该追求的"不是德国的欧洲，而是欧洲的德国"。[1]因此，要想避免内部冲突再次上升为欧洲各国间的主要矛盾，继续加紧推进一体化是最为理想和现实的选择。1991年12月，欧洲共同体马斯特里赫特首脑会议通过《欧洲联盟条约》，通称《马斯特里赫特条约》（简称《马约》）。1993年11月1日，《马约》正式生效，欧盟正式诞生。可以说，欧盟的出现是欧洲乃至世界国际关系格局演变的结果，有其自身特定的政治、经济、社会、历史等条件以及外部环境，它解决了近代国际关系上国与国之间权力均势的难题，创造出独特的欧洲经验，这既是欧盟对于欧洲和世界的最大贡献之一，同时也是其政治影响力的独特魅力所在。当然，这里所谓的"欧洲经验"也有狭义和广义之分，所谓狭义的欧洲经验主要包括欧盟的一系列法律、规章制度以及一些不成文的"潜规则"等，而广义的欧洲经验则是指战后半个世纪以来欧洲在"摸着石头过河"中逐渐积累形成的解决国家间矛盾、保持地区稳定与发展的一些新理念、

---

[1] Ulrich Beck: "German Europe", Polity Press, 2013, p.vii.

新办法和新行为方式。[①]正因于此,欧盟在2012年被授予诺贝尔和平奖。

(3)欧盟的国际影响力

从对外经济影响看,欧盟依托其经济力量,通过贸易和发展援助政策以及倡导多边主义原则而成为国际经济的规则制定者,因此可以说,欧盟的经济一体化模式对世界经济产生了重大的示范效应,也体现出欧盟特殊的国际地位和影响力。主要表现在以下几个方面:一是国际话语权。虽然新兴经济体的崛起对西方的话语权总体上形成了一定冲击,但现行的主要国际机构中都不乏欧盟及其成员国的身影,且拥有较大的话语权和决策权。如欧盟成员国全部是联合国的正式成员国,其中英国和法国更是安理会五个常任理事国的成员,德国也一直在积极谋求这一位置;在代表最发达国家的七国集团(G7)中,英国、法国、德国和意大利占了四席;在金融危机以来日益崛起并在全球经济治理中发挥巨大作用的二十国集团(G20)中,不仅有欧盟的四个成员国,欧盟更是作为一个整体参与其中;在国际货币基金组织中,投票权仍主要由美国和欧盟把持,且自该组织成立起所有的正式总裁均由欧洲人出任,现任总裁即为法国前财长拉加德女士。

二是规则制定权。目前,全球有3 000多个已生效的条约,欧盟的条约约占一半。欧盟在国际事务中拥有较大话语权的基础上,还在国际规则的制定上表现出了一定的掌控能力。作为西方阵营的一员,欧盟近些年明显加强了与美国之间的跨大西洋合作。如在全球贸易问题上,面对世界"东升西落"的大趋势,一向主推WTO原则的欧盟开始重新调整战略,不愿再像以前那样给予新兴的发展中国家更多优惠,转而打出"自由贸易协定"(FTA)这副牌。当美国积极推进"跨太平洋伙伴关系协定"(TPP)时,欧盟则与美国加紧商谈"跨大西洋贸易和投资伙伴关系协定"(TTIP),虽然彼此在谈判中仍存在较多的利益分歧,但双方均志在必得。目前,欧美约占世界国内生产总值的一半,世界贸易额的1/3,平均每天贸易额达27亿美元,相互投资达3.7万亿美元。如果这个协定达成,将成为史上最大的自由贸易协定,并将在很大程度上改变世界贸易规则和产业行业标准。虽然

[①] 冯仲平:《何为欧洲经验》,《世界知识》2005年第21期。

FTA一直被视为WTO体系的有效补充,但欧美自贸区将对新兴国家,尤其是金砖国家间的准贸易联盟形成直接挑战。特别是一些发展中国家,如果被动跟随则可能会因过多开放市场而受到严重冲击,而不跟随又可能意味着被全球市场边缘化。这说明欧盟在利用规则权力积极维护自身既有利益,同时也是其主导国际秩序的一种直接反映。

三是争端解决能力。无论是2003年出台的《欧洲安全战略》还是2009年生效的《里斯本条约》都表明,欧盟正力图成为多极化的重要一极,并在国际舞台上发挥更大的作用。相对于美国,欧盟在处理国际争端时更倾向于采取经济和外交解决的方式,一般不愿意采取军事干预,这与欧洲"二战"以来始终秉持的和平理念有很大关系。如欧盟一直在极力促成巴以和解,主动参与朝核问题六方会谈和伊朗核谈判,完全依靠自己力量在刚果(金)发起"阿特米斯"维和行动以及打击索马里海盗的"阿塔兰特"行动,参与在巴勒斯坦的边界管控行动,在伊拉克进行司法培训,推进在阿富汗的司法进程以及监督印尼亚齐地区的和平协议实施情况等。在国际贸易和投资领域,欧盟积极改革和完善争端解决机制并不断收到成效。例如欧盟在双边投资保护协定(BIT)谈判中有关负面清单的做法,很可能成为未来制定国际投资争端解决规则的发展方向。2015年1月29日,欧盟委员会提出建议,将"投资者—国家争端解决机制"(ISDS)中有关透明度的联合国规则(UN rules)应用于欧盟和各成员国现有的投资条款中,该建议正等待欧盟理事会的通过。

四是发展援助能力。所谓发展援助(ODA),一般是指由发达国家提供的以促进发展中国家的发展为目的的国际间实物资源或资金转移。事实上,一个国家对外提供发展援助的多少,既是衡量其国家能力特别是其对外影响力的重要指标,也直接反映了其参与国际事务的意愿大小。从20世纪90年代起,欧盟作为一个独立的实体,就已经成为世界第五大发展援助提供者(包括成员国的双边援助),排在日、美、德、法之后。迄今为止,欧盟及其成员国已经是世界上最大的发展援助提供方,占世界全部官方援助的一半以上,超过美国和日本之和,而且其发展援助占GDP的比例也是世界上最高的。根据经合组织的统计,2013年美国官方发展援助占GDP比例为0.18%,日本为0.23%,而欧盟成员国的法国和德国分别为0.41%和

0.38%，英国、荷兰、卢森堡以及北欧的瑞典、丹麦等更是达到甚至超过了联合国提出的对外援助占GDP 0.7%的倡议标准。[1]欧盟委员会发布的《欧盟2013年发展和对外援助政策及2012年度实施报告》也认为，欧盟及成员国在履行发展援助政策和消除贫困等方面发挥了重要作用。2012年，欧盟对外援助资金达130.8亿欧元，相当于欧盟委员会财政总预算的9%，援助重点领域包括营养、食品安全、社会保障、国家转型、可持续能源和绿色经济等。欧盟在一些国际重大灾害和危机事件中也反应迅速，采取积极行动，向当事国提供援助和支持。例如，在撒哈拉以南的非洲地区，欧盟援助资金就超过40亿欧元，其中包括支持马拉维发展的4 000万欧元；在非洲的萨赫勒地区，欧盟与国际伙伴联手行动，以打破干旱、饥饿和贫困造成的恶性循环；在非洲之角，实施了帮助该地区从2011年的干旱中恢复重建的重点行动；欧盟、法国和马里联合召开主题为"共同为了新马里"的国际援助会议，确定有关领域和行动，支持马里的发展；欧盟宣布每年向缅甸提供1亿欧元援助以支持缅甸转型过渡，支持领域包括健康医疗、教育、离散人员安置、政府能力构建等；在阿富汗，欧盟投入1.85亿欧元资助健康和社会保障计划；在加勒比和太平洋地区，包括部分亚洲国家实施若干项行动，推动当地可持续能源和绿色经济发展。根据欧盟研究制定的2015年后的国际援助计划，未来重点将是保障人人享有正常体面的生活，并在经济、社会和环境各领域消除贫困。

第三节 欧盟参与全球经济治理的主要理念

全球治理的理念就起源于欧洲，最早由德国前总理、社会民主党主席威利·勃兰特在20世纪90年代初提出，那时正值冷战即将全面终结。几乎同时，美国著名学者詹姆斯·罗西瑙在1992年出版的《没有政府的治理：世界政治中的秩序与变革》一书中提出，根据全球政治、经济乃至文化所经历的前所未有的一体化和碎片化，国际政治权威的位置正发生重大的

---

[1] OECD网站：DAC Members' Net Official Development Assistance in 2013, Dec. 23, 2014。

迁移，对人类社会生活的管理也因此从以国家为主体的政府统治转向多层次的治理。而全球经济治理则是指国家与国家的联合依赖一系列国际制度和规则，以调控、治理世界经济，其核心内容就是建立更有利于实现全球共同发展的合理的国际经济秩序。欧盟全球治理战略形成之初，一直将和平与安全作为其全球治理议程中的政策优先，但欧盟自身的特点决定了其在安全领域难有作为，因而更为重视自由贸易、发展援助以及气候变化等全球经济治理领域。因此，面对自身一体化的加深和经济全球化的不断加快，欧盟根据自己的力量特征和结构模式，提出了一套带有明显欧盟特色的全球经济治理理念，并不断试图将其影响力渗透其中。

(1) 更多以欧盟集体的方式参与

欧洲是西方资本主义的起源地，曾经一度主导世界的经济和政治格局，两次世界大战极大削弱了传统列强的实力，特别是冷战结束以后全球化进程加速，新兴市场不断崛起，欧洲的相对实力被弱化。目前，欧洲面临的现实情况是，既有英、法、德等这样的大国，也有许多中小成员国，如果离开了欧盟去单打独斗，只能是一盘散沙，自然无法与美国等其他大国相匹敌。欧盟由于部分能力的欠缺，在安全防务上仍很大程度上有赖于美国，但欧盟亦有自己的利益需要维护和考虑，与其西方盟友不可能做到完全一致，尤其在经济领域主导权的争夺上更是异常激烈，竞争与合作的两面性都表现得十分突出。欧盟深知，必须首先内部保持一致，才能对外以一个声音说话，才能在全球舞台上清晰地表达欧洲的观点，也才能让国际社会予以重视。因此，欧盟一直在不遗余力地加紧推进一体化，特别根据《里斯本条约》成立了被称为"欧盟外交部"的对外行动署，设置了被称为"欧盟外长"的外交和安全事务高级代表，就是想更多以统一身份在国际舞台上发挥作用。当然，一体化的进程并非坦途，而且欧盟成员国之间存在着现实情况的差异，有各自的利益考量，特别是其中的大国。以英国为例，2012年5月欧洲议会就通过决议支持在欧盟境内开征金融交易税，旨在降低成员国财政负担及防止外部金融市场过度投机，尤其是在经过金融海啸的巨大冲击之后，这一举措对稳定欧盟市场秩序、维护金融安全显得尤为重要。但欧盟内部一直在此问题上存在分歧，德法是在欧盟境内征收金融交易税的支持者，但英国担心征收包括股票交易和金融衍生品交易的金融交易税,将会影响伦敦金融城作为全球金融中心的地位,因此坚决抵制。这一内部的裂痕不仅阻碍了金融交易税的实行和推广,也一定程度上挫伤了欧盟争夺国际金融主导权的努力。因而在现实中,欧盟尚无法在全球经济治理中实现单一代表权,特别是那些已经在国际组织中拥有重要地位的成员国,很难主动放弃自己的权力,同时欧盟本身作为超国家机构的特殊性也让其他主权国家在处理具体事务时,时常感到难以打交道。但欧盟将越来越多地以整体的身份在全球经济治理中发挥作用,这已是大势所趋,如欧盟和各成员国已经同时在其他国家派驻使团,在G20等国际机制中欧盟已派出独立正式代表,等等。对于各成员国来说,只有依托欧盟才能实现自己的大国情结,而欧盟也只有在众多有影响力的成员国的支撑下,才更有底气去参与全球治理进程,去彰显自身的影响力。

(2)充分发挥规范权力的影响

一般而言,规范权力(Normative Power)是通过担当一定的职位或处于一定的位置所获得的行为力量,它是法定权力的一种,也是社会权力的重要来源之一。正如英国肯特大学伊恩·马内斯教授所指出的,"塑造欧盟国际角色的重要因素不是它说了什么、做了什么,而是它是什么",而且"欧盟特殊的历史进程,它的混合政体及其宪法框架"构成了其对外行为的特殊的规范性基础。[1]也就是说,一方面,欧盟因规则而生。如果说欧盟更多带有政治工程的意味,那么从其构建机理上看,它则是以条法为基础的,更是一项法律工程。从20世纪起家的煤钢联盟和原子能联盟,到欧洲经济共同体成立的《罗马条约》,再到欧盟正式成立和欧元启动的《欧洲联盟条约》即《马约》,直至新世纪对欧盟发展做出重大调整的《里斯本条约》等,欧洲一体化前进的每一步都是以法律规则为基础框架的,欧盟机构的日常运行及问题解决都离不开法律保障。可以说,法律规范是欧盟的生命线,更是其基本的行为准则。另一方面,欧盟在全球经济治理中也力图凸显自己的这一特性。英国爱丁堡大学教授卡洛琳·布沙尔在其所编著的《欧盟与21世纪的多边主义》一书中指出,欧盟并非只是一个单纯的新自由主义和资本主义行为体,其影响力还体现在其规范性上,虽然对

---

[1] Ian Manners: "Normative Power Europe: A Contradiction in Terms?" "Journal of Common Markets Studies", Dec. 16, 2002, pp. 235–58.

欧盟的认识更偏向市场的方面，但同时也涉及经济和社会规则对市场的干预。[①]"二战"后获得巨大成功的德国社会市场经济就是一个典型的例子，这种模式鼓励市场进行充分的竞争，政府并不直接介入经济，而是通过建立完善的法律规则创建良好的市场环境和氛围，政府在其中进行严格的监管，维持市场的公平和正义。可以说，欧盟在全球经济治理中发挥更多的是规范性力量，更多扮演榜样而非领导者的角色，而且这种力量并非是强制性的，更多是一种软权力，即欧盟通过自身成功的规则塑造经验，为全球提供样板，吸引他国的追随，以此在事实上发挥着独特的影响力。正如德国当代最著名的哲学家尤尔根·哈贝马斯所言，欧盟已经使自己成为一个"超越民族国家治理"的形式，开启了后民族国家共同体的先例，其社会福利制度更可以作为模范，因此在对全球资本的驯服方面，欧洲在社会正义上所建立的标准必将成为未来政治努力的标杆。[②]

（3）倡导有效的多边主义

现代国际关系中的多边主义起源于19世纪的欧洲，当时是拿破仑战争后各列强在维也纳会议上重新划分欧洲的版图。根据美国美利坚大学教授米尔斯·卡勒的定义，传统的多边主义就是"多数人的国际治理"，其中心原则是"反对施压弱者或加剧国际冲突的双边歧视性安排"。[③]后来，罗伯特·基欧汉又将多边主义定义为"三个或三个以上国家的政策协调活动"。当然，欧盟现在所倡导的多边主义又有了新的内涵，是对原有传统多边主义的提升，更强调通过"共同外交与安全政策"保卫联盟利益，其中就包括维护共同价值观、国际基本利益、国家独立和完整等内容。[④]一方面，欧盟一直是多极化较为坚定的支持者。在欧盟眼中，世界应该是多元的，正如欧盟自身内部的多元存在，国际秩序不应仅仅掌控在个别大国

---

① 卡罗琳·布沙尔等：《欧盟与21世纪的多边主义》，薄燕等译，上海人民出版社2013年版，第145页。
② 尤尔根·哈贝马斯等：《旧欧洲、新欧洲、核心欧洲》，邓伯宸译，中央编译出版社2010年版，第28-29页。
③ Miles Kahler: "Multilateralism with Small and Large Numbers", "International Organization", 46, 3 (Summer 1992), p. 681.
④ 申义怀：《浅析欧盟对外"多边主义"战略》，《现代国际关系》2008年第5期。

手中。因此欧盟在处理国际事务时的理念原则是主张多样性、非对抗性、非霸权性，更多通过对话协商或谈判妥协方式和平解决争端，从这一点上讲，欧盟可以被视为全球经济治理中民主化的积极力量，有利于制约和平衡美国的单边主义。另一方面，欧盟又力图成为全球公共产品的主要提供者。事实上，欧盟提出的有效多边主义可以被理解为一种有效的全球治理体系，旨在确保人们都能享受重要的公共产品。①如欧盟曾于2008年提出要从2012年起开始征收航空碳税，这其中至少有几方面的考虑：一是基于一贯理念呼吁全球加大对气候变化问题的关注，二是想通过征税来补充欧盟的预算资金，三是发挥自身环保方面的技术优势来拉动经济增长，四是通过主导规则制定谋求在全球治理中占据有利的地位。但无论出于何种目的，欧盟确实通过长期关注气候变化和积极倡导环境保护而站在了道义的制高点，选择了其他一些国家相对不愿主导的国际公益领域，事实上为全球提供了公共产品。而且在输出公共产品的同时，欧盟的规范性权力也进一步得到增强，事实上扩张了其自身的影响力。

（4）区域化与全球化同步推进

欧盟是目前区域化程度最高的组织，这是其在全球得以立足的根本。欧盟一直将推进区域经济合作视为参与全球经济治理的重要手段，不仅继续推进自身内部的一体化，而且还积极与全球其他区域展开密切合作。在欧盟看来，自身在区域合作中具有得天独厚的优势，特别是战后几十年来在这方面积累了宝贵的经验，同时也取得了巨大的成就。欧盟成员国虽然都是较为发达的资本主义市场经济国家，但大小不一，具体情况仍有很大差异，却能够通过有效的区域机制进行良好的合作，协调彼此之间的行动。相比而言，在全球范围，各国同样存在的差异更为巨大，虽然欧盟模式不可能完全适用，但这种主权共享、合作协商的做法恰恰符合全球经济治理的基本理念，更为国际实践提供了良好的参考借鉴。欧盟认为，区域化就是全球化的缩影，其本身就是全球化的组成部分，同时又会进一步推进

---

① Espen Barth Eide: "Effective Multilateralism: Europe, Regional Security and a Revitalised UN", "The Foreign Policy Centre and British Council Brussels", 2004.

全球合作。因此,欧盟一直与加拿大、日本、韩国、东盟、拉美等多个国家地区进行自贸区建设,同时建立起亚欧峰会、欧非峰会、欧盟—拉美峰会等区域合作机制。可以说,欧盟在全球经济治理中采取的是区域与全球同步推进的战略,即以区域合作引领全球合作,并在其中不断展现自身的吸引力,在全球经济治理中发挥示范作用,提升欧盟自身内外影响力,反过来进一步深化内部的区域一体化。

第四节　欧盟在全球经济治理中影响力的制约

2008年的金融海啸对世界经济产生了巨大冲击,其影响是深远的,全球格局正处于深刻变化之中,欧盟更遭受了金融海啸和债务危机的双重打击,其影响力及其主导全球经济治理的雄心都受到一定程度的削弱。中山大学国际关系学院院长庞中英教授就曾指出,长时间以来欧洲一直在全球经济治理中居于霸权地位,但有两大因素正在改变其主导地位,一是欧洲地区一体化出现的危机正弱化欧盟在全球治理中的作用,二是世界政治经济中的权力转移,尤其是新兴大国在全球治理中作用的上升,必然导致欧盟在全球治理中的作用相对下降。[①]

(1)欧盟的影响力在弱化

欧盟深受危机影响,即便是目前危机已逐渐消退,但其经济持续疲弱,低增长和低通胀成为"新常态"。一方面,紧缩政策极大制约了欧盟的内外行动力。近几年,欧元区成员国乃至非欧元区的欧盟成员国都一直纠结于要紧缩还是要增长的问题,以德国为首的北部成员国要求实行严格的财政纪律和结构改革,而以法国为首的南部成员国则首先强调增长,认为紧缩和改革应服务于增长。但无论分歧如何存在,紧缩政策势在必行,因为欧盟不得不去防范债务重新积累和危机可能的卷土重来,结果自然是欧盟及其成员国的公共支出特别是用于国防安全方面的预算被大幅削减,导致欧盟的内外行动能力大为受限,在参与全球治理的过程中难免会显得

---

① 庞中英、王瑞平:《相互治理进程:欧洲与全球治理的转型》,《世界经济与政治》2002年第11期。

雷声大雨点小。中国国际问题研究院于2014年发表的《欧盟国际地位及其影响力变化》的报告指出，欧盟在经济上居于全球产业价值链和贸易分工体系最高端的历史正在改变，在大国权力游戏规则下"被边缘化"，在对外政策上也处于价值与利益纠结的困境中。[1]另一方面，经济低迷引发了其他领域的一系列连锁反应。在经济持续不振的情况下，特别是结构改革和紧缩政策，极大地冲击了欧洲民众一向安逸的生活，社会政治大众化趋势明显。民众经常是为了反对而反对，政府则是改革要下台，不改革还要下台，因而执政地位十分脆弱，更无法保证政策的有效施行。欧盟内部的疑欧、反欧情绪不断上扬，各种极端势力日渐抬头，极右政党更在2014年的欧洲议会选举中异军突起，获得大胜。加之2014年以来乌克兰危机愈演愈烈，目前该国仍陷于持续的内战当中，两次明斯克协议都被当成一纸空文，欧盟与俄罗斯的相互制裁也在不断升级。2015年1月，法国巴黎更发生了震惊全球的"《沙尔利周刊》血案"，"圣战者"们叫嚣将对欧洲发动更多的恐怖袭击。这一切都让人们觉得欧洲不再是一方净土，像世界上其他地区一样同样会面临战争和动乱的威胁，因而事实上极大地削弱了欧盟作为榜样的影响力。

(2) 欧盟自身内部存在掣肘

首先，欧盟虽然内部的一体化程度很高，但毕竟不是一个完全的联邦，随着欧盟的不断扩大，各成员国的差异性将进一步凸显，将权力上交欧盟机构将变得愈加艰难，特别是在全球经济治理中提供公共产品或对外做出重大妥协时更是如此。比利时鲁汶大学教授罗曼·雅科姆丘克在其法文版《欧盟外交政策》一书中指出，欧盟作为当今世界第一大经济体，一直希望在国际舞台上扮演与其经济实力相当的作用，但事实证明，这种雄心是有局限的，其外交政策经常只是一种公开宣示而已，而且欧盟越是扩大，成员国越多，就越难以用一个声音说话。荷兰鹿特丹伊拉斯姆斯大学教授威廉·莫勒在《欧洲经济治理》一书中也指出，欧盟确实在自我完善中，但其雄心面临巨大的困难和不确定性，成员国仍不愿意增强欧盟的

---

[1] 崔洪建、金铃、王毅：《欧盟国际地位及其影响力变化》，《CIIS研究报告》2014年第4期。

权力,因此尽管欧盟制定了诸多的战略目标,但基本上都无法完成。[1]例如,欧盟虽实行统一的贸易政策,但主要出口工业产品的北欧国家与出口农产品和消费品的南欧国家各自的考虑是不同的。事实上,在中欧光伏案的解决过程中,欧盟各成员国的意见分歧就非常明显,德国政府就曾表示不支持欧盟对中国进行制裁。

(3)欧盟内外政策存在矛盾

目前已被国际社会广泛接受的全球治理的基本理念在于:为应对当前全球化世界所面临的一系列挑战,以及指导由此而需要进行的任何国际制度变革,人们应当用一种新的全球视野来观察世界,并形成一种能联合所有不同文化、政治、宗教和哲学背景的人们的全球核心价值,包括尊重生命、自由、正义、平等、人道、正直等,并在此基础上对全球公共事务进行有效的治理。[2]这些内容符合欧盟的基本价值观,而且事实上在全球经济治理中欧盟也始终秉持这样的理念,并试图发挥其在这方面的榜样特性和软性影响力。问题是,欧盟在加深一体化的同时,也在其内部形成了区域小全球化,而且在对外经济关系中经常采用与其基本理念相矛盾的手段。例如欧盟一方面一直鼓励全球贸易和投资的自由化,事实上随着其内部统一大市场的建立,欧盟在这方面已经走在了世界的前列;但另一方面,欧盟自身的法律规制又极其严密,设置了非常高的准入标准,对外不断发起各种反倾销和反补贴调查,同时在内部对部分成员国进行大量补贴,目的是保护区域内部的弱势产业,这恰恰违反了欧盟一直提倡的公平贸易原则。又例如,欧盟是中国第一大贸易伙伴,同时也是对中国进行反倾销调查数量最多的世贸组织成员。2010年世贸组织的一个专家小组就曾在一份初步报告中裁定,欧盟借助所谓的反倾销措施、对进口产品征收"一刀切"国别关税的做法,违反了全球贸易规则。从结果上看,欧盟贸易救济工具的"滥用"事实上也损及自己的消费者、进口商和零售商的利益,并使得许多已将生产基地转移至欧盟之外的本土企业受害。

---

[1] Willem Molle:"European Economic Governance", Routledge, 2011, p. 331.
[2] 叶江:《试论欧盟的全球治理理念、实践及影响——基于全球气候治理的分析》,《欧洲研究》2014年第3期。

第五节　结语

综上所述，可以得出以下一些结论。

其一，欧盟虽然受限但仍将保有一定的影响力。目前很流行一种说法，就是中国代表着未来，美国代表着现在，而欧洲只是代表着过去，认为以欧盟为代表的欧洲发达国家已经耗尽了发展潜力，只能做到维持现状，甚至在面临新兴经济体的崛起时更像是"没落的贵族"。事实上，对欧盟未来的实力地位应当给予正确的认识，西方发达国家特别是欧洲的力量确实在相对下降，但在很大程度上仍是当前国际经济秩序的主导者和规则制定者，其中欧盟更因为自身在一体化方面取得的巨大成就而获得了更多规范性权力，依旧牢牢占据着全球格局中的重要一极，其影响力仍不容忽视。正如英国《经济学家》杂志编辑记者约翰·皮特和安东·拉加迪亚在《不幸福的联盟》一书中指出，随着在世界人口和GDP中所占比重下降，欧盟试图发挥更大作用的愿望越来越难以实现，但其作为全球最大的经济和贸易体的地位仍没有改变。[1]

其二，欧盟在全球经济治理中的作用总体是积极的。冷战结束以来，欧盟在全球经济治理中付出了大量的努力，其中既有自身现实利益的考虑，也有对和平发展理念的一贯秉持。从其实际结果来看，欧盟在全球经济治理中做出了重要贡献，包括在全球公平贸易、资本自由流动、健全法律法规、消除饥饿贫困、战后重建、关注气候变化等诸多方面都可以见到欧盟及其成员国的身影。可以说，欧盟不仅在自身内部实现了合作共赢，其独特的发展理念和经验更有利于整个国际经济秩序合理化和民主化，这也正是其自身内外影响力的具体体现。总而言之，从整个国际格局的角度看，欧洲联合有助于推动多极化趋势的进一步发展，对世界和平与发展有利，而且从实际力量来看，至少在经济领域，今后一段时间内真正能"平衡"美国的，恐怕首先就是联合的欧洲，因为它给世界各国提供了一个新的回旋余地和选择的机会。[2]

---

[1] John Peet & Anton la Guardia: "Unhappy Union", "Public Affairs", New York, 2014, pp. 149–150.
[2] 裘元伦：《欧洲一体化现状与未来》，《当代世界》2001年第3期。

其三，欧盟未来在全球经济治理中作用的大小仍有赖于其自身的努力。关于欧盟的未来发展前景，人们的看法一般都是较为积极的，认为欧洲一体化是人类历史上的巨大成就，但其中的某些争议也一直存在。例如，美国著名经济学家马丁·费尔德斯坦（Martin Feldstein）就曾提出，欧洲人希望一体化能够消灭冲突的梦想是一个错觉，法国和其他国家并不同意德国维持硬货币的霸权观点，欧洲央行也无法解决各成员国的失业问题，政治联盟则削弱了欧洲实行结构改革的竞争压力，并加剧了保护主义及欧美之间的冲突。但更多的人还是认为，欧盟所能发挥影响力的大小最终还是要看其自身如何发展。正如荷兰阿姆斯特丹大学教授达尼埃尔·穆格在《欧盟对外经济政策》一书中所指出的，欧盟在全球金融治理中的作用和影响力实际上取决于自身的发展，成员国是要更多的欧洲化还是更少的欧洲化，是建立更紧密一体化的欧盟还是重回各主权国家时代。

法国国际关系研究所所长蒂埃里·德·蒙布里亚尔（Thierry de Montbrial）曾指出，欧洲建设从来不是照图施工，只要做试验就会犯错误，或进或退，这是不可避免的，它不一定是典型的数列矩阵。对于全球经济治理中的欧盟，我们也应以同样的视角来观察。只要欧盟继续存在、继续发展，其参与全球经济治理的步伐就不会停止，尽管可能会或快或慢，甚至偶尔力有不逮，但这始终是欧盟的理念使命所然，更是其彰显自身全球影响力的重要途径。就像爱因斯坦的一句名言，"人生的价值，应当看他贡献了什么，而不应看他取得了什么"，国家如此，欧盟亦是如此。

第六章 东亚地区参与全球经济治理的经验与启示[①]

冷战结束以来，东亚[②]地区整体上保持着较为和平的发展环境，特别是进入新世纪以后，东亚地区处于经济增长的黄金时期。随着东亚经济的快速发展和区域一体化的不断推进，东亚参与全球经济治理的能力随之提高，这在一定程度上影响到了全球经济格局。同时，经济全球化的加深和地缘政治的不断延伸也进一步为东亚地区一体化和参与全球经济治理提供了强大引擎。因此，研究东亚地区参与全球经济治理对于身处东亚的我国是极为必要的。

第一节 东亚地区参与全球经济治理能力分析

表6-1是东亚地区2000年与2013年GDP变化情况。

表6-1 东亚地区2000年与2013年GDP变化一览表[③]

数据类型	东亚	世界	东亚经济占世界比重
2000年GDP	70.9千亿美元	329.8千亿美元	21.5%
2013年GDP	173.2千亿美元	749.1千亿美元	23.1%
总增长率	147.4%	127.1%	7.4%

关于"全球经济治理能力"评价体系，目前学界没有统一的标准。但是

[①] 作者：徐轲，国际关系学院国际经济系研究生.
[②] 本章所指东亚为东盟10国(包含：印度尼西亚、马来西亚、菲律宾、新加坡、泰国、文莱、越南、老挝、缅甸和柬埔寨)、中国、日本和韩国。
[③] 数据来源：世界银行http://data.worldbank.org.cn/region/EAP。因无缅甸数据，所以该数据统计仅包含东盟其他9国、中国、日本和韩国。

关于参与全球经济治理应当具备的因素已经具有一定的共识。全球经济治理应包括：①治理主体：国家政府、跨国公司、公民社会组织等；②治理客体（或对象）：全球性（包含地区性）经济问题以及由经济发展带来的环境、气候、资源利用等问题；③治理平台：超越国家主权管辖范围的全球经济问题，必然需要在国际经济治理平台上通过不同国家之间的洽商与谈判得以解决，当前全球经济治理平台主要有国际贸易组织（WTO）、国际货币基金组织（IMF）、世界银行（WBG）等；④治理工具：国际经济规则和制度，全球经济治理需要国际规则，而国际规则正是世界各国在WTO、IMF等治理平台上利用政治、经济、外交等综合能力博弈的结果；⑤治理目标：当今全球经济治理与以往的国际对话谈话不同，尽管其中掺杂许多利益的交换与平衡，但更多的是公平合理解决经济全球化进程中出现的全球性经济问题，以增进人类社会的整体福祉。[①]

因目前东盟十国在东亚经济一体化机制中处于主导地位，且已经成长为东亚地区参与全球经济治理不可忽视的一极，在参与全球经济治理的进程中为处于发展中国家行列的我国提供了丰富的经验和启示，因此本章主要对东盟十国及其参与的多边组织进行介绍，以其作为代表，对东亚地区参与全球经济治理的能力进行分析，不再对中国、日本和韩国等国家参与全球经济治理做单独介绍。本章选择东盟10国的总储备、国际货币基金组织投票权和世界银行投票权作为衡量东亚地区参与全球经济治理能力的重要指标，并选取世界主要经济体作为参照物。

在过去十年间，东亚地区合作倡议和机制大幅度增加，区域地区合作机制和组织不论在数量还是在质量上都有了较大程度的提高。2000年时，只存在亚太经济合作组织和东盟自由贸易区两个主要地区经济合作机制。目前，东亚地区合作机制已经发展到包括优惠贸易协定、东亚自贸区建设和东亚峰会等多维度合作机制。东亚各经济体参与地区或全球经济治理，以东盟为主要枢纽，在建立了"东盟+1"自贸区的"轴辐"架构的同时，也

[①] 陶坚、林宏宇：《中国崛起与全球经济治理》，世界知识出版社2014年版，第170页。

积极构建"东盟+3"自贸区甚至寻求"东盟+6"的自贸区"同心圆"架构。在东盟建立经济共同体倡议的推动下,打造东亚经济共同体的倡议也已经成为目前区域合作的重要议题。

表6-2 2013年东亚地区与全球主要经济体经济指标与地位指标对比①

指标 数据 经济体	GDP 占比(%)	排名	总储备 占比(%)	排名	IMF投票权 占比(%)	排名	WBG话语权 占比(%)	排名
美国	22.20	1	3.53	5	16.75	1	15.85	1
中国	12.22	2	30.53	1	3.81	6	4.42	3
日本	6.51	3	9.97	2	6.23	2	6.84	2
德国	4.93	4	1.56	8	5.81	3	4.00	4
法国	3.72	5	1.14	10	4.29	4	3.75	5
英国	3.55	6	0.82	11	4.29	4	3.75	5
巴西	2.98	7	2.82	6	1.72	12	2.24	12
意大利	2.84	8	1.15	9	3.16	8	2.64	10
俄罗斯	2.78	9	4.01	4	2.39	10	2.77	9
印度	2.49	10	2.34	7	2.34	11	2.91	8
东盟	2.46	11	6.33	3	3.76	7	3.21	7
加拿大	2.42	12	0.57	12	2.56	9	2.42	11
澳大利亚	2.06	13	0.42	13	1.31	13	1.33	13

如表6-2所示,东亚地区特别是以东盟为基础平台的区域组织不论是在经济总量还是全球经济治理方面都已经具有了一定的影响力。东盟的GDP总量位居全球第11位,超过了8国集团成员之一的加拿大;外汇总储备位居第3名,仅次于中国和日本;IMF投票权和WGB话语权都位列全球第7,已经成为参与全球经济治理的一个不可忽略的力量。但是从近期发展

---

① 数据来源:世界银行http://data.worldbank.org.cn/indicator/NY.GDP.MKTP.CD。总储备包括持有的货币黄金、特别提款权、IMF持有的IMF成员国的储备以及在货币当局控制下的外汇资产。本表格仅对主要相关国家进行排名。

来看,东亚地区参与全球经济治理的能力仍然有限。[1]主要是因为:

(1)东亚地区不论是在结构上还是区域合作上仍然会对其参与全球经济治理产生一定的制约。与欧盟相比,东亚在区域结构与合作方面仍是一个相似性较弱的地区,国家间经济实力悬殊,政治制度和意识形态多样,文化差异大,利益诉求重合度较低。虽然经过了30余年的现代化建设和经济发展,东亚地区的贫富差距与欧盟整体相比仍然不可同日而语。东亚地区的政治制度既有威权形式的专制国家,也有西方形式的"民主"国家,还有东方特色的民主国家。这种多样性使得东亚各国在面对许多特定问题或机制时具有明显的决策差异,难以达成深层次的共识,在一定程度上削弱了东亚地区在全球经济治理中的影响力。

(2)东亚地区没有明确的领导者,各经济体为自身话语权而相互竞争,放慢了区域经济一体化进程。[2]如1997年东亚金融危机期间,日本倡议构建东亚货币基金,虽然美国的反对态度起到了一定作用,但中国和韩国的反对也产生了相当大的影响。这种竞争态势也蔓延到东亚自由贸易协定谈判领域。直到21世纪初,日本和韩国的注意力仍然集中在全球贸易体制和世界贸易组织上,拒绝达成地区或双边贸易协定。就目前东亚地区整合的形式来看,各经济体虽然已经具有了一定意愿在地区治理结构中进行合作,但建立地区合作机制的共同领导体制的愿景仍然不够强烈。

(3)东亚地区对外部的依赖性削弱了各经济体之间合作的动力。东亚地区的"雁形"发展模式仍然高度依赖欧美出口市场,难以脱离全球经济治理体系中的主要国家或地区成为具有独立影响力的一极。

(4)东亚地区合作采取的是相对开放的地区主义,在进行决策时过分追求意见共识的特点反而放缓了区域一体化,成为其参与全球经济治理的绊脚石。在"东盟模式"中各经济体不愿将自身的权力削弱,一味强调地区组织中政府间性质,积极避免承担具有约束力的义务。这些特征决定了东亚地区难以在短期内建立起足以影响全球经济治理规范的东亚规则。[3]

---

[1] 周士新:《东亚参与全球经济治理的发展前景》,《亚太经济》2011年第4期。
[2] 刘少华:《论东盟在东亚区域合作中的领导能力》,《当代亚太》2007年第9期。
[3] Termsak Chalermpalanupap: "The ASEAN Way towards Community Building" "ASEAN Secretariat", No. 04, July 2005.

第二节　东亚地区参与全球经济治理的历史演变

区域治理机制的建立标志着东亚地区参与全球治理进程的开端。东亚地区的全球治理进程经历了从区域治理扩展到区域治理为主、全球治理为辅,再走向区域治理与全球治理相辅相成的过程。①

(一)区域治理机制的建立:拉开东亚地区参与全球经济治理的序幕

伴随着区域一体化的加速和美国霸权地位的相对衰落,东亚地区建立了一系列的多边合作机制,希望能够取代充满冷战色彩的双边安全合作模式。冷战结束后,传统安全问题逐渐从各国关注的焦点变为相对次要的议题,安保同盟已不再是东亚各国的第一追求。东亚国家发现,只有以发展的眼光看待历史问题,以多边合作机制为平台,凝聚地区整体力量,寻求在两极体系之外的独立地位和国家事务主动权,才能在参与全球经济治理中获得更多的话语权,更好地发展国家经济。在以亚太经合组织为主的区域经济合作机制建立的同时,东盟发展得也更加强大。约20个亚太国家签署成立"东盟地区论坛"协议,通过官方或半官方的联系提高国家间合作的意愿,成为亚太地区重要的多边安全对话机制。在创建并完善区域多边机制的过程中,东亚参与全球治理的意识不断增强。

这一时期东亚地区主要以区域经济治理为主,表现为"开放性"和"软机制"的特点。这些特点具有两面性,一方面"开放性"以包容、和平等为原则,各个国家根据相关议题寻求意见共识,自由平等地参与各种机制,不反对与其他区域体制进行合作。因为东亚国家政治体制的多样性和经济发展水平具有较大差异,"开放性"和"软机制"更易于吸纳新成员。另一方面,因各国政府不愿在一定程度上减弱国家权力,区域治理机制表现为纯粹的政府间属性,没有较强的约束力和明确的成员义务,也没有完善的激励措施,放缓了区域一体化进程,削弱了参与全球经济治理的整体

---

① 吴志成、杨娜:《全球治理的东亚视角》,《国外理论动态》2012年第10期。

力量。

（二）亚洲金融危机后时代：全球经济治理机制促进区域经济合作

1997年爆发的亚洲金融危机暴露出亚太经合组织议题过于宽泛而东盟职权范围又太狭小的弊端。美国没有及时地对陷入危机的东亚各国采取援助措施，国际货币基金组织也未能发挥有效作用。由此，东亚各国开始意识到，只有依靠自身政策的制定和互相帮助的机制才能解决问题，从而保证经济可持续发展。相对于传统安全领域的合作，因为经济议题在一定程度上并不触及国家敏感的核心利益，且经济利益极具吸引力，所以构建经济治理体系的可能性更大。亚洲金融危机体现出东亚地区经济合作的领导能力不足，因此以东盟为基础建立"东盟+3"领导人会议，把东亚地区主要经济体中国、日本和韩国纳入东亚多边经济合作体系，在经济、外交和文化等多个领域建立多维度的对话机制。同时中国希望与东盟国家签署自由贸易协定，日韩两国倾向于在全球贸易框架下发展区域经济。亚太高级财长会议倡议建立应对地区经济危机的"马尼拉框架"，包含建立金融危机的区域预警机制、加强区域经济科技合作和增加新的融资手段等一系列举措，该框架承认国际货币基金组织仍然是主要的全球经济治理平台。2000年召开的"东盟+3会议"，各国财长签署应对金融危机的区域货币互换网络协议——《清迈协议》。该协议的贷款条件、贷款期限和利率设定等内容都与国际货币基金组织挂钩。这一阶段东亚各国的主要目标是重振因金融危机而遭受重创的国内经济，以全球经济治理体系为基础加大区域经济合作机制建设的力度。

（三）"9·11"恐怖袭击事件：东亚全面推进参与全球经济治理

2001年发生的"9·11"事件在改变美国全球战略的同时，也极大地影响了世界其他地区的对外政策。基于美国的压力及自身对安全环境的需要，东亚经济治理机制整体迎合由美国所主导的全球反恐议题，一些区域经济治理机制在一定程度上包含了反恐职能。亚太经合组织作为东亚重要的经济合作多边机制之一，其涉及安全的议题包括金融、卫生、能源、反恐和地区安全等。先后发生的非典疫情和印度洋海啸等非传统安全领域事件,使得亚太经合组织调整了其战略重点并扩展合作内容,将经济与安全进行并轨。在这一阶段,东亚治理不仅加大了对反恐的关注,也增加了非传统安全领域议题。2002年举办的东盟地区论坛上,东盟提出联合打击贩毒、偷渡和洗钱、海盗等海上跨国犯罪。同年"东盟+3"环境部长级会议启动,预示着东亚已经发现环境保护对经济治理的重要性,但仅局限于双边或次区域层面的合作。2005年"东亚峰会"正式建立,它不仅涉及经济领域,同时包含朝鲜半岛无核化、恐怖主义和可持续发展等议题。作为对"东盟+3"合作机制的补充,东亚峰会促进了东盟与东亚峰会其他参与方建立伙伴关系,相对于"东盟+3"更具开放性,涉及国家或地区更多,探讨议题范围更广,将经济领域与非经济领域进行结合,提升经济治理的高度,推动了东亚地区参与全球经济治理的进程。

(四)全球金融危机:提高了东亚区域经济治理与全球经济治理之间的相关性

因美国次贷危机而引发的席卷全球的金融危机,具有极大的破坏性、连锁性、跨国性和复杂性等特征,美国和欧洲地区的经济实力遭受重创,但这却为东亚国家参与全球经济治理创造了战略机遇期。东亚国家开始思考如何在全球经济治理中提高自身的话语权,希望将区域经济治理融合到全球经济治理体系中。2008年金融危机爆发后,东亚国家在二十国集团中的地位和作用发生了较大的变化,东亚各国首脑借助二十国峰会多次举行非正式会议,强调二十国集团协议与东盟峰会协议同等重要。同时,东亚国家还加入联合国全球治理委员会,在二十国集团成员国与非成员国之间就相关国家协调与合作开展建设性对话。依据金融稳定委员会和国际货币基金组织,东亚国家也在打造自己的区域经济治理机制,使得东亚经济治理与全球经济治理机制的基本结构相吻合,从而提高整体参与全球经济治理的契合度,能够在全球经济治理中发挥更大的作用。

第三节　东亚地区参与全球经济治理的重要形式

1997年的亚洲金融危机成为东亚合作的催化剂，各国在经济一体化问题上做出了积极的决策，避免了传统的"以邻为壑"战略，促进了区域经济合作。自此，东亚经济一体化进入经济、政治双轮驱动阶段。[①]各国在贸易、投资、金融等领域的合作取得重大进展，区域合作机制不断建立，为地区整体参与全球经济治理提供了保障。东盟、东亚峰会和亚太经合组织便是东亚参与全球经济治理重要的组织机制和平台。

（一）东南亚国家联盟

1. 东盟的发展历程

东南亚国家联盟涵盖整个东南亚地区的10个国家，印度尼西亚、马来西亚、菲律宾、新加坡、泰国、文莱、越南、老挝、缅甸和柬埔寨，简称东盟。东盟的前身是马来亚（现马来西亚）、菲律宾和泰国于1961年7月在曼谷成立的东南亚联盟。1967年8月印度尼西亚、泰国、新加坡、菲律宾四国外长和马来西亚副总理在曼谷举行会议，发表了《曼谷宣言》，即《东南亚国家联盟成立宣言》，正式宣告东南亚国家联盟成立。东南亚国家联盟成为政府间、区域性、一般性的国家组织。1967年8月马、泰、菲三国在吉隆坡举行部长级会议，决定由东南亚国家联盟取代东南亚联盟。1976年2月在印尼巴厘岛，东南亚国家联盟举行了第一次正式首脑会议，会议签署了《东南亚友好合作条约》和《东南亚国家联盟协调一致宣言》。1977年8月东盟在马来西亚吉隆坡举行第二次正式首脑会议，会议明确扩大东盟区域经济合作，加强同美国、日本、澳大利亚、新西兰和欧盟的对话和经济合作。文莱于1984年加入东盟，1987年12月在菲律宾马尼拉，东盟举行了第三次正式首脑会议，会议签署了《马尼拉宣言》《东南亚友好合作条约》，修正议定书和四项经济协议。1992年12月联合国大会通过决议，承认《东南亚友好合作条约》的宗旨和原则。越南、老挝、缅甸、柬埔寨于1999年之前也相继加入，至此，这一涵盖整个东南亚地区，人口超过5亿、面积达450万平方千米的东盟十国组织形式正式确立。

---

① 门洪华：《中国东亚战略的展开》，《当代亚太》2009年第1期。

2. 东盟的作用

（1）积极推动了东亚区域经济一体化。冷战后，地区与全球环境发生了重大变化，意识形态在国际关系中的重要性下降了，经济全球化与区域化成为影响国际关系的主要因素，这两大趋势并行不悖，改变了全球与地区的国际关系格局。[①]在这一大背景下，为加强东盟内部经济合作，减少成员国之间的关税和非关税壁垒，创造出更高的经济效益、生产率和竞争力，东盟于1992年通过了《加强东盟经济合作框架协议》，决定建立东南亚自由贸易区。当时对该自由贸易区提出的目标是，在2008年之前建成东盟自由贸易区，关税最终降至0~5%。东盟六个原创始国之间经济合作的发展，同时借力于全球贸易自由化，特别是世界贸易组织的成立和亚太经合合作组织成员贸易自由化进程的推进，东盟又于1994年决定，将自由贸易的实现时间从原定的2008年提至2003年。此后，经过10余年的发展，东盟的经济合作得到了有力的加强。面对经济全球化带来的前所未有的机遇和挑战，2003年10月东盟对外宣布了关于东盟经济共同体的文件，提出到2020年把东盟地区建成为以商品、服务与投资自由流动和资本更为自由流通为特点的单一市场与生产基地，达到"东盟2020年设想"所确定的经济一体化目标，并使东盟成为全球供应链最有活力和强劲的组成部分。东盟国家在发出宣言的同时也采取了多项措施，为缩小成员国之间的发展差距，东盟第一批工程就启动54项，从2002年启动以来取得了显著的效果。在经济结构上东盟各国适当分工，提高互补性，避免内部出现恶性竞争，加快区域内经济整合的步伐。

（2）加强东亚区域安全合作，提高参与全球经济治理的非经济实力。为加强东亚区域安全合作，提高参与全球治理的非经济实力，东盟首脑会议曾于1976年通过东盟协调一致宣言，1976年签订并于1987年和1998年两次修改《东南亚友好合作条约》。2003年10月，东盟十国领导人签署了一份旨在2020年成立类似于欧盟的东盟共同体宣言，包括东盟安全共同体、东盟经济共同体和东盟社会与文化共同体三个部分，旨在通过非经济领域的合作为经济发展提供动力。这也成为东盟从经济一体化向整体一体化

---

① 曹云华：《东南亚国家联盟：结构、运作与对外关系》，中国经济出版社2011年版，第8页。

发展的里程碑，标志着东盟国家安全、经济、文化全面合作进入了历史新时期。同时，东盟也在积极推动东亚合作，东盟作为"东盟+3"会议的组织者和协调者，在东亚合作中发挥着主导作用。东盟外交没有采取西欧型的组织化方式，而是把协商作为原则，采取通过磋商达成协议的形式。东盟构建了以差异性多复合为特色、被国际社会广泛认可的区域合作典范的东盟模式。①东盟模式坚持不干涉内政和协商一致的原则，增强了东盟各国之间的理解与互信，解决了各成员国之间部分历史和现实问题，提升了本地区的国际地位。②

（3）强化与东盟以外的国家或地区之间的关系，拓宽地区影响范围。为提高东亚整体在国际上的影响力，东盟各国加强对外开放。30多年来，对外贸易、投资和其他经济合作发展迅速。东盟对外开放的方式可分为两大类，一是东盟单个国家进行的对外开放；二是以东盟为整体的对外开放。在这两大类对外开放中产生的协定和条约，又引出东盟法、东盟各国法与外国法、国际法的相互关系。目前，东盟十国成员皆为WTO成员。文莱、印尼、马来西亚、菲律宾、新加坡、泰国、越南均为亚太经合组织成员。因此，WTO规则、APEC规则对东盟国家产生很大的影响。东盟与中国于2001年11月决定建立中国—东盟自由贸易区，并于2010年1月1日全面启动。目前，东盟整体或东盟单个国家与美国、欧盟、日本、俄罗斯、韩国、澳大利亚、新西兰、加拿大、印度等国家和地区建立了多层次经济合作关系，极大地提高了东亚地区参与全球经济治理的话语权。

（二）东亚峰会

1. 东亚峰会的发展历程

东亚峰会是东亚地区参与全球经济治理的重要组织形式。东亚峰会从2005年至今共举行了9次，历届峰会的主要信息如表6-3所示。东亚峰会对东亚地区加强区域一体化建设，参与全球事务产生了重要作用。东亚峰会最初是由东盟倡议召开的，是拓展"东盟+3"之外国家合作的首脑会

---

① 曹云华：《东南亚国家联盟：结构、运作与对外关系》，中国经济出版社2011年版，第13页。
② 程信和、呼书秀：《东盟自由贸易区的发展模式及其启示》，《南方经济》2004年第7期。

议。"东亚峰会"的构想萌芽于1990年关贸总协定乌拉圭回合谈判破裂。时任马来西亚总理马哈蒂尔倡议打造"东亚经济共同体",但由于各方面的阻力,最终没有得到实现。伴随着各国面临的内外部环境的快速变化,特别是全球经济一体化不断加快,东盟于1995年召开第五次首脑会议,会议表示各成员国要在各个领域加强合作,加快推进东亚区域一体化进程。会议达成共识,东盟每年举行一次非正式首脑会议,并邀请组织之外相关国家参加,提高会议影响力。

1997年发生的亚洲金融危机使东亚经济陷入低谷,各国意识到只有拓展合作、互惠互利才能重振经济。1997年年底,东盟和中日韩首脑聚集吉隆坡,"东盟+3"合作机制宣告成立。2001年,东盟和中日韩"东亚展望小组"提交建立"东亚共同体"的报告,论证了拓展东亚区域合作的可行性和必要性,为东亚峰会的召开打下了基础。2004年于万象举行的第八次"东盟+3"会议上,各国首脑决定,于2005年在马来西亚吉隆坡召开首届东亚峰会。2005年东盟在菲律宾宿务举行外长会议,各国就峰会的成员、议程和东盟发挥核心作用等达成共识。2005年7月东盟外长会议提出东亚峰会定期在东盟十国举行,由东盟轮值主席国主办。

表6-3 历届东亚峰会信息一览表①

届次	时间	地点	主要议题
1	2005年12月	马来西亚吉隆坡	经贸、金融、能源和跨国问题
2	2007年01月	菲律宾宿务	能源、金融、教育、禽流感、减灾
3	2007年11月	新加坡	能源、环境、气候变化和可持续发展
4	2009年10月	泰国华欣	国际金融危机、气候变化、灾害管理、粮食和能源安全
5	2010年10月	越南河内	东亚峰会发展方向、经济复苏与可持续发展
6	2011年11月	印尼巴厘岛	东亚峰会未来发展、重点领域合作、应对国际金融危机、地区和国际问题
7	2012年11月	柬埔寨金边	东亚峰会机制未来发展和国际与地区问题

---

① 数据来源:中华人民共和国外交部网站,http://www.fmprc.gov.cn/mfa_chn/gjhdq_603914/gjhdqzz_609676/dyfheas_610206/;网易新闻,第九届东亚峰会在缅甸举行,http://news.163.com/14/1114/08/AB0FM2TL00014AEE.html。

续表

届次	时间	地点	主要议题
8	2013年10月	文莱斯里巴加湾	东亚峰会未来发展方向、重点领域合作和国际地区问题
9	2014年11月	缅甸内比都	东亚峰会机制、气候变化、灾害管理、流行疾病、地区和平、安全和经济发展

因为东盟是东亚峰会的发起者和主要创办者，同时东盟担任峰会的领导者，所以东盟提出了东盟之外国家加入东亚峰会应具备的基本条件：①加入《东南亚友好条约》；②与东盟国家建立对话伙伴关系；③与东盟国家具有广泛而密切的关系。①

2. 东亚峰会的作用

（1）东亚峰会开创了一种新的区域合作与治理模式。东亚峰会各成员国不论是在政治体制还是经济结构上都有着巨大差异，首届东亚峰会举行时，各成员国并不是局限于地区的一致性，而是基于共同的经济利益和战略需要而走到一起的。这种全新的区域合作与治理模式突破了以往合作集中在一定地域的传统限制，具有创新性。这种合作模式在对东亚的经济和政治一体化产生深远而重要的影响的同时，也对其他地区参与经济合作与治理具有启示意义。

（2）东亚峰会为东亚地区参与全球经济治理提供了新平台。东亚地区整体参与全球经济治理的进程中，虽然已经拥有"东盟+3"，且"东盟+3"成员国也是东亚峰会的重要组成，但是东亚峰会不仅仅是"东盟+3"的扩充。东亚峰会和"东盟+3"设立的目的和作用不尽相同，二者之间是相得益彰的。首先，东亚峰会的目标是促进东亚一体化进程，并为实现东亚共同体而努力，希望提高东亚整体参与全球事务的能力；"东盟+3"的主要目的是加强东亚国家之间在经济领域特别是金融方面的合作。其次，东亚峰会具有开放性的特点，组织以外国家也可以申请加入，东亚地区希望借此平台促进与国际合作，提高全球影响力，相比之下"东盟+3"成员局限在东盟十国和中日韩三国，是解决东亚区域治理的平台。因此，东亚峰会为东亚地区参与全球经济治理提供了一个更宽广的平台。

（3）东亚峰会促进了东亚国家与美国的合作。从历史的角度出发，东

---

① 秦亚青、魏玲：《结构、进程与权力的社会化——中国与东亚地区合作》，《世界经济与政治》2007年第3期。

亚国家和美国之间的相关性很高,美国在整个亚太地区有着巨大的政治、经济和安全利益。东亚地区对于美国而言具有重大的战略意义,是美国的核心战略利益的重要组成部分。东亚地区在推进全球经济治理,努力成为全球重要一极的进程中,离不开与美国的合作,同时美国也会基于自身的利益主动地参与到东亚区域合作中来。1990年对于马来西亚时任总理马哈蒂尔发起的"东亚经济集团"倡议,美国予以强烈反对,对于日本提议的"亚洲货币基金"方案,美国也抱以反对的态度。美国认为东亚地区的经济与安全是自身稳定的一部分,因此反对东亚地区排开自己单独寻求经济的发展与治理机制。一方面东亚峰会将美国纳入其中,美国可以借此平台影响到东亚区域合作,另一方面东亚峰会也包括美国的盟友澳大利亚,提高了美国的话语权。这样一来在促进了东亚峰会国际性的同时,也是对美国积极参与东亚事务的一种博弈和妥协。这种妥协利大于弊,目前任何一个国家或地区想要真正地参与全球经济治理都要与具有极高全球影响力的美国展开合作,不然只能停留在区域治理的层面。①

东亚峰会与东盟都是东亚地区参与全球经济治理的区域合作机制,但是它们的结构组成和领导方式具有明显的差异,各有侧重、各具特色,存在互补性和相关性。二者对促进东亚区域一体化,提高地区凝聚力具有重大作用,使得东亚地区参与全球经济治理的平台由单一向多样化发展。

(三)亚太经济合作组织

1. 亚太经合组织的发展历程

在澳大利亚前总理霍克提议下,1989年11月亚太地区12个国家在澳大利亚首都堪培拉举行首届亚太经济合作组织部长级会议,标志着亚太经合组织的正式成立。紧接着1990年第二届新加坡部长级会议正式对外宣告亚太经合组织是亚太地区各成员国经济高层代表的非正式论坛。1991年第三届韩国首尔(原汉城)部长级会议确定了亚太经合组织的宗旨、活动范围以及合作方式。1992年第四届泰国曼谷部长级会议将"开放的地区主义"作为该组织原则,并设立秘书处,这是亚太经合组织推进组织化进程中的里程碑。1993年第五届美国西雅图部长级会议和随后举行的第一次领导人非正式会议,建立了亚太地区首脑定期会晤的机制,并首次提出亚太经合组织的大家庭精神。1994年印度尼西亚会议通过《茂物宣言》,

---

① 王光厚:《美国与东亚峰会》,《国际论坛》2011年第6期。

明确了发达国家成员在2010年前、发展中国家成员在2020年前实现贸易和投资自由化的远期目标和计划表。1995年日本大阪会议通过《大阪宣言》和《行动议程》，将经济技术合作和贸易投资自由化作为亚太经合组织的两大核心内容。1998年马来西亚吉隆坡会议通过了《走向21世纪的亚太经合组织科技产业合作议程》，为各成员之间开展经济技术合作描绘了蓝图。1999年新西兰奥克兰会议讨论了货币合作和建立次区域自由贸易区的可能性。

2001年APEC会议首次在中国上海召开，中国积极发挥东道主作用，最终"亚太经合组织上海会议提出了促进WTO新一轮谈判的倡议，这个倡议在WTO多哈会议得以实现"。2001年亚太经合组织会议不仅讨论经济合作，还纳入新的议题。在会议前夕，美国发生了震惊世界的"9·11"事件，随后，会议上讨论如何维护地区安全与稳定，并发表了反恐声明，这是APEC首次将非经济问题纳入正式议程。会议还首次提出"探路者方式"，即"鼓励APEC中有条件的成员率先采取行动，推进贸易自由化和经济技术合作，待经验积累或条件成熟后，再推广至全体成员的做法"。

经过近20年的发展，亚太经合组织成员在2008年面对全球金融危机时采取了及时有效的措施。2009年新加坡会议探讨共同面对金融危机，凝聚共识，会议后领导人宣言提出：一年前，世界陷入自20世纪经济大萧条以来最严重的经济危机，我们决心在18个月内克服危机，我们将继续实施经济刺激政策，直到实现稳定和持久的经济复苏。[①]2010年亚太经合组织主要对茂物目标进行了评估，总结20年来的经验成果，共同商议21世纪亚太地区更加融合的目标和实现路径。2010年领导人非正式会议探讨了亚太自贸区的实现方式。2014年北京会议是APEC贸易投资自由化合作的一个拐点。此次会议主题为"共建面向未来的亚太伙伴关系"，涉及内容包括深化区域经济一体化，推进经济改革与创新发展和加大基础设施建设投资力度，实现互联互通等。

历届亚太经济合作组织会议主要信息如表6-4所示。

---

① 亚太经合组织网站，http://www.APEC.org/Meeting-Papers/Leaders-Declarations/2009/2009_aelm.aspx。

表6-4　历届亚太经合组织会议信息一览表[①]

届次	时间	地点	主要议题
1	1993年	美国西雅图	深化亚太大家庭精神，为地区人民争取稳定、安全和繁荣
2	1994年	印度尼西亚	亚太经合组织贸易和投资自由化
3	1995年	日本	贸易和投资自由化、便利化和经济技术合作
4	1996年	菲律宾	亚太经合组织合作方式、经济技术合作
5	1997年	加拿大	单边行动计划、成员扩大
6	1998年	马来西亚	亚太面向21世纪可持续发展
7	1999年	新西兰	无纸化贸易时间表
8	2000年	文莱	信息技术为主的新经济在世界经济发展中的作用
9	2001年	中国	多边贸易体制发展、人力资源能力建设、经济及反恐合作
10	2002年	墨西哥	扩大经济增长和发展合作的利益
11	2003年	泰国	知识经济、金融体系、经济结构改革和人类安全领域
12	2004年	智利	经济结构改革和应对恐怖主义
13	2005年	韩国	对茂物目标进行中期审评
14	2006年	越南	釜山路线图
15	2007年	澳大利亚	气候变化问题
16	2008年	秘鲁	全球和地区经济形势、国际金融危机
17	2009年	新加坡	经济增长、多边贸易体制、区域经济一体化、气候变化
18	2010年	日本	区域经济一体化、制定经济增长新战略
19	2011年	美国	亚太经济增长、规制合作、能源安全
20	2012年	俄罗斯	贸易投资自由化和区域经济一体化
21	2013年	印尼	茂物目标、互联互通、可持续和公平增长
22	2014年	中国	推动区域经济一体化，促进经济创新发展、改革与增长，加强全方位基础设施与互联互通建设

亚太经合组织自成立以来，各成员签订了大量的双边自由贸易协定，稳步落实相关协议，保证了整个亚太地区经济的健康良性发展。特别对

[①] 中华人民共和国外交部网站，http://www.fmprc.gov.cn/mfa_chn/gjhdq_603914/gjhdqzz_609676/lhg_609918/。

于东亚地区，亚太经合组织有力地推动了该地区的经济合作。东盟借助亚太经合组织先后与中国、日本、韩国、澳大利亚、新西兰等国签订了自由贸易协定，并首先与中国开展建立自由贸易区的谈判。东亚贸易自由化的发展能够取得如此巨大的成果，与亚太经合组织的推波助澜具有密切的关系。

2. 亚太经合组织的作用

（1）为全球经济增长提供引擎。亚太经合组织成员中包含了全球最大的三个经济体：美国、中国和日本，该组织区域内的贸易额占全球总量的48%，GDP占全球总量的57%，人口总数占全球的40%，仅中国对全球经济增长的贡献率就达到近30%，是世界经济增长的重要动力来源。国际货币基金组织提供的数据显示，2013年全球经济的总规模是73.8万亿美元，其中美国的经济规模是16.8万亿美元，中国的经济规模是9.2万亿美元。在全球经济普遍低迷的情形下，美国经济持续走好。中国加速推进经济发展模式转型升级，经济进入新常态，而且依然保持了相对强劲的增长。中美两国健康稳定的经济发展为亚太地区，特别是东亚地区国家提供了顺风车，为东亚地区经济增长注入强心剂。

（2）打造全球最广泛的经济治理平台。亚太经合组织自1989年创立以来，已经成为亚太地区包含国家最多、级别最高和议题范围最广的经济治理平台。目前亚太经合组织成员为21个，东盟中7个国家加入该组织。涉及的议题不仅包括经济利益层面的贸易、投资、金融、技术合作、发展合作，还包括非经济领域的合作，如：气候变化、反恐、反腐败、地区安全等问题。从组织成员范围、会议级别和议题领域等多维度可以发现，亚太经合组织对于东亚地区的外部性是非常大的，东亚地区借助该平台参与全球经济治理是极具现实性和可操作性的。

（3）提高东亚地区国家参与全球经济治理的互动性。从全球经济治理的互动层面来看，亚太经合组织作为一个区域性的经济合作组织，以亚太地区内的经济合作与经济治理为基础，正在不断向全球范围蔓延。2002年亚太经合组织会议在拓展和修订《大阪行动议程》时，提出了商务旅行卡计划，在加强成员经济法律基础建设的同时，还重点强调了亚太经合组织对全球经济的主导作用。从现实角度出发，亚太经合组织对全球经济的主导不仅体现在贸易自由化、投资便捷化，以及经济稳定可持续增长上，还表现在与全球经济治理议程和机制的融合上。特别是近年来伴随地缘政治和经济结构的变迁，该组织的渗透性不断增强，该组织成员与全球经济治理的互动性愈发频繁。2014年，由于中澳两国分别是亚太经合组织会议和二十国集团峰会的主席国，两国在加强两个会议的协调和议题融合方面有非常多的互动。[1]

3. 亚太经合组织与东盟、东亚峰会的比较

冷战结束以来，东亚地区先后建立或参与了多个合作机制，就本章所介绍的东盟、东亚峰会和亚太经合组织，在制度设计上具有一定的差异，如表6-5所示。亚太经合组织相对于东盟和东亚峰会更加的开放和包容、更强调平等自愿、更加具有层次性。

表6-5　东盟、东亚峰会与亚太经合组织的合作机制比较[2]

范畴	东盟	东亚峰会	亚太经合组织
成员	东盟10国	东盟10国、中日韩、美国、俄罗斯、印度、澳大利亚、新西兰	东盟7国、中日韩、美国、俄罗斯、澳大利亚、新西兰、加拿大、墨西哥、秘鲁、智利、中国台湾、中国香港、巴新
议题领域	经济、文化、安全	能源、金融、教育、禽流感和减灾	贸易投资的自由化和便利化、经济技术合作
集中程度	东盟正式会议	领导人会议	领导人非正式会议、部长会议、高官会议和工作层会议、秘书处
灵活性	共同商议、协商一致	共同审议、交换看法、达成共识	协商一致、自主自愿的非机制化原则
控制权	东盟	东盟	美国

（1）更加开放和包容。目前，亚太经合组织共有21个正式成员和3个

---

[1] 张海冰：《全球经济治理格局中的APEC：角色、挑战与前景》，《国际经济合作》2014年第11期。
[2] 田野：《东亚峰会扩容与东亚合作机制的演变》，《国际观察》2013年第2期。

观察员。在这些成员中既有世界经济总量排名前三的美国、中国和日本，也有新兴经济体俄罗斯，还有中等发达国家如澳大利亚、新加坡，更是囊括了区域化程度不断加强的东盟十国中的7个。这些国家和地区在政治体制、经济发展水平、对外贸易等方面都存在巨大的差异，但是亚太经合组织体现了其极大的开放和包容性，将这些国家或地区纳入组织，拓展合作内容和参与范围。

亚太经合组织对于东亚地区的重要性还在于其对"东盟+3"和"东盟+6"的涵盖。"东盟+3"机制的成员国大多数都是亚太经合组织的成员，亚太经合组织不仅没有在协议上对"东盟+3"机制进行限制，反而经过该平台的互动，促使澳大利亚和新西兰加入"东盟+3"机制，形成现在的"东盟+6"机制。东亚各国通过亚太经合组织将成员方取得的共识以整体形式拓展到非成员方，提高整体话语权，更深入地参与全球经济治理。

（2）亚太经合组织更强调平等自愿。相对于东盟和东亚峰会，亚太经合组织在会议参加权、会议的议题设置和单边行动计划等方面体现了更强的平等自愿特点。亚太经合组织领导人非正式会议和部长级会议是该组织会议中最重要的两个部分，参加会议的领导人不仅在正式会议上就有关事宜进行沟通，而且可以在会议间歇进行事务探讨，通过非正式的交流向有关国家阐述本国的财政政策，寻求国家间的理解与支持。同时，亚太经合组织各成员的领导人和官员自愿选择是否参加会议，组织对此没有任何要求。比如2013年，由于美国两党谈判破裂，联邦政府于10月"关门"，时任美国总统奥巴马缺席了在巴厘岛举行的亚太经合组织领导人非正式会议。2014年11月加拿大总理哈珀因参加国内纪念活动，缺席了北京的会议。亚太经合组织领导人非正式会议的另一大特色是不设主题，主要审议由部长级会议准备的宣言草稿，与会领导人可以随时提出新的意见和建议，如果无其他代表反对，则会被加入宣言中。相对于东亚峰会由东盟作为主体来领导，亚太经合组织各成员都具有会议的举办权，各成员方都可以成为主办地，这给予组织成员以平等的机会，东道主不仅可以利用主场优势推动有利于自身的议题，还可以在一定程度上向其他国家或地区推广自身的文化。会议上各成员的领导人可以自由地发表观点和看法，提出建议和对策，最终通过协商妥协达成共识。会后的领导人宣言是经各国领导人同意后共同发布的。

（3）亚太经合组织更加具有层次性。亚太经合组织的层次性是指该组织在政策制定和实施中是自上而下、层层推进的，这主要体现在亚太经合组织结构上的层次性。亚太经合组织的组织结构自上而下共有5个层级，第一层是领导人非正式会议，第二层是部长级会议，第三层是高官会，第四层是各委员会和工作组，第五层是秘书处。[1]这五层包含了从决策的提出到决策的审议，再到决策的执行和决策的监督与管理，每个步骤都由该组织相对应的组织负责，各尽其责，层层推进。这种方式不仅避免了领导人做出了合作的承诺，但不能具体落实的尴尬，而且避免了各国有合作意向，却夭折在向领导层汇报的路上。相比较而言，在东亚峰会组织中，东盟国家因为不想失去其领导地位和核心作用，使得整个组织结构较为松散，而东盟内部同样存在组织松散，缺乏有效的决策机制的问题。

第四节　东亚地区参与全球经济治理的启示

（一）东亚地区参与全球经济治理的特点

通过对东亚地区参与全球经济治理的历程和重要形式的总结，可以发现其特点主要体现在以经济利益为导向，以具体事务为核心；基于多边机制寻求话语权；以区域治理向全球治理推进；区域治理与全球治理相辅相成。[2]

1. 以经济利益带动区域治理

东盟自成立以来一直努力推动区域一体化建设，但苦于没有处于核心领导地位的国家，同时经济制度与成员国政治体制存在不匹配的问题。东亚地区在出现经济发展不佳的同时，非经济领域的问题也伴随而来，如"非典"疫情的爆发、禽流感的蔓延、自然灾难的破坏，这些不仅使东亚地区饱受灾害侵袭，边境的开放还使危机扩散。经济领域与非经济领域的

---

[1] 中华人民共和国外交部，http://www.fmprc.gov.cn/mfa_chn/gjhdq_603914/gjhdqzz_609676/lhg_609918/。

[2] 吴志成、杨娜：《全球治理的东亚视角》，《国外理论动态》2012年第10期。

交叉现象，使东亚各国认识到，不存在单纯的经济治理机制，想要维护国家经济利益，必须改革治理网络中行为体的关系，适应全球变革，调整国内相关制度结构，以经济利益为核心，参与非经济领域合作，实现多领域治理。因此，寻求解决突发或长期的具体问题成为东亚地区机制改革与建设的推动力，围绕经济利益带动区域治理，为进一步参与全球经济治理提供有力的机制保障。

2. **基于多边机制寻求话语权**

冷战期间，东亚部分国家寻求美国为其提供安全保障。冷战结束后，东亚各国周边安全环境有所改善，发展经济成为多数国家的首要目标。但美国一直将东亚区域乃至整个亚太视为国家战略的核心区域，因此从未停止影响该区域的战略导向。一方面，东盟各国在经济贸易活动中对美国的依赖性较高；另一方面，随着中国的崛起，东盟各国也开始担心自身的地区话语权，希望美国能够在一定程度上制衡中国，借助中美之间结构性矛盾的增强寻求好处。但是，中国经济的快速发展所带来的广阔市场与优越的投资环境，为东亚国家经济发展提供了顺风车。东盟各国逐渐意识到，只有加强与东亚地区的经济大国展开更为广泛的合作才能够提升国际影响力。于是东盟开始增加多边合作，如"东盟+3"和"东盟+6"，将区域大国制约在机制框架中，共同遵守的规则制度为各方合作提供了互信基础，也提高了国际话语权。以区域大国牵头、共同利益为基础、区域多边机制为依托，在全球经济治理框架内与其他全球行为体联合应对全球性问题，成为东亚区域参与全球经济治理的一大特点。

3. **以区域治理向全球治理推进**

20世纪90年代之前，东亚各国在发展经济时更多强调单打独斗，合作打造区域治理平台的意愿不强烈，更没有将国家战略高度提升到全球经济治理层面。这些都导致了东亚以次区域机制为经济治理机制，参与经济合作的意识处于次区域层面。一方面，全球化进程导致国家间相互依存加深，层出不穷的新问题越来越呈现出跨国性的特点，大量问题的解决必须借助全球或区域性机制；另一方面，伴随着东亚经济的快速发展，一些国家的整体实力得到了提升，参与区域甚至全球经济治理的诉求愈加强烈。如APEC会议逐渐以全球视野思考亚太经济发展，G20的东亚成员国财长定期参加"战略会议",促进各国参与G20政策制定和全球经济复苏行动,共同塑造全球经济秩序,尤其探讨在全球经济复苏过程中如何发挥东亚地区的作用。

4. 区域治理与全球治理相辅相成

东亚地区参与全球经济治理是以区域治理为基石,随着自身经济实力和国际话语权的提升再寻求全球范围内的经济治理。初期,东亚各国经济实力较弱,认为美欧等发达国家或地区提出的全球经济治理具有干涉本国和东亚地区经济发展的嫌疑。"先区域后全球"的经济治理模式是一种较为保守、层层推进、稳扎稳打的构想模式。打造经济治理机制必然要伴随着国家部分主权的转让,而自愿转让的前提就是这些主权的失去所带来的经济收益大于成本。但是早期东亚国家并没有看到对参与多方合作的经济治理所能带来的收益,对授权超国家组织的行为采取极其谨慎的态度,认为对全球经济治理应推行低层次的组织模式,对参与区域和全球经济治理机制建设没有强烈的意愿。然而,随着全球经济一体化进程的不断加快,东亚成为全球贸易主要市场之一,无论是主观还是客观上,东亚地区都必须要面对全球经济发展所带来的共同挑战。全球经济相关性不断增强,区域发展与全球经济之间的关系越来越密切,各国经济的发展与治理仅仅通过自身政策或者区域合作已经捉襟见肘。东亚国家认识到只有将区域经济治理与全球经济治理相结合,依靠全球经济治理不断扩大区域影响力,才能保证经济健康可持续地发展。东亚地区以东盟和"东盟+3"机制为基础加强与全球经济组织互动性,使东亚经济发展得到全球经济治理机制支持的同时,结合东亚地区自身的特点有效开展区域经济治理。

(二)东亚地区参与全球经济治理对我国的启示

1. 努力维护东亚区域的和平发展环境

自古以来我国在东亚地区都具有举足轻重的影响力,东亚地区的经济发展和我国一直是紧密相连的,两者之间具有极强的正相关性。"从历史经验上看,中国与东亚是命运共同体。中国强大时,东亚秩序就稳定;反之,当中国出现内乱和招致外部势力的争夺与瓜分时,东亚就会失序。冷战结束后,东亚国际战略地位稳步提升,在国际舞台的出镜率不断提高,影响力越来越大,这都离不开中国力量的强化作用"。①无论是在推动东亚区域经济一体化还是多边合作机制的建设,东亚地区和平发展的大环境和中国经济的快速发展起到了重大的作用。东亚参与区域或者全球经济治理离不开中国的支持,同时中国参与全球经济治理也离不开与东亚各国的合作。东亚大部分国家仍然是发展中国家,推行区域合作和经济治理必须要有和平发展的大环境,各国之间必须增加对话、增强互信。没有一个和平发展的环境就没有光明的地区发展前景。作为区域性大国,我国应当肩负起推动区域健康发展的责任,努力维护东亚区域和平的发展环境,使得东亚区域组织和我国参与经济治理之间形成相辅相成、相得益彰的共生关系。

2. 增强东亚意识,提高东亚区域凝聚力

从东亚国家参与全球经济治理的路径,我们可以发现东亚国家大多具有很强的主权观念,各国政府将国家核心战略区分为安全利益和经济利益,在推行经济发展的同时,又对安全利益保持较高的警惕。东亚大部分国家希望采取渐进而非革命性的方式参与全球经济治理,倾向于协商性、无约束力的论坛,尽量避免涉及国家主权问题。东盟等组织在推动区域经济建设和参与全球经济治理时,仍受困于其狭隘的东亚意识和自身实力,产生地区冲突,使得东亚不能以整体在国际上发声,阻碍了东亚参与全球经济治理的进程。②

当前,全球经济治理已经蔓延到非经济领域,如安全、环境等,对有效的集体行动提出了更高要求。虽然东亚大多数国家意识到集体行动有助于更好推动经济发展,但缺乏一个有力的倡导者。我国参与全球经济治理不可避免地要以东亚区域为基石,不论是战略利益还是历史责任,我国都应当扮演倡导者的角色。我国想要成为真正的主导者,就必须要克服传统的文化中心主义和极端的民族主义,在思想上把爱国主义、地区主义和

---

① 阮宗泽:《中国崛起与东亚国际秩序的转型——共有利益的塑造与拓展》,北京大学出版社2007年版,第13页。

② Ross P. Buckley: "How East Asia Could Amplify Its Voice in Global Economic Governance", "Boston College International and Comparative Law Review", Vol.37, Issue 1, February, p.29.

国际主义结合起来。①一方面,改革开放三十余年来经济的高速发展,使综合国力迅猛提升,使得中国的狭隘的民族主义和爱国主义重新抬头;另一方面,我国悠久的历史和博大精深的文化,加剧了国家文化中心主义和民族主义的蔓延。要培育东亚意识,中国必须要摒弃极端的民族主义和文化中心主义,认识中华文化的优点和不足,学习和吸收其他优秀文化。我国不仅要在经济领域具有强大号召力,同时也应当在文化领域为东亚各国起到引领作用,提高东亚各国区域认同感,真正打破合作理念的局限。只有这样,东亚地区才能充分发挥区域经济治理能力,整体参与全球经济治理,使得东亚各国互利互惠。但是,我们也要认识到培育东亚意识并不是放弃国家和民族意识,而是把国家和民族意识与地区意识结合起来,相互补充,地区意识本身就是国家和民族意识的有益补充。

3. 以东亚区域为基础,提升参与全球经济治理话语权

中国崛起和地区战略是目前国际关系研究领域的核心议题之一,中国拥有东亚地区68%的领土和65%的人口,在东亚历史上曾长期具有特殊的地位,尽管近期中国年经济增长率已经滑落到7%左右,但近20年来中国经济的年均增长速度超过了9%,是促使东亚变革的核心力量之一。东亚是中国政治、安全、经济利益集中的地区,是中国持续发展最重要的舞台。②东盟各国以东亚区域治理平台为基础,逐渐在全球经济治理的舞台上崭露头角,并受到了全球的关注。我国的崛起应当立足东亚,以东亚地区积极参与全球经济治理为契机,将东亚作为现阶段对外战略和经济治理的重点,确保我国东亚区域性大国地位。因此,应当加强与东亚其他国家之间的经济合作,提高中国和东亚各国的经济依存度,推动东亚地区的经济一体化进程,从而加快区域一体化的建设。随着中国经济的高速发展,中国市场对东亚各国的吸引力越来越大,东亚各国与中国经济合作的意愿也愈加强烈。经济依存度的提高,必然加深东亚各国的政治联系和安全合作关系,可以使东亚各国关系更加紧密,对东亚区域一体化的进程具有很大的促进作用。一旦东亚地区建成包括中国和东亚各国在内的自由贸易区,中国和东亚各国形成一个统一的市场,中国区域性大国的地位也就得到夯实。中国确保在东亚区域的话语权,以东亚区域为基础,便可大大提升在全球

---

① 俞新天:《中国培育东亚认同的思考》,《当代亚太》2008年第3期。
② 毛里和子:《东亚共同体与中国》,《国际问题》2006年第5期。

经济治理中的话语权,中国崛起所面临的外部阻碍和问题就会得到有效的化解。

4. 联合东亚各国,推动全球治理机制的改革和建设

近年来,东亚地区合作倡议与机制大幅度增加,东亚各国逐渐改变"搭便车"的国际形象,积极提供国际公共产品。特别是2008年之后的全球经济危机,虽然东亚地区各国也受到了一定的冲击,但是相较于美欧等发达国家或地区,东亚新兴经济体,包括中国、印度尼西亚等,都在较短时间内走出低谷,表现出了强劲的经济发展潜能。正是由于东亚新兴经济体的良好表现,全球经济秩序的影响力量已经开始不可阻挡地向东亚转移。[1]东亚地区的新兴经济体主动参与国际新机制的建设,如在G20决策机制与投票权分配等方面建言献策,利用新机制应对经济危机、规范经济行为、扩大消费需求等。东亚各国反对欧洲国家在IMF的过度代表权,要求增加新兴国家的票数比例,从而成为推动现有国际经济机制改革的重要力量。相对于欧盟的超国家治理,东亚各国所倾向的"软机制化"和"开放性"的全球经济治理模式,更符合当前的国际关系现实,更具可操作性。中国应当联合东亚各国,努力改变"零散的"和"小集团"的经济治理模式,以经济利益为推动力,加强非经济领域合作,完善区域整体治理机制。在承认国际规范的基础上,进一步融入全球经济治理机制,并推动全球经济治理机制的改革和建设,提高国际话语权,为中国的崛起提供更加有利的全球经济治理规则和环境。

---

[1] Kishore Mahbubani: "The New Asian Hemisphere: The Irresistible Shift of Global Power to the East", New York: Public Affairs, 2008.

第七章 从美国量化宽松货币政策看中国参与全球金融治理①

由美国引起的2008年全球性金融危机属非常规性质，导致以美国为代表的发达国家不得不采用非常规的货币政策，即量化宽松的货币政策来加以治理。该政策的实施使美国逐渐走出经济低谷，同时也产生了巨大的对外溢出效应，倒逼其他国家包括我国必须采取积极对策，以减少其负面效应，维护国家金融安全。此经历证明现有的全球金融体系比较混乱、不合理，需要对其进行治理。我国不仅要参与全球金融体系的治理，而且应成为规则的制定者和国际货币体系的治理者，发挥世界大国应有的作用。

第一节 美国的量化宽松货币政策内涵及其背景

量化宽松（Quantitative Easing、Credit Easing）货币政策，也称为数量宽松货币政策、量化放松货币政策、数量放松货币政策等。从经验来看，日本央行在2001年至2006年所实行的量化宽松货币政策，重点为资产负债表的大幅扩张以及资产负债方余额的大幅增长；在2008年之后，美国实行的量化宽松货币政策，不仅有资产负债表规模的扩大，还包括资产负债表结构的改变。

尽管日本与美国的量化宽松货币政策存在于不同的国家和不同的时间，但实施的过程有着相同点。遭遇经济危机，市场萎靡不振，利率调节已无法满足市场流动性需求，只能启动量化宽松货币政策；为了从通货紧缩的困境中走出，央行不断降低利率来扩大货币供给直至接近零利率水平，实行着长期维持低利率政策；向市场投放大量基础货币，为此，中央银行

---

① 作者：付卡佳，国际关系学院国际经济系教授；穆芳芳，国际关系学院国际经济系研究生。

被称为"印钞机";中央银行大量购买企业债券、商业票据等非常规资产,扩大资产负债表规模①,大大地增加了货币供给。

由此可以将量化宽松货币政策理解为:在利率水平接近于零、常规货币政策失效的前提下,货币当局通过购买长期资产等特殊手段调整资产负债表规模,改变其结构来增加货币供给,提高市场流动性,增加通货膨胀预期,从而稳定金融市场,恢复经济发展的非常规货币政策。

传统货币政策主要是中央银行运用三大传统货币政策工具,即法定存款准备率、再贴现政策和公开市场业务,以及政府、中央银行和其他部门所有有关货币方面的规定及采取的影响金融变量的一切政策措施,来调节货币总供给量和利率高低,进而影响总需求的政策。

量化宽松货币政策是在经济危机时期推出的旨在治理经济衰退、恢复经济的货币政策,与传统的货币政策存在着一定的差异。传统货币政策是在市场经济条件下,各国中央银行通过调节市场利率来调控投资和消费行为;量化宽松货币政策则是通过购买中长期债券的方式来增加货币供给量,恢复信贷,刺激经济增长。传统货币政策主要采用价格型政策工具,而量化宽松货币政策对货币政策工具进行大量创新,美联储这次采用的货币政策工具有商业票据融资工具(CPFF)、货币市场投资者融资工具(MMIFF)、购买资产抵押债券(MBS)等。量化宽松作为经济危机时期摆脱困境、恢复经济发展的特殊货币政策,具有临时性的特征,如定期拍卖融资工具(TAF)、一级交易商融资工具(PDCF)、商业票据融资工具(CPFF)、货币市场投资者融资工具(MMIFF)等,随着第一轮量化宽松货币政策的结束均已到期。而传统货币政策是中央银行进行长期宏观经济调控所采用的操作,具有持久性。传统货币政策是以利率为操作工具来影响市场消费和投资,最终实现"经济增长、物价稳定、充分就业、国际收支平衡"的目的。而2001年至2006年日本实施的量化宽松货币政策是为了"阻止经济复苏中的价格下行",即摆脱通货紧缩,实现物价稳定。伯南克(2009)指出2008年金融危机后量化宽松货币政策是美联储针对资产负债表收缩、信贷市场功能破坏实施的,其目的是修复和改进市场信贷,维

---

① 戴金平、张华宁:《全球量化宽松:何时退出?》,厦门大学出版社2012年版,第9—14页。

护金融稳定①。

量化宽松货币政策与传统货币政策的联系表现在,二者都是一国中央银行为了提高市场流动性、刺激消费和投资、促进经济增长而采取的货币政策;量化宽松货币政策由传统货币政策演化而来,只是相对于传统货币政策而言有其创新性;量化宽松货币政策和传统货币政策都有其传导机制、操作工具、中介目标和最终目的。

2008年美国次贷危机使金融市场出现大幅动荡,最终导致经济危机。为了走出困境,美联储采取了量化宽松货币政策来干预市场。从表7-1可以看到,美国GDP增长率在2008年和2009年降到了零以下,美联储开启了第一轮量化宽松货币政策,2010年GDP增长率恢复到危机前的水平,但是2011年又出现了下滑,于是,美联储继续推出第二轮量化宽松货币政策;失业率一直居高不下,2010年前后达到10%的水平;居民消费价格指数(CPI)在2010年前后水平较低,甚至有通货紧缩的迹象;由于持续向市场注入流动性,实际利率在5年间降低了4个百分点。从表7-2可以看到,由于量化宽松货币政策,政府债务占GDP百分比由2007年的46.8%大幅度上升到2010年的77%。又由于美国贸易保护主义抬头,其出口额上升,进口额缩减。

表7-1 2007—2011年美国主要经济指标

指标 年份	GDP增长率(%)	失业率(%)	CPI(%)	实际利率(%)
2007	1.9	4.6	2.9	5
2008	-0.4	5.8	2.8	2.8
2009	-3.5	9.3	-0.4	1.9
2010	3	9.6	1.6	2.5
2011	1.7	8.9	3.2	1

资料来源:世界银行网站。

---

① 周闪亮:《美国量化宽松货币政策的有效性及对中国经济的影响研究》,东北财经大学硕士学位论文,2013年,第12—14页。

表7-2　2007—2010年美国主要经济指标占GDP百分比变动情况

年份 指标	2007	2008	2009	2010
政府债务占GDP百分比（%）	46.8	55.5	67.7	77.0
出口总额占GDP百分比（%）	11.9	13.0	11.4	12.8
进口总额占GDP百分比（%）	17.0	18	14.2	16.3

资料来源：世界银行网站。

危机爆发后，美国政府在救市过程中使用了扩张性的财政政策，但政策效力微弱。从表7-3的财政支出和收入看，财政支出占GDP百分比在2007年至2010年间逐年增加，2011年略有下降，但比重仍然很高，而政府财政收入占GDP比重趋势是下降的。政府财政入不敷出的情况导致了财政赤字占GDP比重年年攀升，美国财政赤字占GDP的百分比在2007—2011年分别为-2.2%、-5.3%、-10.4%、-10.1%、-8.8%[①]，而国际上公认的警戒线是-3%。2012年2月7日，美联储主席伯南克于美国国会听证会上首次提出"财政悬崖"，意指美国即将面临的增税与减支的双重困境：一方面，政府前期推出的最高所得税、资本利得税、对股息征收的个人所得税以及工资税四项税收的减税政策至2013年1月1日同时到期，即从2013年起，政府将会增加以上四项税收收入；另一方面，2011年，美国民主、共和两党根据预算控制法为削减预算赤字曾达成一致，已于2013年实施"自动削减赤字机制"——美国将在十年内削减国防等安全开支和国内其他项目开支，共约1.2万亿美元。由此可见，"财政悬崖"的到来使得美国经济的复苏进程雪上加霜。

表7-3　2007—2011年美国联邦政府支出与收入占GDP百分比

年份 指标	2007	2008	2009	2010	2011
政府支出占GDP百分比(%)	21.5	23.2	26.7	27.1	25.9
政府收入占GDP百分比(%)	19.3	17.9	16.3	17.0	17.1

资料来源：世界银行网站数据库数据整理。

在货币政策方面，美联储多次采取调低利率扩张性政策措施。2007年9月18日将联邦基金利率下调了50个基点，改变了2003年至2006年一路

---

① 数据来源：世界银行数据库。

加息的政策方向，此后又连续9次降低基金利率，比如联邦基金利率2007年是5%、2008年为1.9%、2009年降到了0.2%，并将其维持在0~0.25%的低利率区间[①]；美联储利用再贴现窗口工具（DWF）为存款金融机构提供贷款。自2003年起再贴现利率设置为高于市场利率的水平，因此，通常情况下，存款机构通过再贴现窗口融资的量并不大。但是，当出现危机等极端情况时，传统金融市场的功能受损，市场利率逼近再贴现利率时，再贴现窗口就成为美联储为存款机构提供余额或流动性的首要渠道。在应对次贷危机的过程中，美联储充分使用了再贴现窗口工具实施宽松政策。在价格上，美联储于2007年8月16日将再贴现率由6.25%降至5.75%，此后一路下降，至2008年12月16日降至0.5%的历史最低点。在期限上，将再贴现期限从隔夜扩展至最长30天，以应对金融体系流动性紧缩的局面。在对象上，扩大交易对手方的范围，向存款机构、经纪商、投资银行大开贴现窗口，为更多融资困难的机构提供流动性支持。然而，零利率和宽松再贴现政策无法刺激商业银行的放贷意愿，企业难以获得融资，实体经济复苏希望渺茫。美国经济已陷入"流动性陷阱"之中，显然，传统货币政策失效。

  美联储实施量化宽松货币政策也受到很多外部因素的影响。这次国际金融危机使股票、基金、信贷、外汇、房地产等领域，和消费、投资、就业等方面的实体经济都受到了很大冲击，世界经济大幅度下滑。据世界银行统计，2007年至2012年世界经济增长率分别为3.9%、1.3%、-2.2%、4.3%、2.7%、2.5%，2009年世界经济陷入衰退的困境之中，呈现2.2%的负增长率，世界经济需求萎缩。这次国际金融危机受打击最大的是美国重要的经济合作伙伴——欧盟，2007年至2012年欧元区的经济增长率分别为3%、0.3%、-4.3%、1.9%、1.5%、0.4%[②]，2009年陷入低谷，虽然在2010年出现回升，但之后仍然是回落。

  美元的国际货币霸权地位为量化宽松货币政策的实施提供了外部条件。2007年至2011年美元占世界外汇储备比重分别为64.1%、64.1%、62%、61.8%和62.1%[③]，一直维持在60%以上。而排在第二位的欧元，分别

---

① 资料来源：国际货币基金组织美国数据网站。
② 资料来源：OECD官方网站实际国内生产总值数据。
③ 资料来源：国际货币基金组织数据库。

为26.3%、26.4%、27.7%、26%、24.9%[①]，显然距美元所占的比重相差非常大。美元的霸权地位，为美联储量化宽松货币政策在全球范围内产生影响提供了有利的外部条件。量化宽松货币政策在实施过程中，通过增发货币、发行国债等方式向市场注入了大量流动性，但却将风险转移到其他国家，埋下了美元泛滥和资产泡沫的隐患。

第二节　美联储实施的量化宽松货币政策及其效果

面对这次严重的金融危机，美国虽然采取了扩张性财政政策和扩张性货币政策两种政策搭配常用的治理经济危机使用方式，但经济仍然无法彻底走出低谷，进入复苏阶段。为此，美联储不得不通过多种创新工具，运用贷款、购买证券等方式扩张资产负债表，扩充中央银行"最后贷款人"功能。

一般来说，这些创新工具分为三种类型：第一类是针对更大范围的金融机构发挥中央银行传统的"最后贷款人"的作用，提供短期流动性的货币政策工具，包括定期拍卖融资工具（TAF）、一级交易商信贷融资工具（PDCF）、定期证券借贷工具（TSLF）；第二类为主要信贷市场中的参与者直接提供短期流动性，缓解信贷收缩的货币政策工具，主要包括商业票据融资工具（CPFF）、资产支持商业票据货币市场共同基金流动性工具（AMLF）、货币市场投资者融资工具（MMIFF）、定期资产支持信贷工具（TALF）；第三类是扩展中长期信用的货币政策工具。量化宽松政策操作通过购买长期证券来降低长期利率、改善金融市场条件。

美联储自2008年年底至2013年年底连续进行了四轮量化宽松货币政策，如表7-4所示。在第一轮量化宽松货币政策期间，即2008年12月至2009年10月，美联储购买了1 750亿美元由房利美、房地美和联邦住房贷款银行直接发放的机构债，以及1.25万亿美元的由房利美、房地美和吉利美

---

① 资料来源：国际货币基金组织数据库。

担保的抵押支持证券（MBS）。2009年3月至2009年10月，为改善私人借贷市场，美联储又购买了3 000亿美元的长期国债。至此，美联储通过第一轮量化宽松货币政策购买了总计约1.725万亿美元的国债和机构债，使其资产负债表迅速膨胀，从危机前的约8 800亿美元迅速升至2.3万亿美元[①]。然而，与此相伴的却是狭义货币量（M1）货币乘数的持续收缩，这意味着第一轮量化宽松货币政策对实体经济复苏的刺激作用有限。

第一轮量化宽松货币政策结束后，美国GDP增长率有短暂回升，但在2010年第二季度又下跌至1.7%，而失业率在第三季度达到9.6%，核心通胀率持续在1%的水平，宏观经济数据仍然不容乐观，美国经济复苏仍然困难重重。

表7-4 美联储实施量化宽松货币政策演变过程[②]

阶段	时间	具体措施
QE1	2008.11—2009.10	购买了1 750亿美元机构债、1.25万亿美元MBS和3 000亿美元长期国债
QE2	2010.11—2011.06	增加6 000亿美元长期国债，平均每月购买750亿美元，此轮QE共购买8 500亿~9 000亿美元国债
OT1、OT2扭转操作	2011.09—2012.12	将6 670亿美元国债置换为长期国债，平均久期上升为120个月
QE3	2012.09—2012.11	每月购买400亿美元机构MBS，承诺延续购买MBS和其他资产直至经济好转
QE4	2012.12—2013.12	每月买入450亿美元的长期国债，承诺联邦基金利率维持在0~0.25%的区间
QE退出	2014.10	美联储宣布停止资产购买计划，并于2015年第一季度加息

2010年11月3日，美联储宣布启动第二轮量化宽松货币政策，QE2计划在2011年6月底前增加6 000亿美元的美国长期国债，平均每月购买750亿

---

① 美联储官网，http://www.federalreserve.gov，访问时间：2015年3月12日。
② 穆芳芳通过大量的分析资料整理。

美元,加上QE1购买的机构债和抵押贷款支持证券(MBS)所获收益再投资于长期国债,增加了2 500亿~3 000亿美元购买量,美联储在第二轮量化宽松货币政策中总计购买长期国债8 500亿~9 000亿美元。

继第二轮量化宽松货币政策后,美国经济仍然没有达到预期恢复目标,美联储不得不继续实施宽松货币政策。2011年9月,美联储决定延长所持证券的平均期限,将三年期和更短期国债卖出后转投资6年至30年期的长期国债,置换规模达到4 000亿美元。此后,市场上长期国债的减少将会导致长期利率的降低,而这会有助于降低长期贷款利率和金融资产利率,以此来提高企业投资和消费者支出。

然而,2012年6月扭转操作到期时,美国就业市场及家庭消费仍然处于低迷状态。6月20日,美联储宣布将扭转操作延长至2012年12月。第二轮扭转操作规模为2 670亿美元。新一轮扭转操作所购买长债种类的比例将参考上一轮扭转操作进行。

通过两次扭转操作,美联储将6 670亿美元国债置换为长期国债。第二轮量化宽松货币政策结束后,国债的平均久期为75个月。第一轮扭转操作结束后,平均久期为100个月;第二轮扭转操作后,国债的平均久期上升为120个月。

分析看出,扭转操作和QE2非常相似,都是通过降低长期国债收益率来刺激需求回升的方式提振经济。两者的区别在于,QE2是通过增发货币购买长期国债,而OT是通过卖出短期国债,将资金转置,购入长期国债,较QE2的方式更为温和,资产负债表规模维持不变。扭转操作卖出短期国债在理论上将导致短期利率上升,但是2012年年初美联储在货币政策会议上宣布将维持0~0.25%超低利率延长至2014年年底,通过对目标利率维持在低位的承诺,消除公众预期,将实际短期利率锚定在低水平。

2011年9月开始的扭转操作效果较为显著。但是进入2012年下半年,长期利率已经降至历史低位,下行空间有限,扭转操作继续压低长期融资利率的作用并不明显。因此,扭转操作的边际作用已经弱化。在此背景下,2012年9月12日,美联储推出了第三轮量化宽松货币政策。与前两轮量化宽松货币政策相比,QE3最大的差异性特征在于开放性,体现在其并未明确资产购买的规模上限,而是承诺将延续购买抵押贷款证券(MBS)和其他资产或运用其他宽松政策手段,直至就业情况改善。具体操作包括:每月购买400亿美元的机构抵押贷款证券(MBS),直到经济出现明显的改善。宣布除非有充分证据证明经济已经完全复苏,否则QE不会停止。

2012年12月12日,美联储在扭转操作即将到期时,推出了第四轮量化宽松货币政策措施,实现QE3、QE4叠加的双量化宽松的操作。其内容是每月买入450亿美元的长期国债,替代即将到期的扭转操作。这样一来,加上之前每月400亿美元的资产购买计划,美联储每月的购买规模就上升到850亿美元。除此之外,美联储将基准利率的调整与失业率挂钩,声称在失业率高于6.5%、未来1至2年预期通胀率不超过2.5%的情况下,就会继续将联邦基金利率维持在0~0.25%的超低区间。

美联储实施的量化宽松货币政策促使美国经济走出低谷,实现了复苏。由于该政策向市场注入了大量流动性,美联储资产负债表在结构和规模上都发生了很大变化,从2007年的8 600亿美元增加到2015年4月的4.4万亿美元。第一轮量化宽松货币政策实施后,联邦基金利率迅速下降,由5.02跌至0.16的低位,此后,一直在"零利率"水平徘徊。降低长期利率刺激了私人部门投资水平的提高,以30年期国债收益率为例,2007年4月为4.85,货币政策实施过程中,收益率逐年降低,至2015年为2.49。短期国债收益率以一个月期国债为例,由2007年4月的5.15降为2009年4月的0.16[①],并一直处在低位,下降趋势非常明显。量化宽松货币政策能够提高长期利率预期和市场流动性,恢复信贷,刺激私人部门消费和投资,促进实体经济复苏,从而提高就业机会,降低失业率。金融危机时期,美国失业率曾一度上升,在量化宽松货币政策实施初始的2009年、2010年达到峰值10%的水平,但在之后的5年时间内随着政策的实施不断下降,至2015年1月达到5.5%的水平。由此分析,量化宽松货币政策的实施使得失业率逐年下降,经济走出困境,宏观经济指标得到很大改善,生产、消费和投资水平上升,金融系统风险降低,经济状况明显好转。股票价格的持续上升,对高收益债券、高杠杆贷款的追逐浪潮以及风险资金可获得性门槛的降低,表明宏观经济恢复态势良好。

---

① 美国财政部网站:http://www.treasury.gov,访问时间:2015年3月14日。

美国各项重要经济指标均已恢复到危机前水平。美联储采用了温和的、渐进性的方式，根据经济和金融条件的改善分阶段、分步骤地实施退出量化宽松货币政策。2014年9月18日，美联储公开表示，将恢复常规货币政策的计划和原则。美联储公开市场委员会指出，美联储将根据就业率和通货膨胀率恢复情况来确定提高联邦基金利率和停止资产购买的时机。2014年10月29日，美联储宣布停止资产购买计划，这标志着美联储正式结束了量化宽松货币政策[①]。美联储宣布在2015年启动加息策略，通过渐进的方式将联邦基金利率恢复到正常水平。

美联储还采取了发放定期存款工具（TDF），使超额储备长期化、定期化。通过改变美联储的负债结构，同样可以有效控制超额准备金被大规模用于放贷，限制银行的放贷能力，吸收市场上多余的流动性，稳定市场对于恶性通胀的担忧。在2010年6月，美联储就曾拍卖规模10亿美元的14天期定期存款工具，意在通过此举从金融体系中回笼过剩的准备金。在量化宽松货币政策退出的过程中，TDF同样被测试。2014年前三季度，美联储进行了13次TDF拍卖。从中不难看出，其利率和规模都在稳步提升；在管理短期利率方面，TDF可以帮助美联储有效收回市场体系内的过剩流动性。量化宽松货币政策的退出过程正在结合当前国内国际经济发展形势平稳推进。

第三节　美联储量化宽松货币政策对我国的影响及其对策

美联储量化宽松货币政策对人民币汇率的影响。美国作为世界第一经济大国，其宏观经济政策的实施对世界经济有着非常重要的影响。美联储实施的量化宽松货币政策通过国际贸易平衡渠道和世界利率渠道两种方式进行传导。一方面，量化宽松货币政策的实施提高了美元货币供给量，

---

① 戴金平：《美国量化宽松货币政策的退出与当前国际金融形势》，《中国高校社会科学》2014年第6期，第133—141页。

降低长期利率，从而形成了美元长期贬值的预期。而在这次金融危机期间，与美国相比，中国受到的冲击相对较弱，经济仍在快速发展当中，这加剧了国内通货膨胀的上升。为了有效控制通胀快速上升趋势，我国实施了加息政策，导致了中美两国利差逐渐拉大。在资本逐利本性驱使下，大量国际游资涌入中国市场，资本市场热度上升，直接推高资产价格，导致资本泡沫的产生。另一方面，人民币升值预期持续增强，推高了我国进口需求，抑制了我国的出口贸易发展，降低了我国的出口产出水平。2010年至2013年人民币兑美元汇率总体趋势一直处于上升的状态；进入2014年，美联储量化宽松货币政策的退出，导致美元升值预期提高，人民币兑美元汇率出现波动，但整体仍在高位震荡①。

美联储量化宽松货币政策加剧了我国的通货膨胀。美联储四轮量化宽松货币政策的实施增加了美元供给。由于美元是最强的国际货币，甚至执行世界货币职能，那么，美元供给量的增加会导致其他经济体的通货膨胀。具体而言，输入型通货膨胀有三条路径②：第一种是成本上升导致通货膨胀率提高。在MFD模型中，扩张性的货币政策会导致本国利率下降，投资增加，资本流出会导致本国货币贬值。因此有美元"印钞机"之称的量化宽松货币政策的直接影响是美元贬值。由于国际贸易常常采用美元作为标价货币，美元贬值会使国际大宗商品价格提高，为了满足进口需求，原油、农产品等大宗商品价格的上升直接提高了我国的进口成本。2010年1月至2011年9月我国通货膨胀率有大幅上升，PPI对CPI的压力较高，形成了成本推动型通货膨胀。第二种是国际游资的进入导致通货膨胀率上升。美联储量化宽松货币政策调低了本国利率水平，为了寻求获利机会，大量资本流向我国资本市场，增加了我国人民币需求，人民币升值压力不断提高。由于我国采取盯住美元的汇率方式，中国人民银行为了维持汇率稳定，需要买入美元，从而形成输入型通货膨胀。第三种是通胀预期的增长，加速了通胀率的提高。量化宽松货币政策除了增加美元供给之外，也

---

① 夏虹：《美国量化宽松货币政策溢出效应分析》，吉林大学硕士学位论文，2013年，第29—34页。

② 冯琴：《美国量化宽松货币政策对中国通货膨胀的溢出效应研究》，湖南大学硕士学位论文，2012年，第15—23页。

影响了市场对通货膨胀的预期，提高了市场信贷预期，使市场更加活跃，从而提高了通货膨胀率。

美联储量化宽松货币政策对我国外汇储备产生了影响。美元是世界上最主要的储备货币，也是我国最主要的外汇储备，同时我国又是美国最大的债权国。因此，美元的走势势必会对我国外汇资产价值的升跌产生重大影响。自2008年量化宽松货币政策实施以来，美元的贬值降低了美国的债务负担，使我国的外汇资产价值缩水，造成巨大损失；同时，美国国债长期收益率的下降，也导致了利率方面的损失。而我国2008年至2013年外汇储备和美国国债持有总额在不断上升，美联储量化宽松货币政策给我国带来的负面影响在不断扩大。以2013年为例，我国外汇储备总额为3.8万亿美元，持有美国国债1.27万亿美元，约占外汇储备总额的33.4%，从数额和比重上可以表明美元贬值为我国经济发展带来的负溢出效应。

美联储量化宽松货币政策对我国出口贸易也产生了影响。按照开放经济宏观经济学模型中扩张性货币政策的传导机制，美国的量化宽松货币政策的实施在全球范围内提高了通货膨胀预期，对世界市场上的消费和投资起到了刺激作用，增加了对美国商品的需求。又由于美元的贬值，美国商品出口更具价格优势，从而促使美国出口贸易迅速增长。对于我国来说，这使得出口商品竞争力降低，削减了我国在世界市场上的贸易份额。同时，人民币的不断升值，对受价格因素影响较大的我国出口的低附加值初级产品来说，负面效应更为明显。因此，美国的量化宽松货币政策的实施对我国出口贸易起到了抑制作用。

在美联储采取量化宽松货币政策期间，我国采取了积极应对措施，尽可能降低其所带来的负面效应。

在QE1期间，我国采取了适度宽松的货币政策。2008年11月美联储推出第一轮量化宽松货币政策，这一轮量化宽松货币政策对美国国内经济复苏的刺激作用有限，对我国溢出效应也并不明显。在全球经济衰退的大背景下，我国经济面临下行压力，人民银行采取了一系列的适度宽松货币政策[1]：为了保证市场有足够的流动性，人民银行先后四次降低了人民币存

---

[1] 中国人民银行货币政策分析小组：《中国货币政策执行报告（2008年第4季度、2009年第4季度）》，中国人民银行官网，http://www.pbc.gov.cn，2015年3月10日访问。

款准备金率，大型存款类金融机构和中小型金融机构存款准备金率分别降低了2个和4个百分点，2008年年底测算，共释放流动性大约8 000亿元；2008年9月开始，人民银行经过5次下调存贷款基准利率，将一年期存款基准利率从4.14%降低到2.25%，将一年期贷款基准利率从7.47%降低到5.31%。与此同时，人民银行下调了对金融机构的存贷款利率，金融机构存款准备金利率从1.89%降低到1.62%，超额准备金存款利率从0.99%降低到0.72%，一年期流动性再贷款利率从4.68%降低到3.33%，再贴现利率从4.32%降低到1.80%；人民银行逐步调减中央银行票据发行规模和频率，三年期和一年期票据暂停发行，为了与存贷款利率、准备金政策等货币政策工具相协调，降低了公开市场操作利率，三个月期票据正回购利率下降2.40个百分点，28天利率下降2.30个百分点；人民银行适度增加了再贴现额度，对于票据业务量较大的16个省（区、市）增加了346亿元资金，来支持"三农"信贷投放和中小企业融资，再贴现利率也降低了2.52个百分点。除此之外，中国人民银行下发了《关于完善再贴现业务管理，支持扩大"三农"和中小企业融资的通知》来扩大贴现窗口，增加再贴现的对象和范围；2008年人民银行将一年期再贷款利率降低了0.54个百分点，2009年年初，为了扩大再贷款对象和范围，将再贷款对象扩大到农村合作社、村镇银行等农村金融机构。

在QE2期间，我国采取了货币总量控制政策。2010年，以美国为首的发达国家深陷经济衰退的困境中，推出第二轮量化宽松货币政策来给疲弱的经济输血。我国经济虽然在危机后受到冲击，外贸出口下滑，但2009年大量信贷的释放和扩张性财政政策的实施，使得通货膨胀高企和热钱套利活动并存。央行行长周小川曾在2010年财新峰会上提出"池子"理论："很重要的一项措施，在总量上实行对冲。如果短期的投资性资金要进来的话，我们希望把它放在一个池子里，并通过对冲不让它泛滥到中国的实体经济中去。等到它要撤退的时候，我们再把它从池子里放出去让它走。这将在很大程度上对冲掉资本异常流动对中国宏观经济的冲击。"周小川的讲话中，所谓的"池子"是对货币总量控制的一种形象说法。虽然我国的资本和金融项目没有完全开放，但逐利的热钱总会从金融体系的各种缝隙进入股市、楼市等进行投机获利，无法完全堵住。所能做的就是利用外汇储备、公开市场操作等方式将这些热钱进行对冲,保持总量的适度性,防止对我国经济的冲击。为此,中国人民银行实施了一系列货币政策来进行调控①:人民银行从2010年1月12日开启上调窗口,连续12次上调存款准备金率,每次上调0.5个百分点,大约冻结资金3 500亿元,累计冻结资金4万亿元左右。而大型金融机构存款准备金率也达到了21.5%的极限,降低了市场流动性;人民银行从2010年10月20日开始上调金融机构人民币存贷款基准利率,经过连续五次上调利率操作,一年期人民币存款基准利率由2.25%上升到3.50%,一年期贷款利率由5.31%上升到6.56%,分别上升了1.25个百分点;2010年和2011年分别开展正回购操作2.1万亿元和2.5万亿元,发行中央银行票据4.2万亿元和1.4万亿元。自2010年4月起,中国人民银行重启三年期中央银行票据,灵活搭配一年期以内央行票据发行和短期正回购操作,深化流动性冻结程度。2010年下半年,开始提高多种期限的公开市场业务利率,至2011年年底,三个月期和一年期央行票据的发行利率分别为3.161 8%和3.487 5%,上涨了179.32和172.70个基点。可见,中央银行加强了公开市场操作,加大了流动性收回力度。

  2012年,我国经济发展态势呈现稳中有进的良好局面。针对美国量化宽松货币政策溢出效应增加和欧债危机,以及QE退出预期的国际大环境,人民银行运用多种货币政策组合灵活实施宏观调控政策②:人民银行根据流动性供需变化调整存款准备金,于2012年2月和5月分别降低存款准备金率各0.5个百分点。人民银行分别于2012年6月、7月两次降低金融机构存贷款基准利率,其中,一年期存款基准利率从3.5%降到3%,一年期贷款基准利率从6.56%降到6%。与此同时,调整存贷款利率浮动范围,将存款利率浮动上限设定为基准利率的1.1倍,将贷款利率浮动下限设定为基准利率的0.7,并于2013年7月取消贷款利率下限,把利率调整与利率市场化改革有机结合起来;中国人民银行通过对国内外金融市场环境监测和银行

---

① 中国人民银行货币政策分析小组:《中国货币政策执行报告(2010年第4季度、2011年第4季度)》,中国人民银行官网,http://www.pbc.gov.cn,2015年3月12日访问。

② 中国人民银行货币政策分析小组:《中国货币政策执行报告(2012年第4季度、2013年第4季度)》,中国人民银行官网,http://www.pbc.gov.cn,2015年3月13日访问。

体系流动性供需的分析，合理调整正回购和逆回购操作的品种、规模和频率。2012年上半年，公开市场操作采取双向调节方式，以正回购操作为主、逆回购操作为辅；下半年主要采取逆回购方式提供流动性，有效降低多种因素引起的流动性波动。并于2013年开启了短期流动性调节工具（SLO）和常备借贷便利（SLF）以应对流动性波动；在此期间，中国人民银行还根据各个时期利率变化趋势，适度提高了公开市场操作利率弹性，提高了市场预期，又引导市场利率平稳降低。至2012年年底，7天期逆回购操作利率为3.35%，14天期为3.45%，28天期为3.60%。中国人民银行根据物价变化和市场利率走势，在2013年前三季度保持利率稳定，第四季度略微上调公开市场利率。至2013年年底，7天期逆回购操作利率为4.1%，14天期为4.3%。

2014年，美联储开启了量化宽松货币政策的退出程序，我国外汇流入减少，对我国银行体系流动性的冲击趋于中性[1]。此外，由于美元在决定全球流动性方面的核心作用，美元升值带来一定货币冲击，并通过"进口—购进价格—PPI—CPI"的渠道影响价格总水平，加剧通缩压力。2015年，央行深入分析了流动性供求变化的特点，为营造中性适度的货币环境，货币政策由"稳健"转向实际"宽松"：为了尽可能阻止物价整体下跌，2014年11月22日，中国人民银行下调了金融机构存贷款基准利率，一年期存款基准利率和贷款基准利率分别降低0.25个和0.4个百分点。2015年3月1日，再次下调金融机构人民币贷款和存款基准利率[2]。金融机构一年期贷款基准利率下调0.25个百分点至5.35%；一年期存款基准利率下调0.25个百分点至2.5%。2015年5月11日，金融机构一年期贷款基准利率下调0.25个百分点至5.1%，一年期存款基准利率下调0.25个百分点至2.25%，其他各档次贷款及存款基准利率、个人住房公积金存贷款利率相应调整。存贷款利率降低，有利于发挥基准利率引导市场利率和社会融资成本下行的作用，促进实际利率向合理水平回归。

利率市场化改革也逐渐加深。首先，有序放开了金融机构利率管制。2014年3月1日，上海自贸区小额外币存款利率开放；央行在降低金融机构存贷款基准利率的同时，将人民币存款利率浮动上限由存款基准利率的

---

[1] 中国人民银行货币政策分析小组：《中国货币政策执行报告（2014年第4季度）》。
[2] 中国人民银行官网，http://www.pbc.gov.cn，2015年3月15日访问。

1.1倍上升为1.2倍,并在2015年3月和5月两次调整后上升为1.5倍,扩大了金融机构自主定价范围。其次,建立健全市场利率定价自律机制,增加了93家金融机构作为自律机制成员,成员范围的扩大提高了自律机制的约束作用。最后,促进同业存单发行交易。同业存单发行交易的扩大不仅提高了银行自主负债管理和定价能力,也积累了针对企业和个人的大额存单的发行经验。2014年,银行间市场有89家金融机构发行同业存单998只,总量为8 986亿元。

定向降低存款准备金率。自2014年4月开始,央行定向对各类金融机构降低了存款准备金率:对县域农村商业银行存款准备金率降低了2个百分点,对农村合作银行存款准备金率下调了0.5个百分点,并对达到审慎经营要求的达到一定比例的向小微企业提供贷款的商业银行下调存款准备金率0.5个百分点,对汽车金融公司、金融租赁公司和财务公司存款准备金率降低0.5个百分点;此外,2015年2月5日,央行调低了金融机构存款准备金率0.5个百分点,并于2015年4月再次降低1个百分点的金融机构存款准备金率;同时,定向降低部分金融机构存款准备金率:将农业发展银行存款准备金率从13.5%下调至10.5%,农村合作银行、农信社、村镇银行、财务公司、金融租赁公司和汽车金融公司存款准备金率额外下调1~1.5个百分点,统一执行11.5%的存款准备金率。

灵活开展公开市场操作。2014年上半年,中国人民银行采用正回购操作为主、逆回购操作为辅,并结合短期流动性调节工具(SLO)来灵活开展公开市场操作,保持市场合理流动性;而下半年,由于流动性较为充足,逐步下调公开市场正回购操作的力度和频率,最终停止正回购操作。同时,采用预调微调的方式来降低流动性短期波动,促进流动性平稳提高。2014年共开展正回购操作投放流动性30 210亿元,逆回购操作5 250亿元,SLO操作累计10 210亿元,流动性回笼资金1 000亿元。

增强再贷款、再贴现力度,优化信贷投放。我国央行调整了再贷款分类,2014年年初,增设信贷政策支持再贷款类别,如支小再贷款、支农再贷款、抵押补充贷款(PSL),以调整信贷结构,扩大金融机构对小微企业、"三农"等领域的信贷投放。央行多次提高支小再贷款、支农再贷款和再贴现额度,来完善信贷政策支持政策。至2014年年底,支小再贷款、支农再贷款和再贴现余额分别为524亿元、2 154亿元和1 372亿元,比上年同期分别增加524亿元、470亿元和235亿元。

第四节 对我国参与全球金融治理的思考

我国面对美国经济波动和量化宽松货币政策所采取的货币政策操作取向和政策搭配格局是合理的,为保持经济持续稳定增长发挥了积极作用。当美国量化宽松货币政策导致国际经济波动有可能对我国经济产生冲击时,中国人民银行立即做出反应,对其进行反向操作。2008年国际金融危机来袭,也是美国的QE1时期,我国马上采取了扩张性的货币政策和扩张性的财政政策组合方式加以应对;当QE2时期国际游资进入我国、通货膨胀压力加大,中国人民银行采取了总量控制的相对紧缩性的货币政策;在美国量化宽松货币政策逐渐退出的情况下,我国也开始逐渐放松货币政策,抑制通货紧缩,经济增长率下降。这种基本上是反冲击波性的政策操作,缓解了美国经济外溢对我国经济的冲击,维护了我国经济稳定持续增长。

但是,货币政策的力度以及与其他政策的搭配使用,仍然存在着不足。2007年年底金融危机已经显现,2008年上半年美国已经进入金融危机,我国此时还在运用紧缩性的货币政策。虽然下半年采取了积极的货币政策,可由于时滞性,我国的出口迅速萎缩,出口中小企业大量倒闭;在我国实行总量控制政策期间,由于力度问题或政策组合问题等导致一些中小企业资金链条断裂,倒闭企业迅速上升;量化宽松货币政策的实施产生了很强的溢出效应,流动性溢出和美元贬值推动了世界金融市场资本泡沫的产生,抬高了大宗商品价格,导致了对我国的输入型通货膨胀;与此同时,也使我国外汇储备大量缩水,出口下降,"热钱"涌入加剧了我国资本市场的不稳定。

我国是经济大国,是制造业大国,但在国际金融领域中却是个小国。国际金融和国际投资领域的规则,都是由发达国家依据自身利益而制定和实施的,主要是由美国主导的。同时,该领域的国际惯例也是由这些国家间的经济行为关系形成的。我国在该领域中作为后来者和跟随者没有话语权，只能接受这些现实。当最大的发达国家——美国出现金融危机之时，为了治理本国经济，采取量化宽松货币政策必然向国际金融市场释放出大量外部不经济。我国作为国际金融领域中的弱者，尽管被动地采取了一系列对应的各种经济政策，设立一道道防火墙，但也无法阻挡国际金融危机对我国经济的冲击。这就说明，我国应积极参与全球金融治理，提高我国在世界经济中的话语权，改变我国在国际金融体系中的不利地位。

由此，引起了我们对我国参与全球金融治理的几点思考。

（1）参与全球金融治理体系

美国量化宽松货币政策的实施，给我国金融带来了大量负面效应，防不胜防，被动挨打。当前我国已经成为世界第二大经济体、第一大货物贸易国、第三大对外投资国，随着我国国力和经济金融体量的增大，是否参与全球金融治理已不单纯是我国自身的选择。2009年的G20会议上，我国开始进入全球经济和金融治理的核心圈，随之成为金融理事会（Financial Stability Board, FSB）、巴塞尔银行监管委员会（Basel Committee on Banking Supervision, BCBS）等国际金融组织和俱乐部的新成员。新成立的丝路基金、金砖国家开发银行、亚洲基础设施投资银行（Asian Infrastructure Investment Bank, AIIB），以及上海合作组织融资机构等，已成为中国参与全球金融治理、发挥相应作用的新平台。这些将成为我国构建支持"走出去"和"一带一路"的金融支持体系的重要部分，也是对原有的世界贸易组织（WTO）、世界银行（WBG）和国际货币基金组织（IMF）这国际经济三大平台的有益补充。中国应当逐渐改变长期由主要发达国家主导国际金融体系、发展中国家只能追随的旧格局，建立能有效抵御和防范金融系统性风险的全球金融稳定和发展的制度框架，维护新兴经济体和发展中国家的金融安全与发展权益。

这种改变必然对原有国际金融体系格局带来一定影响。原有世界经济治理体系由主要发达国家主导，过度强调世界范围内的经济自由化和便利化，忽视了发展中国家的弱势经济体及弱势人群的问题。当主要发达国家经济和金融出现危机时，他们会采取各种方式推卸自己的责任，对外转嫁危机风险，更不愿承担国际宏观经济政策协调的调整代价。而对于新兴市场经济国家参与全球金融治理,主要发达国家不论出于政治因素还是经济因素,都有可能抑制其发展。比如,美国主导的跨太平洋伙伴关系协定(TPP)和跨大西洋投资与贸易伙伴关系协定(TTIP),即"两洋战略"正如火如荼地进行,试图重新构造有利于维护发达国家利益的新的国际游戏规则。TPP没有吸收我国参加谈判,有边缘化中国之势。再比如,由我国牵头组建的亚投行创始成员国达到57个,几乎包括了所有亚太国家和一些欧洲主要发达国家,但是美国和日本不愿参加,说明美国和日本这样的一些老牌强国在与以中国为代表的新兴国家在国际金融体系的重塑过程中,可能会发生一定程度的博弈。我国应该与友好的国家形成改革国际金融体系的统一战线,承担与我国实力和利益相匹配的国际责任。

我国已经是全球金融治理的建设者和贡献者,同各国利益深度交融,在对全球范围内的金融权力、财富进行再分配过程中,要努力找到最大公约数,即国家间最大的共同利益,建立有利于和平发展的国际金融新秩序。

(2) 参与全球金融规则制定

1997年以来,世界范围内先后发生了亚洲金融危机、信息技术产业泡沫破灭、美国次贷危机、国际金融危机、欧洲主权债务危机以及希腊主权债务危机。近20年为全球金融危机高发时期,说明现有的国际金融体系存在着严重的问题,需要对其进行改革。我国应该积极成为国际金融规则的参与制定者、解决方案的提出者,改变原来那种规则的跟随者地位。

推动国际货币基金组织和世界银行等国际金融机构的改革。以公平、择优为原则,选择国际组织机构的管理层;建立币值稳定、供应有序、总量可调的国际货币体系;争取将人民币纳入SDR货币篮子,提升人民币国际地位;推动IMF扩大SDR使用范围,促进SDR改革。与此同时,我国应参与国际金融监管,加强全球范围的国家之间、国际金融机构之间的信息共享;加强国际资本流动监管,特别是以对冲基金为代表的热钱和洗钱行为的监管;建立多层次的全球金融安全网络,增强全球金融的稳定性。

参与国际金融信用规则修订。目前,国际三大信用评级机构(标准普尔公司、穆迪投资服务有限公司、惠誉国际信用评级有限公司)垄断了全球信用评级市场,容易造成金融市场动荡不定。为此,必须打破其垄断,构建统一的信用评级行为、标准、规则，以及公平合理的国际信用评级体系。

(3) 参与国际货币体系治理

未来的十年、二十年，对我国经济来说是难得的发展机遇，在国际金融上应采取主动，发挥我国的比较优势，为全球金融发展做出应有的贡献。我国人口老龄化已经来临，改革红利早晚也会释放完毕，能够支撑我国持续发展的一个重要方面就是人民币国际化。人民币国际化是这次美国实施量化宽松货币政策向国际上释放负面效应过程中，国际经济上自然而然提出的要求，也增强了我国参与国际货币体系治理的信心。

"二战"后，美国取得了动员和配置全球金融资源的中心地位，却不受多边机制的制衡和监管。美元在国际货币体系处于霸权地位，当国际货币基金组织改革和特别提款权功能处于长期停滞状态时，国际社会既无法建立"美元纪律"，也无法实施有效监管。这就必然容易引发全球金融系统性风险和金融危机。

美国这次量化宽松货币政策的退出，造成国际资本回流美国，导致发展中国家尤其是中国和东南亚国家金融市场出现大幅波动。这种震荡促使全球经济更加依赖美元，巩固了美元的国际地位。目前，国际货币体系又回到了以美元为主导，新兴经济体期待的多元化国际储备货币体系严重受阻，人民币国际化步履艰难的境地。

为了应对亚洲可能出现的金融危机，东盟十国与中日韩三国成立了清迈倡议多边化的外汇稳定基金。该基金仅仅是一个承诺，不是一个现实的资金池。一旦"10+3"成员国里面出现金融危机，各国央行按照事先约定出资比例出钱予以救助。但是，中日韩尤其是中日之间的紧密合作，也是令人担忧的。因此，人民币必须尽快实现国际化。

人民币的国际化无意挑战美元，也不可能挑战美元的主导地位，只是为了分散美元风险，有利于全球金融和货币体系稳定。中国应该与美国加强合作，消除偏见和疑虑，促进两国贸易和投资自由化。

人民币挺进欧洲应是我国下一步重点。与英格兰银行、欧洲中央银行合作，逐渐建立起人民币全球清算网络。争取用20年左右的时间，使人民币在国际货币体系里能够赢得与中国经济、贸易和投资规模占世界经济比例相适应的国际地位,与美元、欧元、英镑、日元等主要国际货币共同发挥作用。

(4)力所能及地提供全球公共物品

我国是世界大国,GDP总量、出口总量、对外直接投资总量都处在前列,在参与全球金融治理中应该履行大国的责任,向世界提供全球公共产品。

我国积极参与和执行世界银行、联合国、IMF、WTO等机构的各种协议。我国主办了大量全球多边会议,积极组建各种有关国际经济发展的金融组织,承担提供全球公共产品的责任。

我国一直努力向全球提供各种公共物品,并向其他发展中国家提供了大量的发展援助。但是我国并不富有,用GDP除以我国人口总量,所得出的人均GDP就会排在世界的八十多位。依据国际标准,我国目前仍然有2亿人生活在贫困线以下。因此,只能向世界提供力所能及的全球公共物品,也就是说,我国所能提供的全球公共物品应该与我国实力相匹配。发达国家和发展中国家都应负起与他们的经济条件和发展水平相适应的国际责任。

总之,美国为了治理国内金融危机实施了量化宽松货币政策,其溢出负面效应对我国产生了比较大的影响。究其原因,在于现有的国际金融体系和美元霸权。因此,我国应该积极地参与全球金融体系治理、制定规则,力争在十年或者二十年实现人民币国际化。

下 篇
对策与行动

第八章　参与全球经济治理进程中的中国国家角色[①]

我国参与全球经济治理经历了一个渐进过程。从开始的被动应对到现在的主动参与，从与自身的利益没有直接联系到紧密相关，从国际经济制度和规则的追随者到能够在其制定、修改和执行过程中起到能动作用，这些都说明我国依靠改革开放的动力，增进了与全球经济各层面的互动。从现在的情况看，我国对全球经济所做的贡献和我们所获得的权力基本上是对称的，我国对全球经济利益的促进也与我国自身经济利益的实现是同步的。中国已经成为全球经济重要的组成部分，但鉴于自身实力的不足和体制方面的缺失，还不能很快充当引导全球经济未来的角色。如能切实推进改革进程，全面提升要素活力，则前景看好。

第一节　问题的提出

改革开放以来的30余年，我国经济年均增长9.8%。由于全球金融危机的影响，2008年以后GDP的增长速度有所放慢，呈逐年递减状态，但截至目前，仍然保持在7%以上[②]。虽稳居各国前茅，但也大大逊于之前，今后再无可能让增长率超过8%这个曾经被前任领导人称为"必保"的底线。首先，从时间段上，新旧之区别在于一个"节点"，即金融危机。从现象上看，不论美欧等西方发达国家，还是以我国为代表的新兴经济体，经济总体增长的速度比危机前都有下降。也就是说，谁都无法摆脱金融危机的负面影响，谁都面临国际市场需求紧缩从而出口受阻拉动增长向下的压力。

---

① 作者：张士铨，国际关系学院国际经济系教授。
② 根据国家统计局数据，2014年为7.4%。

但是，在这个与过去不同的"新常态"后面，我们却可以发现成事的原因大不相同：对发达经济体尤其是美国而言，长期奉行的"寅吃卯粮"政策和虚拟经济背离实体经济的发展路径的破产，导致增长动力锐减和资源配置失当；而对我国而言，则表现为粗放的以GDP扩张为标志的经济增长方式已经为资源环境（人口红利逐渐消失、要素成本上升、资源环境问题跨越国界）所不容，而且引发一系列的社会风险（争夺要素和市场中的腐败问题等），所以必须转向提高要素素质和运用科技的集约发展道路上来。从不受资源环境和体制约束到在国内外复杂条件框架中发展，过去超高的增长速度必然会降下来。其次，高速增长面临的世界压力不可小视。环顾危机之前，且不论这个超高速度从何而来，也不论百姓是否都从中受益，单就"国家经济块头"变大的速度，在世界经济中比重迅速提升的角度看，也可以得出这样的结论：我国在拉动并复苏、繁荣全球经济的同时，也对国际生产要素和产品市场造成更大压力，"买什么什么就贵、卖什么什么就便宜"。在世界上很多地方，封堵中国经济扩张之势已经形成。中国的发展已经不是自身的问题，凭借巨大的经济体量和增速，不断向世界经济格局注入了新的、任何人都不能忽视的因素。自身发展的利益和增加世界经济的整体利益如何平衡，通过什么发展方式才能获得更加广泛的国际认同，回答这个问题已经越来越迫不及待。再次，全球治理能力与增长速度是否匹配？在新常态的背景下，如果仍然凭借过去的经济增长模式，经济总量也会有所提高，但能否依此参与全球经济治理进程，别国对我国的引领作用是否认账，确实成疑。历史表明，一国增长速度和增长方式与全球治理权力的获得具有极大的相关性。一部分学者基于我国经济体量超快变大带动全球贸易投资和金融活动的事实，认为我国对全球经济的贡献和治理角色提升不相匹配，从而推出应当加大我国与他国尤其是与发达国家讨价还价的能力、争夺对世界经济的领导水平和在重要场合的话语权；而另一部分人则认为，治理角色的变迁并非只是经济增速和经济体量上升的结果。如果我国的增长仍然沿袭粗放方式，也不注意存量调整，所谓"有病之身"怎能担当引领世界经济发展大任？如果我国还是坚持政府而非市场配置资源，这种宏观管理模式又如何与世界接轨？最后，发挥作用和被规则约束的平衡。这是就我国参与全球经济治理进程中发挥的作用和被认同的程度而言的。实力增加虽然显示出与国际社会的依存度加深这一事实，但并非治理资格的唯一甚至主要条件[①]。在一个不确定性日益增加、各国增长不均衡的状态下，作为一个对全球经济近30年才逐步显示影响力的国家，如何发挥作用，怎样才能让别人理解（或者说别人就是想反对也惧于道义力量而无法反对），怎样做到既有利于自身也有利于全球的结局，也特别值得研究。问题涉及既要在贸易金融投资和国际组织中发挥能动作用，也要遵守既定规则之间的关系。中国的角色是"新角色"，老霸权国家的"旧角色"之影响力呈相对下降之势。但是，由于中国的传统增长方式、在治理和规则中的配角地位，既不能决定议题，也不能主导谈判进程，更不能控制谈判结果。可以说，治理也体现为发挥作用和被"约束"同时存在。

第二节 全球经济治理源于"问题"

全球治理的众多观点和相关措施，源于纷繁复杂的"全球问题"[②]。如果没有新问题的出现，以及老问题经历积累和变形之后以突然方式爆发，就不会使治理成为世人关注的焦点。第一，治理体现了"问题导向"原则，但问题是复杂的，绝非仅仅是经济、政治、社会、文化和管理领域中的单一方面。参与解决问题的主体又不局限于国际组织和各国政府，很多非政府组织甚至跨国公司也涉猎其中，其间如何协调，便成为能否解决问题的要害。治理的目的在于提高效率和促进和谐，不但是市场经济的发展带来国力增长，更重要的是牵扯到政府管理体制改革、经济与其他政策的配合、内政与外交政策的配合等。第二，伴随后金融危机时代发达经济体总体力量的相对式微，新兴大国崛起。他们既是经济全球化的重要参与者，又是全球经济体系中"权力"转移的主要接收者。治理权力的增加从来都是以经济力量的崛起为后盾的。相反，经济力量的相对下降，意味着在治

[①] 日本GDP曾长期居于世界第二，但总是被国际社会当成一个"地区国家"。
[②] 这里所指的问题，并非仅是威胁安全和发展的问题，也有所谓与过去"常态"相悖的问题。总之是"被人关注并提出的问题"。

理权博弈中的挑战增加,别人将会质疑你究竟还有无能力为全球治理增加投入。

(一) 全球治理与全球经济治理的关系

可以将全球经济治理理解为全球治理在经济领域的表现。由于经济在国际生活中的基础作用,全球治理的好坏,一个重要的标志,或者说"善治"与"恶治"的分歧,归根结底在于能否实现全球经济的可持续发展和人类福祉的改善,能否将诸如金融危机一类危害全球经济秩序的风险源减到最小,脱离经济领域的治理是不可能想见的。那么,全球治理要解决的全球问题是什么?当今威胁人类发展的全球安全问题层出不穷,军事政治冲突、资源环境不可持续性、金融危机的全球蔓延、新兴国家兴起对全球既得利益国家的挑战、国际恐怖主义的肆无忌惮等,都时不我待地摆在世人面前。有识者普遍认为,当今世界,非传统安全问题已经取代传统安全而占据安全的主位。如不采取有效措施解决这些伴随发展而产生的问题,任由其泛滥,不能化解安全风险,何谈发展?另外,在多元化发展、多主体参与的背景下,如果仍然像以前那样,仅只依靠国家这个单一的治理主体,排除其他的参与力量,或者不向他们提供支持而千方百计维持国家主体的唯一"正统"性,肯定不利于本国和全球问题的解决。

设想一劳永逸地解决上述威胁人类发展和根本利益的问题(其中非传统安全问题更为突出),无异于空想,因为无论是谁都不可能摧毁所有滋生威胁之源,也不可能消除由于环境的不确定性所产生的各种变异形态。只能循序渐进,利用国际社会已经取得的共识和既有的一些做法,吸收更多的参与者,群防群治,逐渐缓解这些问题。政府一家出面排斥其他社会主体参与,不但会力不从心,更重要的则是违反潮流——比如在我国很多地方,政府投资的基础设施建设遭到当地居民的反对,不得不下马。同样,全球问题更不能由少数国家的政府靠"闭门会议"议定解决措施,拒绝其他国家和非政府组织的意见——比如保护生态多样性也是归功于NGO的推动。正是在这样的背景下,催生了"全球治理"。所谓"治理",就是一个不同角色参与的舞台、规则体系和实施办法的集成。参照"全球治理委员会"的定义①,可以这样理解:治理是个人和制度、公共和私营部门管理其共同事务的各种办法的综合。它是一个持续的过程,其中,冲突或多元利益能够相互调适并能采取合作行动。它既包括正式也包括非正式的制度安排,具有四个明显特征:第一,以全球治理机制而不是以政府权威为基础;第二,多元化和多样性的参与者按照一致的利益诉求,组成不同层次的集体行动的复杂结构;第三,从表现方式上看,是用什么方式参与、双边和多边的关于各种议题的谈判和协调利益关系;第四,治理的结果是获得一种全球秩序,而这种秩序将符合各方的长远发展利益。很明显,全球治理不仅是理念,也有实现机制,其实质在于为全球共同利益的实现搭建了可操作的平台。当然,目前还很不成熟,需要在发展中完善。

经济从来都是人类交往中领先和基础的环节,虽然充满各国各经济体之间为自身利益而进行激烈的讨价还价和你争我夺,然而取得共识、实现合作、增加投入,也是其展现的重要一面。所以,全球治理从来不能脱离全球经济治理这个重要环节,是因为在全球治理的众多环节中,经济治理相对容易见到成效,在利益上也能够实现共赢②。它指的是,在参与全球经济的各组成部分(主权国家、非主权经济行为体如跨国公司和非政府组织等全球公民组织、各国的行业协会等)之间进行的,超越国家主权的经济合作和共治活动。它包括与此相关的理念和构想、合作行为、合作机制和机构以及合作议题和执行程序。目前的全球经济治理聚焦于两个方面:第一,全球发展议题,关乎各国和人类共同利益的可持续发展;第二,眼下的全球市场秩序——比如怎样对付蔓延于全球的通胀和失业问题。与全球治理一样,全球经济治理也强调用维护全球总体利益中的集体行动,来缓解或消除威胁发展的问题——不管事关长远安全还是近期安全,以生产有效的"全球公共产品"来解决不平等、欠公正的国际经济秩序,消除

---

① 由德国前总理、国际发展委员会主席勃兰特于1990年在德国提出。1992年,28位国际知名人士发起成立"全球治理委员会"。1995年,发表《天涯若比邻》研究报告,阐述了全球治理概念、价值以及全球治理与全球安全、经济全球化、改革联合国等问题。
② 最近欧洲和亚洲许多发达国家争相加入"亚投行",希望获得创始成员国资格,就是一例。

人们对经济全球化的不满情绪。

　　全球经济治理已经被置于全球治理的突出层面。除去人们常说的类似金融危机这样的威胁全球经济正常运转，滥用资源的增长方式导致气候无常的问题，要求各国采取协调一致的政策以外，更重要的是由于发展中大国如金砖国家的崛起，改写了世界经济版图。面对相对实力下降的西方国家，发展中国家不但要增加世界市场份额，更要求资源配置向他们倾斜，为此需要在全球经济治理中发挥更大作用。然而，现有的全球经济治理格局却滞后于他们的要求。另外，冷战结束后，经济全球化迅猛发展，非传统安全代替了传统安全在全球安全中的统治地位，也使人们腾出手来，在经济领域中既一争高下又加强合作，如此也更需要加强全球经济治理。所以说，全球治理的有效性，首先取决于全球经济治理是否有效。在经济领域内，寻找和采取共同行动增进共同利益比其他领域更为容易和迅速。但从另一方面看，为自己利益与对手博弈也最直接无畏。每个国家都可以一针见血地表达自身的利益诉求，也可以指出别国奉行的政策对本国的损害，不必有所顾忌。

（二）全球经济治理的逻辑

　　全球经济治理实践的更新，导致全球经济治理观念不断充实。从中亦可梳理出全球经济治理的一些重要线索，或者说，以治理为中心概念展开的，并且应用到全球经济实践中的一系列做法。可以从以下方面来把握它的演化路径和进度。

　　（1）理念层面

　　首先，治理与统治存在根本性区别：统治主体一定是社会公共机构，这里指的是政府，而治理的主体可以是非政府的公共机构、私人机构、公共机构与私人机构的组合；治理不单纯为强制，是可以和"自愿"结合的；如果说政府统治的权力运行是自上而下的方式，治理则是一种上下互动的过程，主要通过合作、协商、伙伴关系等实施对公共事务的管理；政府统治仅限于民族国家范围，而治理则可以超越领土界限形成超国家方式；治理的权威除了法规命令，更源于公民的认同和共识，带有自愿和广泛参与的性质①。这个定义告诉人们，发达国家尤其是美国不能任意操控国际秩序，国家或其代表的政府也不能单方决定所有国内事务，排斥其他社会力量参与。从根本上看这个模式，它包含的转变颠覆了原先的统治内容，孕育着新的"多元共治"管理社会范式②。

其次，治理过程集中体现了全球共同利益、国家利益、集团利益的交互关系。利益关系贯穿全球经济治理的所有环节。相比其他国际关系，经济利益的协调更富于理性和弹性，各国各个利益集团最有可能进行成本和收益的比较，在寻求共同利益的基础上做出适当让渡，避免暴力的决策。由于全球经济治理要解决的是全球经济领域内威胁安全和发展的问题，要增进的是人类总体利益，要求有些国家和国家集团做出妥协——第一层的利益博弈；国家在以本国为主体参与全球经济治理时，为获得最大限度的国家经济利益，也必须以部分国内利益集团和行业的利益损失为代价——第二层的利益博弈；当今国际经济层面，跨国公司的全球利益既与全球共同利益发生关系，又和国家利益发生关系——第三层的博弈关系。从经济治理层面可以看到，集团利益一般通过主权国家发声，因为一国的政策可以调整国内各集团的利益，给利益受损者以补偿。但要平衡全球共同利益和单个国家或者国家集团的利益，却不像国家利益和国内集团利益那样简单，因为当今世界尚不存在一个可以发号施令并得到各国拥戴的全球政治权威机构。

最后，明确全球经济治理的立足点。全球经济治理目的是将威胁人类共同利益和持续发展的灾难性后果降到最小，立足于对已经存在问题做出有利于公共秩序的处理，本质上不能消除威胁，只能培养新的手段改善公众社会生活条件，弥补全球市场的"失灵"。这里涉及的问题如下。

①全球公共产品提供。公共产品的目的是维系和增进全球共同利益，也是各国政府的职责所在。其本身存在的生产与消费的非排他和非竞争

---

① 治理理论的代表人物罗伯特·罗茨认为："治理是统治含义的变化，指的是一种新的统治过程，或是一种有序统治状态的改变，或是一种新的统治社会的方式"。R. Rhodes, The New Governance: Governing without Government, Political Studies, 1996.
② 《安全治理：非传统安全能力建设的新范式》，《世界经济与政治》2010年第1期。

性,导致搭便车现象普遍存在和供给不足的矛盾。但是,"大国"搭便车的可能性不大。实际上,大国承担的份额远高于按其经济实力计算的份额。其原因在于,大国必然是全球规则的制定者和首先的执行者,为了获得对其他国家的控制,也要提供全球公共产品对后者进行激励。另外,全球公共产品和国内公共产品有所区别——前者无法通过征税为其提供财政支持,也无法按照"谁受益谁提供"的原则办事,而在主权国家之内的公共产品却可以做到。所以,必须考虑全球公共产品的结构以及它与各国利益的联系程度。现在我们能够提供什么可用于全球发展促进共同利益的公共产品呢?如果是规则,那么如何解释才能被别国所接受?如果是以我国为龙头,吸引他国参加,以多方投入多方受益且共担风险为原则,而建立公共产品,估计要比日本打着反恐旗号而变相扩充军备将势力范围推向南亚,更容易得到好评①。

②权力变化的基础。权力包含软硬两种实力,以往单独依赖硬实力争取国家利益的做法已经过时,遭到唾弃。而现实中,两种权力交互使用的水平最为重要——这就是"巧实力"的内涵。但问题在于,软实力必以硬实力为基础,没有硬实力作为后盾,软实力终将是空谈,露馅是迟早的事。硬实力变动的因素主要从实物产出上得到体现:微观层面上的指标有创新产品、GDP和利润、投入产出比等;宏观上的比较复杂,应当包括反映新型产业在经济中的比重和经济结构优化、资源环境友好、区域发展指标协调等,否则不能为实物产出增加和可持续发展提供支持。比如说,美元霸权的基础在于美国经济的总体竞争力。所以,如何将硬权力的提升与软权力的有效宣传结合起来,是大国发挥全球影响力的必要考虑。显然,凭借经济发展质量而非以GDP导向,制度建设中人的参与、公民权利落实、国家间地位平等和善治等的实际举措,才能昭告世人。我国既有实力,又有被公认的治理全球经济的资格。

(2)功能层面

从全球经济治理的功能层面上看,也有几个重要的观察角度。

①参与者增加。相对实力(软硬实力)的变化,导致对世界经济影响

---

① 同样可以"亚投行"为例说明。

力的变化,发展中国家在全球经济合作中的分量正在加大。实行全球经济治理的主体由"二战"后的发达国家(关贸总协定GATT到世界贸易组织WTO、国际货币基金组织IMF和世界银行等国际经济组织、后来的G7)到G20部长级会议,再到2008年的G20首脑峰会。这个进展反映了参与者的代表性、抗风险能力和强化金融监管的方面都优于发达国家G8的主体角色。

②执行层角色变化。虽然现在的趋势是向着全球共治发展,不同的国家和集团都希望在国际经济组织中发声,为自己赢得更好的发展环境,霸权国家对国际经济的统治逐渐让位于"国际机制"对全球经济的治理[1]。但是毫无疑问,这需要一个过程。从现在的情况看,从国际货币制度(从布雷顿森林体系到今天的国际浮动汇率体系)和国际贸易体系(从GATT到WTO),从G7到G20参与政策协调等全球经济治理的功能上看,美国依然在发挥中心的组织者和领导者的作用,发达国家相对于发展中国家还是拥有更多的话语权。之所以如此,美国的初衷在于以实力为后盾,建立一种符合美国利益并引导他国进入美国所需要的轨道的目的。"锁定其他国家进入一个未来可预测的政策方向[2]。"

③原有治理体系的惯性。由于金融危机后,美国和发达国家经济实力相对下滑,金砖国家崛起,美国在国际经济组织中的领导作用正在经历前所未有的挑战。但是,它的控制权却没有相应缩减。比如在IMF中,美国仍然拥有将近17%的投票权,即一票否决权。中国拥有的投票权已经从原来的3%提高到6%。由于该机构并不存在随经济规模增大而自动增加份额的机制,所以中国所占份额增长速度明显低于国际贸易、银行信贷和黄金等硬通货储备的增长。另外,WTO以发达国家为主导的色彩浓厚,概因发达成员方与发展中成员方在实力对比上的差异。不可否认的是,发达成员方对WTO的方向起决定性影响(在制定规则上,在议题的提出上)。在其他事关国际公共产品的场合,比如气候变化大会要求各国编制减排指标,美

---

[1] 罗伯特·基欧汉:《霸权之后——世界政治经济中的合作与纷争》,苏长和译,上海人民出版社2006年版。

[2] 参照Joseph M. and G. John Ikenberry:"State Power and World Markets: The International Political Economy", W.W. Norton and Company, 2003, p. 292。

国这个排放最多的国家拒不予以承诺,会议也就无果而终。霸权统治之所以可以转化为国际机制治理,原因在于美国经济实力相对于其他国家的下降。但是在不同产业中,情况仍然有所不同。比如它在国际货币体系中的作用相对下降,然而在清洁能源领域中的竞争实力却有所上升,页岩气投入生产一举改变美国在世界能源体系中的进口国地位。这也说明,能否抓住未来经济竞争中的制高点,将决定它在全球经济治理体系中的地位和话语权。

(3) 聚焦主题

全球发展议题和全球金融治理议题,事关各国切身利益,必须采取共同行动才能抵御共同威胁,所以通常成为全球经济治理的主题。不同于某些政治议题,经济议题的特点是,各方存在不可分离的直接利益联系,导致对话和协作的可能性必然大于政治议题,较易形成采取集体行动的协议,缓解或消除威胁。最重要的是,各国各方的参与决策不必看大国眼色,而是直接表达自己的意见和诉求。

参与全球经济治理的国家不断增加,他们的利益诉求都要通过国际经济组织(也包括一些非正式的平台)反映出来。美国等发达国家虽然仍在其中担当主要角色,但在提出议题、控制程序最后结果方面,未必能够完全掌控从而满足自己所愿。原因在于,他们现在的经济实力相对式微,能够制衡全球经济手段已经捉襟见肘,十分短缺。

经过对国际经济组织(WTO、IMF、G20以及若干区域经济组织如APEC等)从组建至今的大部分经济议题进行研究总结后,可以发现大部分议题最初都集中于关税、贸易、国际金融监管、国际金融秩序改革等方面,原因在于事关世界经济的运行秩序和共同利益的事情,才能有效调动各国的神经。也是因为那时发达国家在这方面的实践优势和理论优势,他们具有行之有效的政策和话语权。

然而近年来,关于环境、能源、劳工等发展方面的议题开始被逐渐搬上各国际组织的谈判桌面上,并越发受到各国的重视。还因此产生了一个新的议题集合,叫作"全球发展议题"。乍看这些议题似乎与经济的关联并不大,但是如果对其稍做分析思考,就不难发现这些议题与后发国家的生产、消费、产业组织结构乃至对世界经济的影响等方面存在千丝万缕的联系。正是发展中国家在经济上的崛起，改变了全球经济格局，可谓是国际经济议题谈判和决策过程不可忽视的新生力量，他们的诉求必定引起更多关注。由于其发展道路和模式常常背离发达国家常规，挑战发达国家既得利益的现象也逐渐增多，涉及理念和价值观方面的巨大差异，因而在进行经济议题谈判中，发展中国家获得的进展十分有限。事实的确如此：这些议题的谈判通常旷日持久，在与发达国家利益博弈的情况下，难以在短时间内解决问题。但不管怎样，全球发展议题反映了发展中国家的崛起。

当然，不同发展水平的国家对全球发展议题存在不同的认识，很难达成集体行动解决问题的协议。比如对气候变化的态度、应该担负的本国责任，不同国家就存在极大的意见分歧。如果发达国家不帮助发展中国家解决发展问题，反而一再诘责后者没有承担应尽的减排义务，而发展中国家过分强调增长和赶超，对资源环境竭泽而渔，各执一端，全球经济治理肯定难见成效。发展议题最终有解无解，还要走着瞧。

第三节　我国参与全球经济治理进程中角色的变化

（一）变化的依据

角色指的是在解决"全球问题"上，被他国认可的能力和地位。其变化取决于与他国相比，"实力"的相对增减以及自身利益与全球利益的相关性——直接和间接相关。从参与全球经济治理角度看，也可分为浅度与深度参与：前者只是在贸易投资和金融等活动方面的参与，而深度则指在规则的制定、规范的执行以及在监督等方面的参与。可以这样理解：在贸易投资和金融领域的参与主要体现为追求效率获得实际上的好处，而在规则这个制度建设领域中发挥作用体现了我们的责任和义务。这两方面是有互相促进关系的，也体现了从"弱互惠"到"强互惠"的转变[①]。

[①] 盛洪：《中国在国际关系中的双重身份》，共识网21ccom.net 2014-09-22, 10:56。

我国拥有发展中国家和经济体制转型国家的双重身份，相应地在国家利益上也具有双重性，有时既与发达国家同道，有时又与发展中国家和新兴经济体立场相同。30多年以来GDP的超快增速、经济结构从低到高的变迁和从计划体制向市场体制的转变，"大国"的影响力加强以及与全球经济接轨的能力已经基本形成。从当今世界经济格局来看，我国GDP总量逐渐与美国靠近，双方成为许多全球经济问题的来源地。若没有中美两国的参与，任何全球问题都无法解决。从体制变迁和与国际体系接轨的角度看，"历史经验表明，体制性变革通常不是先于经济增长，而是在经济增长过程中产生的"[1]。改革开放之初，尽管我国还没有建立市场经济体制，但是人们认识到市场的扩大促进经济效率提高，持续性的增长必须以市场为导向，利用的是后发优势——已经被发达国家的实践所证明。今天，由市场配置资源的制度基本成型。增长与转型进程相辅相成的实践说明，我国全面参与全球经济治理的条件已经具备；从议题设置能力、主导谈判能力这一全球经济治理的资格来看，尽管我国经验不足，时常犯只说大话空话进行原则性表态的毛病，但是在具体的问题上，我国却能根据自身利益得失的判断和对后发展国家所起的"代表性"——毕竟在资源和市场两个方面我们互有所求，在国际经济舞台上发声。

对于我国参与全球经济治理的资格而言，怎样估计转型所起的支撑作用都不过分：第一，中国在加入WTO后已经宣布自己为市场经济国家并要求其他成员方承认，源于20世纪末就告别了短缺时代，大部分消费品的供给能够满足需求；从衡量对外开放的各种指标来看，要素市场的双向开放、外贸和投资以及金融领域也与经济全球化一起，水涨船高。但是我国在制度上还有许多不符合市场经济发展的方面。比如贫富差距扩大和就业深层问题，也随着转型和开放过程暴露出来，并与世界经济的负面问题接轨。换句话说，只有有效克服这些负面问题，发扬长处，取得增量改进，才有可能获得全球经济治理的发言权，得到全球认可。第二，从我国参与全球经济治理进程的时间节点上看，在转型前，经济总体上是一个封闭体系，而封闭体系游离于全球经济之外，不但自己不可能对全球经济治理做

---

[1] 拉古拉迈·拉詹：《断层线——全球潜在的危机》，刘念等译，中信出版社2011年版。

出贡献，别国亦无法与占有全球总人口1/4的中国互动，中国的问题依然属于"自己"，何谈对全球问题的"治理"。第三，在今天的全球层面议题上，仍然可以看到发展中国家参与不足，发达国家还是掌控多数议题并为之达成解决方案，规则一类"软"的"全球公共产品"基本上也是由他们提供。但是，凭借改革开放带来的活力，我国一方面抓住世界性的产业结构转移和调整的机遇，促使我国就业和产业升级，令比较优势和竞争优势凸显于世；另一方面，开始在维护和制定规则上发力——比如坚持贸易自由化和反对贸易保护主义措施，以促进全球产业结构的优化和资源的有效配置，而这些对于国际经济秩序更具长远影响。

在现实主义主导的国际经济框架下，经济实力从小到大和对全球经济治理的贡献程度具有正相关的关系。但这只是一方面。如果换一个角度，对我国经济增长模式进行细化分析，会发现我国对参与某些全球经济治理活动缺乏充足的能力和准备——因为我国自己的某些产业发展问题重重，比如在气候变化和排放问题谈判的场合，因为我国仍然沿袭粗放的增长方式，国内的资源环境问题改善并没有同发展和改革的步伐同步，一个"有病之身"很难对其他国家危害全球资源环境问题提出批评，也难以为自己的应有利益进行辩护。如果只用经济增速和经济体量的指标作为发展的根本说辞，以此证明我国具有全球经济治理的资格，那更是自欺欺人，别国也不会买账。

（二）变化线索分析

自改革开放以来，我国逐步参与全球经济治理进程[①]，其中涉及的核心问题如下。

（1）从被动应对到主动参与的转变

它指的是我国从更多地关注现实的双边议题，对与我国无直接关系的议题兴趣不大，到参与与我国虽没有直接关系但关系到全球共同利益的议题的转化。所谓"负全球经济治理责任的大国""国际社会中的利益攸关者"，并非别国赠给我国的桂冠，而是我国角色转变的真实写照。当然，也要看到，过去我们热衷的双边问题具有信息明确和容易对付的特征；而

---

① 总体来看，是以政府参与国际组织并在其中发挥作用为主。

多边议题则更加复杂，不确定性凸显，必须权衡各种利益关系方能做出合理的参与决策。从这方面看，我国从事全球经济治理能力也比过去成熟；从讨论现实问题到讨论全球经济治理安排和制度建设，要求立足点更高，思考全球最高利益和人权等国际舆论关注的方面；参与区域和次区域经济治理，多采取以经济利益联系结合成共同体的方式，而在全球经济治理方面则更多侧重规则和道义的作用。有人认为中国对世界的最大影响是贡献了发展"模式"，形成了主动参与的基础——总得要有被世人称道的东西。但笔者认为，中国并没有贡献什么模式，因为模式具有的特征是稳定性、与别人别国的差异性、对他国产生的影响和示范作用、被别国所认可。以此衡量，还谈不上创造出可被他国效仿的普世原则。但是，培育体制外因素、采用某些合理的具有普世性的发展观念和工具——产权、公平交易、体制竞争、多元利益制衡等，却是我们发展中的成功经验和主动参与全球治理的条件。

（2）从利益无关到利益相关

改革开放使我国的国家利益与全球利益逐渐融合、密不可分。其中一个明显的标志是，自身发展成果为全球带来"正外部性"和主动为全球经济做贡献，将自身利益与全球经济繁荣和持续发展的利益联系起来。今天，我国经济的发展已经和全球经济结成有机整体，一荣俱荣、一损俱损。曾经有人认为，中国的发展支持了世界经济，成为后者增长最大的发动机，却没有看到后者也为我国发展提供了动力和源泉。若果如此，则我国为全球经济提供的动力必然呈现递减。从根本上看，我国经济利益的实现，取决于我国对全球经济政治的参与程度和获得资源要素的能力——一方面利用国际产业转移和调整的机遇，另一方面自己也必须推动这一进程；除了为全球经济蛋糕做大做出贡献，也要参与公平分配红利制度以及其他公共产品的建设；另外，让自身的利益融合于全球利益，也不能漠视别国的评价——鸵鸟政策无益于和世界的沟通。总之，我国对全球经济的参与是通过和其他国家尤其是发达国家共赢的方式，所以他们才允许我国的崛起，才能令我国之发展有一个较好的外部环境。因此，我国在国际经济中绝不应该是现存秩序的"颠覆者"，而应当是一个"补台和改良者"的角色。

（3）大国责任和地位、贡献之均衡

从国家经济竞争力的角度看，我国虽然是一个大国，但还不是一个"强国"。在全球治理中发挥作用不错，但绝不能以牺牲发展为代价换得他国尤其是以美国为首的发达国家对我国的青睐。这里主要涉及我国应对全球治理问题的策略。比如究竟用什么办法应对美国主导的TPP（跨太平洋伙伴关系协议）——可以将上海自由贸易区看成一个体制转型有益的策略，通过建立平等公正、减少投资贸易壁垒的国际经济平台，增加对全球经济的吸引力，抵消TPP对我国经济的不利影响；也可以将为"一带一路"沿线国家基础设施建设提供融资的亚洲基础设施投资银行AIIB看作促进各国增进发展潜力、具有包容性和发挥我国影响力的全球公共产品。为维护全球资源环境和可持续增长，我国做出减排承诺和具体减排措施，一方面希望让别国看到我国的诚意，另一方面我国又要切实采取措施，约束国内企业的过度排放行为；在面临与其他国家的贸易摩擦时，除了主动应诉据理力争，也要尊重WTO调解权威等。总之，我国接受的是经过协商制定的"平等秩序"，而不是"美国秩序"或"发达国家秩序"。

第四节　结语

纵观我国参与全球经济治理进程中的角色变化，可以得到的结论是，一方面促进了我国的长远利益，另一方面也为我国促进全球利益提供了条件。鉴于我国的硬实力还不够强大，软实力仍存在欠缺，相当长一段时间内，我国在全球经济治理上仍无法与美国比肩。但是，增进国家利益和影响力又是一个时不我待的历史任务，我国应该秉持的理念是，有所不为，有所必为。在美国等发达国家已经占住的地方，在不颠覆既有国际秩序的前提下谋求共同发展、合作共赢，在他们的势力还不及的空白地方，即便由我国主导，只要符合更多国家的现实利益，也应该当仁不让，努力为之。

第九章 中国参与全球经济治理的能力建设[1]

随着全球化进程的加速,各国在政治、经济、军事、文化等方面相互依赖的程度日益深化。同时,全球性问题和挑战也日益突出,国际恐怖主义、跨国犯罪、国际经济动荡、气候变暖等问题越来越影响到人类的安全和发展。新兴大国群体性崛起,对原有全球经济治理体系的合法性提出挑战。中国作为新兴市场国家的"领头羊",应在全球治理权转移的过程中加强自身能力建设,携手构建新型全球经济治理模式。本章通过构建全球经济治理能力的衡量标准,分析了目前中国参与全球经济治理的现状,得出的结论是中国参与全球经济治理的能力和国家经济实力之间存在"落差"现象,同时指出了产生该现象的原因,最后就如何提升中国参与全球经济治理的能力提出了若干对策思路。

第一节 问题提出与文献综述

中国自加入世界贸易组织以来,经济发展之迅猛超世人所料。全球第一大外汇储备国、第二大经济体、第二大债权国等一系列经济实力指标排名,无不表明中国所取得的辉煌成就。然而,在现实的经济外交实践中,中国却面临着实力上升与处境变差之间的矛盾[2],日益上升的经济实力和参与全球经济治理权力分配之间的鸿沟被进一步拉大[3]。中共十七届五中全

---

[1] 作者:孟凯,国际关系学院国际政治系助教;陶坚,国际关系学院教授。
[2] 张晓通、王宏禹、赵柯:《论中国经济实力的运用问题》,《东北亚论坛》2013年第1期,第91页。
[3] 徐丽芹:《金砖国家与全球经济治理结构转型》,上海外国语大学硕士学位论文,2014年,第2页。

会关于"十二五规划"的建议中,首次提出"中国应积极参与全球经济治理";中共十八大报告也指出,"中国将坚持把中国人民利益同各国人民共同利益结合起来……积极参与全球经济治理,推动国际秩序和国际体系朝着公正合理的方向发展"[1]。中国崛起既是世界转型的一部分,也是推动世界转型的重要力量[2],全球性问题的解决已经无法绕开中国,这对中国而言是个更好融入世界的契机[3]。因此,我国在推动全球经济治理转型的过程中除了要继续提升自身经济实力之外,更重要的是提升自身参与全球经济治理的能力,获取更多的话语权和规则制定权,不断地在参与全球治理中释放"中国能量"。

(一)治理与全球治理[4]

冷战结束后,西方学界开始更多地关注全球化进程、世界政治经济格局的调整以及全球领域的突出问题,"治理"一词随之成为政治、经济、管理等相关领域的热门话题。正如鲍勃·杰索普(Bob Jessop)所描述的那样,"过去15年来,治理在许多语境中大行其道,以至成为一个可以指涉任何事物或毫无意义的'时髦词语'"[5]。

在众多关于"治理"的解释中,联合国下属全球治理委员会(Commission

---

[1] 《坚定不移沿着中国特色社会主义道路前进,为全面建成小康社会而奋斗——胡锦涛在中国共产党第十八次全国代表大会上的报告》,《人民日报》,2012年11月18日,第1版。

[2] 王艳阳:《二十国集团在全球治理中的地位和作用》,辽宁大学硕士学位论文,2013年,第1页。门洪华:《世界转型与中国的战略取向》,《现代国际关系》2009年第11期。

[3] 骆礼敏:《"金砖国家"对全球经济治理的影响》,辽宁大学硕士学位论文,2012年,第1页。李丹:《和谐社会与和谐世界——中国内外治理的新构想》,《长沙理工大学学报(社会科学版)》2008年第6期。

[4] 学术界对于"治理"与"全球治理"两个概念的理解同样存在模糊性。有观点将全球治理视作治理在全球层次上的运作,但随全球治理理论的发展,这一概念表现出越来越大的包容性,它不仅是治理在全球层面的运作,还应该是一个包括从地方到国家、从区域到全球的多层次的治理概念。本章在使用"全球治理"和"全球经济治理"概念时,均采用后一种意义上的治理概念。

[5] 鲍勃·杰索普:《治理的兴起及其失败的风险:以经济发展为例的论述》,《国际社会科学杂志》1999年第2期。

on Global Governance)在1995年的研究报告《我们的全球伙伴关系》(Our Global Neighborhood)中对"治理"所做的界定具有一定的权威性:"治理是各种各样的个人、团体——公共的或个人的——处理其共同事务的总和。这是一个持续的过程,通过这一过程,各种互相冲突和不同的利益有望得到调和,并采取合作行动。它既包括有权迫使人们服从的正式制度和规则,也包括人们和机构同意的或以为符合其利益的各种非正式的制度安排"。

"全球治理"的概念最早是由美国学者詹姆斯·罗西瑙(James Rosenau)在20世纪90年代初提出的,之后迅速发展成一种理论[1],逐渐被各国学者关注和研究。他强调全球治理的规则性,指出全球治理可以被认为包括通过控制、追求目标以及产生跨国影响的各层次人类活动——从家庭到国际组织——的规则系统,甚至包括被卷入更加相互依赖的、急剧增加的世界网络的大量规则系统。[2]星野昭吉在此基础上进一步认为,"全球治理是指国际社会各行为体通过协调、合作、确立共识等方式参与全球公共事务的管理,以建立或维持理想国际秩序的过程"。[3]

(二)全球经济治理

根据上述概念,全球治理的范围应涵盖政治、经济、文化、气候、社会等诸多领域。按照这种理解,全球经济治理是全球治理的一个子集。当然我们还可以把全球经济治理理解成全球治理在世界经济层面上的延伸及

---

[1] 马丁·休伊森(Martin Hewson)和蒂莫西·辛克森(Timothy J. Sinclair)在《全球治理理论的兴起》一书中认为,全球治理主要有三个彼此交叉和相互竞争的理论流派:第一种理论流派关注正在上升的塑造全球治理形式的政治力量;第二种理论流派试图追溯和关注全球规制模式的广泛变化;第三种理论流派关注当代世界组织处理全球问题能力的变化所具有的潜在意义。程恩富:《当前西方金融和经济危机与全球治理》,《管理学刊》2009年第22卷第1期,第6页。
[2] 詹姆斯·罗西瑙:《没有政府的治理》,张胜军、刘小林等译,江西人民出版社2001年版,第8页。
[3] 星野昭吉:《全球政治学——全球化进程中的变动、冲突、治理与和平》,新华出版社2000年版,第277—278页。

应用①；但这种想法很可能失之片面，比如由经济发展所衍生的诸如气候、环境、能源利用等问题也逐渐被纳入全球经济治理的议题。

庞中英指出，"我们理论和实践上的全球经济治理，指的还是国家对世界经济的调控。这里的国家，指的是单独某个国家，也指的是若干个国家的联合。国家单个或者集体到底如何管理世界经济？过去60多年的历史经验表明，国家和国家的联合是通过一系列的国际制度和国际规则来调控、治理世界经济的。"②同时，他还否定了"世界政府"③的存在，认为全球经济治理的关键是参与其中的大国和它们之间的关系，其根本好处在于可以预防和缓解大国（尤其是超级大国和其他大国）之间的严重经济政策冲突。

笔者在综合所有关于"治理""全球治理""全球经济治理"概念的基础上，对"全球经济治理"予以解剖，认为全球经济治理的要素包括：①治理主体④：国家政府⑤、跨国公司、公民社会组织等。②治理客体：全球性

---

① 裴长洪：《全球经济治理、公共品与中国扩大开放》，《经济研究》2014年第3期，第5页。
② 庞中英：《1945年以来的全球经济治理及其教训》，《国际观察》2011年第2期，第1页。
③ 在2010年10月31日上海世博会高峰论坛上，美国加州大学圣巴巴拉分校卡弗里理论物理研究所所长、2004年诺贝尔物理学奖得主David J. Gross教授发表《科学与城市》的演讲："我们必须实现全球治理，建立'全球政府'。20世纪一位科学界的最伟大的英雄——爱因斯坦，在他最后的日子里曾经说过，我认为全球现有的主权国家的体制只能带来粗暴、野蛮、战争和非人性，只有全球的法律和规则才能够带领我们向前实现文明、和平和真正的人性。爱因斯坦勇敢地迎接了核武器以及核威胁的挑战，而这个挑战今天仍然存在。但是我们还遇到另外一个挑战，那就是环境的灾难。而这个问题甚至比核威胁更加严重，这是一个真正的全球性问题，要解决它就必须要所有的国家共同努力。而最终在我看来，必须要建立一个全球的政府。"
④ 俞可平认为，全球治理的主体主要有三类：各国政府、政府部门及亚国家的政府当局；正式的国际组织，如联合国、世界银行、世界贸易组织、国际货币基金组织等；非正式的全球公民社会组织。本文作者将第二类主体即正式的国际组织拿出来，作为"治理平台"这一要素。
⑤ 在全球治理兴起与发展的过程中，国家面临超国家与次国家行为体的制约、监督等方面的挑战是不争的事实，但国家依然是最主要的治理主体。

（含地区性①）经济问题以及由经济发展带来的环境、气候、资源利用等问题。③治理平台：超越国家主权管辖范围的全球经济问题，必然需要在国际经济治理平台上通过不同国家之间的洽商与谈判得以解决，当前全球经济治理平台主要有国际贸易组织、国际货币基金组织、世界银行及二十国集团②等。④治理工具：国际经济规则和制度，全球经济治理需要国际规则，而国际规则是各国在上述治理平台上综合博弈的结果③。⑤治理目标：当今全球经济治理与以往的国际对话谈判有所不同，尽管其中掺杂许多利益的交换与平衡，但更多的是合理解决经济全球化进程中出现的全球性经济问题，以增进人类社会的整体福祉。

第二节　全球经济治理能力的评价标准

在对全球经济治理能力④进行衡量或评价之前，有必要弄清楚这种能力（或权力）的特征和性质，即通过考察来确定这种力量是否可以进行定量或定性分析。全球经济治理能力是一种"看不见、摸不着"的抽象力量。

---

① 关于地区治理，这里有一个问题需要说明，即地区经济治理或者地区主义是走向全球经济治理的必要环节（building blocks），还是其中的绊脚石（stumbling blocks）。因为一旦全球经济治理进程遭遇挫折，各国就开始寻求地区经济治理作为替代方案，地区性的安排普遍展开。20世纪90年代，美国用APEC压迫欧洲，欧洲大陆国家用欧元抗衡美元。事实证明，欧洲人是具有先见之明的，意识到美元可能会带来的问题，试图通过欧元的常设来解决美元问题，不管今天欧元遭遇多么巨大的危机和挑战。参见庞中英：《1945年以来的全球经济治理：经验教训》，载庞中英著：《全球治理与世界秩序》，北京大学出版社2012年版，第33页。尽管有分歧的存在，本文依然将地区或区域治理视为通向全球治理的重要途径之一。
② 在2013年9月6日结束的二十国集团圣彼得堡峰会上，习近平主席明确了G20在全球经济治理中的角色，即G20是"发达国家和发展中国家就国际经济事务进行充分协商的重要平台"。参见庞中英：《全球经济治理处在不进则退的关键时刻——评2013年二十国集团圣彼得堡峰会》，《当代世界》2013年10月，第17页。
③ 赵龙跃：《中国参与国际规则制定的问题与对策》，《中国战略》2012年12月上，第84页。
④ 目前学术界对"全球经济治理能力"概念的提及凤毛麟角，一般采取"（积极）参与全球经济治理"或"全球经济治理参与度"的说法。本书再提及这几个概念时，不会加以区分。

其次，容易理解一国参与全球经济治理的能力是以该国经济实力为依托，并围绕经济实力上下波动。因此我们可以通过建立某种模型和公式对这种能力进行大致的估判。另外在对"某国参与全球经济治理的程度"进行衡量考核时，有必要选取一个参照国或参照系加以对比，因为仅通过衡量某一国家参与全球经济治理的能力无法得知其排名或地位，又无法了解国家经济实力和全球经济治理参与度的对称关系。综上所述，本章在分析中国参与全球经济治理的现状时选取美国作为参照国、"经济实力"作为参照系。

（一）经济实力

提及"经济实力"，通常人们会最直观地联系到GDP，但在经济一体化的今天仅仅通过GDP来衡量一个国家的经济实力未免显得单薄，毕竟经济实力应该是某个国家或地区的经济总量和经济发展质量、经济发展规模以及结构优化程度的综合反映。经济实力应该包括工业实力、农业实力、科技实力、金融实力和商业实力等[1]。

胡鞍钢指出，国家经济实力是指该国通过有目的的行动追求其经济战略目标的综合能力，即在全球范围内创造经济资源的能力（Economic Capacity）。[2]中科院中国现代化研究中心则认为，经济实力是国家生存和发展的经济资产和经济能力的总和。[3]中国21世纪议程管理中心可持续发展战略研究组将一国经济实力定义为"该国自身拥有的经济资源以及运用这些资源的能力"。[4]本章将采用后者来衡量各国经济实力。

该研究组也给出了具体的公式来衡量一国经济实力，用GDP和从创造GDP背后的劳动力资源、资本资源、科技资源等方面综合反映经济实力。具体公式如下：

经济实力=GDP×50%+（人力资源+资本资源）×科技资源×50%

---

[1] 黄清吉：《论国家能力》，中央编译出版社2013年版，第34页。
[2] 胡鞍钢：《中国经济实力的定量评估与前瞻（1980—2020）》，《文史哲》2008年第1期，第141页。
[3] 中国现代化战略研究课题组、中国科学院中国现代化研究中心：《中国现代化报告2008》，北京大学出版社2008年版。
[4] 中国21世纪议程管理中心可持续发展战略研究组：《发展的影响力——全球视野下的中国角色》，社会科学文献出版社2009年版，第113页。

（二）全球经济治理能力

在文献综述部分，笔者对全球经济治理进行了要素分解，即治理主体、治理客体、治理平台、治理工具和治理目标。结合这五大要素，笔者认为考察全球经济治理能力可从以下四个方面展开：①参与国际组织的数量；②在国际经济组织中的地位和作用；③对国际经济规则的参与或影响力；④参与国际经济组织的改革与管理程度。参与国际经济组织数量的多少，可以直接地反映出一国经济参与经济全球化的程度，也就间接地反映出该国参与全球经济治理的渴望程度。在经济一体化的今天，国际经济组织是全球经济治理的主要平台和载体，国际经济规则成为全球经济治理的主要工具，因此参与全球经济治理必然意味着要积极参与国际经济规则的制定和完善，参与国际经济组织的改革与管理[①]。

中国21世纪议程管理中心可持续发展战略研究组曾对"经济影响力"进行了测度，认为衡量一国经济影响力至少应从以下四个方面进行度量：①进出口贸易，并且一般来说出口比进口更重要；②资本输出输入，并且一般来说资本输出比资本输入更重要；③货币的可兑换性以及是否是国际储备货币；④该国在国际经济组织中的地位与作用[②]。

结合上述分析并考虑到数据的来源及实用性，本章拟从以下六个方面对全球经济治理能力进行衡量：①在国际货币基金组织中的地位和作用；②在世界银行的地位和作用；③在世界贸易组织中的影响和作用，主要通过该国家或地区的进出口贸易总额反映，并且一般来说出口比进口更重要；④外商直接投资，包括外商直接投资（FDI Inflows）和对外直接投资（FDI Outflows），并且一般来说对外直接投资比外商直接投资更重要；⑤货币的可兑换程度及国际化指数；⑥该国是否为G7/8、G20成员国。具体公式如下：

全球经济治理能力=货币可兑换程度×30%+进出口贸易总额×20%+外

[①] 赵龙跃：《中国参与国际规则制定的问题与对策》，《中国战略》2012年12月上，第84页。
[②] 中国21世纪议程管理中心可持续发展战略研究组：《发展的影响力——全球视野下的中国角色》，社会科学文献出版社2009年版，第114页。

商直接投资总额×20%+在IMF的投票权×15%+在WBG的投票权×15%[①]

第三节　中国参与全球经济治理的现状分析

（一）经济实力和全球经济治理能力间存在"落差"现象

基于上述对经济实力和全球经济治理能力的量化分析（见表9-1、表9-2和图9-1），可以得出2006—2011年中国经济实力的增长速度要远远高于其全球经济治理参与能力的速度。这5年间，我国经济实力的平均增长率约为22%，而参与全球经济治理能力的平均增长率仅为10%。也就是说，中国的经济实力与全球经济治理能力不相匹配，存在"落差"现象。

表9-1　2006—2011年中国经济实力相当于美国经济实力的程度

年份	中国 GDP（亿美元）	劳动力资源（15~64岁人口，亿人）	资本资源（亿美元）	技术资源（R&D经费支出，亿美元）	美国 GDP（亿美元）	劳动力资源（15~64岁人口，亿人）	资本资源（亿美元）	技术资源（R&D经费支出，亿美元）	中国相对经济实力（美国=100）
2006	26 579	93 663	42 885	377	131 329	20 060	102 335	3 479	16.16
2007	33 823	94 247	52 145	488	137 514	20 239	114 777	3 681	19.49
2008	43 262	94 448	65 095	636	142 043	20 363	124 054	3 963	24.09
2009	49 913	95 466	89 257	734	138 636	20 539	123 166	3 868	30.20
2010	59 305	96 859	106 304	872	144 471	20 696	120 683	4 031	36.07
2011	73 185	97 530	128 610	1 076	150 940	20 764	129 876	4 211	43.42

---

① 随着经济全球化的日益深入，国际金融和国际贸易越来越成为当今世界经济的重要组成部分，其中货币可兑换程度及国际化进程必然扮演着重要角色，因此本文将货币可兑换程度赋予30%的权重；同样，各个国家在国际货币基金组织和世界银行的话语权更多地体现在其份额投票权，直接参与全球经济治理的进程，也赋予其30%的权重；最后将20%权重各自分配给进出口贸易和外商直接投资。

全球经济治理与中国对外经济关系

注：劳动力资源根据各国15~64岁人口数得到；资本资源用各国广义货币（货币和准货币）供应量表示；技术资源用研究与开发经费支出表示；另外，为了方便观察，我们将每年的美国经济实力假定为100来处理，得到该年度中国的相对经济实力。

资料来源：历年《中国统计年鉴》，历年《国际统计年鉴》，世界银行WDI数据库，中华人民共和国国家统计局。

表9-2　2006—2011年中国参与全球经济治理能力相当于美国的程度

年份	中国 投票权（%） IMF	中国 投票权（%） WBG	中国 进出口贸易总额（亿美元）进口	中国 进出口贸易总额（亿美元）出口	中国 外商直接投资总额（亿美元）外商直接投资	中国 外商直接投资总额（亿美元）对外直接投资	中国 货币可兑换程度	美国 投票权（%） IMF	美国 投票权（%） WBG	美国 进出口贸易总额（亿美元）进口	美国 进出口贸易总额（亿美元）出口	美国 外商直接投资总额（亿美元）外商直接投资	美国 外商直接投资总额（亿美元）对外直接投资	美国 货币可兑换程度	中国相对参与能力（美国=100）
2006	3.65	2.78	8 918	10 603	727	212	0	16.73	16.36	22 264	14 344	2 367	2 217	—	21.25
2007	3.65	2.78	10 849	13 445	835	225	0	16.73	16.36	23 560	16 169	2 329	3 138	—	23.04
2008	3.81	2.77	12 906	15 771	1 083	522	0	16.73	15.85	25 397	18 000	3 246	3 305	—	24.80
2009	3.81	2.77	11 640	13 302	950	480	0	16.73	15.85	19 503	15 365	1 299	2 481	—	29.91
2010	6.07	4.42	15 873	17 480	1 057	680	0.10	16.47	15.85	23 362	18 008	2 282	3 289	53.33	32.97
2011	6.07	4.42	19 800	20 804	1 240	651	0.42	16.47	15.85	26 565	20 584	2 269	3 967	52.51	34.62

注：各国进出口贸易总额包括货物进出口贸易总额和服务进出口贸易总额；人民币和美元的可兑换程度以中国人民大学国际货币研究所发布的人民币国际化指数和美元国际化指数为准，具体数据为当年四个季度货币国际化指数的平均数（因2009年7月开始跨境贸易人民币计价结算试点，这一年也被称为"人民币国际化元年"，因此我们将2009年及以前的人民币国际化指数视为0；此外，中国人民大学于2012年首次编制人民币国际化报告，因此美元国际化指数只有2010年及以后的数据。我们在处理数据的时候将美国视为基准100，不用给定具体的数据也能得出相应的结果，因此用"—"来代替）。

资料来源：历年《中国统计年鉴》，历年《国际统计年鉴》，历年《人民币国际化报

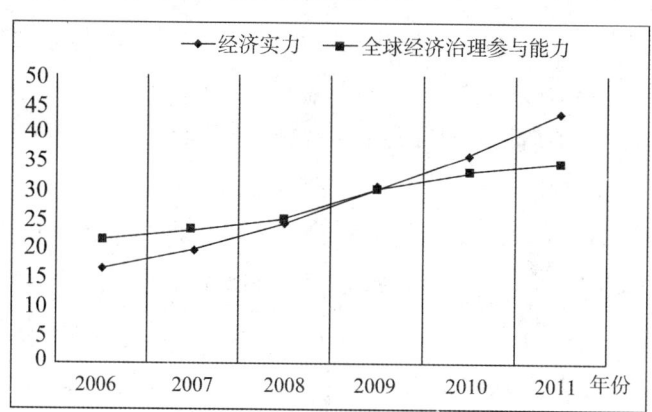

告》，世界银行WDI数据库，中华人民共和国国家统计局。

图9-1 中国经济实力和参与全球经济治理能力的变化（美国=100）

如果对数据进行剖析，可以观察到我国经济实力的提升不仅仅体现在GDP的快速增长，也表现为综合运用人力、资本、科技等资源能力的快速提升；反观全球经济治理参与能力则不然，该层次能力的提升更多地依靠货物和服务进出口贸易总额以及资本输入输出总额，而体现在人民币可兑换程度以及话语投票权方面的能力提升却微不足道。

我们认为，截至2014年，中国的经济实力相当于美国的50%，而其参与全球经济治理能力却不足美国的40%。[①]根据数据走势情况预见，在未来一段时间内（3~5年），中国的经济实力和参与全球经济治理能力的差距还会继续拉大。

另外，根据上文给出的考察全球经济治理能力从参与国际组织的数量、在国际经济组织中的地位和作用、对国际经济规则的参与或影响力以及参与国际经济组织的改革与管理程度四个方面，可以进一步梳理目前我国参与全球经济治理能力不彰的表现，同时也是对经济实力和全球经济治理能力的考证。根据这四个标准，对崛起的中国参与全球经济治理能力不彰的现象做如下归纳。

---

① 该数据是根据上文提到的经济实力和全球经济治理能力增长率粗略估计得出的。实际上，近年来中国参与全球经济治理能力的增长率还不足10%。这是因为2014年1月14日上午，美国参众两院否决了国际货币基金组织2010年的新增出资份额改革方案。也就是说，中国在IMF的实质投票权没有增加，美国的实质投票权也没有减少。

(1)根据国际协会联盟(Union of International Associations)编写的《国际组织年鉴》2008—2009年数据显示,2007年全球共有61 836个国际组织,中国共参与4 386个(参与率仅为7.09%),其中1 753个是协定性组织。这些参加的协定性国际组织包括:国际组织联盟(A类)25个,全球普遍性国际组织(B类)374个,洲际性国际组织(C类)575个,地区性国际组织(D类)779个。而截止到2011年年底,中国共参与的国际组织增加到4 724个[①],参与率从2007年的7.09%增加到2012年的7.33%,几乎没有实质性变化。与美、英、德等发达国家相比,中国存在着很大的差距(见图9-2):中国参加的世界性国际组织的数目只占美国的1/3,只有英国、德国、法国的1/4;而地区性协定组织的参与度与其他四国更是相距甚远。

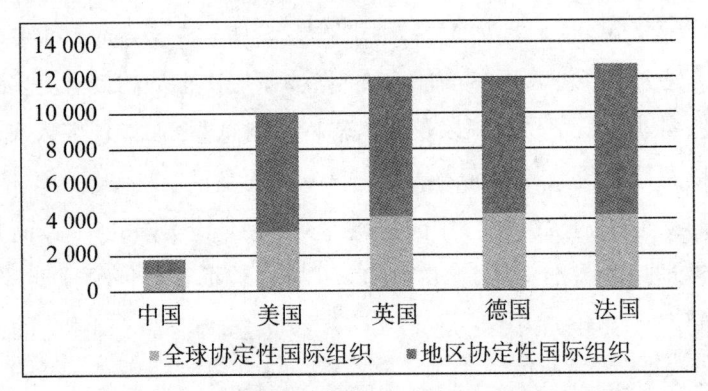

图9-2 2007年世界GDP大国参与协定性组织的数量

资料来源:Yearbook of International Organizations: Guide to Global Civil Society Networks: 2008—2009.

(2)国际货币基金组织(IMF)、世界银行(WBG)和国际贸易组织(WTO)被誉为支撑当今世界经济的"三大支柱"。其中IMF和WBG的决策是通过份额和投票权机制实现的,某一成员国的投票权越大,就意味着该国话语权越大,对重大事项的决策更具影响力,因此份额投票权直接反映出该国在国际经济组织的地位和作用。

---

① Union of International Associations: http://www.uia.org/, 上网时间:2013年8月10日。

伴随着新兴经济体作为一个群体的快速崛起,以"金砖国家"为代表的发展中大国强烈要求改变原有的全球治理机制,促使世界经济政治格局朝着更加合理、均衡的方向发展。顺应这一潮流,也是迫于格局变化的压力,WBG和IMF先后于2010年4月和11月分别通过了新一轮的投票权改革方案,对其中部分经济大国的投票权做出了相应的调整。然而,根据《国际货币基金组织协定》和《世界银行章程》,IMF和WBG重大事项的决策需要经过85%以上的特别多数票决定,也就是说,美国分别以16.471%和15.85%的投票份额拥有这两大国际组织事实上的"一票否决权"。反观中国,尽管成功超越日本成为世界第二大经济体,拥有世界最多的外汇储备,却以6.068%和4.42%的投票权位居第三,与排名榜首的美国相差10个百分点以上。

(3) 中国在国际经济规则领域缺少话语权,而欧美发达国家通过其主导的国际组织在全球范围内强制推行本国认证的技术、劳工、卫生等标准,实质上构筑起一种技术贸易壁垒,形成新形式的贸易保护主义。[1]据不完全统计,国际标准化组织(ISO)和国际电工委员会(IEC)发布的国际标准已近20 000项,但中国企业参与制定的仅有20余项;负责制订这些标准的机构全世界共有900多个,但中国参与其中的不足10个。[2]另外,有学者在衡量中美两国的软实力时,也对中国参与国际规则的制定权进行了定量分析:中国的国际政治规则制定权相当于美国的2/3,国际经济规则制定权约为美国的1/5;如果将二者求平均值,则得到中国的总体国际规则制定权约为美国的43.1%。[3]

(4) 参与国际经济组织的改革与管理必然需要大量的专业人才,但

---

[1] 吴大新:《中国如何获取国际经济规则制定权——来自欧盟、美国的经验与启示》,《山东社会科学》2013年第3期,第140页。
[2] 李崴:《吃透国际标准 减少外贸损失》,《江门日报》第7832期A2版,http://www.jmnews.com.cn/c/2011/03/11/00/c_1123847.shtml,上网时间:2013年8月11日。
[3] 阎学通、徐进:《中美软实力比较》,《现代国际关系》2008年第1期,第28页。

是我国在此方面的缺口很大。国际货币基金组织现有雇员2 503人[1]（截至2013年3月），除去执行董事，中国籍的雇员只有74人[2]（按照中国拥有6.068%的份额投票权，我国至少应该有150人左右从事雇员工作）。在世界贸易组织秘书处的正式雇员有629人，其中中国籍雇员只有5位。[3]执委会是国际货币基金组织主要的常设决策机构，但在政策制定过程中还是深受其被赋予重要职责的工作人员的偏好的影响。工作人员拥有范围广泛的议程设置权，因为执委会以工作人员提交的建议为基础做出决策，并且不大可能修改它们。此外，工作人员还可以通过掌握执委会不知情的机密信息影响后者的决策。[4]

中国在国际组织中就职的高级管理人员数量则更少。2008年，林毅夫担任世界银行首席经济学家兼高级副行长；2011年，朱民被任命为IMF副总裁，成为历史上首位进入IMF高层的中国人；2012年3月，IMF总裁克里斯蒂娜·拉加德任命林建海担任该组织秘书长。[5]为数不多的高级管理人员和数量偏少的中层人员，与中国的经济实力很不相称。

（二）经济实力和全球经济治理能力间"落差"现象的探究

1. 经济实力不能及时有效地转化成全球经济治理能力

一国经济实力的提升，可以体现在国内生产总值的规模和质量、人均收入、技术水平以及贸易、金融和竞争等专门领域的各种有形资源。而像能力（或权力）这种抽象的概念，既难以界定，又缺少简便和公认的办法予以量化。尽管我们无法精确地衡量"能力"的影响，但其影响却是真实

---

[1] IMF: The IMF at a Glance, available at http://www.imf.org/external/np/exr/facts/glance.htm, last accessed on 11 August 2013.

[2] IMF: International Monetary Fund Diversity Annual Report 2011, available at http://www.imf.org/external/np/div/2011/index.pdf, last accessed on 11 August 2013.

[3] WTO: Table of regular staff by nationality, available at http://www.wto.org/english/thewto_e/secre_e/intro_e.htm, last accessed on 11 August 2013.

[4] 戴维·赫尔德、安东尼·麦克格鲁：《治理全球化——权力、权威与全球治理》，社会科学文献出版社2004年版，第49页。

[5] 赵龙跃：《中国参与国际规则制定的问题与对策》，《中国战略》2012年12月上，第88页。

存在着的。全球经济治理的"参与能力"亦如此。

"经济实力"和"全球经济治理能力"二者之间究竟有怎样的内在转换关系，即某国经济持续快速发展所带来的经济实力和综合国力的不断增强是如何转换成该国参与国际经济事务的影响力呢？本书在界定"全球经济治理"的概念时提出，当前国际经济格局下各国主要依托G20、IMF、WBG、WTO等国际组织为平台共同参与全球治理，其中国际经济规则、经济治理制度成为主要的治理工具或手段。也就是说，在探讨由经济实力向全球经济治理能力转化的过程中，必须分析由国家经济实力增长而引起的国际组织、经济规则等一系列国际机制的变迁。另外，"治理"这个概念从一开始就与"权力"一词紧密地结合在一起。根据澳大利亚国立大学社会科学研究院政治学教授巴里·海因斯（Barry Hindess）的研究，治理一词最先来自法国思想家福柯关于治理术（governmentality）的表述，而福柯对治理术的分析则立基于其对于权力的分析之上。[1]罗伯特·基欧汉和约瑟夫·奈在《权力与相互依赖》一书中解释国际机制变迁模式时，主要依据四个方面——经济进程、世界的总体权力结构、各问题领域内的权力结构、受国际组织影响的权力能力。[2]因此，在分析全球经济治理机制变迁的过程中不可避免地会引入"权力"或"国家权力"这个中间概念。

简单来说，国家经济实力自然地转化为全球经济治理能力的传导机制（见图9-3）可以概括为：新兴国家经济的持续高速增长会给该国带来综合国力的显著提升，欧盟、美国等原有发达国家经济发展缓慢，甚至一些国家出现下滑趋势，从而打破了世界各国间原先的实力平衡状态；如此一来，各国综合实力与原有国际机制内权力分配呈现落差或不相匹配的局面凸显，原有的世界经济权力格局便会面临严峻挑战；当原有制度框架下的权力和利益均衡被打破，并动摇全球经济治理机制赖以存在的合法性根

---

[1] 高奇琦：《公共权力与欧盟的软治理》，载蔡拓、曹兴主编：《公共权力与全球治理——"公共权力的国际向度"学术研讨会论文集》，中国政法大学出版社2011年版，第219页。

[2] 罗伯特·基欧汉、约瑟夫·奈：《权力与相互依赖（第四版）》，门洪华译，北京大学出版社2012年版，第36页。

基时,机制(或制度)①变迁成为必然,最终导致以制度、规则为基础的全球经济治理结构发生转型。至此,新兴国家参与全球经济治理的能力将在新的制度框架中得以整体提升。

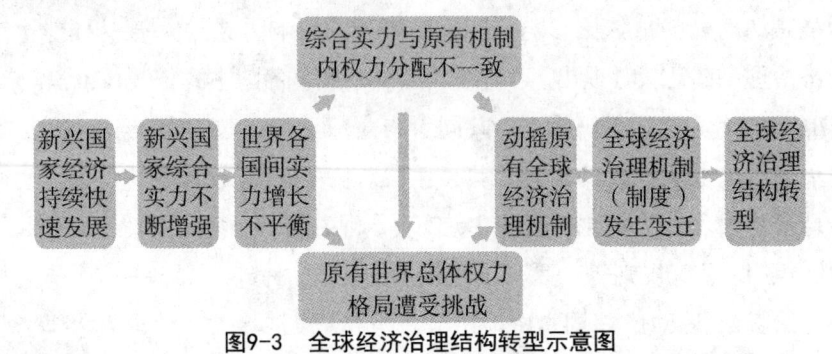

图9-3 全球经济治理结构转型示意图

(1)新兴经济体迅速崛起,传统强国经济发展缓慢,世界各国综合实力增长不平衡。马克思主义认为,经济基础决定上层建筑,经济是权力的基础结构,政治制度是依赖于经济基础的上层建筑。新马克思主义学派代表人物伊曼纽尔·沃勒斯坦宣扬的"霸权周期论",突出强调经济的决定性作用,"经济是决定霸权兴衰的根本因素,霸权国家要保持经济上的优势地位,必然最终采取战争手段"。②而根据约瑟夫·奈的软实力论,"经济资源可以产生软实力行为,也可以产生硬实力行为。成功的经济模式不仅能创造硬实力运用所需的潜在军事资源,也能够吸引他国效仿"③,所以说,繁荣的经济在很大程度上会促进一个国家综合实力的提升。例如,冷战末期的欧盟和今天的中国,都凭借着成功的经济发展模式增强了软实力,国际影响力也由此不断提升。

---

① 现在学术界通常不对国际机制(International Regime)和国际制度(International Institution)做严格的区分。莉萨·马丁和贝思·西蒙斯在《国际制度》一书的前言中写道:"对这些术语进行区分有意义吗?在某些情况下是没有意义的——因为许多作者对这几个词是互换使用的"。参见:莉萨·马丁、贝思·西蒙斯著,黄仁伟等译:《国际制度》,上海世纪出版社,2006年,英文版前言。

② Immanuel Wallerstein: "World-Systems Analysis: An Introduction", Durham: Duke University Press, 2004; Immanuel Wallerstein: "The Politics of the World-Economy: The States, the Movements and the Civilizations", Cambridge: Cambridge University Press, 1984.

③ 约瑟夫·奈:《权力大未来》,王吉美译,中信出版社2012年版,第74—75页。

随着经济全球化的深入,财富、工业制造能力和技术创新能力逐渐流向新兴经济体,许多经济规模庞大、增长迅速的新兴国家正迈向全球大国俱乐部,给全球经济治理领域的原有机制和结构带来巨大冲击;而主导建立原有国际机制的权力大国想要维持其有效运行,就需要不断地向国际社会提供公共产品,伴随着公共产品的种类和数量需求不断增加,权力大国的经济资源就会不断减少,因此其实力地位不断削弱。[1]例如,20世纪六七十年代美国深陷越南战争泥潭,日本和欧盟经济迅速崛起,给美国维护布雷顿森林体系的能力和信心带来严重的打击。

(2)各国综合实力与原有治理机制内权力分配不一致,世界力量格局遭受挑战,动摇原有的全球经济治理机制。在解释国际政治现象时,古典现实主义和新现实主义流派都认为,权力是认识和决定国家行为的核心概念,即无论国际政治的终极目标是什么,权力总是它的直接目标。[2]根据华尔兹的理论[3],实力(或权力)是行为体的属性,行为体之间的实力分配决定了体系结构的根本特征。对于国家这个被选定的单元行为体,华尔兹做了一个规定:"对不同国家的衡量,唯一的标准就是力量。"[4]也就是说,在国际体系的结构中,国家根据权力大小而占据不同的位置。

罗伯特·基欧汉和约瑟夫·奈提出了关于国际机制变迁的四种解释模式,其中在总体权力结构解释模式中指出,"同金钱一样,权力也是可以转化的,大国也可以将权力资源转用于一切领域,以确保同等的边际收益。当某一问题领域的后果与其他问题领域有巨大差异时,这种转用将使该异常领域的后果与世界军事和经济权力的结构趋于一致。"[5]按照以上两种

---

[1] 杨耕:《国际经济机制确立和运行过程中的权力因素分析》,《工业技术经济》2011年第12期,第122页。

[2] 徐秀军:《新兴经济体与全球经济治理结构转型》,《世界经济与政治》2012年第10期,第56页。

[3] Kenneth N. Waltz: "Theory of International Politics", Reading, MA: Addison Wesley, 1979.

[4] 王逸舟:《西方国际政治学:历史与理论》,上海人民出版社2006年版,第154页。

[5] 罗伯特·基欧汉、约瑟夫·奈:《权力与相互依赖(第四版)》,门洪华译,北京大学出版社2012年版,第41页。

观点,我们可以总结出:在某一均衡的国际体系中,各个国家凭借其综合实力在体系结构中拥有相应的权力并发挥作用,这些作用表现在政治、经济、军事等各个领域;而一旦某个问题领域偏离原有的均衡状态,那么经济和军事权力就会发挥作用迫使该问题领域的权力结构趋同于世界经济和军事的权力结构。前文已经对不同类型经济体的经济实力和在重要国际经济组织中的地位做了对比,发现新兴国家在快速崛起的过程中,参与全球经济治理领域的权力(或能力)结构与其自身快速增长的经济实力不相一致,因此会对原有的世界总体权力格局产生冲击,并且动摇原有全球治理机制的合法性根基。

(3)全球经济治理制度发生变迁,全球经济治理结构转型,世界各国参与全球经济治理的能力得以重新分布。新自由制度主义认为,国际体系的重要特征除了结构之外,还应包括进程。进程是指国际体系中单元间的互动方式与互动类型,影响国际进程的两个体系因素是体系结构和国际制度。由于体系结构变化非常缓慢,因此可以假定其为常数,即假定体系结构不变,在这种情况下,国际制度就成为国际体系的最主要特征。[1]制度的概念以利益为基础,利益决定制度,权势的分布状况决定利益。在国际结构的理解上,新自由制度主义将国家实力与国际结构的因果解释中加入国际制度这一中间变量,实力与制度并非处于同一层次,后者才是决定国际结构的直接因素。因此,国际结构的基础是制度,它是建立在已有国际准则规范和机制基础之上的国际关系架构。[2]

尽管国际制度存在诸多合法性缺陷,但在全球化发展过程中,国际制度已成为全球治理的重要载体。[3]随着新兴经济体的迅速崛起,现行全球经济的利益分配格局变得越来越不合时宜。全球经济治理制度是国家利益分配和调整的载体。在现行各种利益分配机制中,发展中国家总体处于不公平、不合理的境地,新兴经济体也处于与自身实力不相匹配的弱势地

---

[1] 玛沙·费丽莫:《国际社会中的国家利益》,袁正清译,浙江人民出版社2001年版,第23页。

[2] 徐秀军:《新兴经济体与全球经济治理结构转型》,《世界经济与政治》2012年第10期,第57页。

[3] 叶江:《全球治理与中国的大国战略转型》,时事出版社2010年版,第90页。

位,从而直接导致了现行全球经济治理机制的合法性危机。正因如此,全球经济治理机制的变革势在必行。①只有国际经济政治秩序趋于公平合理,新兴国家的经济实力才得以有效转化为参与全球经济治理的能力。

通过剖析全球经济治理结构转型过程,可以得出如下结论:①世界总体权力格局的变动落后于各国经济实力的变化;②全球经济治理机制的变迁速度落后于总体权力格局的变化;③某些国家参与全球经济治理的能力提升相较于经济实力的变化存在滞后现象。

2. 中国参与全球经济治理的政治意愿不强

上文分析了国家经济实力如何自然地转化成全球经济治理能力,即"能不能"的问题。而在理解中国参与全球经济治理的过程中,我们还不能忽略主观能动性,即"想不想"的问题。因为繁荣的经济和昌盛的国力给一国在国际社会或体系中带来了广泛的影响,倘若该国不热衷于参与国际事务,那么它参与全球经济治理的能力照样不会体现得特别明显。

中国对于国际组织的参与程度,一直是一个具有争议性的问题,这种争议主要集中在两个方面:其一,中国对国际组织的参与率。中国对于国际组织的参与是否真如美国部分学者所断言的那样,"中国融入国际体制的程度相对而言很不够,国际组织的参与率还相当低"?其二,中国在国际组织中的角色。中国进入国际组织后,究竟是西方所认为的那样,"经常设置障碍,表现过于消极,提案无任何建设性",还是像中国自我描述的那样,"一个负责任的大国,其参与是建设性的和积极的"?②接下来,将从中国与国际组织关系的演变过程和中国提供国际公共产品两个角度,分析我国参与全球经济治理的主观能动性现状。

(1)从中国与国际组织关系的演变过程分析参与意愿

自1949年新中国成立到1970年这段时期,争取恢复在联合国的合法席位是中国对外交往的主要目标。由于在联合国的合法席位得不到恢复,中

---

① 徐秀军:《新兴经济体与全球经济治理结构转型》,《世界经济与政治》2012年第10期,第68—69页。
② 陆娜:《中国与国际组织关系30年:视角变迁及原因分析》,中国青年政治学院硕士学位论文,2010年,第27页。

国发展与其他国际组织的关系也受到限制,中国与国际组织的关系总体处于彼此敌对、互不接纳的艰难时期。一方面,以美国、苏联为首的两个超级大国尖锐对立,世界性的国际组织被大国操控;另一方面,来自外部的压力以及自身的意识形态原因导致中国对国际局势和国际组织的认知出现偏差,对国际组织和国际制度极不信任。中国没有真正认可西方主导的国际组织的合法性,也不承认国际组织的权威性。

从1971年中国恢复在联合国的合法席位一直到冷战结束,中国与大批国际组织建立或者恢复了合作关系,这主要得益于当时国际局势的缓和。一方面,美国深陷越南战争,而欧盟、日本等资本主义国家快速崛起,致使美国在资本主义世界的霸权地位动摇;另一方面,第三世界国家逐渐成为国际舞台上一支重要的政治力量和维护和平的力量。1971年,中国恢复在联合国教科文组织(UNESCO)的合法地位;1972年,中国恢复了在世界卫生组织(WHO)的合法地位;1973年又恢复了在联合国粮农组织(FAO)的合法席位,并在粮农组织第17届大会上被选为理事国;等等。但是这一时期中国加入更多国际组织的外部政治障碍还没有完全清除,中国国内"左倾"影响和意识形态观念还根深蒂固,中国参与国际组织的广度和深度有限。① 另外,中国在国际组织中的行为仍然是被动的,对国际组织的规则或者工作程序并不熟悉,很少提出建设性的提案,还缺乏参与及议程创设意识,更多的是发表原则性的声明。②

从冷战结束至今,中国与国际组织的关系进入一个新阶段。中国不仅全面参与各相关领域的国际组织,而且积极阐述自己的主张,提出更多的议案。尤其是近年来中国对世界组织的贡献率日渐提升,如2001年正式加入世界贸易组织,2008年成功主办了第29届夏季奥运会等。与发达国家相比,中国的综合国力仍然不够强大,中国在国际组织中发挥的作用还受到限制,尤其是在决定国际政治经济秩序的主要国际组织当中。尽管中国目

---

① 叶小青:《冷战后中国与国际组织的关系研究》,山东师范大学硕士学位论文,2006年10月,第18页。

② 叶小青:《冷战后中国与国际组织的关系研究》,山东师范大学硕士学位论文,2006年10月,第21页。

前在国际货币基金组织和世界银行的投票权都位居第三位,但是比例水平仍然不高。

从中国与国际组织关系的历史发展过程来看,中国实现了从"局外人"到"局内者"的转变,再到现如今的"积极参与者、建设者和贡献者"[1]。但相比美国、欧盟、日本等国际体系或规则的创设者来说,中国作为后来者,输在了起跑线上。另外,中国作为国际经济规则体系的后来者,在从"局内者"向"积极参与者、建设者和贡献者"转型的过程中,必然会面临观念转变、战略设计、专业人才的培养与输送,以及对重大国际议题的深入研究等问题。正如"阶段参与论"所指出的那样,中国全面加入国际经济体系的时间还不长,经验不足,准备不充分,应该从熟悉和学习规则开始,然后充分利用规则,在准备充分的情况下,再参与设计和制定。[2]同时,我国缺乏大批的专业人才长期从事全球经济治理问题的研究,并且全球治理理论大都是由国外学者创造、国内加以翻译引入。正因为我国对全球经济治理等新提法和新动向的研究理解不够深入,知之甚少,加之我国没有关于全球经济治理问题的中长期战略设计,实际决策部门的分工也不够明确等,都导致了我国早期参与的意愿低落。

(2)从中国提供国际公共产品的情况分析参与意愿

积极参与多边事务,提升参与全球经济治理的能力,必然意味着中国要承担更大的国际责任,要不断地向国际社会提供更多的国际公共产品。有学者认为,从经济学一般意义上考察,全球经济治理就是提供一种全球公共物品,主要包括三类:国际规则(包括多边的国际规则和区域的国际规则);主权经济体为国际规则的执行所提供的运行载体、平台或其成本;企业和私人机构对优化全球经济治理所承担的社会责任或服务。[3]

---

[1] 习近平在"世界和平论坛"开幕式上的致辞(全文),http://www.gov.cn/ldhd/2012-07/07/content_2178506.htm,上网时间:2013年9月3日。

[2] 赵龙跃:《中国参与国际规则制定的问题与对策》,《中国战略》2012年12月上,第86页。

[3] 裴长洪:《全球经济治理、公共品与中国扩大开放》,《经济研究》2014年第3期,第7—9页。

美国已经日益缺乏作为主要国际公共产品提供者的资源,而欧洲国家、日本等经济大国也因经济虚弱无法担任国际公共产品提供主要领导者的角色。没有新兴经济体的直接参与,我们就无法有效应对跨国挑战,然而这些国家却更加关注国内发展,不愿承担更多的国际义务。[1]同样,中国也强调权利与义务的平衡、国际责任与国家力量的平衡,不承担超越自身发展国家力量和性质的国际责任。下面,将以"国际经济规则"这种公共产品为例展开论证。

国际规则是世界各国在国际事务互动中制定并共同遵循的行为规范,是国际经济博弈的"交通规则"。[2]作为国际经济领域的一种公共产品,国际经济规则具有非中性的特征,即规则的制定者能够从中获取巨大的额外利益,如布雷顿森林体系下的美元铸币税。"霸权稳定论"的代表人物斯蒂芬·克拉斯纳从国家目标利益出发,认为霸权国家为了实现自己的目标利益,既有能力又有意愿提供国际公共产品。[3]因而在积极参与全球经济事务的管理过程中,不论发达国家还是发展中国家都会尽其所能施展自身在规则制定方面的影响力。

公共物品一般由国家(政府)提供,从经济学角度来讲,公共物品的供给自然是不足的,因此容易出现"搭便车"现象。在"无政府状态"下的全球治理和全球经济治理,国际规则这种公共品必然存在这种属性,各国希望通过国际制度来改善自身福利水平而不愿付出提供这种公共品的庞大成本。美国学者金德尔·伯格(Kindle Berger)认为,提供这种体积庞大公共物品的国家必须具备霸权国家的所有属性。[4]显然,在多数情况下,中国还不具备霸权国家的所有属性。

---

[1] 王双:《国际公共产品与中国软实力》,《世界经济与政治论坛》2011年第4期,第25页。

[2] 赵龙跃:《中国参与国际规则制定的问题与对策》,《中国战略》2012年12月上,第85页。

[3] Stephen D. Krasner: "State Power and the Structure of International Trade", "World Politics", Vol.28, No.3, 1976, pp.317—347.

[4] Kindleberger Charles: "The World in Depression, 1929—1933", Berkley University of California Press, 1973, p. 292.

另外，我们也可以借用博弈论中的"智猪博弈"[①]来理解我国为何倾向于努力适应国际规则而非积极提供国际经济规则这样的公共产品。在有限次的重复博弈中，包括中国在内的发展中国家集团在国际规则制定中如小猪一样，处于不利的地位，小猪等待，让大猪行动，自己搭便车才是最优的选择；作为规则主导者的欧美发达国家如同大猪，如要想攫取额外的巨大经济利益，就必须提供这种公共产品。

通过对中国与国际组织的关系沿革以及提供国际公共产品两个角度的分析，我们推断过往中国的情况似乎是：战略视野不宽、见事不早，对全球经济治理等新理论、新提法、新动向的研究和理解不深，决策部门分工不明、多一事不如少一事的惯性，实际行动力不强，中央领导未做指示予以重视等，导致中国早期参与的意愿低落；早期参与意愿不高，又使得现有的经济实力没有很好地调动起来，没有在机制、人才、资源等方面及时做好准备工作，使得中国在全球经济治理领域输在了起跑线上；当国际压力上升，国内学界、媒体等呼声一片，中央领导在各种峰会和高层外交场合接触并认可了全球经济治理的提法之后，出现了参与意愿增强而能力建设跟不上的"力不从心"现象。

---

① "智猪博弈"原模型为：假设笼子里面有两头猪：大猪和小猪。笼子一头有一个踏板，另一头是饲料出口和食槽。每踩一下踏板，饲料出口就会落下少量的食物。如果一只猪去踩踏板，另一只猪就有机会抢先吃到另一边落下的食物。假设定量地来看，踩一下踏板，将有相当于10个单位的食物流进食槽，但是踩完踏板之后跑到食槽所需要付出的"劳动"，要消耗相当于2个单位的食物。如果两只猪同时踩踏板，再一起跑到食槽去进食，大猪将吃到7个单位，小猪将吃到3个单位，减去踩踏板耗费各2个单位，大猪净得益为5个单位，小猪净得益为1个单位。如果大猪踩踏板，小猪等着先吃，大猪再赶回去吃，大猪将吃到6个单位，去掉劳动耗费2个单位，净得4个单位，小猪也将吃到4个单位。如果小猪踩踏板，大猪等着先吃，大猪将吃到9个单位，小猪将吃到1个单位，再减去劳动耗费，小猪净亏损1个单位。如果大家都等待，结果是谁都不会吃到食物。

第四节　提升中国参与全球经济治理能力的若干对策

造成中国参与全球经济治理的能力与国家经济实力不相匹配的原因肯定是多方面的和动态变化着的。考虑到客观现实的复杂性以及研究条件的局限，本章仅选取了两个角度对这种落差现象的原因进行探究，即经济实力"能不能"及时有效地转化成全球经济治理能力，以及中国到底"想不想"积极参与全球经济治理并在其中发挥应有的作用。笔者根据上述分析，对今后我国参与全球经济治理提出以下建议。

（一）坚持发展中国家身份是中国参与全球经济治理的重要前提和基本原则

坚持发展中国家身份也就是指中国国际定位问题。只有角色明确，中国才能知道到底如何对作为国际（或全球）秩序的全球或者地区的"公共产品"做出贡献以及贡献多少。[①]随着改革开放和现代化建设事业的不断推进，特别是十八届三中全会之后全面深化改革步伐加快，中国的经济实力和综合国力必将进一步增强，在地区和全球事务中的影响力进一步上升。但应清醒地看到，中国作为社会主义的发展中大国的本质属性，并没有因此而发生任何改变。即使有人把中国列为美国"老大"之后的"老二"，也无法否认两国分属于发达国家和发展中国家的性质差别。中国与世界主要大国以经济指标衡量的表面差距正在快速缩小，但以经济、政治、社会、文化、环境等均衡发展的要求来衡量的内在差距仍然巨大。经济社会发展阶段和国力现状决定了中国的确难以发挥理想中应当发挥的国际领导力、国际影响力，也难以承担过重的国际责任。因此，中国要长期坚持自身的发展中国家身份，以发展中国家的名义来推进全球经济治理体系的建设，积极参与、增强活跃程度。这样做既可以减少西方对中国的猜忌，也可避免过度卷入国际利益纠葛、牵扯过多精力，既可求同存异，与

[①] 庞中英：《关于中国在国际体系中的作用问题》，载庞中英著：《全球治理与世界秩序》，北京大学出版社2012年版，第204页。

发达国家共同应对全球挑战,也有利于维护发展中国家利益,建立更为公正、有效的全球经济治理体系。

(二)提出具有社会性的全球治理主张,中国在参与全球治理的理论层面要有大建树

就目前而言,全球治理的理论大部分是围绕没有世界政府条件下的多边主义治理展开的,其基本原理几乎都是"西方中心主义"的,国内学者大部分都是基于西方治理理论来展开研究的。而全球治理的最终目标或者核心任务是如何建立一套合法、有效的治理理论来妥善解决全球性问题。作为国际体系中的最大公民社会,中国有必要提出系统的全球治理方向和全球治理政策,对现存的西方全球治理理论中不合理的成分提出质疑和挑战,并贡献一些能够在国际学术共同体中站得住脚的概念、规则或理论等。另外可以看到,世界正在走向一个没有霸权、力量相对均衡的国际秩序。[1]中国的全球治理主张应该定义为"社会的和民主的多边主义"[2]。从某种意义上讲,对有效的多边主义的呼吁本质上是对新的国际领导[3]的期盼[4]。因此,中国在制定全球经济治理政策时,不可避免地要考虑到承担国际集体领导的责任,因为责任的增加代表着更多地将本国自身利益和他国利益乃至全人类的共同利益联系起来,为中国在现有的国际制度变革中争取更多的影响力、发言权和决策权做准备。

(三)努力发挥中国在地区体系中的作用,参与各种地区合作机制,实现最低限度的地区(或区域)治理

地区治理可以理解为限于地区范围内的治理,是在全球治理难以取得有效进展时选择的一种退而求其次的治理方式,也是全球治理的重要中

---

[1] 陈伟光:《全球治理与全球经济治理:若干问题的思考》,《教学与研究》2014年第2期,第59页。张建新:《后西方国际体系与东方的兴起》,《世界经济与政治》2012年第5期。

[2] 庞中英:《全球化、社会变化与中国对外战略》,载庞中英著:《全球治理与世界秩序》,北京大学出版社2012年版,第192页。

[3] 这里所讲的国际领导并不是霸权领导,即新的国际领导并不是指霸权的更替,而是指代新的国际集体领导。

[4] 庞中英:《效果不彰的多边主义和国际领导赤字——兼论中国在国际集体行动中的领导责任》,载庞中英著:《全球治理与世界秩序》,北京大学出版社2012年版,第41页。

间环节。随着全球一体化进程的加快,地区安排或者说在地区层面实现社会保护不断涌现,一个很重要的因素就是使区域社会不因为全球化而失去认同感和凝聚力,还有一个就是使该地区国家在国际事务中团结一致,用一个声音说话,增强其话语权和影响力,如欧洲联盟。当前,东亚区域治理可谓是全球治理亟待加强的一个内容,尽管类似于"中国威胁论"等诸多反对声音存在,中国应该依旧加强亚洲尤其是东亚合作,进一步促进亚洲地区的整合。以往的区域一体化进程往往局限于政治和知识精英的沟通与合作,并且多数是为了打造一个地区化的经济市场,鲜有考虑社会因素和除经济部门外的其他部门。那么中国在参与区域治理的过程中,应该更加重视区域的政治、经济、文化等各方面的认同感,将地区治理战略纳入全球治理战略的重要组成部分,并从地区治理的角度调整与欧盟、非洲联盟以及拉丁美洲地区的合作关系。

(四)坚持同新兴大国(核心是"金砖国家")一道积极推动全球经济治理机制的变革

"金砖国家"几乎囊括了世界上最重要的非西方力量,金砖合作成为新兴经济体开展合作的主要平台,持续稳定的合作可以为将来在全球治理中采取集体行动打下良好的基础。全球金融危机和欧洲主权债务危机为全球经济治理体系的变革带来了重要的契机,新兴国家正抓住此次机会,积极争取自身在国际经济组织和机构中的影响力和话语权。自2010年国际货币基金组织和世界银行相继调整投票改革方案后,中国在重要国际组织中的话语权得到了显著提高,是一个好的开头,但必须看到,全球经济治理机制变迁和结构转型是一个长期的过程,治理权的博弈和国际权力的转移必然是曲折的、复杂的。中国作为新兴大国中人口最多、经济规模最大、经济发展最快、对全球经济影响力最大的国家,要想在未来新格局中提升自己的参与能力,就该当仁不让地充当新兴大国全球治理改革的倡导者和协调人,密切与新兴大国的沟通与协调,共同推进新兴大国及发展中国家在改进全球治理体系中的主张和利益,防止新兴大国内部出现严重分歧和矛盾,有条不紊地推进全球经济治理改革。倘若能够有效地推动金砖合作机制长远发展,并使之成为能够与"八国集团"相媲美的国家集团,那么中国将在复杂的世界局势中获得重要力量支撑,极大地增强中国与西方国家及其主导的国际组织进行谈判协商的能力。①

（五）积极促进国内治理与全球治理的互动：坚持修炼内功，继续提升自身经济实力，努力消除外部失衡，加快转变经济发展方式

一直以来，国内治理与全球治理的关系是全球治理研究的重要课题，全球治理并非完全取代国家治理②，要实现二者的相互作用，积极的国内治理可以促进全球治理。③经济实力的质与量在很大程度上决定了一国在世界政治经济格局的地位和影响力。"打铁还需自身硬"，只有加快转变经济发展方式，不断提升经济实力和综合国力的质量，中国的经济影响力和话语权才能更容易被全球经济所接纳，参与全球经济治理的能力就越强。如提高经济运行效率，调整升级产业结构，增强市场创新动力，特别是以制度创新为突破口，推动科技创新，实现创新优先的跨越式发展④。如果说改革开放造就了2.0版的中国经济，那么十八届三中全会后，以全面深化改革为动力，将全力打造中国经济的3.0版。只有在经济上彻底改变"四高四低"的增长特征，即"高投入、高消耗、高污染、高速度"和"低产出、低效率、低效益、低科技含量"，才能奠定中国发挥世界大国影响力、增强参与全球经济治理能力的坚实基础。

第五节　结语

一方面，中国经济实力的迅速崛起，对世界经济增长的贡献率不断上升；另一方面，中国在参与全球经济治理的进程中影响力不彰，甚至经常在愈演愈烈的经济贸易纠纷中处于"被动挨打"的局面。这种"落差"成为

---

① 庞中英：《全球治理：中国的战略应对》，《国际问题研究》2013年第4期，第65页。
② 约瑟夫·奈：《全球化世界的治理》，王勇等译，世界知识出版社2003年版，第13页。
③ 庞中英：《全球治理：中国的战略应对》，《国际问题研究》2013年第4期，第63页。
④ 王保安：《中国经济升级版应如何打造》，《求是》2014年第1期，第23页。

崛起的中国走向国际舞台中心过程中一个值得注意的现象。

国家经济实力的增长必然会要求得到与之相匹配的话语权和影响力，来确保自身当前或长远的经济利益。通过考察中国参与国际组织的数量、在国际经济组织中的地位和作用、对国际经济规则的参与或影响力以及参与国际经济组织的改革与管理四个方面的内容，本文认为，目前中国参与全球经济治理能力不彰现象非常明显，并且贯穿于经济、贸易、金融等各个领域。在对国家经济实力、全球经济治理能力两个概念进行具体的度量后发现，近年来我国全球经济治理能力的平均增长率（约为10%）要远远低于其经济实力的平均增长率（约为22%）；并且在未来的3到5年内，这种差距会继续拉大，落差现象更为显著。

如同价值规律，国家的经济实力是该国参与全球经济治理能力的基础，全球经济治理能力和经济影响力总是围绕着经济实力上下波动。国家经济的持续高速增长会带来该国综合国力的显著提升，从而打破世界各国间原先的实力平衡状态；各国综合实力与原有国际机制内权力分配呈现出不相匹配的局面，原有的世界经济权力格局便会面临严峻挑战；当原有制度框架下的权力和利益均衡被打破，机制（或制度）变迁成为必然，最终导致以制度、规则为基础的全球经济治理结构发生转型。

过往中国对全球经济治理等新理论、新提法的研究和理解不深，实际行动力不强，导致早期参与的意愿低落；早期参与意愿不高，又使得现有的经济实力没有很好地调动起来，更没有在机制、人才、资源等方面做好准备工作，使得中国在全球经济治理领域输在了起跑线上；当国内外学界、媒体等呼声一片时，中央领导在各种峰会和高层外交场合接触并认可了全球经济治理的提法之后，出现了参与意愿增强而能力建设跟不上的"力不从心"现象。这些同样在相当大程度上制约了中国参与全球经济事务管理的能力发展。

因此，深入研究经济实力向全球经济治理能力转化的传导机制、加强自身参与全球治理的政治意愿，对提升我国参与全球经济治理的能力颇为重要，而落到实处，就要从角色定位、理论建树、地区治理、国内治理、金砖合作等五个方面下足功夫。

第十章　中国参与全球经济治理
——人民币角色 ①

2008年国际金融危机之后，中国为世界经济的复苏做出了巨大的贡献，综合国力、全球影响力和国际地位进一步提升。崛起的中国被推到全球经济治理的前台，历史性地成为全球经济治理的新焦点。中国作为最大的发展中国家，尤其是作为公认的经济大国，面对"担负更多责任"的外在压力和国内经济主体的利益诉求，如何参与全球经济治理，在改革和完善全球经济治理体系中担当何种角色和如何发挥作用，既是国际社会的重要关切，也成了当代中国内政外交的重大理论和实践问题。

第一节　国际货币体系改革是全球经济治理的重要内容

国际货币体系是国际货币关系和规则的总和，主要包括三个方面的问题，即储备货币、汇率体系和国际收支调节机制，其中储备货币是国际货币体系的核心，决定了其他两个方面内容的性质。一般来说，在单一储备货币制度下，固定汇率制度为常态，国际收支具有自动调节的功能；而在多元储备货币条件下，浮动汇率制度是主流，国际收支不大可能自动调节。从历史上看，国际储备货币体系的演变是一个从单一国际货币制度到多元国际货币制度循环往复的发展过程。1914年以前的国际金本位制度时期，黄金是世界通行的储备货币；"一战"爆发后，金本位制度崩溃，国际货币体系处于动荡之中，并形成了英镑、法郎、美元等不同的货币区，反映出国际

---

① 作者：刘兰芬，中国现代国际关系研究院博士。

货币的多元化特征;"二战"结束后,建立了布雷顿森林体系,美元成为等同于黄金的唯一的国际货币;1973年布雷顿森林体系解体,国际储备货币再次走向多元化,除美元外,马克、日元等货币也成为国际储备货币。

国际货币体系改革是一个重要的全球性问题。2008年美国金融危机、欧洲主权债务危机,以及美国的量化宽松(QE)货币政策导致全球经济的持续动荡,一再表明当前以美元为主导的国际货币体系、以美元作为单一主权货币充当国际储备货币已经不再适应全球经济发展的现状,多元化国际储备货币已是大势所趋。那么,究竟怎样的国际货币体系才能够更加适合未来全球经济的发展,同时也能满足中国实体经济发展的需求呢?

(一)中国需提高全球公共产品的供给数量

随经济总量攀升,中国在全球公共产品的直接提供上将进一步提高,特别是在一些国际组织会费或份额的认缴方面。但从一些非限定性的公共产品提供情况来看,表现为中国的贡献相对不足。由于全球公共产品提供是参与全球经济治理的成本,其提供数量反映了一国参与意愿和参与能力,未来需要做出改进和调整。

1. 中国在全球经济组织中的份额不断上升

国际组织,尤其是世界银行、国际货币基金组织和世界贸易组织等全球性政府间国际经济组织,向世界提供重要的公共产品。随着经济实力和国际影响力的提升,中国逐步从全球经济治理的外围跻身核心圈,承担越来越多的国际责任,也日益为国际规则载体和平台运行担负更多的成本和智力支持。

国际货币基金组织(IMF)成员国在IMF的份额基本决定了其在IMF决策中的投票权。随着新兴市场的力量逐渐凸显,其要求提高在世界金融机构话语权的呼声受到重视。2010年12月,IMF通过了被视为其成立67年以来最根本的份额和治理改革方案。在前10个国家的份额比例中,中国的份额大幅上调,排名从第六位跃至第三位。

从表10-1可以看出,IMF改革后最显著的变化是,中国的份额出现大幅上调(由3.994%调至6.390%)。由于除了GDP以外,还要考虑开放度和经济稳定性指标,中国的份额排在第三位,仅次于美国和日本。而金砖国家也全部位列IMF份额的前10位。这次IMF的份额改革方案下,美国拥有15%以上的投票权。而根据IMF的表决机制,美国事实上对IMF重大决定具有一票否决权。未来的份额和投票权状况还取决于大国间的博弈。IMF一般每五年会对份额进行一次总检查来评估其资金是否充足,并根据世界经济的实际情况调整份额公式。

表10-1　IMF改革前后份额排名前10的国家[①]

排名	国家	目前份额(%)	国家	改革后份额(%)
1	美国	17.661	美国	17.398
2	日本	6.553	日本	6.461
3	德国	6.107	中国	6.39
4	法国	4.502	德国	5.583
5	英国	4.502	法国	4.225
6	中国	3.994	英国	4.225
7	意大利	3.305	意大利	3.159
8	沙特阿拉伯	2.929	印度	2.749
9	加拿大	2.67	俄罗斯	2.705
10	俄罗斯	2.493	巴西	2.315

资料来源:IMF。

另外,由于国际货币基金组织雇员的专业性,为基金组织提供独立的消息来源和专业贡献,因此他们对基金组织的影响不容忽视。近年来中国籍雇员人数增长很快,2010年有50位左右,2014年已接近130位,特别是IMF近年来聘用的年轻经济学家中,中国籍的比重很大。[②]

世界银行成员国认购股份的多少根据该国的经济实力,同时参照该国

[①] 注:现行份额公式是包括以下变量的加权平均值:GDP(权重为50%)、开放度(主要是衡量经常项目收支总和)(30%)、经济波动性(经常项目收入和资本净流动的波动度)(15%),以及国际储备(5%)。公式还包括一个用来缩小成员国计算份额离散程度的"压缩因子"(0.95)。

[②] 吴成良:《拖延IMF改革美国遭"最后通牒"》,《人民日报》2014年4月13日。

在国际货币基金组织缴纳的份额大小而定。世界银行发展委员会在2010年4月通过了发达国家向发展中国家转移投票权的改革方案,这次改革使中国在世行的投票权从之前的2.77%提高到4.42%,成为世界银行第三大股东国,仅次于美国和日本。世界银行股份和投票权结构与在国际货币基金组织的份额和投票权结构类似。

按照世界贸易组织的规定,各成员向秘书处缴纳的会费以贸易份额为基础进行计算。2012年中国向世界贸易组织缴纳的会费为1 415.7万瑞士法郎,列第三位;美国第一,为2 368.7万瑞士法郎;德国第二,为1 713.5万瑞士法郎。作为全球重要的贸易大国,中国参与制定国际贸易规则的话语权和能力也在不断提升。中国在多哈回合谈判中,全程深度参与了国际贸易规则的制定。

2. 中国的对外援助规模持续增长

对外援助特别是对一些最不发达国家提供援助,可以起到缓解全球经济失衡、缩小南北差距的作用,也是全球经济治理的主要内容和议题之一。

中国对外援助规模,从占国民总收入比例上看,还远低于经合组织发展援助委员会24个成员国的比例0.30%。不过,中国已经成为非成员中除沙特阿拉伯外的第二大援助提供者[①]。2010年至2012年,中国对外援助规模持续增长,对外援助事业稳步发展。其中,成套项目建设和物资援助是主要援助方式,技术合作和人力资源开发合作增长显著。2010年至2012年,中国对外援助金额为893.4亿元人民币。中国共向121个国家提供了援助,其中亚洲地区30国,非洲地区51国,大洋洲地区9国,拉美和加勒比地区19国,欧洲地区12国。此外,中国还向非洲联盟等区域组织提供了援助。[②]今后,中国将继续增加对外援助投入,进一步优化援助结构,突出重点领域,创新援助方式,提高资金使用效率,有效帮助受援国改善民生,增强自主发展能力。

---

① 数据来源:OECD援助数据库。
② 《中国的对外援助(2014)》白皮书,http://news.xinhuanet.com/politics/2014—07/10/c_1111546676.htm。

（二）国际货币体系是一种全球性公共产品

国际货币体系是调整国际货币关系的重要制度性安排，其在协调国际货币金融政策、促进国际经济贸易活动健康发展方面的作用无可替代。全球金融危机爆发后，国际货币体系改革成为世界各国关注的焦点，也成为全球经济治理的核心议题。

国际货币体系是一种全球性公共产品，它符合公共品的特点：首先，国际货币体系是个整体，它的供给不具有可分性。其次，国际货币体系的消费不具有竞争性。当国际货币体系建立起来后，一国加入不妨碍其他国家也加入。最后，国际货币体系的消费不具有排他性。各国从稳定的国际货币体系中都可以受益，一国的受益并不会减少别国的受益。相反地，加入国际货币体系的国家越多，国际货币体系运作越有效，体系中的国家受益越大，形成了一种收益递增的网络效应。

按照经济学的基本原理，公共品的市场供给必然是无效的，因此它通常由一国政府提供。但国际社会中并没有一个世界政府，这就形成全球公共品供给的难题。美国学者金德尔伯格首先将公共产品理论引入国际关系学，提出国际经济体系的稳定运转需要由某个霸权国家来承担"公共成本"，这就是所谓的"霸权稳定论"。金德尔伯格通过对20世纪30年代经济大危机的研究，认为没有一个有能力的大国愿意承担制止危机的责任是危机扩散的主要原因，并认为霸权国的作用不仅仅局限于充当发行世界货币和充当全球最后贷款人的角色，还可以为国际货币体系的稳定发挥积极作用，霸权是保持国际货币体系稳定的唯一途径。从金本位到布雷顿森林体系，历史上运行成功的国际货币体系都是由霸权国提供的。而在霸权国家更替的过渡时期，就出现了两次世界大战之间国际货币体系的混乱[1]。国际金汇兑本位制时期是一个霸权缺失的时期，虽然在国际货币金融领域开展过一些国际合作，但收效并不明显。英、法、美三国出于本国经济利益的考虑，缺乏合作的基础。国际金汇兑本位制最终崩溃，验证了缺

---

[1] B.Eichengreen: "Hegemonic Stability Theories of the International Monetary System", NBER Working Paper, No.2193, 1987.

失霸权的合作是困难的。"二战"催生了美国霸权，布雷顿森林体系的建立和运行机制都反映着美国的利益，但随着美国国际收支状况的恶化，美国霸权逐渐衰落，布雷顿森林体系也逐步瓦解。牙买加体系下，发展起多个挑战美国霸权的国家和地区。在这种背景下，在世界货币金融领域，多层次多方面的国际机制逐渐丰富起来。

2008年国际金融危机使国际货币体系改革问题凸显，该领域的国际治理也成为世界各国的共识。由于国际货币体系具有全球公共产品的特征，一国货币的国际认知度与国际化程度，直接反映其在货币体系中的地位，推进人民币成为国际储备货币是中国参与全球经济治理的努力方向。

（三）国际货币体系改革的必要性和前景

由美国次贷危机引发的国际金融危机在造成世界经济衰退的同时，也凸显了当今世界经济发展失衡的一个重要根源：现行的国际货币体系存在制度性缺陷。改革现行国际货币体系，推动国际货币体系向多元化、合理化方向发展，已成为当今世界经济金融发展的重要问题。

"二战"后至今，真正充当国际结算的主要工具还是美元，真正的多储备货币体系没有得以建立。因此，改变美元的核心地位是国际货币体系改革的关键，因为如果美元在国际货币体系中的核心地位没有发生根本变化，即使各国推进外汇储备多元化，美元的锚定作用也会使得国际货币体系中的系统性风险依然存在。有鉴于此，以金砖国家为代表的新兴经济体在贸易和融资中呈现出明显的去美元化倾向，减少美元在外贸和金融体系中的比例，加强本币的地位和作用。但与此同时，培育能够代表新兴经济体承担国际责任的新的国际储备货币是更加迫切的任务，人民币无疑是最佳选择。

对于国际货币体系前景的主要判断为：在短期（5~10年内），美元的霸权地位不会发生明显的变化，它可能受到一定削弱，但欧元、日元、人民币或特别提款权都不可能取代美元。在中期（10~20年），随着人民币国际化的逐步推开，人民币将与欧元、日元、英镑、卢布等货币一起挑战美元，迫使美国让渡更多的国际货币权力。预计届时人民币应该成为特别提款权的篮子货币之一。

第二节　中国参与国际货币体系改革

(一)中国参与国际货币体系改革的历史变迁

长期以来,中国一直被排斥在国际货币体系之外,这与中国的社会制度及相关政策不无关系。封建社会时期,中国长期实行贱金属本位制,唐朝之后在日常交易中开始出现白银。然而,正当西欧各国通过开辟新航路建立普遍联系的同时,明朝时代的中国却实行了闭关锁国的政策,这一政策带来的是中国贸易、文化、制度、技术等与国际交流的隔绝。辛亥革命以来,特别是国民政府时期虽然进行了多次币制改革,但恰逢欧美国家遭遇经济危机与国内革命的混乱局面,这样的币制改革不但没有使中国加入国际货币体系的行列,反而成为依附于西方国家并且被西方国家转嫁危机成本的对象。新中国成立以来,通过经济发展和对人民币汇率以及外汇管理体系的多次改革,中国已经以一个崛起大国的姿态在国际货币体系改革中发挥重要作用。

(二)中国参与国际货币体系改革的策略——人民币国际化

国际货币体系对中国开放经济的运行有着多方面的影响,包括对外贸易、对外投资和国际储备等,主要是通过汇率变量发挥作用。因此,中国积极参与国际货币体系改革。但中国参与国际货币体系改革是一个长期过程,而不是某一时间点上的一次行为。

就目前现状而言,一方面,中国没有能力对现行国际货币体系进行根本性变革;另一方面,中国还需要依靠现行国际货币体系的制度框架,为国民经济发展提供条件。因此在现阶段参与国际货币体系改革的重点应该是在现有国际货币体系框架下,为本国争取到更多的利益。同时,我们也应该看到,在现行国际货币体系框架下的改革无法摆脱美元霸权的影响,发达国家主导国际货币体系的格局无法改变,发展中国家与发达国家的地位并不平等,所以在现有国际货币体系框架下的改革只是暂时之计,中国还要谋求在国际货币体系中占有一席之地,即推动人民币国际化的进程。

所谓货币的国际化,是指主权国家的货币走出国门,逐步成为世界普遍接受的国际货币的动态演变过程,是该国综合国力、对外开放度、经济发展水平和在世界政治经济格局中影响力的集中体现。中国学者李稻葵曾从中国的视角分析了国际货币体系改革问题,提出了人民币国际化是中长期内中国推动并参与国际货币体系改革的最现实、有效方式[①]。人民币国际化战略是中国参与全球经济治理的重大战略目标,也是中国在未来全球经济治理体系中占据主导地位的重要支点。一国货币的国际化程度,很大意义上是一国国际地位的表征。因此,中国要想获得世界上举足轻重的大国强国地位,实现"两个一百年"奋斗目标和中华民族伟大复兴的"中国梦",应将人民币国际化上升到国家战略层面,并统筹好人民币国际化与"走出去"战略、"丝绸之路经济带""21世纪海上丝绸之路"等国家战略之间的协同效应。从现在来看,人民币国际化尚处于初始阶段,世界范围的交易市场还多处于离岸市场的层面,但已经显现出强劲的发展势头。即使发展趋势迅速,但一国本币成为国际储备货币是国家意志推动和市场选择的双重结果。

我们的中长期目标是,争取在2020年之前,促使人民币跻身于日元、英镑等第二层次的国际货币的行列。到21世纪中叶,实现人民币与美元、欧元"三足鼎立"的格局。届时人民币将与美元、欧元平起平坐,并与SDR共同发挥国际储备货币的作用。[②]

(三)中国参与国际货币体系改革的基础条件

1. 综合国力

我国经济实力持续提升和综合国力不断增强,为人民币国际化提供经济基础。一国综合国力和经济基础的强弱是关系到该国货币在国际货币体系中所处地位的决定性因素,经济实力的增强也必将导致一国在世界范围内经济影响力的扩张和国际经济地位的上升,而这种经济扩张和地位上升的一个集中体现就是该国货币走向国际化。图10-1是中国1994—2013年国内生产总值的走势图,体现了中国经济总量的攀升。

[①] 李稻葵:《国际货币体系新架构:后金融危机时代的研究》,《金融研究》2010年第2期。
[②] 徐洪才:《变革的时代——中国与全球经济治理》,机械工业出版社2014年版。

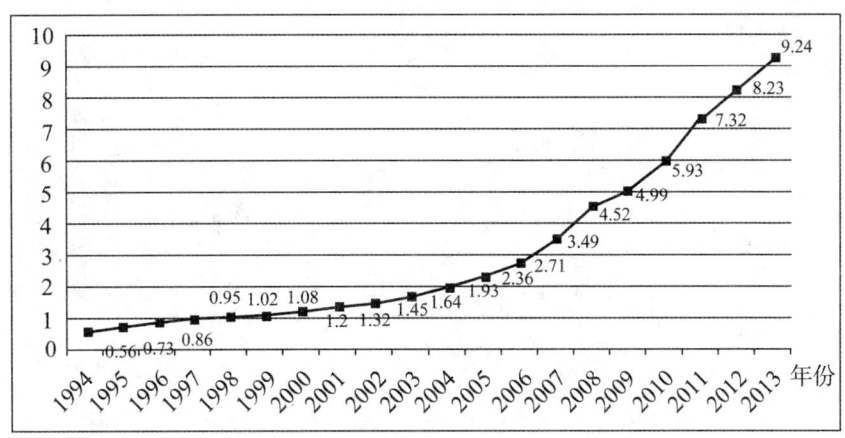

图10-1　中国GDP年度数据①（1994—2013年）　　单位：万亿美元

2. 外汇储备

外汇储备是当今国际储备的主体。国际储备是指一国货币当局能随时用来干预外汇市场、支付国际收支差额的资产。国际储备代表一国的国际清偿力，其数量多少反映了该国清算国际收支及干预外汇市场的能力。而外汇储备在所有类型的国际储备中规模最大，使用频率最高，发挥的作用也最大。因此外汇储备就具有了不寻常的经济意义。

1994年，我国外汇管理体制进行了重大改革，取消企业外汇留成，实行银行结售汇制度，实现汇率并轨，建立了银行间统一的外汇市场，禁止外币在境内计价、结算和流通，禁止指定金融机构以外的外汇买卖，1996年7月起对外商投资企业也开始实行结售汇制度。于是所有进出口和外资引进净额都需要国家以人民币收购，变成外汇储备，这构成我国外汇储备呈高速增长的制度基础。改革开放以来，我国经济高速发展，开放程度不断提高，国际收支持续"双顺差"，这是我国外汇储备高速增长的物质原因。图10-2为我国外汇储备年度数据的走势图，体现了1994—2014年来我国外汇储备的变化情况。巨额的外汇储备会面临资产缩水的风险，但能够增强中国政府的外汇市场干预能力，保持人民币汇率稳定，为人民币国际化提供一个汇率稳定的预期。

---

① 数据来源：世界银行。

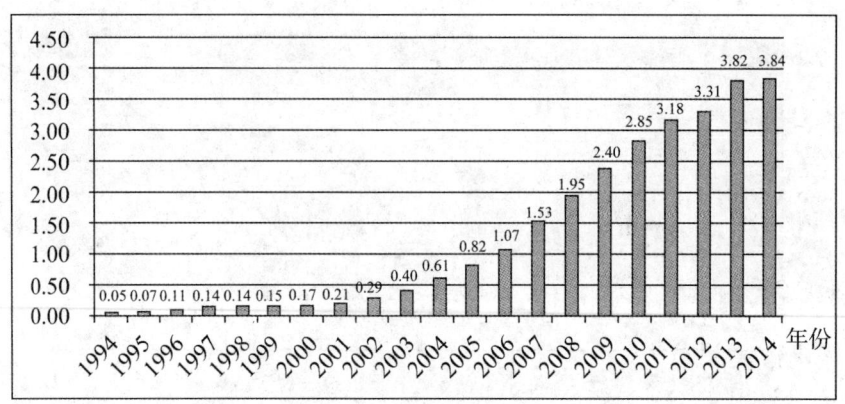

图10-2 中国国家外汇储备年度数据（1994—2014年）[①] 单位：万亿美元

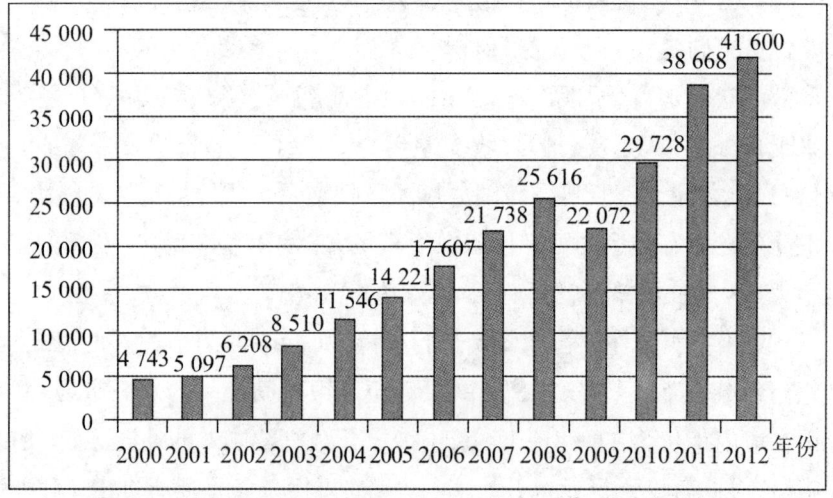

图10-3 中国进出口贸易总额（2000—2012年）[②] 单位：亿美元

3. 对外贸易份额

信用货币流通时期的货币价值必须有强大的实物商品支撑，即强势货币是以强势经济为基础的。一个大的经济体，特别是在国际贸易领域中占有重要地位的国家，本身有推动本币国际化的能力，并且本币国际化也将日益成为经济发展的内在要求。在对外贸易领域，一国经济实力体现在贸易总量上。货币发行国对外贸易量越大，产生的对外币和本币外汇交易需

---

① 数据来源：中国外汇管理局。
② 数据来源：中国商务部。

求越多,该国货币成为定价货币的可能性越大。图10-3显示了中国2000—2012年对外贸易总额的增长情况。2010年中国已经成为世界第二大贸易国,2013年我国货物贸易进出口总额达4.16万亿美元,在世界上排名第一位,占比达到12%[①]。坐上全球货物贸易"头把交椅",仅仅说明中国贸易规模上了一个台阶。我国应更注重外贸发展方式的转变,逐步由贸易大国向贸易强国迈进。

4. 币值稳定性

货币币值稳定性是影响货币国际化的重要因素。汇率稳定既是一国经济实力的体现,也表明以本币计价的金融资产具有安全保障。1994年1月1日,人民币官方汇率与外汇调剂价格正式并轨,我国开始实行以市场供求为基础的、单一的、有管理的浮动汇率制。人民币汇率从1993年的1美元兑5.6元人民币迅速贬值到1美元兑8.6元人民币。2005年7月21日,人民币对美元汇率一次性升值2%以后,不再单一盯住美元,开始实行以市场供求为基础、参考一篮子货币调节、有管理的浮动汇率制度。截至2014年年底,人民币已经累计升值达35%,如图10-4所示。2014年,人民币汇率双向浮动明显增强。

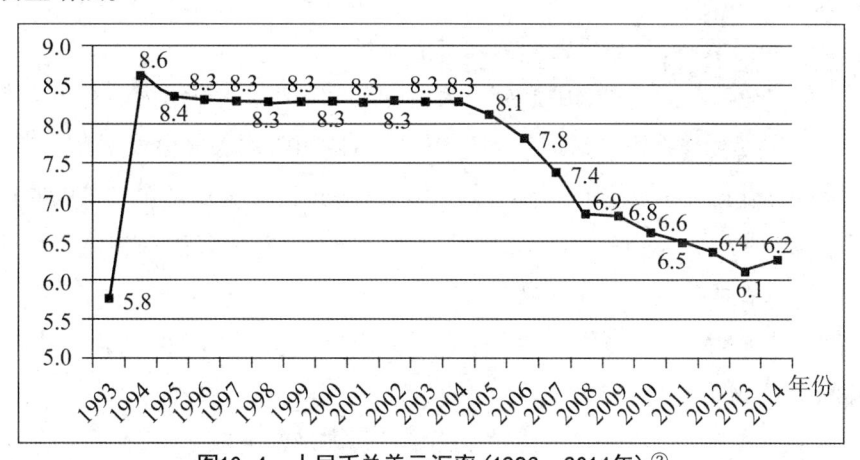

图10-4 人民币兑美元汇率(1993—2014年)[②]

---

① 《中国坐实全球头号贸易大国》,《中国对外贸易》2014年第03期。
② 根据外汇管理局数据整理得到。

第三节 人民币国际化的历史借鉴与现实起点

(一) 历史视角：主要货币国际化历程的比较与借鉴[1][2]

美国GDP超过英国与美元代替英镑成为世界货币，经历了几十年的时间。1914年至1924年，美元在10年间从尚未被国际化使用的货币成为主要国际货币。如果人民币想做计价货币、储备货币——而不只是结算货币，可能这个路程比一般人想象得还要远一些。从历史看今天，会看得更清楚些。

1. 美元国际化的发展过程与借鉴意义

美国的工业革命促使美国经济迅猛发展。到了20世纪，美国提供的商品占全球总量的三分之一，美国成为世界生产大国，这为美元的国际化奠定了坚实的经济基础。

"一战"后，美国由于本土远离战场并且大发战争财，成为世界上最大的债权国和最大的资本输出国，它占有了全世界48.5%的黄金储备。此时美国扩大海外投资，开展金元外交，希望建立金本位制，得到了许多国家的支持。之后的第二次世界大战更为美元的国际化提供了良好的机遇，西欧国家普遍衰落，美国经济势力却空前膨胀。

由于英国在"二战"中遭到巨大的损失和破坏，以英镑为中心的资本主义世界货币体系已经难以维系。1944年7月，布雷顿森林会议通过了《布雷顿森林协定》。该协定规定美元与黄金挂钩，国际货币基金会员国的货币与美元挂钩，美元的国际货币地位由此确立。在布雷顿森林体系瓦解后，美国依赖其具有的存量优势在国际货币体系中继续发挥主导作用，凭借强大的政治经济实力进一步巩固和发展这一优势，使美元在国际货币中继续充当领跑者。

美元国际化的借鉴意义包括：①经济实力是根本保证。美国凭借其优

---

[1] 吴爱民：《人民币国际化：经验借鉴与策略选择》，《中国经贸导刊》2012年11月下，第59—61页。
[2] 孙海霞：《人民币国际化条件研究》，人民出版社2013年版。

越的经济实力在布雷顿森林会议中取代英国,最终确立了美元在国际货币中的主导地位。布雷顿森林体系瓦解后,美元的国际货币地位虽有所下降,但美国的经济实力依然是世界上最强的,所以美元仍是国际贸易和金融市场上最重要的国际货币。②政府积极作为。美国政府把握住重大历史机遇,积极采取措施:增加海外投资、推行金元外交以及恢复金本位制,这些措施在美元的国际化中起到了重要的作用。以美元为中心的布雷顿森林体系建立后,美元成为国际货币,美国政府更是通过"马歇尔计划",直接向其他国家输入大量的美元。③有效的金融市场是必备条件。美元在国际货币体系中独一无二的主导地位与美国拥有世界上最发达、最有效率的金融市场是分不开的。成熟的金融市场、完善的基础设施、多样化的金融产品、广泛的投资渠道和全球性的国际金融中心,都为美元作为国际货币提供了一个良好的平台。

2. 日元国际化的发展过程与借鉴意义

随着布雷顿森林体系瓦解,浮动汇率制成为主要汇率制度,日本开始实行完全的浮动汇率制,日元持续大幅升值。日本政府开始关注日元的国际地位,日元国际化提上议程。日本政府于1980年12月修订《外汇法》(《外汇及外国贸易管理法》),这是日元国际化的重要标志。修订的《外汇法》使得金融机构的外汇资本交易实现自由化,增大日元在国际贸易和收支结算中使用的机会。但是,由于当时日本经济地位仍不稳定,金融市场封闭,外汇管制较严以及对日元国际化持明显的消极态度,日元国际化水平较低。

1987年,日本成为世界上最大的债权国。美国政府为摆脱经济衰退困境,同时消除来自日本的威胁,提出金融自由化、日元国际化的改革方案。在美国强大的压力下,日本政府对日元国际化经历了一个从被动到主动接受的过程,开启日元国际化进程。1985年9月,"广场协议"的签订使日元走上升值的不归路;1986年12月,东京离岸金融市场正式建立,取消外资流出的限制及放宽外资流入限额,允许日本企业到境外融资等。日元国际化水平大幅提高,形成美元、日元和马克三足鼎立的局面。

1999年欧元诞生以后,日元的国际地位进一步下降,日本政府对金融自由化和日元国际化的态度发生了根本性的转变,由过去的注重发挥日元国际化的功能性转向区域发展。其后日本政府相继提出东亚共同货币——亚元、清迈倡议下的货币互换机制等更为实际的倡议,来谋求日元在亚洲的主导地位。

日元国际化与"失去的十年"对人民币国际化的启示包括:①日本的贸易结构容易受到外部冲击。日本是一个岛国,资源相对匮乏,许多原材料需要从国外进口,而这一类产品的计价,通常由生产者决定结算货币[①],也就是美元;另外,日本对美国市场的出口依存度较高,而美国进口商品的80%以上是用美元计价。由此可见,日元的国际支付职能有限。同理,中国高度依赖出口的发展模式也是不可持续的,一个高度依赖外需的经济很难维持币值和汇率的稳定。②国内金融市场尚无法满足国际货币的要求。最初日本国内的金融体系是不完善的,倾向于保护国内金融机构,具有很强的封闭性,银行体系也缺乏竞争力,无法满足日元国际化的要求。之后日本采取了一系列措施完善国内金融体系,对日元的国际化发挥了关键作用。③日元汇率波动大,对美元的固有依赖使得其汇率无法保持独立性和稳定性。20世纪80年代初期,日元对美元汇率的升高,严重破坏了国内金融秩序的稳定,直接导致日本经济衰退和日元国际化进程停滞。④应积极主动地参与区域经济事务。日元起初忽视与区域内经济货币的合作,试图走一条直接的货币国际化道路。在当今以美元主导的国际货币体系中,日本企图直接挑战美元的霸权地位必然遭到失败,国际化的进程也陷入窘境。由此可见,任何一种货币想要实现国际化都离不开与区域经济货币的合作。当年马克走过的道路说明通过区域化来达到国际化也是一条现实可行的途径。1997年亚洲金融危机为日元国际化又一次提供机会,可惜日本政府过于短视,任由日元贬值。

3. 欧元国际化

《巴黎条约》和《罗马条约》是欧洲经济一体化的起点。这两个条约标志着德法两国的联合,组成欧洲各国加强合作的坚实核心。1980年实现

---

① 格拉斯曼(Grassman,1976)提出了国际贸易结算货币选择的"格拉斯曼法则"。

欧洲货币一体化,并提出具体的实施方案,其国际化进程大大提升。1991年欧共体达成《马斯特里赫特条约》,提出欧元的目标是建立欧洲经济与货币联盟和欧洲政治联盟。1997年6月,欧盟签署《稳定和增长公约》《欧元的法律地位》《新的汇率机制》三个协定,由欧洲中央银行和各成员国的中央银行组成的欧洲中央银行体系逐步建立。1999年1月1日,欧元正式启动。

区域货币合作是在美元霸权下的生存选择。欧元国际化是在区域经济一体化的基础上展开的,建立货币联盟,采用趋同的财政政策,形成区域共同体,最终走向国际化。欧元的诞生是货币国际化的一种创新,是区域内各国协调与合作的结果,对于人民币国际化和东亚货币合作具有较强的借鉴意义。

(二)现实视角:人民币国际化步入加速期

中国跨境贸易人民币业务自2009年7月试点启动以来,跨境贸易人民币结算增长较快。截至2014年上半年,人民币跨境贸易结算规模突破12万亿元。2013年年末起,人民币持续位居全球十大支付货币之列。比利时环球银行间金融通信协会表示,2014年11月,人民币超过加元和澳元成为全球五大支付货币之一[①]。覆盖中国香港、新加坡、伦敦、法兰克福、卢森堡、巴黎和悉尼等主要国际金融中心的全球性人民币离岸中心网络雏形初现。

人民币在全球范围的认知度已较为广泛。2013年汇丰集团委托国际知名市场研究公司尼尔森针对全球企业跨境人民币业务情况进行深入调查,范围包括中国和新加坡、澳大利亚、德国、英国及美国等与内地经贸往来频繁的市场,结果发现,有接近半数(48%)受访企业表示对人民币国际化已经有较为足够的理解。伴随着人民币国际化的不断推进,境外企业对跨境人民币业务益处的认知已达到一定水平。其中英国的比例最高,达56%;美国和德国也均达44%;新加坡和澳大利亚略低,分别为39%和33%。人民币跨境业务增长前景乐观。使用人民币的受访企业中,73%表示未来五

[①] 《人民币跨境支付"整装待发"》,《参考消息》2015年3月11日。

年预计跨境人民币业务将会得到增长；其中，预计跨境人民币业务增幅超过20%的占到近30%①。金融业内人士预计，到2015年，人民币将超过英镑和日元，成为除美元、欧元外的全球三大跨境贸易结算货币之一。②在未来，人民币跨境使用发展到一定阶段的时候，自然会产生一种需求，就是人民币逐步、有序地走向可兑换。

2014年，人民币国际化持续推进，主要表现在人民币离岸市场快速发展、境内外人民币投资渠道增多、离岸人民币债券发行量加大等多方面。央行2014年第三季度货币政策执行报告指出，越来越多的国家及地区央行已经或准备将人民币纳入其外汇储备，人民币已成为全球第五大储备货币。随着沪港通、RQDII及金砖银行等新机遇的出现，人民币国际化的进程已驶上快车道。

在2014年6月一个月内，欧洲四个国家同时开通了人民币的结算安排业务。欧洲唯一拥有人民币计价共同基金的卢森堡致力于建造欧洲最大的人民币资金池，共同基金超过2 681亿元人民币资产。作为中国在欧盟区最大贸易伙伴的德国则实现了人民币支付欧洲第一。法国的人民币结算业务则在近两年来实现了翻番增长，中法贸易的10%已使用人民币作为结算货币。英国的人民币业务集中在外汇产品，所有外汇产品的交易量都在上升，2013年的人民币贸易融资额较2012年增长了10%。

2014年前三季度，中国银行集团办理的跨境人民币结算量超过4万亿元，已超过上年全年业务量，同比增长51%。这些数据都表明当前人民币国际化正在提速。而人民币清算行是人民币国际化的"基础设施"，随着建立人民币清算行的国家增多，必将进一步加快人民币国际化的步伐。

2014年7月16日，中国、印度、俄罗斯、南非、巴西"金砖五国"联合发布公告，宣布成立金砖国家开发银行，总部设在上海。这是人民币国际化的重要路径之一。首先，通过金砖银行的设立，中国可以用人民币向金砖国家进行贷款。尤其在基础设施建设上，中国作为制造业大国拥有比较优

---

① 数据来源：汇丰集团，全球企业跨境人民币业务调查报告，2013年7月17日。
② 潘晟：《人民币结算的贸易需求不断增加》，《上海金融报》2012年6月26日。

势,完全可以依据比较优势出口其他国家需要的基础设备,并且可以用人民币进行计价,通过对其他金砖国家基础设施的扶持,同步推进人民币国际化的进程。其次,金砖银行的设立为人民币贸易结算奠定了全球金融体系的基础,并为中国近4万亿美元的外汇储备的保增值途径提供了更多的选择。银行加基金是初期的主要运行模式。随着金砖国家不断实现货币直接清算,减少对其他货币体系的依赖,逐步扩大对世界范围内的发债,金砖银行将对以人民币为中心的金融网络形成起到重要的基础作用。

第四节 人民币国际化的路径选择："三步走"策略

关于人民币国际化路径,学界、业界和政界普遍认为应遵循两个"三步走"策略,一是功能上,采取"计价货币—投资货币—国际储备货币";二是区域上,采取"周边化货币—区域化货币—全球化货币"。具体内容如下。

第一步:人民币超越国界在周边国家和地区被用于商品计价、双边结算和支付货币,即实现人民币周边化。目前人民币已经自发地实现了区域性的流通,与中国边贸往来频繁以及把中国作为重要旅游客源国的周边国家和地区,如在泰国、越南、缅甸、朝鲜、蒙古和俄罗斯等国,人民币的流通规模不断扩大,使用范围也越来越广。目前俄罗斯、越南、巴基斯坦、尼泊尔和蒙古等国已经批准在出口贸易中使用人民币结算。

2010年,中国启动了人民币国际化进程,批准内地部分试点企业使用人民币进行跨境贸易结算,并于2012年推广到所有中国出口企业。

第二步:使人民币在亚洲或亚洲经济集团范围内被广泛用于商品计价、双边及多边结算和支付货币,即实现人民币的区域化。历史经验表明,货币的区域化是国际化的必经之路,英镑在英联邦、美元在美洲、德国马克在欧洲都经历了这一过程,所以积极推进人民币的区域化将有助于实现人民币的国际化。

人民币区域化的推进离不开有深度的金融市场。为了更好地满足人民币的境外需求,需要完善和发展人民币离岸中心。首先,要充分发挥我国香港地区人民币离岸金融中心作用。香港作为一个成熟的金融中心,金融管制较为宽松;地理位置优越,交通发达,通信先进;有较成熟和完备的金融制度与金融机构,并且与国际市场联系紧密。此外,香港与内地在地理位置上邻近,经济联系紧密,适合开展人民币业务。2008年12月8日,国务院在《关于当前金融促进经济发展的若干意见》中,又一次明确香港作为国家对外经贸金融发展的国际金融中心地位。其次,加快上海国际金融中心建设。在全球金融中心50强排名中,上海位列第31位,是中国内地最具有潜力成为国际金融中心的城市。最后,深化亚洲货币合作。一方面可以利用亚洲的新加坡、东京、巴林、马尼拉等离岸金融中心,推行人民币业务,借助这些离岸金融中心庞大的交易网络推进人民币国际化进程;另一方面,与东盟在贸易、旅游、投资和金融领域内开展全面合作。

2000年5月,东盟十国和中日韩财长在泰国清迈共同签署建立双边区域性货币互换网络协议,即《清迈倡议》。《清迈倡议》的本质是在东盟和中日韩(简称"10+3")框架下的一种双边美元互换安排。2009年12月,东盟与中日韩财长最终同意建立自我管理的外汇储备库(总规模为1 200亿美元,中日各出资384亿美元,各占32%;韩国出资192亿美元,占16%;东盟十国出资比例为20%),解决了《清迈协议》的双边缺陷,完成了由双边互换向多边互换的转变,实际上是亚洲货币基金的雏形。

区域性的货币合作是有效减少货币领域风险、形成稳定货币储备结构的重要手段。中国的区域性货币合作战略,应着力深化亚洲区域的货币合作体系。中国学者樊纲曾提出"货币互持"的建议。他认为,"货币互持"是实现储备货币多元化、减少对美元依赖的一种手段。按照这种方式,中国目前40%左右的进口是从东亚地区进口的,如果我国能够在亚洲的范围内做出必要的正式安排,在理论上就可以大大减少美元资产的持有①。

第三步：推进人民币的国际化进程，实现人民币成为国际储备货币的目标。任何一种国际货币背后必然都是一个经济实力、综合国力强大的货币发行国。中国必须不断增强自身经济实力，提升综合国力。一国货币要成为能够在私人商业和金融交易中广泛使用，并且被各国中央银行和政府作为储备货币而持有的国际货币，一般应具有规模、稳定性和流动性三个本质属性。规模是指在货币发行国和世界其他国家的国际交易中，有很大的市场使用规模；稳定性是指货币价值保持稳定，汇率不会出现无规律的波动；流动性是指该种货币计价的资产可以自由买卖，其价值不会遭受损失。

第五节　人民币国际化需要通盘经略

（一）政治考量：人民币国际化需要战略支点国家②

所谓"战略支点"国家，类似于布热津斯基在《大棋局》中提出的"地缘政治支轴国家"的概念，就是对实现一国重大目标具有关键意义的国家。这个"关键意义"体现在两个方面：第一，它本身在地缘或者实力地位上，能够对一个国家实现某个战略目标起到重要的支持作用；第二，在一定的国家群体中，战略支点国家具有较强的地区影响力，可以起到一种示范作用，能够通过发展与该国的关系撬动与其他国家的关系。

货币从来就不仅仅是一个单纯的经济概念。它由国家官方强制发行，除了服务于市场流通之外，还服务于国家目标，因而打上了深深的政治烙印。在仍然呈现无政府状态的国际体系中，一种货币能够成为国际货币，除了必要的经济条件之外，还需要坚实的政治力量作为支撑。市场力量无法自发孕育出广受认可的国际货币。因为在国际市场上，除商业行为体之外，作为政治行为体的各国中央政府本身也是某种特定的国际货币的使用

---

① 樊纲、王碧珺、黄益平：《区域内国家间储备货币互持：降低亚洲各国外汇储备风险的一个建议》，《国际经济分析与展望》2010年第11期。
② 《打造中国周边安全的"战略支点"国家》，《世界知识》2014年8月。

者，中央政府对国际货币币种的选择能产生较强的示范效应，进而很大程度上影响私人市场上的币种选择。

网络外部性理论证明，不管是国际货币制度，还是国际货币，只有在其使用者达到一定规模时，才会进入正反馈的良性循环，从而形成具有一定规模的新的网络。为此，人民币国际化既需要国家的推动，也需要世界其他国家和地区的认可和自发选择，另外也离不开适当的国际政治和经济环境。

在人民币国际化战略中，有两种类型的国家十分重要：一是在双边经济活动中，或者在其对外经济活动中率先使用人民币的一些桥头堡国家；二是当人民币出现贬值风险甚至遭受抛售时，有一些仍然坚定地支持的国家。

寻找人民币国际化进程中的战略支点国家，有几个因素需要考虑：一是该国本身具有足够的经济规模，换句话说，该国有较强的支持能力；二是该国有足够的经济意愿或者经济动力来率先使用人民币；三是该国具有一定的区域影响力，能够带动该区域的其他国家使用人民币。按照以上三点，我们可以重点考虑以下国家。

第一个是韩国。其一，韩国在经济合作、朝核问题、反对日本军国主义复活等重大问题上都与我国有共同的利益诉求。其二，韩国经济能力强，GDP排名世界前15。其三，中国是韩国最大的贸易伙伴，韩国对中国的经济依赖较高。如果中韩之间巨大的贸易量使用本币结算，要比使用第三方货币减少很多交易成本——不仅银行要收兑换手续费，也会面临汇率波动问题。2014年7月3日，中国人民银行与韩国银行签署了在首尔建立人民币清算安排的合作备忘录。之后，将确定首尔人民币业务清算行。双方将充分协商和相互合作，做好相关业务监督管理、信息交换、持续评估及政策完善工作。首尔人民币清算安排的建立，将有利于中韩两国企业和金融机构使用人民币进行跨境交易，进一步促进贸易、投资自由化和便利化。

第二个是新加坡。中国外汇交易中心自2014年10月28日起在银行间外汇市场开展人民币对新加坡元直接交易。此举将有利于形成人民币对新加坡元直接汇率，降低经济主体汇兑成本，促进人民币与新加坡元在双边贸易和投资中的使用，有利于加强两国金融合作，支持中新之间不断发展的经济金融关系。环球银行金融电信协会的报告显示，目前新加坡仅次于中国香港,是全球第二大离岸人民币清算中心。随着近年来人民币在东南亚地区使用率的增长,这两种货币间的直接交易将有助于通过新加坡这一东南亚地区的离岸人民币中心来支持该地区对于人民币的需求。

第三个是英国。德国不会成为中国的战略支点国家。因为欧元和人民币未来是竞争关系,德国要捍卫欧元的地位,所以在欧洲大陆很难找到一个战略支点国家。但英国不一样,英镑的定位很清楚,已经无法成为主要的国际货币了。而且英国也是金融立国,伦敦非常希望成为人民币的第三个离岸中心(另两个是中国香港和新加坡)。2014年6月16日至19日,李克强总理访问英国,谈的最主要的成果就是金融方面。2014年6月,中英宣布人民币和英镑可直接兑换。2014年9月12日,英国财政大臣奥斯本宣布英拟发行人民币计价的非中国主权债券,计划规模或达20亿元人民币,并将筹集资金用于英国外汇储备。这意味着首支人民币国债即将登陆西方国家。鉴于英国在全球金融系统的重要地位,此举或将引发示范效应,欧元区、瑞士等其他西方发达经济体的类似举措值得期待。这对于人民币国际化无疑是重大利好,不但将丰富人民币的投资渠道和提升人民币的投资功能,更为重要的是,为人民币最终成为国际储备货币奠定了坚实基础。

第四个是加拿大。中国已是加拿大第二大贸易伙伴。2014年11月8日,中国人民银行与加拿大中央银行签署了在加拿大建立人民币清算安排的合作备忘录。2015年3月23日,加拿大人民币交易中心正式成立,成为北美首个人民币交易中心。该中心成立后将为西方企业从事人民币交易提供便利,多国企业将可借此通过加拿大银行进行人民币交易。这是中国扩大人民币在全球贸易和投资中的使用所采取的一项举措。对加拿大而言,该交易中心将进一步加强与中国的贸易交流。加拿大正寻求摆脱对美国的严重依赖,实现外贸多元化。

第五个是巴西。巴西是拉丁美洲最大的国家,而且是金砖国家成员之一。金砖国家对美元体系都不满意,对因美元波动而给各自国家带来的金融动荡甚至危机都很反感,特别是现在美国仍控制着国际货币基金组织。金砖机制从三亚峰会开始年年提要加强本币结算。2014年7月15日,第六届金砖国家峰会在巴西举行。巴西与中国在支持本币结算、支持约束美元这些问题上有很多共识。

如果我国能够率先跟这五个国家进行一些深度的货币合作，是很有利于人民币国际化的。

（二）经济考量：人民币国际化的配套改革

从国家战略高度认识人民币国际化问题，也是我国深化经济体制改革的内在要求。党的十八届三中全会对全面深化改革做出了战略部署，明确指出要完善人民币汇率市场化形成机制，加快推进利率市场化，推动资本市场双向开放，有序提高跨境资本和金融交易的可兑换程度，加快实现人民币资本项目可兑换。

1. 国内金融体系改革

中国金融体系目前最重要的三个改革包括：

第一，加快推进人民币汇率形成机制改革，改变人民币作为美元附庸地位。中国汇率需要和美元双边脱钩，准许双向波动。中国长期盯住美元，这在历史上起过很好的作用，但现在的时机已到，应该和美元脱钩。脱钩的好处首先是有利于宏观调控。如果汇率对美元可以双向波动了，热钱就不太敢进来了，中国的宏观调控就会更有效，货币政策的自主权就更大。长远地看，人民币不会有大幅度的贬值，但一定要有双向的波动性。目前，中国应抓住人民币汇率双向浮动和接近均衡水平这一有利时机，加快推进人民币汇率形成机制改革。

第二，审慎推进资本账户开放和资本项目可兑换。英镑、美元、日元和欧元的发展历程表明，货币国际化虽然伴随着资本项目的逐步开放，但并不意味着资本项目必须完全自由化。IMF（2012）统计的192个成员国中，基本上没有一个国家的资本账户是完全开放的。就连公认的资本项目开放度最高的国家（比如美国），在不少资本子项目下也存在着不同程度的限制[1]。目前，人民币已经实现经常项目可兑换。我国要在日益完善的金融体系下，在将影响尽可能减少的前提下，逐步有序地实现人民币资本项目下的可自由兑换。

第三，要尽快推动中国国内金融体系的市场化改革。要在保证国家金融安全的前提下创新性开展金融市场建设，推进利率市场化，改革外汇管

---

[1] 熊园：《提升人民币国际化的战略构想》，《宏观经济》2014年，第54—56页。

理体系与人民币形成机制,建立以市场配置资金为主、在政府主导下充分发挥市场作用的金融体系。重点发展货币市场业务,规范证券市场秩序,建立健全统一的外汇市场,加快利率市场化改革进程,加快离岸金融市场的建立。

2. 启动中国跨境支付系统

中国跨境支付系统的启动将消除人民币国际化最大的障碍之一,并通过减少交易费用和处理时间来提高人民币在全球的使用率。这一系统将成为人民币全球支付的高速通道。当前进行人民币跨境清算要么通过中国香港、新加坡和伦敦等地的人民币离岸清算银行,要么借助在中国内地的代理银行。启动中国跨境支付系统将使中国境外的公司可以直接与它们对应的中国公司清算人民币交易,减少了支付步骤。中国近年来加快了人民币国际化的步伐。央行2014年指定了10家官方人民币清算银行,从而使全球人民币清算银行总数增加至14家。

3. 有序推进人民币离岸市场的全球布局

随着货币互换、清算行的全球布局,人民币离岸中心已实现全时区覆盖,这为人民币跨境结算提供了基础,将人民币业务推上一个新的高度。

作为全球人民币的枢纽,香港地区凭借在全球金融体系中的重要地位以及中国内地转口贸易港的有利地位,已建立全球最具规模与竞争力的人民币离岸市场,拥有最大的离岸人民币资金池。亚洲以外的最具规模的人民币离岸市场正在欧洲逐步成形,首只人民币主权债券已在伦敦成功发行。此外,目前加拿大、澳大利亚以及北美和非洲、中东等多个国家及地区,都在致力于打造全球或者地区性的人民币离岸中心。2014年11月4日,卡塔尔多哈成立了中东第一个人民币清算中心,这是我国央行首次在中东地区建立人民币清算行。2014年11月8日,中国人民银行与加拿大中央银行签署了在加拿大建立人民币清算安排的合作备忘录。2014年11月16日,中国人民银行与澳大利亚储备银行签署了在澳大利亚建立人民币清算安排的合作备忘录。就连一度被外界视为人民币国际化最后一站的美国市场也正在发生微妙变化。人民币离岸业务这块"蛋糕"确实已经越做越大,且同人民币相关的各种金融活动日趋活跃。渣打银行预计2014年年末离岸人民币总资产将至少增长40%,达到2.5万亿元;点心债券市场规模或将突破

7 500亿元。

在人民币国际化的过程中,我们一定要按照符合中国总体利益发展的规律来进行,而不是出于某种局部的利益考虑。人民币国际化需要更多的通盘经略。

第六节　结语

相比美国等发达国家,我国的政治、军事和科技的影响力还存在很大差距。同时,我国在全球金融体系中的话语权还很薄弱,集中体现在:全球的股票市场、金融衍生品市场、股指期货市场、外汇交易市场和债券市场等依旧是欧美国家保持着绝对领先;国际信用评级体系、支付清算体系、国际信用卡组织、国际清算体系、国际货币基金组织等决定全球金融规则的机构仍然由欧美国家所把持。由此来看,人民币国际化的外部条件还远不成熟,人民币要想在国际货币格局"站稳脚跟",还需要付出很大努力。

随着资本项目的不断开放,人民币国际化水平将得到提升。然而,针对当前日益复杂的国际环境和政治、经济与金融形势,当前我国不断显现的地方债、房地产泡沫、企业债、影子银行等一系列金融风险事件,以及汇率和利率形成机制短期内尚难有效形成的事实,资本项目开放作为中国金融体制改革中最为敏感、风险最大的改革,如何稳妥推进资本项目开放变得十分关键。因此,建议我国决策层应提高认识、保持警惕,当前形势和未来一段时期内都不应追求过快的资本项目开放,在保障经济金融安全的基础上谨慎对待资本项目开放。

当前,世界经济不稳定和不确定因素依然较多,中国经济也处于改革攻坚的新阶段。面对国际国内经济的新形势,需要从国家战略高度认识人民币国际化问题,顺应国际货币格局的演变规律,处理好与资本项目开放的关系,并寻求人民币国际化道路的新突破。在参与国际货币体系改革工程中,中国的人民币国际化之路任重而道远。

第十一章　美欧经贸协作与中国的应对
——以TTIP为例

国际经济协作指由各国政府出面,通过协商谈判达成协定或建立组织,采取一致的或相互配合的政策措施,对世界经济运行的过程进行联合干预,从而缓解世界经济运行中的矛盾,保障世界经济运行比较正常的秩序并促进世界经济和各国经济的增长。[①]

随着经济全球化和一体化的不断深入和发展,特别是2008年国际金融危机爆发以来,国际经济协作对全球经济治理的作用日益加大:一是协作领域不断拓展,即从贸易政策、汇率政策、财政政策、货币政策等宏观经济政策,扩展至竞争政策、收入政策、价格政策、环保政策、能源政策等微观经济政策,且协作中的政策越发相互交织,协商谈判往往是"一揽子协议"。二是协作需求日益急迫。这一点从IMF 2008年10月就呼吁采取快速、有力和协作行动来应对经济困局[②],到2014年6月强调政策合作是促进增长和限制溢出效应的关键[③],再到2014年11月举办主题为"Cross-Border Spillovers and International Policy Coordination"的经济论坛[④],以及美欧之间、亚太之间等不断启动的经贸谈判中,可见一斑。三是协作效果依然明显。2010年10月,时任IMF总裁卡恩在以"合作是我们步出危机的出路"为题的演讲中称,单靠国内政策无法解决全球问题,协作一致的政策对走出危机十分有效。IMF的分析表明,在未来5年内,改进经济协作可以提高全

---

① 何树全:《当代世界经济学导论》,上海人民出版社2011年版,第342页。
② http://www.imf.org/external/chinese/np/sec/pr/2008/pr08245c.pdf,最后上网时间:2016年3月1日,下同。
③ http://www.imf.org/external/chinese/pubs/ft/survey/so/2014/pol061914ac.pdf.
④ http://www.imf.org/external/np/res/seminars/2014/arc/index.htm.

球经济增长2.5%。①2014年4月，IMF总裁拉加德在以"通向全球可持续增长之路——政策议程"为题的演讲中称，加强国际协作是头等大事，与以往任何时候相比，经济繁荣更加依赖国际协作。未来的5年中，改进经济协作可提高全球经济增长2%。②2015年4月，拉加德又再以"让我们携手推动当前和未来的经济增长"为题演讲指出，通过共同努力，我们才能赢。③

作为全球最大的两个经济体的美欧，两者间的经济协作对全球经济治理，无疑有着不可忽视乃至引领性的影响。经贸协作虽只是两者经济协作的一部分，却是最重要的部分，其内容是包罗万象、纷繁复杂的。其中最具现实影响的研究算是已经启动谈判但尚未达成的TTIP（Transatlantic Trade and Investment Partnership，跨大西洋贸易与投资伙伴关系协定）。本章就以TTI作为研究对象，分析美欧经贸协作的影响以及中国的应对之策。

第一节 提出的背景和动因

（一）历史背景

TTIP的提出并非突发奇想，也并非无源之水。美欧之间寻求经济协调与合作，一直是双方磋商的重要议题之一。类似TTIP的设想从"二战"结束后就已出现，有关构想和方案层出不穷、花样翻新，各种版本的酝酿几经周折，跨度长达半个多世纪。

回顾历史，早在1949年，欧洲就曾拒绝过加拿大提出的"让北约既成为一个军事联盟又成为一个经济联盟"的建议。20世纪70年代后，美国政界和经济学家曾多次有过类似构想的表述，并在不同场合提出以某种形式在美欧之间建立一个跨大西洋自由贸易区。其中主要代表人物，如美国国会领导人艾尔·厄尔曼和比尔·布雷德利就曾有过相关提议；1989年，美国经济学家加里·赫夫鲍尔也提出，建立一个自由贸易和投资协定是继乌拉圭回合完成后在贸易自由化方面的必然选择。④但直到冷战结束前，跨大

---

① http://www.imf.org/external/chinese/np/vc/2010/101210c.pdf.
② http://www.imf.org/external/chinese/np/speeches/2014/040214c.pdf.
③ http://www.imf.org/external/chinese/np/speeches/2015/040915c.pdf.
④ 王东：《跨大西洋自由贸易区构想与欧美联盟关系》，《当代世界》2007年第2期。

西洋经济合作只停留在设想阶段。

冷战结束后,美欧展开了新一波的合作尝试。1990年11月,美国和欧共体发表《跨大西洋宣言》①,初步提出了构建跨大西洋贸易伙伴关系的构想。1995年美欧马德里首脑峰会达成的《新跨大西洋议程》②中写道,双方为了应对来自内外部日益严峻的挑战,要在过去50多年的合作基础上,提升跨大西洋伙伴关系。其中重要举措之一是"决心"创建"新跨大西洋市场"(New Transatlantic Marketplace, NTM),以拓展双方的贸易和投资机会并促进就业。同年,双方成立了"跨大西洋商业对话"③机制,以推动美欧政商领袖就彼此之间的贸易和投资障碍等问题进行磋商,促进经济增长、创新和安全。但由于提议过于模糊和紧迫性不足等原因,NTM只停留在倡议阶段。

1998年,在时任欧盟委员会贸易委员布里坦的主导和推动下,欧盟委员会发表题为"新跨大西洋市场"公报,呼吁美欧间进行"经济整合",在2010年前实现美欧间完全取消工业制成品关税、创建双边服务贸易免税区等具体目标。但因美国于同年通过了经济排外的赫尔姆斯-伯顿法和达马托法,引发欧盟强烈不满,欧盟要求将解决双方在上述问题上的分歧作为推进NTM的"先决条件"。同时,一些欧盟成员国出于各自利益考虑也反对建立NTM。时任法国总统希拉克认为,建立"欧美共同市场"将损害法国通信、农业和"知识创造"产业,欧美双边机制将削弱WTO多边机制,并对英国人布里坦"会将对美协作置于欧洲内部协作之上"表示担忧;荷兰认为,"NTM未纳入农产品,不利于推动欧盟共同农业政策改革",因而持反对意见;德国、比利时等国对NTM也并不积极。欧盟委员会的勃勃雄心因此受挫,最终美欧只是达成了具有象征意义的"跨大西洋经济伙伴关系"。④此后直到20世纪结束,跨大西洋经济合作一直没有被列入美欧首脑峰会的议事日程。

进入21世纪后,被数度搁浅的跨大西洋自贸区重被提上议事日程。

---

① http://useu.usmission.gov/1990transatlantic_declaration.html.
② http://useu.usmission.gov/new_transatlantic_agenda.html.
③ http://www.transatlanticbusiness.org/about-us/history-mission/.
④ 崔洪建:《欧美TTIP:由来、目标与影响》,《国际问题研究》2013年第5期。

2004年，美欧重启"跨大西洋商业对话"，并签署了"扩大欧美经济关系宣言"。2005年，"跨大西洋经济一体化"成为美欧华盛顿首脑峰会的主要议题，"欧美促进跨大西洋经济一体化与经济增长倡议"提出了一体化框架：在统一标准和规则、资本市场一体化、保护知识产权、科技合作、消除贸易与投资障碍、开放服务市场等八个方面实现紧密的跨大西洋合作，其目标是小步消除建立欧美经济区的最主要障碍。2006年，美欧维也纳首脑峰会再次提出将合作拓宽到更广泛领域。2007年年初，上任仅一年多的德国总理默克尔，便利用德国欧盟轮值主席国的身份，宣布把跨大西洋经济一体化确定为欧盟的首要任务，并于1月访美期间，代表欧盟向美提出了跨大西洋经济一体化计划。在同年4月的美欧华盛顿首脑峰会上，时任美国总统小布什与德国总理默克尔共同签署了《欧美跨大西洋经济一体化的框架协议》，并同意建立由欧盟工业委员和美国国家经济委员会主席牵头的"跨大西洋经济委员会"。委员会的主要任务是定期监督框架协议的执行、推进一体化进程、密切双边对话与合作以及提交年度报告等。此外，双方还确定相关领域的部长级负责人定期向各自首脑提交报告。[①]但双方合作的意愿和动力仍然不足，进展缓慢。

2008年金融危机的爆发，令美欧经贸协作明显加速。在2011年11月举行的美欧华盛顿首脑峰会上，双方同意在"跨大西洋经济委员会"的框架下，设立由欧盟委员会贸易委员卡雷尔·德古赫特和美国贸易谈判代表罗恩·柯克共同领导的"就业与增长高级工作组"，为提升双方之间的贸易和投资，进而促进各自的就业、经济增长和国际竞争力，寻找政策和方法。[②]2012年6月，工作组发表了"中期报告"[③]，认为美欧若能达成全面的跨大西洋贸易和投资协定，必将对双方的就业、经济增长及竞争力产生重大的积极影响。2013年2月11日，工作组发表了"最终报告"[④]，倡议美欧应进行谈判，以缔结一项"全面且富有雄心"的贸易和投资协定。2月13日，美国总统奥巴马、欧洲理事会主席范龙佩和欧盟委员会主席巴罗佐发表联

---

① 孙晓青：《"跨大西洋经济一体化"剖析》，《现代国际关系》2007年第8期。
② http://trade.ec.europa.eu/doclib/docs/2011/november/tradoc_148387.pdf.
③ http://trade.ec.europa.eu/doclib/docs/2012/june/tradoc_149557.pdf.
④ http://trade.ec.europa.eu/doclib/docs/2013/february/tradoc_150519.pdf.

合声明，正式宣布启动各自内部程序以着手TTIP谈判。6月14日，经过欧盟成员国内部谈判后，欧盟委员会获得与美进行TTIP谈判的授权。6月17日，美欧在八国集团厄恩湖峰会期间正式宣布启动谈判。7月8日，TTIP第一轮谈判正式展开。

经过50多年断断续续的尝试和努力，美欧在2013年推出了一版最新的也是作用或影响远超以往的经贸协作方案——TTIP，再一次寻求彼此之间的经贸协作。

（二）现实动因

从美欧经济协作复杂曲折的历史可以看出，TTIP的用意和企图绝不单一。从不同角度看，既有旧有的原因，如降低关税等"边境线上"的贸易障碍，也有当下的原因，如统一标准等"边境线内"的贸易壁垒；既是短期经济的考量，如促进就业、经济增长，又是长远政治的考量，如提升美欧战略协作；既有双边的需求，如降低美欧间的贸易和投资障碍，也有全球的企图，如抢夺新一波全球贸易规则的制定权；既是防御性的，如应对多边贸易谈判受阻，又是进攻性的，如应对新兴国家的挑战；等等。这些动因相互交织，共同构成了TTIP提出的动力。具体看，动因主要包括以下四个。

1. 多边经贸协作受阻，中小型经贸协定效用下降

一方面，自"二战"结束至21世纪初，多边经贸协作对促进经济自由化和注入经济活力，起过重大作用。以WTO（包括其前身GATT）为例，其多轮谈判大大降低了关税壁垒：1947年的日内瓦回合，达成4.5万个税号的减让；1963年至1979年的肯尼迪回合，使得发达国家平均关税下降35%；1973年至1979年的东京回合，平均关税减让35%；1986年至1994年的乌拉圭回合，平均关税减让达39%。[1]但从2001年开始并原定于2005年前完成谈判的多哈回合，不断处于"软重启"或"试探性"重启的状态：2006年WTO总理事会正式批准暂停谈判，2008年再次重启的谈判又宣告破局。虽然在2013年12月第九次部长会议谈判中，终于达成了包括贸易自由化、农产品配额管理、农产品出口竞争在内的"一揽子协议"，实现了WTO自1995年成

---

[1] 王正毅：《国际政治经济学通论》，北京大学出版社2010年版，第375—376页。

立以来的多边贸易协议"零"的突破,但从该协议又称"早期收获协议"以及历时12年才达成看,其后续的谈判的艰难程度不容乐观。可以说,WTO的制定多边贸易规则、组织多边贸易谈判、解决成员间贸易争端三大基本职能中的前两项职能基本名存实亡,只剩国际贸易官司裁判所的职能还发挥一定作用。WTO有被双边贸易谈判架空之势,或者说多边贸易谈判进入了"慢车道",而双边或诸边贸易谈判则生机勃勃。

另一方面,截至2015年2月底,向WTO通报的FTA已达604个,其中398个已经生效[1],但绝大多数是经济大国和经济小国、经济小国之间的协定,GDP前十位的国家[2]之间没有达成任何一个FTA。以美、中为例,美国达成的FTA中,除1992年的北美、2004年的美澳和2012年的美韩自贸协定规模较大外,其余都是小国;中国达成的FTA中,除中国与东盟自贸协定规模较大外,其他协定对象国中GDP排名最靠前的国家是第20名的瑞士,两者GDP相差近15倍。加之,多年前签订的中小型经贸协定的经济促进效用已基本释放。近年来,大型经济体之间谈判FTA的动力逐渐增长,步伐逐渐加快。已经达成协议并生效的FTA包括:2010年10月的欧韩FTA、2012年3月的美韩FTA、2015年12月的中韩FTA。已经达成协议尚待协议各方国内批准生效的FTA:2016年2月的TPP。已经启动谈判的FTA包括:2012年11月启动的中日韩FTA谈判,截至2016年2月,已经进行了九轮谈判;2013年3月欧日启动FTA谈判,截至2015年年底,已经进行了十五轮谈判。2014年3月31日,中欧签署的《关于深化互利共赢的中欧全面战略伙伴关系的联合声明》中写道,双方对中欧投资协定前两轮谈判的成果表示欢迎,并期待尽早达成这一具有雄心的协定。在条件成熟时,签订全面深入的自贸协定。[3]要求中美启动FTA谈判的声音也不少,如美国彼得森国际经济研究所出版社2014年10月出版新书《跨越太平洋:中美贸易和投资协定》,建议双方开启"中美贸易和投资协定"(CHUSTIA)谈判。

---

[1] http://www.wto.org/english/tratop_e/region_e/regfac_e.htm.
[2] 以WB对2013年GDP的统计为准,下同。
[3] 新华网:《关于深化互利共赢的中欧全面战略伙伴关系的联合声明(全文)》。http://news.xinhuanet.com/world/2014-03-31/c_1110032731.htm.

由于FTA的贸易优惠措施通常只适用于成员方，相应地对非成员实施差别性或歧视性待遇，任何没有加入该FTA的国家都将遭受贸易转移等负面影响。从理论上来看，为了克服这些负面效应，非成员方通常可以采用三种策略加以应对，即加强多边贸易谈判、加入已有的自由贸易协定、缔结新的自由贸易协定。[①]

由于WTO多边谈判的成员方利益分歧大，采用"一票否决"的决策机制在多边贸易谈判中无法达成的协议却经常能够在双边或诸边贸易谈判中达成。新区域主义理论认为，由于经济大国参加自由贸易协定旨在获得影响国际经济规则的能力，如果加入已有的巨型自由贸易协定中，后加入的经济大国通常需要全盘或者起码部分接受先加入的经济大国制定的国际贸易规则，这一结果往往是经济大国难以接受的，因此，经济大国更愿意缔结新的巨型自由贸易协定而非加入已有的自由贸易协定。[②]

一旦一个具有相当经济影响的FTA产生，出于担心受到该FTA的歧视性待遇，其他经济体往往会参与或发起FTA，相应地，FTA就会产生"多米诺骨牌效应"而"自我加速"。自2008年国际金融危机爆发以来，全球范围的FTA发展出现了一种新的趋势，即大型FTA的出现和兴起。[③]在这一新的趋势下，TTIP的推出也就顺理成章了。

2. 消除贸易壁垒，激发经济活力，解决就业和经济增长压力

以美国2003年至2007年的数据与2008年至2012年的数据相比来看，GDP的年平均增长率从2.5%降至0.6%，贸易额的年平均增长率从6%降至0.9%，年平均失业率则从5.2%增至8.4%。相应地，欧洲的数据更加糟糕，GDP的年平均增长率从2.2%降至-0.2%，贸易额的年平均增长率从6.2%降至0.4%，年平均失业率则从8.7%增至9.8%。[④]根据世界经济论坛发布的年度《全球竞争力报告》，美国的竞争力排名从2008年的第1名，逐年下滑至

---

① 李向阳：《全球化时代的区域经济合作》，《世界经济》2002年第5期。
② 沈铭辉：《巨型自由贸易协定：走向多边规则的垫脚石》，《新视野》2014年第6期。
③ 沈铭辉：《巨型自由贸易协定：走向多边规则的垫脚石》，《新视野》2014年第6期。
④ 根据IMF的数据整理，并保留一位小数。欧洲的数据是17国，非欧盟28国。

2009年的第2名、2010年的第4名、2011年的第5名和2012年的第7名,欧盟国家的排名下降幅度更是超过了美国。TTIP谈判启动的最初、最直接、最紧迫的动因是各自的国内经济压力,"抱团取暖"的意味浓重。

用以分析FTA经济效应的理论有很多,如关税同盟理论、大市场理论、协议性国际分工理论和相互依赖理论等。由于关税同盟是FTA的典型形式,因此以关税同盟理论为基础,来分析FTA对贸易、投资和社会福利等所产生的经济效应。关税同盟理论认为,FTA会带来静态和动态两种效应。前者包括贸易创造效应、贸易转移效应和贸易扩大效应;后者包括竞争加强效应、规模效应和投资刺激效应。①这六大效应是建立FTA的动因之一。

"最终报告"中写道,美欧的GDP和贸易额分别占世界的50%和30%,每天双边的货物贸易额和服务贸易额分别为27亿英镑和20亿英镑,美欧双边的投资存量高达3.7万亿英镑和2.8万亿英镑,美欧若能在此基础上进一步消除双边的贸易壁垒,必将促进或提升各自的就业、经济增长及竞争力。"最终报告"所列出的TTIP五个谈判内容中,双边性质为主的占了4个。根据欧盟报告,TTIP的达成将使美欧各自的GDP短期内年增长0.5%、长期年增长1%,并创造200万个新的就业岗位。②

3. 掌握新规则和新标准的制定权,抢夺国际竞争的主动权

"二战"以来,美欧等西方国家一直主导着国际经贸体系。但2008年金融危机爆发后,国际经贸格局发生巨变,发达国家经济陷入深度衰退,新兴经济体则在中国引领下持续发展,成为世界经济的主要引擎,全球发展呈现"西方不亮东方亮"的态势。据IMF统计,2007年至2012年世界经济增长的77%(以美元汇率计算)来自新兴市场和发展中国家,发达国家只贡献23%。其间,发达国家经济占世界经济的比重下降9.2个百分点。如按购买力计算,2010年新兴市场和发展中国家经济占世界比重达到50.9%(包括亚洲"四小龙"),即使按美元汇率计算也上升到37%。这是世界经济力量格局的重大调整,全球经贸重心明显向新兴市场倾斜,这是目前西方世界所不能接受的事实。布热津斯基明确提出,要构筑"扩大的西方"用以

---

① 庄宗明:《世界经济学》,科学出版社2003年版,第174—180页。
② http://www.eucentre.sg/wp-content/uploads/2013/06/PB05.Issue5-Apr13.pdf.

应对"新兴的东方"。美国前驻欧盟大使格雷对此直言不讳"为应对崛起大国和国家资本主义力量的不断增强,美欧应联手通过自贸协定建立起'经济北约'"。[1]因此,应对新兴国家的挑战,提高对新兴国家的国际竞争力,是TTIP启动的一大动因。

TTIP除了向内看,借打通美欧的经贸通道激发经济活力、内塑竞争力之外,还向美欧之外看,特别是通过率先主导制定"下一代贸易政策",并推动其成为全球贸易的新标准和范本,以保持在全球经贸谈判中的领航地位,以增强与新兴经济体抗衡的力量[2],是TTIP的另外一个支柱和主攻方向。

美欧自己对此并不讳言。在"最终报告"中,"制定全球关注的规则、原则与新型合作方式"是TTIP的五大谈判内容之一。在2013年2月宣布启动欧美自贸谈判的新闻发布会上,巴罗佐称:"欧美启动自贸协定谈判是以一种强烈的形式体现双方塑造一个开放、有规则世界的决心。"范龙佩也强调,TTIP的目的是"让欧洲和美国成为世界标准的设定者,这具有核心战略意义"。欧盟委员会贸易委员德古赫特在哈佛大学的一个演讲中将TTIP比喻成"欧美所需要的新贸易规则的政策实验室",包括监管障碍、公平竞争政策、本土化要求等方面。德古赫特还指出,这些领域不一定是欧美之间存在的问题,但在全球层面十分重要。欧美的经济总量意味着,许多想进入我们市场的国家将不得不遵守我们制定的规则。经济竞争力不断提升的中国等新兴国家成了欧美开启自贸谈判背后的"假想敌"。[3]

这种以双边推多边的做法,有例可循。以信息技术协定(ITA)为例,1995年美国和欧洲的企业在"跨大西洋商业对话"机制中首次提出了取消信息和通信技术产品关税的倡议,随后美国将该倡议提交至亚太经合组织(APEC)讨论,在取得APEC成员支持的基础上进一步将该倡议提交至WTO,最终于1997年完成相关谈判,达成了包括28个国家在内的覆盖

---

[1] 陈凤英:《从美欧构建TTIP看全球经贸规则的博弈》,《欧洲研究》2013年第6期。
[2] 陆燕:《美欧加速推动跨大西洋贸易与投资伙伴关系协定谈判的动因》,《国际贸易》2013年第7期。
[3] 张正富等:《TTIP谈判正式启动 欧美各怀心事》,《经济参考报》2013年7月9日,第5版。

全球85%贸易额的信息技术产品多边贸易协定。与此类似,美国在与加拿大的双边自贸协定中,开创性地提出了知识产权、服务贸易、投资条款、政府采购等贸易新规则,随后又通过北美自贸协定对上述规则再次加以确认,并进一步提出了环境条款、劳工条款和竞争政策等新内容。与此同时,在WTO乌拉圭回合谈判中,美国依靠加拿大、墨西哥等国的支持,首次在全球层面上推动建立了WTO关于知识产权(TRIPs)、服务贸易以及投资(TRIMs)的多边贸易规则,并形成了关于政府采购的诸边协定。[①]

尽管TTIP宣称"不会以牺牲世界其他地区为代价",但其"跨大西洋伙伴关系"的排他性、封闭性以及双边互惠性,远大于其为第三方和世界经济提供的"好处和便利"。即便TTIP客观上能为世界经济带来一些好处,也只是主观利己、客观利他的"溢出"效应所致。欧美经济规模大、合作程度深、涉及范围广,TTIP谈判在范围和深度上均超过了现有的双边FTA,因此TTIP谈判势必超越当前全球FTA谈判水平,主导未来全球FTA的发展方向。欧美试图利用"规则领跑"来提升自身竞争力,将在很大程度上抑制新兴经济体的增长潜力和发展空间,并加快传统经济体与新兴经济体之间的经贸竞争由产品竞争转向规则竞争。[②]进入21世纪以来,经济全球化进入了"再全球化"的阶段,即从要素跨越国界的自由流动向基于规则基础上的全球化转变。套用地缘政治的占据说,谁掌握了规则的制定权,谁就掌握了竞争力;谁掌握了竞争力,谁就掌握了世界经济。

4. 以经促政,充实和提升"跨大西洋伙伴关系"

经济和政治是对外政策的一体两面,二者的相互促进或妨碍作用巨大。经济不仅能为也应为政治服务。TTIP不仅服务于美欧领导人的国内政治——民意和选票,而且服务于国际政治——国家间关系。

所有的国家间关系都是合作与竞争并存,只是比例不同而已。美欧合作的最大动力随着苏联的解体和冷战的结束,不断消退,二者之间的分歧与竞争的一面日益凸显。美欧合作基石出现松动的最明显的事例就是TTIP谈判启动前的2003年伊拉克战争,美国将欧洲划分为"新欧洲"与"老欧

[①] 沈铭辉:《巨型自由贸易协定:走向多边规则的垫脚石》,《新视野》2014年第6期。

[②] 崔洪建:《欧美TTIP:由来、目标与影响》,《国际问题研究》2013年第5期。

洲"。2008年的国际金融危机给二者敲响了警钟：以欧美为核心的西方世界苦心打造的战后自由主义世界秩序出现了重大危机，受到重大挑战。严峻的形势与对未来衰落的预期为二者的合作注入了新动力。但要形成紧密的合作，双方必须寻找共同的核心利益，而新的共同核心利益显然不是传统上的政治安全或军事安全。启动TTIP谈判就成了合作的突破口。①

"最终报告"中指出，TTIP有利于加强美欧超紧密伙伴关系。美"大西洋理事会"网站载文认为，TTIP不仅是自贸协定，更要建立起一整套协作机制，最终目标是形成美欧利益共同体，即"经济层面的北约"，以应对日益变化的国际经济环境带来的新机遇和新挑战。②美国国务院前政策规划司司长斯考特发表《即将到来的大西洋世纪》，指出美通过开启TTIP旨在传递"欧洲仍是美参与世界的基石"，美欧在经济上高度整合有助于加强双方在其他国际政治层面的合作，共同营造属于美欧的"大西洋世纪"。③比利时智库Bruegel高级研究员安德烈·萨皮尔更称，TTIP的主要目的并非为了经济利益，而是出于应对冷战后美欧分崩离析及北约解散等挑战的政治考量。④

第二节 谈判的进展和前景

（一）十二轮谈判

（1）第一轮：确定谈判框架。2013年7月8日至12日，美欧在华盛顿启动了TTIP的第一轮谈判。此轮谈判的重点是程序，而非深究具体问题。初步确定了谈判框架，包括农业和工业产品市场准入、政府采购、投资、服务、能源和原材料、知识产权、可持续发展、中小企业、争端解决、国有企

---

① 程卫东：《重塑国际秩序·核心：欧美合作的新目标》，《欧洲研究》2013年第6期。
② http://www.atlanticcouncil.org/blogs/new-atlanticist/tilting-the-future-in-americas-favor.
③ http://www.princeton.edu/~slaughtr/Commentary/ComingAtlanticCentury.pdf.
④ http://www.bruegel.org/nc/blog/detail/article/1034-the-transatlantic-trade-and-investment-initiative-hope-or-hype/.

业等20项议题。此外,确定了第二轮谈判将于2013年10月7日在布鲁塞尔开启。①

（2）第二轮：谈判重回正轨。原定在10月7日开启的第二轮谈判,由于美国联邦政府"关门"而被迫取消。美国贸易代表迈克尔·弗罗曼在10月4日与欧盟委员会贸易委员德古赫特通电话时传达了这一消息,并向后者解释,因为联邦政府"关门"造成资金和人手紧缺,美国贸易代表办公室已无法派出团队在既定时间赶赴布鲁塞尔进行谈判。②此外,美国情报部门"监听门"事件令本已进展缓慢的谈判雪上加霜。外界多有预期认为,谈判恢复至少要等到12月。不过,双方高层对推动融合的政治意愿迅速起了作用,第二轮谈判于11月11日重启。双方能如此迅速地恢复谈判,一定程度上出乎外界的意料。

欧盟委员会在11月15日谈判结束当天举行了新闻发布会,发布了正式公告,对第二轮谈判的相关情况进行了简要通报。③根据简报,第二轮谈判在首轮谈判的基础上,重点讨论了投资规则、服务业、能源和原材料,以及规则一致性、贸易壁垒、行业标准等监管问题。在投资方面,双方对比了各自投资自由化和投资保护措施,在达成"富有雄心"的协议方面有较多共识,重申为保护公众利益,双方可自行立法并享有监管自由,希望接下来的谈判能取得进展并形成具体的文本草案。在服务业方面,欧美对比了各自对跨境服务、金融服务、电信业及电子商务的监管措施,开始列举服务业的"市场准入利益",同意在未来两周讨论金融服务业监管合作问题。在能源和原材料方面,双方都认为一个可预见的能源和原材料市场对确保可靠的电力供应至关重要。在监管问题上,双方均认为各行业"同业规则"与"具体承诺"非常重要,探讨了欧美监管一致性以及WTO规则之外的贸易技术壁垒。除了面对面的直接谈判外,美欧双方还举行了视频会议,讨论了医疗措施、知识产权、竞争政策以及中小企业相关的话题。

虽然第二轮谈判如欧盟委员会贸易委员德古赫特和美国首席谈判代

---

① http://trade.ec.europa.eu/doclib/press/index.cfm?id=941.
② https://ustr.gov/about-us/policy-offices/press-office/press-releases/2013/October/Readout-Froman-DeGucht-call.
③ http://trade.ec.europa.eu/doclib/press/index.cfm?id=988.

表达恩·马拉尼在新闻发布会上所认为,"美欧自贸协定的谈判在历经波折后,重回正轨",第二轮谈判是首轮谈判的"继续与深化",为双方提供了一个更加深入讨论欧美经贸议题的机会。但是,未见实质成果且双方分歧依旧存在。美国主张将金融领域排除在外,法国的"文化例外主义"导致音像服务业不能进入谈判,美欧之间的部分农产品仍很难被纳入谈判。诚如欧盟首席谈判代表加西亚·贝尔塞罗所言,现在只是第二轮,还需一步步来。

(3)第三轮:完成"初始阶段"。2013年12月16日至20日,第三轮谈判在华盛顿举行。欧盟委员会的新闻稿①显示,第三轮谈判几乎涵盖了首轮谈判中所列出的全部20项议题。双方定于2014年年初评估2013年谈判取得的进展,并规划2014年的谈判日程和内容。尤其是美欧将于2014年年初提出关税减让建议,并对环境保护、化学品安全、消费者保护、投资保护、医疗卫生等一系列监管规则进行协商,相互承认对方的安全和技术标准,或遵守统一的国际技术标准,以提高监管的兼容度。整体而言,第三轮谈判的结束标志着TTIP谈判已完成"初始阶段"。因前三轮谈判"虚多实小","初始阶段"的成果只限于美国贸易代表弗罗曼所称的"讨论了所有议题的核心要素,并开始面对和协调双方在许多重大问题上的分歧","双方在2014年还有很多事要做"。②

(4)第四轮:进入具体条款。基于欧盟内部强大的保护主义势力,欧盟委员会2014年1月做出谈判暂停三个月的决定,并表示在这三个月期间,欧盟将就谈判中的"投资者—国家争端解决机制"(Investment Protection and Investor-to-state Dispute Settlement, ISDS)条款充分听取民意,以填补法律的漏洞。③在此之前,欧盟内部争议的焦点在于,是否需要在TTIP谈判条款中明确建立投资争端解决机制。

为应对谈判暂停,双方于2014年2月17日展开为期两天的第四轮谈判

---

① http://europa.eu/rapid/press-release_IP-13-1306_en.htm.
② https://ustr.gov/about-us/policy-offices/press-office/press-releases/2013/December/Statement-by-Ambassador-Froman-on-Third-Round-TTIP-Negotiations.
③ http://trade.ec.europa.eu/doclib/press/index.cfm?id=1015.

预备性磋商会议。在这一努力下,第四轮谈判于3月10日提前启动。双方均表示谈判在多方面取得进展。欧方表示,第四轮谈判在市场准入、监管规则和贸易规则方面取得稳步进展。在市场准入方面,双方主要讨论了关税、贸易服务和政府采购;在监管规则方面探讨了提高监管一致性、技术性壁垒、卫生与植物检疫措施;贸易规则方面则主要在可持续发展、劳工与环境保护、能源与原材料贸易、海关与贸易便利化等方面取得突破。此前备受争议的ISDS未来将会被纳入TTIP协定当中。①美国认为,双方的谈判向前迈进了一大步,尤其是作为经济增长引擎的广大中小企业将从TTIP中受益。TTIP谈判必须在不弱化对环境、劳工、消费者、公共健康与安全的前提下进行。②与前三轮谈判相比,此轮谈判已开始涉及议题的具体规则条款。但由于双方分歧尚多,谈判仍未如预期,进展不大。

(5)第五轮:具体条款为主。此轮谈判倒是没有拖延,如期于2014年5月19日至23日在华盛顿举行,且双方也就关税、投资与服务、政府采购和减少监管差异等议题进行了充分讨论,但仍未取得实质性进展。

美国首席谈判代表达恩·马拉尼在新闻发布会上表示,双方几乎所有的TTIP谈判小组都参与了谈判,双方已开始协商大部分谈判领域的文本草案。双方同意在关税、投资与服务、政府采购等领域扩大市场准入,同时提升医疗设备、制药、化妆品、汽车、化学品等行业的监管兼容度。在监管规则方面,双方致力于减少不必要的监管和标准差异造成的贸易壁垒和成本,但不会弱化卫生、安全和环保方面的高标准要求。欧盟首席谈判代表加西亚·贝尔塞罗在新闻发布会上称,双方已开始讨论技术性贸易壁垒、竞争、中小企业、国家间争端解决机制等谈判章节的文本草案。希望双方可以尽快就某些具体行业的监管合作达成一致。③美国贸易代表弗罗曼发表声明说,双方谈判已从讨论基本框架转向为协商主要议题并确定具体谈判方式,双方还有许多工作需要完成。④但从舆论和专家的反应

---

① http://trade.ec.europa.eu/doclib/press/index.cfm?id=1041.
② https://ustr.gov/about-us/policy-offices/press-office/press-releases/2014/March/USITC-Releases-Report-How-TTIP-Will-Benefit-Small-Business.
③ https://ustr.gov/ttip/live-stream.
④ https://ustr.gov/about-us/policy-offices/press-office/press-releases/2014/May/Statement-by-USTR-Froman-on-Conclusion-of-Fifth-Round-TTIP-Negotiations.

看,还远未达到可以达成协议或落实到文本的程度。

(6)第六轮:协商文本草案。2014年7月14日至18日,第六轮谈判在布鲁塞尔举行。欧盟首席谈判代表加西亚·贝尔塞罗在新闻发布会上说,此轮谈判具有很强的技术性,为谈判后期阶段的政治决议做了重要的准备工作。双方同意在关税、服务和政府采购等领域扩大市场准入,提升医药、汽车、化学品和工程等九个行业的监管兼容度。同时,双方讨论的领域还包括可持续发展、劳工与环境、能源和中小企业、国家间争端解决机制等,尤其在中小企业和贸易便利化方面达成统一的文本草案。[1]美国首席谈判代表达恩·马拉尼说,双方正在协商大部分谈判领域的文本草案。[2]

虽然双方进入了协商文本草案的阶段,看似谈判有所突破,但进展甚微,离文本草案出台相距甚远。此时TTIP谈判启动已有一年之久,关于协定本身的争议从未停止,且有加剧之势。在此轮谈判前夕,双方在公共服务、金融监管、海外投资条款等领域的分歧就已显露无遗。如在此轮谈判启动前,英国的全国性反TTIP游行持续了一个星期。英国民众担心,若将英国国家医疗服务系统这一议题纳入TTIP谈判,将令美国的私人投资进入该领域,进而影响服务质量。在本轮谈判的第一天(7月14日),欧盟委员会贸易委员德古赫特迫于英国民众压力,表示将从谈判中排除公共医疗服务的内容。

美欧在金融监管领域的协调进展同样缓慢。德古赫特说:"欧方建议将金融监管尽快纳入谈判程序,但迄今仍未收到美国谈判方的积极回应。"法国巴黎银行被罚事件也凸显了这种分歧。美国司法部门7月初以法国巴黎银行向"黑名单"国家转移资金为由,对其开出89.7亿美元的天价罚单,罚款金额远高于之前美国对苏格兰皇家银行、瑞士信贷集团等机构开出的罚金。法国巴黎银行的行为,没有违反欧盟的法规,却触犯了美国的相关法律,反映出欧美双方监管缺乏一致性,规则和标准的差异较大。由于德国的坚决反对,ISDS仍未被列入谈判议题。新旧分歧短期内看不到妥协的可能。

---

[1] http://europa.eu/rapid/press-release_SPEECH-14-549_en.htm.
[2] https://ustr.gov/about-us/policy-offices/press-office/press-releases/2014/July/Statement-by-USTR-Froman-at-Close-of-Sixth-Round-TTIP-Negotiations.

（7）第七轮：未获突破性进展。2014年9月29日至10月3日，第七轮谈判在华盛顿举行。双方就服务业市场准入、技术法规与标准、减少监管差异等议题的文本草案进行了讨论。双方在国有企业、中小型企业以及海关和贸易便利化等领域的综合草案（consolidated text）已经拟就，关于电信服务的综合草案也即将完成，但进展有限。欧盟首席谈判代表加西亚·贝尔塞罗在新闻发布会上说，美欧双方在夏季前已相互提交服务业市场准入建议，但对于服务业的开放程度以及是否将金融监管纳入谈判还存在较大分歧。美国首席谈判代表达恩·马拉尼在新闻发布会上说，从上一轮谈判以来，双方已从讨论基本框架和谈判方式进入具体文本草案磋商阶段。但这些草案很长、很复杂，需要大量时间进行艰苦细致的讨论和分析。①

（8）第八轮：谈判一拖再拖。谈判在2014年11月陷入停滞后4个月，在美欧双方的政治意愿下，于2015年2月2日至6日展开了第八轮谈判。与以往几轮谈判相同，该轮谈判几乎涵盖了所有议题。但第八轮谈判的举行本身已经表明，在2013年6月启动谈判时宣称2014年年底完成谈判的目标是破灭了。按照新任欧盟委员会贸易委员马尔姆斯特伦的讲法，在美欧投入200人的谈判队伍，历经八轮1 500小时的谈判后，谈判取得了技术性和渐进性的进展，但未获实质性进展，离签订最后文本还有很多的工作要做。②欧盟委员会最新透露的"口风"，也将原有"2015年年底完成谈判"的措辞，降格到了"年底仅完成对TTIP的'框架'谈判"。且欧盟方面还向民众承诺，不到最后的谈判完成阶段，不会同美国敲定是否将ISDS核心条款加入TTIP协定之中。美国驻欧盟大使托尼·加德纳2015年年2月10日表示，欧美谈判双方关注各个领域的具体内容，不会为了迎合时间表而仓促达成协定。"我预计原定于今年年内谈成的TTIP协定至少要延长至明年。"③

（9）第九轮：分歧未见弥合。2015年4月20日至24日，第九轮谈判在纽约举行。双方在减少汽车、医药等行业的监管成本和关税壁垒等方面取得

---

① https://ustr.gov/ttip/press-conference7.
② http://europa.eu/rapid/press-release_SPEECH-15-4182_en.htm.
③ 闫磊：《TTIP谈判时间表或将继续推迟》，《经济参考报》2015年2月12日，第5版。

了一些进展，还就如何更好地促进中小企业跨境发展等开展了商讨，但在转基因产品等问题上展开交锋，部分领域的谈判分歧仍然巨大。①美国贸易代表弗罗曼发表声明称，美方对于欧盟让成员国"自行裁决是否禁止转基因作物"的决定非常失望，美国很难与欧盟在这一问题上取得一致。②美国首席谈判代表达恩·马拉尼说，有关决定将允许欧盟成员国忽视科学证据以及环境事实，同欧盟的国际义务和其所坚持的单一市场原则不符。欧盟首席谈判代表加西亚·贝尔塞罗则表示，相关建议与世界贸易组织的规则是一致的，充分保证了科学在决策过程中的作用。这项建议完全符合欧盟的国际义务，并未对欧盟与美国的谈判构成任何伤害。③有评论指出，谈判在关键领域仍陷于停滞状态。

（10）第十轮：谈判意愿加强。2015年7月13日至17日，第十轮谈判在布鲁塞尔举行。双方贸易代表表示，此轮谈判在市场准入、监管合作和贸易规则等几乎所有方面都取得了一定进展。欧盟首席谈判代表加西亚·贝尔塞罗表示，欧洲议会达成TTIP谈判统一立场和美国国会通过贸易促进授权法案，为谈判注入了新的政治动力。美国首席谈判代表达恩·马拉尼也表示，有机会在奥巴马任期内达成谈判。④此轮谈判与前几轮谈判的相同点是，虽然对外宣称在各领域都取得进展，但此轮谈判并未碰触ISDS等关键问题，双方分歧仍然严重；此轮谈判与前几轮谈判的不同点则是，虽然分歧严重，但谈判的政治意愿大增。

（11）第十一轮：准备加速谈判。2015年10月19日至23日，第十一轮谈判在迈阿密举行。双方第二次交换了关税减让出价，致力于将97%的关税税目完全削减至零。相较于2014年2月欧盟只提议取消85%的美国商品关税和美国仅提议取消69%的欧洲商品关税，取得了不小的进展。欧盟首席

---

① https://ustr.gov/about-us/policy-offices/press-office/speechestranscripts/2015/april/opening-remarks-us-and-eu-chief.

② https://ustr.gov/about-us/policy-offices/press-office/press-releases/2015/april/ustr-expresses-concern-over-eu.

③ https://ustr.gov/about-us/policy-offices/press-office/speechestranscripts/2015/april/opening-remarks-us-and-eu-chief.

④ https://ustr.gov/about-us/policy-offices/press-office/speechestranscripts/2015/july/opening-remarks-us-and-eu-chief.

谈判代表加西亚·贝尔塞罗表示，就税目覆盖面来说，现在双方的出价已经在可比较的水平上了。此外，美国一改此前的消极态度，就包括政府采购、农业市场准入等在内的几乎所有领域提交了新的谈判方案。美国首席谈判代表达恩·马拉尼表示，至此，美方已经几乎在TTIP协议所涉及的所有谈判领域都提出了谈判方案。贝尔塞罗称，此轮谈判使双方离达成协议更近了一步。更为重要的是，在强烈的政治意愿下，双方决定进一步加速谈判进程，并宣布第十二轮谈判将于2016年2月举行。[1]

（12）第十二轮：加入额外谈判。2016年2月22日，第十二轮谈判在布鲁塞尔开启。与以往不同的是，本轮谈判改变了只谈5天的惯例。欧盟首席谈判代表加西亚·贝尔塞罗26日表示，不可能在仅仅一周之内就所有领域进行深入讨论，因此必须加快谈判力度和节奏。不仅要延长此轮谈判的时间，在接下来数周内就原产地规则、公共采购等领域继续谈判，还将在夏休前加入额外的两轮谈判。[2]美国首席谈判代表达恩·马拉尼表达了同样的期许。其表示，双方的共同目标是在2016年7月底之前完成大部分议题的磋商，下半年进行难题攻坚，最终在2016年年底前结束所有工作并敲定协议。马拉尼还强调，双方希望在2016年年底前完成谈判，但不希望是一个"早期收获"或"轻版的TTIP"，而是一个富有雄心的、全面的、高标准的协定。[3]

（二）困难障碍

1. 美欧之间的经济利益矛盾

与美欧经济合作相生相伴的是二者之间的经济摩擦和纷争。经济利益的妥协和让步是谈判的重头戏，因此经济利益的难以妥协自然是TTIP谈判最大的障碍。从历史上看，20世纪双方发生过"鸡肉贸易战""钢铁贸易战""牛肉贸易战"等多轮摩擦。进入21世纪后，波音和空客、美元和欧元之间的竞争激烈程度更是远超20世纪传统的贸易战。随着欧盟实力的

---

[1] http://trade.ec.europa.eu/doclib/docs/2015/october/tradoc_153910.pdf; http://ec.europa.eu/avservices/video/player.cfm?sitelang=en&ref=I110921.

[2] http://trade.ec.europa.eu/doclib/docs/2016/february/tradoc_154325.pdf.

[3] https://ustr.gov/about-us/policy-offices/press-office/speechestranscripts/2016/February/US-Press-Statement-TTIP-Round-Brussels.

不断提升，其要求更多地参与国际经济体系的制定与调整，特别是在制定国际经济规则和技术标准方面，欧洲要求打破美国的垄断。欧盟此举撼动了美国独霸的规则制定者的地位，成为美欧经济冲突的又一热点。[1]

上述的诸多分歧都主动或被动地"带入"了TTIP谈判。美国前贸易代表巴尔舍夫斯基表示，TTIP将是一个很难达成的协定，因为很大一部分谈判的内容都集中在双方政府监管严格的领域，如健康、环保、银行、电信、医药等。而这些壁垒已经存在了很长时间，要消除非常困难。[2]除监管问题外，双方在农产品和高科技领域的保护和补贴问题上分歧严重，数十年来相持不下。而上述这些领域都被美欧界定为彼此的核心利益，让步的空间不大。更重要的是，从前十二轮谈判来看，双方均希望将自己具有竞争力的领域挤入谈判议程，而坚拒对方具有竞争力的领域列入谈判议程。

欧盟智库欧洲国际政治经济中心（ECIPE）的《TTIP：问题报告》指出，"为何欧盟和美国在TTIP上总是谈不拢"的三个重大缺陷之一是：美欧错误理解各自在市场准入方面的谈判意图，引发恶化的报复行为。欧盟谈判官员从一开始就表示，在TTIP中可以涵盖其税目范围的95%；而美国人则回应，TTIP中可以涵盖的美国税目范围是67%。欧盟官员对此种谈判方式感到震怒，并公开表示美国的谈判方式是公然冒犯。美国官员指出，美国以"低标准"开始，是一个标准的谈判开场白，给予了双方达成高标准协定的空间。双方对于市场准入程度的理解，出现了明显的预期偏差。随后，谈判进入了报复与反报复的循环之中。为回应美方做出不讨论金融服务的表态，欧盟宣布作为反制措施，欧盟将不提出任何关于金融服务的文本。时至今日，欧盟也没有就服务业提出任何谈判文本，虽然在其他的自贸区谈判中，欧盟已经在此方面做出了很多实质性协定。

2. 美欧各自内部的政治牵制

第一，美国国内政争。近年来，美国国内政争日益激化，对其经贸谈判造成颇多掣肘。其中TPA（Trade Promotion Authority，贸易促进授权）之

---

[1] 严骁骁：《经贸纷争与合作：美欧关系中的一个重要特征》，《太平洋学报》2014年第6期。

[2] 刘佳：《开启新一轮自由贸易谈判》，《中国新时代》2013年第8期。

争是最好的例子之一。TPA俗称"贸易绿色通道""贸易快车道",其核心作用在于,若无TPA,谈判协定文本被拿到国会去批准时,国会可以任意修改谈判条款,甚至直接否决谈判的结果;若获得该授权,允许美国的贸易谈判代表向国会提交最终的贸易协定时,可不经国会修订,直接进行投票表决。能否获得TPA,对美国及其谈判对象在谈判和缔结贸易协定的意愿和结果,有重大影响。TPA是有时限的,授权到期后需要重新申请新的授权。

从历史上看,美国现有的绝大多数贸易协定都是在获得TPA的情况下签订的。以克林顿政府为例,克林顿利用上任之初剩余的TPA时限,促成多边谈判进程和北美自由贸易协定(NAFTA),并赢得西半球和亚太地区对实现贸易自由的政治承诺。但克林顿争取再次授予TPA的努力遇到阻碍。直到2000年总统大选,克林顿寻求授权之路未获实质进展。缺失该授权的8年间,美国仅参与全球150个贸易和投资协定中的3个。其处理国际与地区事务的影响力显著削弱;相关区域贸易协定几无进展,NAFTA南扩流于空谈。拉美国家对美洲贸易自由化的热情受挫;美国倡导的一体化措施处于"延误、等待"状态,其政治经济战略利益受损颇多。[1]

虽然奥巴马之前的克林顿政府和小布什政府都从国会获得过TPA,但获得TPA并非轻易之举。自20世纪七八十年代起,民主党的选民基础主要变为产业工人。受选民基础变化的影响,民主党从过去支持自由贸易的立场上后退。在过去20多年间,众议院民主党人中的多数对快车道或自由贸易协定投了反对票。在决定是否支持1998年9月克林顿政府提出的TPA申请时,民主党人的赞成票与反对票之比达到了惊人的29∶171,使得这项议案以180票赞成、243票反对未获通过。可以说,民主党人打败了自己的总统。2002年布什政府的TPA申请也全靠共和党人的支持才以215∶214在众议院涉险通过,而民主党人的支持票同样远少于反对票(21∶189)。[2]

面对TPA授权于2007年7月1日到期,2008年上任的奥巴马经过七年

---

[1] 陈功:《窥探美国外贸政策的方向标——TPA授权析解》,《特区经济》2008年第9期。
[2] 朱瑜:《争论与妥协:美国"贸易促进授权"新探》,《亚太经济》2008年第5期。

多的艰苦努力，才在2015年6月获得TPA授权。而6月18日的投票也是仅以218∶208的结果在众议院涉险通过。从"一票不多"（该法案在众议院获得通过的最低门槛为"218票赞成"）的投票结果以及拖延七年才获授权中不难看出，美国国内政争对经贸谈判的牵制乃至阻碍。

第二，欧盟决策程序。在欧盟的立法体系中，即便美欧可以结束TTIP谈判，但这一法案仍需由28个成员国组成的欧洲理事会批准，而欧洲理事会目前仍采用一票否决制度。这意味着，任意一个国家都可以利用其否决权来影响谈判或阻止贸易协定的达成。再有，即便在欧洲理事会中，边缘国家向英法德为代表的核心国妥协，TTIP法案仍需28国议会批准生效。

欧盟决策程序对达成TTIP的障碍是非常现实的。当希腊激进左翼联盟党（Syriza）还是在野党时，就一向对TTIP谈判将信将疑。在Syriza赢得希腊选举上台组建新政府后，再次坚定立场，表示反对TTIP谈判。希腊政府成员断言，"希腊议会永远不会批准TTIP"。希腊成为欧盟中第一个公开对TTIP说"不"的国家。Syriza成员、现任希腊行政改革副部长的卡特卢戈卡洛斯表示，"我可以确保的是，在Syriza占多数的希腊议会里，永远都不会批准这个协定（TTIP）。"[①]

第三，欧盟的民意压力。TTIP谈判的一大特点是其置于公众的持续关注和批评压力之下。美欧官方始料未及的是，TTIP谈判激起了欧盟民众空前的反对浪潮，TTIP的部分议题已经政治化，且有愈演愈烈之势。在反对声中，充斥着欧盟民众对谈判不透明的批评，以及对向美国妥协而损害自身利益的担忧。

一个典型的例子是，由于欧盟民众强烈反对将ISDS条款列入谈判议题，欧盟委员会在第四轮谈判前不得不做出谈判暂停三个月的决定，来开展公众咨询，以缓解公众疑虑。咨询最终收到了15万份回复，创下欧盟委员会公众咨询调查史上的最高纪录。欧盟委员会2015年1月13日发布的

---

① 冯迪凡：《希腊反对欧美重启TTIP谈判前景多变》，《第一财经日报》2015年2月3日，第A04版。

分析报告显示,在其收到的15万份回复中,约97%的公众对TTIP及其所包含的ISDS条款持负面意见,理由是这会损害欧洲国家和公众利益。[①]欧洲议会中左翼的社民党团2015年11月18日组织了一次题为《TTIP和消费者:好的、坏的和丑陋的》的讨论会。社民党团议员、国际贸易事务发言人戴维·马丁称:"我们的立场就是,在TTIP任何章节都不需要任何ISDS条款。"[②]

欧盟委员会贸易委员德古赫特在第三轮谈判暂停中表示,欧盟不会用牺牲欧洲食品安全或消费者标准来达成协定,消费者保护、环境、数据保护和食品标准等议题都不会拿来谈判,TTIP不会成为一个"倾销"协定。荷尔蒙牛肉就是这样一个例子。欧洲禁止荷尔蒙牛肉的规定不会改变,荷尔蒙牛肉不会出现在TTIP的谈判桌上。

2014年11月19日,为了平息内部对谈判透明度的担忧,欧盟委员会宣布了两项新措施:一是在欧洲议会中,将能够接触谈判文本的范围,从一个专门委员会扩大到所有751名欧洲议会成员;二是公布欧盟在TTIP上的具体谈判建议。[③]2015年3月3日,来自欧盟25个成员国的375家非政府组织向欧洲议会所有议员发出公开信,警告TTIP可能助长商业力量而贬低公共健康、环境、食物和劳工利益,从而威胁欧洲民主决策体制。要求欧盟需优先考虑欧盟人民、环境和民主,而不是短期和公司利益。呼吁欧洲议会拒绝未来所有可能有害于公共利益和民主权利的商业或投资协定。具体的要求如:首要方面是要求欧盟官方公开所有与TTIP有关的文件,允许针对谈判文本进行审查和评估;在欧洲议会和成员国议会进行公开辩论,民间组织和工会都可参与其中;要求彻底、永久从TTIP谈判议题中去除ISDS条款;不能接受欧美用"互相承认"的办法来解决谈判中的标准分歧问题(互认是此前讨论最多的解决方案之一)。[④]

---

① http://europa.eu/rapid/press-release_IP-15-3201_en.htm.
② 陆振华:《TTIP谈判陷停滞 欧美贸易一把手急寻出路》,《21世纪经济报道》2011年11月24日,第3版。
③ http://trade.ec.europa.eu/doclib/press/index.cfm?id=1201.
④ 陆振华:《欧盟375家非政府组织反对TTIP谈判》,《21世纪经济报道》2015年3月5日,第8版。

最新的事例有，2015年10月6日，英国《独立报》发表《TTIP是什么？你应该害怕它的六个原因》一文；10月10日，德国多个政党、非政府组织和工会在柏林共同发起反TTIP游行，10多万示威者高呼口号："是的，我们可以——停掉TTIP！"①

3. 美欧谈判之外的诸多障碍

第一，美欧之间的非经济议题的牵制。美欧间共同的核心经济利益只是各自核心利益的一个组成部分，并未取得如同冷战时期安全利益那样绝对核心的地位。因此，美欧在经济上形成共同的核心利益，也不表明它们在其他核心利益上能够达成一致。实际上，美欧关系的新发展并未显示在地缘政治、气候变化、多边主义等问题上取得了新的进展。这些领域的分歧对于"经济北约"的顺利运行将会产生一定的牵制作用。②此外，TTIP只是美欧之间的经贸合作，而美元与欧元之间的是经济领域但更是战略领域的竞争和摩擦，也在一定程度上对TTIP谈判形成障碍。

第二，美日、欧日等经贸协定谈判的牵制。有观点认为，对美国而言，TTIP和TPP相比，象征意义更强。从美国的整体战略来说，处于欧债危机中的欧盟与经济高速发展的亚太地区相比，后者更具现实意义，而与欧盟的谈判，安抚性质更强。要同步推进涉及巨大经济体量的"跨两大洋贸易战略"，美国必须要在"大西洋"和"太平洋"之间做取舍和平衡。③从美官方表态和舆论看，美国显然更看重TPP谈判，其优先性明显优于TTIP谈判，TTP的缓慢谈判进程也间接拖累了TTIP的谈判进度。虽然TPP在2016年2月达成协议，在一定程度上对TTIP未来谈判起到促进作用，但TPP对TTIP的牵制作用不容忽视。一是TPP协议的生效还存在变数，如达成的协议未获85%的成员国议会批准而不能生效，届时对TTIP谈判是一个重大的打击。二是作为"政治早产儿"的TPP协议只是一个中低标准的经贸协议，比照TPP的TTIP难以成为美欧预期的"改变世界游戏规则"的经贸

---

① 冯迪凡：《TTIP重启在即 德国爆发数十万人反对游行》，http://www.yicai.com/news/2015/10/4695408.html。
② 程卫东：《重塑国际秩序·核心：欧美合作的新目标》，《欧洲研究》2013年第6期。
③ 刘歌：《美欧各有一笔账》，《人民日报》2013年7月25日，第23版。

协议。①

欧盟和加拿大在2013年10月18日就双方《全面贸易和投资协议》达成了原则性共识。欧盟成功获得了加拿大海运和空运行业一定的市场准入。这已超出了NAFTA自由化水平。欧盟也希望在这两个行业上得到美国的市场准入。欧盟委员会贸易委员德古赫特曾表示,《全面贸易和投资协议》在海运上取得的进展,给TTIP树立了一个模板。"这会影响我们与美国之间的谈判,我们将之视为一个模板。"②

第三,美欧之外的经济体的抵制和弱化作用。面对美欧的再次联手,其他国家不会束手就擒。以中国为例,以中国牵头成立的金砖国家开发银行和亚洲基础设施投资银行(简称亚投行),以及已经于2015年2月草签的中韩自贸协定和仍在不断推进的RCEP(区域全面经济伙伴关系协定),特别是中国提出的"一带一路"倡议和已经成立的丝路基金有限责任公司,都是对美欧、美日联手的抗衡。英国《金融时报》2015年3月17日以《亚投行背后的美中较量》称,因为英国决定成为由中国牵头成立的亚投行的创始成员,而引发了英美之争。这场争执是美国与中国之间一场日益加剧的激烈竞争的序曲之一,而美中竞争的核心内容是:谁将书写21世纪全球经济规则?③

(三)可能前景

分析TTIP的前景是为了评估TTIP一旦达成可能形成的影响。从这一角度看,分析前景有两个指标:一是达成的时间,即能否如期在2016年年底前达成;二是达成的质量,即签约的文本所涵盖的范围大小和标准高低。

从谈判过程看,在2016年达成TTIP协定是不容乐观的。一是谈判多次被搁置,美欧领导人在第一轮谈判开始之际宣称2014年年底之前达成协定的目标已经破灭,随着2016年的到来,2015年年底前达成协定的目标再次破灭;二是谈判过程中暴露出的障碍和困难颇多;三是未来影响谈判达

---

① 魏民:《TPP协议的天生缺陷》,http://www.ciis.org.cn/chinese/2015-10/10/content_8286653.htm。
② 陆振华:《TTIP谈判重启:欧盟寻求美国海运业市场准入》,《21世纪经济报道》2013年11月15日,第8版。
③ http://www.ftchinese.com/story/001061079? full=y。

成的变数特别是负面因素仍存在。此外，从历史角度看，美韩自贸协定的签署用了六年多的时间；从美国宣布加入TPP谈判到协定的最终达成，用了五年的时间；美国与加拿大和墨西哥签订NAFTA也谈了四年之久。考虑到TTIP远比TPP、美韩自贸协定和NAFTA复杂得多、标准高得多，2016年年底前达成TTIP的可能性不大。

从谈判过程中美欧竞相将自己的优势产业排除在谈判议程之外看，美欧通过联手打造全新、覆盖领域广、标准高的全球贸易规则的企图，较难实现。美国前贸易代表巴尔舍夫斯基表示，TTIP将是一个很难达成的协定，因为很大一部分谈判的内容都集中在双方政府监管严格领域，如健康、环保、银行、电信、医药等。要消除这些贸易壁垒非常困难，因为这些壁垒已经存在了很长时间。统一监管规定和标准是最重要的议题，但也是最难解决的。某些内容即便不涉及敏感问题，但多年以来还是无法统一。比如家用电器电线的长度标准，美国是3英尺（约0.9米），欧洲是1米。但从美欧之间的标准相对接近和远超新兴经济体，以及同意采取"互相承认"的办法来解决谈判中的标准分歧，特别是美欧高层表现出高度的政治意愿看，美欧经济在一定程度上实现进一步的融合，乃至抬高部分经贸领域的标准，还是存在可能的。

因此，TTIP谈判的前景主要有三种：一是在2016年年底前达成一个低标准的协定；二是再用2至3年以上的时间，达成一个高标准的协定；三是如美欧过去50年的谈判一样不了了之。

第三节 潜在的影响

因为TTIP还没签订，而且最终签订的是高标准版还是低标准版仍是未知。因此，分析TTIP的影响指的是潜在影响。从领域看，有经济影响和政治影响；从国别看，有对美欧的影响和对美欧之外国家的影响；从时间看，有短期影响和长期影响。

（一）美欧之间的潜在经济影响

美国彼特森国际经济研究所、美国德国马歇尔基金会、美国欧洲商会、德国国际与安全事务研究所、欧盟消费者协会等多家研究机构从不同角度就TTIP的潜在收益进行了深入研究并得出了各种不同的结论。其中比较有代表性、引用率最高的是由欧委会所完成的、向理事会决策提供建议的《关于欧盟—美国贸易关系未来影响评估报告》，以及由欧委会通过合同委托位于伦敦的独立研究机构——经济政策研究中心于2013年3月完成的《削减跨大西洋贸易和投资壁垒——经济评估项目的最终报告》。[①]后一份报告[②]详细研究了现有的跨大西洋贸易和投资量及其现存障碍，然后用CGE和GTAP等经济计量模型评估了不同情境下可给欧盟与美国带来的潜在经济影响（见表11-1）。

表11-1　不同情境下TTIP对美欧GDP和出口的影响

	有限协定：只取消关税	有限协定：只服务贸易	有限协定：只政府采购	综合协定：不具雄心	综合协定：具有雄心
GDP的变动					
欧盟（百万欧元）	23 753	5 298	6 367	68 274	119 212
美国（百万欧元）	9 447	7 356	1 875	49 543	94 904
双边出口（离岸价格）					
欧盟对美国（百万欧元）	43 840	4 591	6 997	107 811	186 965
美国对欧盟（百万欧元）	53 777	2 859	3 411	100 909	159 098
出口总额（离岸价格）					
欧盟（不含欧盟内部，百万欧元）	43 740	5 777	7 136	125 232	219 970
美国（百万欧元）	57 330	5 488	5 942	142 071	239 543

注：①只取消关税：取消98%关税；

②只服务贸易：取消10%的服务贸易非关税贸易壁垒；

③只政府采购：取消25%的政府采购非关税贸易壁垒；

[①] 周茂荣：《跨大西洋贸易与投资伙伴关系协定谈判及其对全球贸易格局的影响》，《国际经济评论》2014年第1期。

[②] http://trade.ec.europa.eu/doclib/docs/2013/march/tradoc_150737.pdf.

④不具雄心：取消98%关税、取消10%的服务贸易和25%的政府采购非关税贸易壁垒；

⑤具有雄心：取消100%关税、取消25%的服务贸易和50%的政府采购非关税贸易壁垒。

报告除认为TTIP对美欧的GDP和出口有推动作用外，还指出TTIP对美欧增加就业、减少二氧化碳排放和提高能源使用效率有着不可忽视的正面效应。总之，从报告中可以得出的结论是，即使达成有限版本的TTIP，其对美欧的经济拉动也是巨大的；若是达成具有雄心的综合协定，TTIP将为美欧经济的复苏和增长注入强劲和持续的动力。

（二）对中国宏观经济的潜在影响

虽然《削减跨大西洋贸易和投资壁垒——经济评估项目的最终报告》指出，美欧从TTIP的获益并非以他国受损为代价。与此相反，TTIP将对全球的贸易和收入起到正面的促进作用——TTIP最高可为他国带来1 000亿欧元的经济红利。但与这一红利相关的有四个问题：一是TTIP因贸易创造等带来的经济红利，美欧二者获益远多于二者之外的国家。就以报告的数据为准，美欧获利2 000亿欧元，是他国的两倍。二是1 000亿欧元的红利有多少国家和哪些国家分享？三是只有达成最高标准的TTIP才能创造1 000亿欧元，实际上红利将低于甚至远低于1 000亿欧元，且贸易创造的红利越多，贸易转移的负面影响越大。四是报告指出部分红利来源于美欧携手打造的全球贸易新标准而降低的贸易障碍。从以往的经贸协定和常识经验看，对于协定之外的国家，贸易创造效应大多小于贸易转移效应，否则哪国会积极签署一个对他国更有利的协定？排他性和歧视性是经贸协定的固有特点和重要动因。

欧洲贝塔斯曼基金会研究发现，一旦TTIP达成后，由于美欧之间贸易增加，德国与金砖五国、美国与金砖五国的贸易量将分别下降10%和30%。美国马歇尔基金会一位高级研究员表示，欧美为研究TTIP谈判可行性的一个高级工作小组提交的一份报告中涵盖了诸多会直接影响中国利益的建议，如对稀有原材料的出口管制、本土化、国有企业补贴、市场准入、环境与劳工保护等。"上面提到的国有企业补贴、透明度、稀有原材料等话题，都可以在当前中美、中欧之间的经贸摩擦中找到具体案例。如果欧美谈成自贸协定后，以法律的形式固定下来，中国对欧美的出口、在欧美的投资,都会遭遇很大的障碍,中欧、中美之间的经贸摩擦会常态化。"美国智库凯托学会高级研究员丹尼尔·伊肯森直言不讳地说,美欧都希望借此减少跨大西洋的商业运作成本,并以此为基础推动多边贸易体系谈判,同时平衡中国在国际贸易领域日益增强的影响力。[①]

与美欧相比,中国在相互依存中处于更加脆弱和敏感的位置。以2012年为例,进出口贸易总额中53%是出口,而进口中也有很大比例用于出口加工贸易。美欧长期以来一直是中国前两位最大出口目的地,两者合计约占中国出口总值的1/3。这两者之间的自由贸易协定,势必对中国出口产生影响。2012年中欧产品在美国市场相似度为45%,中美产品在欧盟市场相似度为46.4%。这一结果说明中国出口产品与欧美产品具有一定相似性,并且可以预计随着中国出口结构的升级转型,未来的产品相似性仍会继续提高,竞争程度也会越来越激烈。[②]

中国学者的研究也显示,根据TTIP达成版本的标准不同,中国GDP受到的冲击为-0.32%~-0.41%,中国的出口总量受到的负面冲击为-0.2%~-0.24%,但进口量的下降更为明显,因此贸易平衡状况并未因出口的下降而得以改善,贸易条件的恶化程度在-0.1%左右,中国的出口竞争优势受到削弱。[③]

《削减跨大西洋贸易和投资壁垒——经济评估项目的最终报告》的研究表明,TTIP也会为中国带来经济创造的正面效应。但即使存在贸易创造效应,在直至2027年的中长期时段内,也只会使中国的出口增加0.5%、GDP增长0.02%~0.03%。在美欧市场受到较大和一定影响的中国产品金额总计约1 996亿欧元,即使实际贸易转移只有10%,金额也将近200亿欧元,约占中国出口总额的1%、GDP的0.3%。因此,贸易转移的潜在成本远

---

① 张正富等:《TTIP谈判正式启动 欧美各怀心事》,《经济参考报》2013年7月19日,第5版。
② 张平、张晓通:《美欧构建跨大西洋自贸区有关情况及应对》,《国际贸易》2013年第7期。
③ 陈虹等:《TTIP对中国经济影响的前瞻性研究——基于可计算一般均衡模型的模拟分析》,《国际贸易问题》2013年第12期。

大于贸易创造为中国带来的潜在收益。

尽管TTIP会给中国经济造成负面影响,但以上结果并未考虑其他政策因素和中国政企的应对策略,如中国产业结构的调整效果在接下来几年的显现、中国与欧洲贸易伙伴间已达成或将进行的贸易或投资谈判、对出口企业顺应形势变化的引导等,这些政策因素在理论上都可以缓解TTIP对中国宏观经济带来的冲击。[①]再有,毕竟目前中国与美欧在全球产业链中所处的地位不同,而且负面效应占中国对外出口总量不大。因此,短期内不会对中国的宏观经济造成太大的冲击,但长期的负面作用将日益显现。

(三)对全球贸易规则的潜在影响

作为主宰全球价值链分工的公共产品,对新贸易规则主导权的争夺将成为今后一段时期的大国角力点。[②]TTIP谈判和美国主导开展的TPP谈判一起在引领着全球贸易规则的发展分析和基本框架,将对相关国际经贸规则的形成与发展,产生非常直接和重要的影响。与TPP相比,TTIP谈判有着自己不同的特点。如果说TPP更多地把谈判重点放在了贸易与投资本身的话,那么TTIP则在"贸易与投资"的名义下,直接对贸易与环境的关系、贸易与劳动者权利的关系、贸易与竞争政策的关系给予更加突出的关注。TTIP谈判比TPP谈判可能更具前瞻性和深刻性。[③]通过引领全球贸易新规则进而掌握全球贸易的主动权是TTIP的应有之意,甚至可以说是TTIP最大的动因和最鲜明的特色。TTIP的高低版本之别很大程度上也是由新标准的程度而定的。因此,只要达成TTIP,势必会影响全球贸易规则的重塑甚至是全球贸易格局的再洗牌,但影响的方向和程度为何则意见不一。

有观点认为,从全球层面看,TTIP有可能架空WTO,令多边贸易谈判

---

① 陈虹等:《TTIP对中国经济影响的前瞻性研究——基于可计算一般均衡模型的模拟分析》,《国际贸易问题》2013年第12期。
② 章玉贵:《全球进入贸易规则主导权争夺关键期》,《证券时报》2015年2月13日,第A08版。
③ 石士钧:《重视TTIP谈判对全球贸易规则的重大影响》,《外国经济学说与中国研究报告(2014)》。

进一步受阻。TTIP、TTP和欧日自由贸易区谈判标志着发达国家已基本放弃多哈回合谈判,致力于加快双边经济合作进程。从中长期看,美欧很有可能推动这些自贸区进行整合,形成一个由美、欧、日共同主导,横跨美、欧、亚三大洲,涵盖几乎所有发达国家的超大型自由贸易区,金砖国家将愈加感受到贸易阵营化的挑战。①

以中国为例,TTIP给中国参与国际竞争设置了重重障碍,令中国面临在全球贸易中被孤立和边缘化的危险。甚至有学者和媒体发出了TTIP是否令中国面临"二次入世"危机的疑问。②美国倡导的TTIP和TPP采取了"中国除外"(Anyone But China)战略,中国可能在国际贸易新规则制定中再次丧失话语权而被孤立和边缘化。再有,中国一直积极从事FTA构建,但从目前的情况看,数量少且地域范围窄。中国FTA涵盖区域主要集中在亚洲、中美洲和大洋洲,美欧等主要市场没有涵盖在内。TTIP如果再加上TTP,会几乎将中国主要的贸易伙伴"一网打尽"。如果TTIP达成,无论是双边的FTA还是如RCEP(区域全面经济伙伴关系)等诸边FTA,中国FTA建设难度加大。③

也有观点认为,根据历史统计数据,英国自19世纪中期开始在世界贸易中取得了统治地位,高峰是在1870年,出口占GDP的比重为12.2%。美国对外贸易的高峰出现在1975年,出口占GDP的8.5%,进口占GDP的7.6%,合计占16.1%。日本的高峰是1990年,出口占GDP的10.3%,进口占9.4%,合计占19.7%。2008年,中国出口占GDP的35.0%,进口占GDP的27.3%,对外贸易总额合计占GDP的62.3%。十多年前,西方国家对中国加入WTO有决定权,但今天西方国家已经无法再来决定中国的经济前途。按最保守的

---

① 朱晟恺、程志岩:《美欧自贸区谈判及其影响研究》,《中国外资》2013年第14期。
② 李巍:《美欧自贸区:会逼中国"二次入世"吗?》,《中国经济周刊》2013年第24期;赫荣亮:《美欧自贸区带给中国的"二次入世"危机》,《现代物流报》2015年1月18日,第A02版。
③ 张其佐:《美国加速推动建立TPP和TTIP:动因何在?影响如何?》,《光明日报》2013年6月12日,第7版;章昌裕:《WTO困境下的国际贸易新格局与挑战》,《对外经贸实务》2013年第12期。

测算,到2030年时,中国的进出口量也将是美国的1.5倍,是德国的3倍。届时,中国的进口能力也会大增,无论是西方国家还是发展中国家,都更加需要中国的市场。现代世界经济的基本原则是对外开放和市场竞争,所谓围堵、孤立或封锁之说既不合现实,也不合逻辑。①

还有观点认为,当今世界经济的一大悖论在于,各经济体之间越是水乳交融,就越是难以磋商自由贸易协定。换而言之,虽然全球贸易不断前行,在越来越多的国家促进了经济增长和发展,但在全球范围内,贸易政策却显得越来越无足轻重。欧盟和美国以外的国家特别是大型新兴经济体,应该担心的是TTIP失败,而不是TTIP获得成功。如果这一努力落空,不仅意味着市场开放程度减小,或许也说明世界经济中的两大巨头不太愿意在世界贸易体系中发挥领导作用。此外,这项新贸易计划既不是以构筑"跨大西洋要塞"为目标,也不是一种会削弱世贸组织力量的、排他性的、老派俱乐部式的安排。相反,假如运行良好,这项贸易安排将成为少数能够切实地为国际贸易合作注入活力、真正推进贸易自由化议程的战略之一。和其他贸易自由化战略一样,这项战略应该受到贸易自由化支持者的称赞,只有那些希望能阻挡贸易自由化改革的人士才会感到害怕。②

在当今的经济背景下,全球最大的经济体和唯一的超级大国之间形成一个在一定贸易规则引领下的经济一体化组织,无论对于突破多哈贸易谈判的僵局,还是完善区域经济一体化的运作效率,抑或推动目前困难重重的世界经济,都有着不可否定的积极作用。但倘若TTIP和TPP这类贸易谈判被有偏差地引导,那么完全可能产生明显的消极后果:一是贸易多边主义可能被严重侵蚀;二是新兴经济体被明显边缘化;三是发展中国家的经贸利益被重新忽略。③

---

① 宿景祥:《沉着应对全球贸易制度新变化》,《世界知识》2013年第19期。
② 弗雷德里克·艾里克森,禾力译:《美欧贸易谈判动真格的吗?》,《博鳌观察》2013年第3期。
③ 石士钧:《重视TTIP谈判对全球贸易规则的重大影响》,《外国经济学说与中国研究报告(2014)》。

(四)对美欧战略协作的潜在影响

经济相互依存程度的不断提高和经济协作的逐步深化,对于经济领域之外的协作特别是战略协作,无疑有着正面的推动作用。TTIP的达成对美欧战略协作的促进而言更是如此,因为二者的战略协作历史已久且领域广泛。美欧在战略上的靠近乃至联手,其影响就不会仅限于经济领域,而是超越了对全球经济规则和全球贸易格局的治理这一范畴,而对大变革、大调整的国际政治经济新秩序产生不可忽视的形塑和引领作用。

第四节 中国的应对

中国在认识和应对TTIP时应注意以下几点:第一,从协作客体看,TTIP绝不仅仅是经贸问题,更是政治问题和战略问题,有可能对国际经济乃至国际政治的新格局和新秩序产生深刻影响。因此,中国要从战略的高度,而非仅经贸议题来看待TTIP的影响。第二,从协作主体看,TTIP的影响不仅仅限于美欧之间,其影响将会波及、涵盖包括中国在内的新兴经济体以及其他广大发展中国家。因此,中国在应对TTIP时,除了从中美、中欧角度,还应从美、欧与其他国家以及中国与其他国家的角度来思考对策。而TTIP谈判又面临着美欧各自内部的政治、经济、法律等牵制,中国还要紧盯美国和欧盟内部的情况变动,更应充分考虑中国国内的情况。第三,从协作程度看,TTIP的影响会根据最终达成的标准高低和时间推移而不同。对TTIP的影响既不能忽视,也不应过分夸大。第四,从协作性质看,TTIP是正面效应和负面效应并存。中国在思考应对TTIP的对策时,不应限于TTIP的负面效应,也要考虑TTIP的正面效应。这就需要充分发掘TTIP的正面效应,更重要的是要引导TTIP谈判向囊括更多的正面效应靠拢。

具体来讲,要做好四方面的工作。首先,从全球层面看,要旗帜鲜明地高举自由贸易的旗帜,大力推广自由贸易的理念,不断巩固自由贸易的体系。改革30多年的经验,特别是中国入世十多年来的经验表明,自由、开放的世界贸易体系对中国总体上是有利的,是利远大于弊的。对于已进入经济"新常态"和贸易立国的中国而言,更加需要外部世界对中国保持开放。要促使全球经济治理向开放的方向发展,而不是以"公平贸易"来取代"自由贸易",使世界贸易日益封闭,或者至少是区域性封闭。因此,除了自己继续坚持和不断对外宣导自由贸易的理念外,对于WTO等全球多边贸易组织和贸易制度,要采取支持和维护的态度,推动其继续向前发展。同理,对于TTIP,在认清其封闭性和排他性甚至是anyone but China的同时,不宜过度宣传或只强调其封闭性的一面,也要注意到TTIP中对世界贸易开放的积极一面。在TTIP尚在谈判之际,中国要大力呼吁和期待TTIP最终版本包含尽可能多的开放性。

其次,加强双边、诸边的经贸合作。虽然不宜过度看重TTIP对中国的负面效应,但同样不可忽视自贸谈判的封闭性和排他性。从美欧TTIP谈判看,无论最终达成的标准高低,都会对中国经济产生或大或小的负面影响。即使最终未能达成,美欧等防范、排挤以及加大和中国竞争的意图是不会改变的,中国都应未雨绸缪,通过加强对外经贸联系,来缓解TTIP等对中国的冲击。一是加快推进在谈双边自贸协定;二是开拓包括美欧在内的双边自贸谈判;三是加快推进RCEP等诸边自贸谈判;四是利用好"一带一路"、亚投行、金砖银行等诸边机制。之所以要从方方面面加强对外合作,是因为从目前看中国还不具备引领和制定新规则的能力,中国仍处于守势阶段。谁掌握规则自然占据主动,但市场才是决定性因素。中国要善用让他国难以拒绝的国内市场,以此来扩大和活化外部的贸易市场,在对冲TTIP等负面效应的同时,累积参与全球经济治理的能力。

再次,坚持深化国内的经济机制体制改革。中短期内,TTIP的贸易转移等负面效应,对中国的影响还是有限的。最值得担忧的是TTIP的新标准、新规则。美欧之所以敢于且希望以"二新"与中国等新兴经济体展开竞争,是因为中国自身的"内力"与发达国家还存在差距。就像中国用市场作为对外合作的筹码一样,应对美欧联手的关键还是要加强自身的经贸能力。虽然美欧倡导的"公平贸易"和"二新"对中国负面作用不可不防,但在某种程度上是未来经贸发展的方向。中国对外开放有两个经验:一是只有与世界接轨才能发展,二是不能不顾自身竞争力和抗风险能力而盲目接轨。因此,只有不断自塑内力,才能和世界对接,才能缩小与美欧等发达经济体叫价的差距,才能最终在塑造未来全球经济治理新秩序和全球经济新格局中掌握话语权。增强和提高竞争力和抗风险能力,关键是要坚持深化国内的经济机制体制改革。

最后,要从国际政治战略高度应对美欧经贸协作。在全球经济治理中,贸易只是一部分,金融领域的竞争与合作至少与贸易领域的协作同等重要。这一点,在2008年国际金融危机后更加显现。而在国际金融领域,美元霸权、人民币国际化、监管规则之争等议题,在某种程度上比贸易之争,显得更加重要。因此,在应对美欧经贸协作时,更要关注其在国际金融领域的协作动向。中国在大力拓展对外经贸协作时,要与金融领域的政策相配合。再有,全球经济治理离不开全球政治治理,甚至可以说,政治治理比经济治理更深刻、更复杂。美欧经贸协作中隐藏不住或应有之意的政治意图,要求中国在参与全球经济治理时,要从塑造国际政治新秩序和国际政治新格局的高度,来应对美欧经贸协作。

第十二章 构建"丝绸之路经济带"的机遇和挑战[①]
——"丝绸之路经济带"代表性国家分析

第一节 前言

(一)研究背景
1. 丝绸之路的历史

中国史书正式记载的丝绸之路大约有2 100年的历史:公元前138年,中国汉代的张骞出使西域,建立起了中国与中亚之间的官方往来,这是较为公认的书面记载开始时间。但历史研究表明,人类利用"丝绸之路"进行亚洲与欧洲之间往来的历史比以往所认为的更加古老。丝绸之路是世界历史展开的主轴,也是国家变迁与民族更迭最频繁的区域。罗马帝国(Roman Empire)、安息(Parthian)、贵霜(Kushan)、嚈哒(Hephthalite)、波斯(Persia)、花剌子模(Khwarezmia)、蒙古等古代帝国都曾经在丝绸之路上发挥过重要作用,促使东西方文明之间交流融合与民族迁徙,摄取相互之间的精华,创造商业利润,孕育新的文化和新的民族,产生越来越灿烂的文明。

丝绸之路沿线孕育了对人类影响深远的主要宗教。世界主要的几大宗教,如基督教、佛教、摩尼教、印度教、伊斯兰教等都在丝绸之路沿线产生。这些宗教又通过丝绸之路向东西深远传播,影响了各地人们的文化和精神世界。因此,丝绸之路堪称"人类文明的基因库"。

---

① 作者:刘斌,国际关系学院国际经济系副教授。

丝绸之路也是物质文明的加速器。以丝绸为标志的贸易曾经是东方和西方发生经济文化交流的主要形式。铁器、金银器、粮食农作物等生产和生活资料，以及丝绸、香料等奢侈品通过丝绸之路从东方送到中亚、西亚以及欧洲，同时带回西方的黄金、宝石、玻璃、皮毛、马匹、各类手工艺品。在丝绸之路区域，不同国家和种族的人群交流与碰撞极大地丰富了人类的物质文明。

丝绸之路连接中国、中亚、中东、欧洲甚至北非，由众多线路组成，覆盖范围辽阔，堪称人类文明的"心动脉"，是繁荣和贸易的源泉，更是推动知识、技术交流的重要通道。丝绸之路在人类文明史和交往史中发挥过举足轻重的作用，在文明交流互鉴史上写下了重要篇章。

2. "丝绸之路经济带"含义

（1）提出

2013年9月7日，习近平主席在哈萨克斯坦首都阿斯塔纳的纳扎尔巴耶夫大学做了题为《弘扬人民友谊 共创美好未来》的演讲，提出了"丝绸之路经济带"的概念。

在国内，朱显平、邹向阳（2006）首次提出"中国—中亚新丝绸之路经济发展带构想"，并基于"交通经济带""成长三角"和"增长极"概念，给出"新丝绸之路经济发展带的内涵"。可见，虽然丝绸之路是人类文明两千年的写照，但是以此为基础，提出"丝绸之路经济带"的概念却是近十年的事情。

（2）含义

就目前而言，学术界尚未就作为专门术语的"丝绸之路经济带"做出界定。从概念上分析，"丝绸之路经济带"就是以中国为一端，北线连接俄罗斯和中亚地区，中线连接里海和黑海国家，南线连接南亚国家，连通欧洲，以北部非洲为延长线的一个交通网络与贸易通道。具体来说，可以包括中国、哈萨克斯坦、乌兹别克斯坦、吉尔吉斯斯坦、塔吉克斯坦、土库曼斯坦、阿富汗、伊朗、叙利亚、俄罗斯、白俄罗斯、乌克兰、印度、巴基斯坦、土耳其、欧洲诸国等国家。

陆上丝绸之路示意图如图12-1。

图12-1 陆上丝绸之路示意图

卫玲、戴江伟（2014）对"丝绸之路经济带"的空间范围给出的广义和狭义界定是：广义丝绸之路的覆盖范围在空间上基本与古"丝绸之路"重叠，是指沟通西太平洋与波罗的海的地中海的广大区域。根据现有欧亚铁路经过地区，由东到西经过的国家和地区包含中国、哈萨克斯坦、吉尔吉斯斯坦、塔吉克斯坦、乌兹别克斯坦、土库曼斯坦、伊朗、阿塞拜疆、亚美尼亚、格鲁吉亚、俄罗斯里海沿岸地区、土耳其、乌克兰、波兰等。其中土耳其作为地中海沿岸的端点，波兰作为波罗的海的端点，二者均能直通大西洋。狭义的丝绸之路经济带空间范围仅限于中国与中亚五国的部分地域，分为四个层次：第一层次是国家层面，主要是指中国与中亚五国；第二层次是地域层面，主要是沿着现有交通干线（第二亚欧大陆桥）分布的地区，包含中国的江苏、河南、陕西、甘肃、青海、宁夏、新疆，以及哈萨克斯坦的阿拉木图省、塔吉克斯坦北部地区、土库曼斯坦西南部、乌兹别克斯坦东南部地区、吉尔吉斯斯坦中部地区；第三层次是地形单元，经济带的覆盖范围与一些特定的地理单元重合，从东向西依次为华北平原、关中平原及渭河谷地、祁连山北麓及河西走廊、吐鲁番盆地、天山南麓及塔里木盆地北缘、哈萨克丘陵南部边缘、图兰低地东南部边缘、里海沿岸地区，这是一个近似"W"的弧形地带；第四层次是城市层面，沿着中国陇海—兰新铁路分布的大中城市和中亚地区与中国连通的主要城市，包含连云港、徐州、商丘、开封、郑州、洛阳、三门峡、渭南、西安、咸阳、宝鸡、天水、兰州、武威、张掖、酒泉、哈密、乌鲁木齐、库尔勒、喀什、伊犁、阿拉山口、阿拉木图、比什凯克、塔什干、杜尚别、马雷、阿什哈巴德等。

3. 相关组织或国家有关丝绸之路的合作设想和方案

丝绸之路经济带是一个纵贯亚欧的区域经济体系，涉及几十个国家。

这些国家在过去的经济发展过程中，就本国和本地区经济合作模式也曾经提出些出于各自视角的设想和方案。对于丝绸之路经济带的研究，要先对现有的相关实践、思路或者方案有一个清晰的了解。

首先，从合作框架角度看，区域经济合作一般来说具有三种形式，分别是区域经济合作论坛、区域贸易安排以及次区域经济合作。在丝绸之路经济带区域内，当用此视角来分析时，可以得到如下初步线索。

在区域经济合作论坛方面，包含本区域多个国家在内的上海合作组织，其发展已日渐成熟。在次区域经济合作方面，已经形成了中亚区域经济合作机制（Central Asia Regional Economic Cooperation, CAREC）。CAREC是指2002年在亚洲开发银行倡议下成立的亚洲重要区域经济合作机制，包括中国、阿富汗、阿塞拜疆、哈萨克斯坦、吉尔吉斯斯坦、蒙古、塔吉克斯坦、乌兹别克斯坦、土库曼斯坦和巴基斯坦10个国家，以交通、能源、贸易便利化和贸易政策为四大重点合作领域。另外，丝绸之路经济带上尚缺乏中国与其他国家签署的区域贸易安排（Regional Trade Agreement, RTA）。从这个角度上看，丝绸之路经济带不应只是道路上的联通，还应该推进机制上的联通，更好地保障各国的发展。

其次，从微观层面来看，与中国类似，相关国际组织、丝绸之路沿线国家以及美国、日本等在最近十来年均提出了"丝绸之路"相关建设计划。这些关于"丝绸之路"具体建设内容和方法的计划都有自己的建议和方案，如何将这些不同国家和国际组织提出的方案与我国提出的"丝绸之路经济带建设"方案相融合，从技术层面也需要大量的政策沟通。

中国需要与这些提出"丝绸之路"相关建设计划的国家和国际组织共同协商、求同存异，共同推进丝绸之路经济带沿线国家和地区的发展和繁荣。

（1）美国的"新丝绸之路"计划

2001年7月，美国时任国务卿希拉里·克林顿在印度举行的第二次美印战略对话中首次明确提出，美国实施新丝绸之路计划有三个目的：一是保证撤军之后阿富汗的稳定；二是提供管理印度、巴基斯坦关系的地区构架，改善地区安全；三是主导地区发展，确保美国的影响。新丝绸之路计划的范围目标是以阿富汗为中心，构建从亚欧大陆腹地通往印度洋的大通道。

(2) 俄罗斯"欧亚经济一体化"战略

2014年5月29日,俄罗斯、白俄罗斯和哈萨克斯坦签署《欧亚经济联盟条约》。根据条约的内容,欧亚经济联盟将于2015年1月1日正式启动,三个国家将在2025年前实现商品、服务、资本和劳动力的自由流动,终极目标是建立类似于欧盟的经济联盟,形成一个拥有1.7亿人口的统一市场。这标志着由俄罗斯、白俄罗斯和哈萨克斯坦三国发起的欧亚经济一体化取得重大进展,从初创时期的欧亚经济共同体发展为欧亚经济联盟。俄罗斯希望通过更紧密的经济安排实现独联体国家之间的经济一体化。

(3) 欧盟主导的合作与援助

东欧剧变之后,欧盟就开始了对东欧以及中亚国家的经济与技术援助。这些援助旨在提升相关地区国家民主、人权,抑制腐败,主要集中于向政府部门培训、治理文职部门规章条款、地方政府建设、财政预算制度改革、卫生部职能建设和卫生保健系统改革、司法系统改革等提供资金及技术援助。这样的努力一直持续到现在。

(4) 哈萨克斯坦等国的跨欧亚运输计划("丝风",Silk Wind)

这个以铁路为中心的计划是希望构建一个亚洲—高加索地区—欧洲之间的高速集装箱多式联运系统,最初由阿塞拜疆和土耳其提出。交通走廊将缩短亚欧大陆之间的运输周期,预计可将海陆运输的45天缩减为公路运输的11天。

(5) 土耳其等国"现代丝绸之路"(又名"中东走廊")计划

2013年12月5日,在土耳其伊斯坦布尔举行的第三届里海论坛上,土耳其和阿塞拜疆领衔推出了"现代丝绸之路计划"。"现代丝绸之路计划"是在包括"丝风"计划在内的中东—中亚地区已有跨国联通项目的基础上,提出的一项丝绸之路贸易路线综合联通战略。其中主要包括以里海地区为"新全球能源中心"的能源运输网以及巴库—第比利斯—卡尔斯铁路和阿塞拜疆阿拉特国际海上贸易港口项目等。

(6) 联合国开发计划署2008年发起的"丝绸之路复兴计划(2008—2014年)

2008年2月19日,来自包括俄罗斯、伊朗、土耳其、中国在内的19国交通部长和高级官员在瑞士日内瓦签署一个意向书,决定在今后数年投入

430亿美元,激活古丝绸之路和其他一些古老的欧亚大陆通道,即为丝绸之路复兴计划。

相关国家提出的"丝绸之路"相关计划(方案)的比较如表12-1所示。

表12-1 相关国家提出的"丝绸之路"区域相关发展计划比较表

主导者	目标	范围	合作领域	机制	利益相关度
日本	促进民主能源合作	中亚五国及高加索三国	基础设施、技术教育等	双边、亚洲开发银行	中
美国	主导中亚及南亚地区安全与社会发展	中亚五国、印度、巴基斯坦、阿富汗等	贸易自由化与便利化、基础设施等	强调国际合作,强调区域努力	中
俄罗斯	确保在中亚等独联体国家中的影响力	俄罗斯、白俄罗斯、哈萨克斯坦为基础的欧亚共同体	贸易、货币金融、基础设施等	关税同盟、反危机基金、欧亚开发银行	高
欧盟	把欧盟的模式向外拓展,降低对俄罗斯的能源依赖	黑海三国、土耳其、中东欧国家等	政府培训技术援助,油气管道	双边援助、国际会议	中
哈萨克斯坦	打通高加索山脉两侧的亚欧运输动脉	TRACECA 十四国等	铁路网、公路网、海关、能源	工程项目合作	高
土耳其等	整合里海——中东区域的丝绸之路贸易通道	土耳其、阿塞拜疆及里海周边国家、中东国家	交通网、能源管道、海港	工程项目合作	高

(二)文献综述

综合目前的学位论文、期刊论文以及相关研究报告等来看,有关"新丝绸之路经济带"的文章主要从以下六个方面来论述。

(1)着眼于国内,阐明"新丝绸之路经济带"的建设对我国的重要意义,对"丝绸之路经济带"的建设规划和困难建言献策。

从宏观角度而言,目前的研究观点有以下几个方面。

从国家安全的角度,何义霞(2014)认为,"新丝绸之路经济带"的战略从地缘政治平衡、反恐、能源安全三个方面有利于维护我国国家安全和区域稳定,并增强中国在这一区域的认同感和话语权,持此观点的还有刘金光(2014)等;霍建国(2014)认为,"丝绸之路经济带"的建设有利于为我国改革开放寻找新突破口,向西推进形成新的经济增长点;此外,建设"丝绸之路经济带"也有利于我国西部大开发,有利于我国的长期经济稳定和繁荣(何义霞)。

从保证更好地实现这一战略目标的角度,李朴民(2014)认为,政府应当从基础设施、经贸合作、产业投资合作、能源资源合作、金融领域合作、人文交流合作、生态环境合作七个方面入手推动工作。持类似观点的还有刘华芹、李钢(2014),认为贸易和投资应当结合,双边和多边相结合,近期和长远相结合。除上述方面,建设"丝绸之路经济带"还应当注重科技创新带动经济增长:崔巍平、何伦志(2014)通过构建系统动态协调耦合模型,证明了丝绸之路经济带构建中经济增长和科技发展的正向关系。最后,国际组织在"丝绸之路经济带"建设中扮演着不可忽视的角色,持此观点的有刘华芹(2013)、李子先(2014)。

然而,连雪君(2014)对此持不同观点。他认为,"新丝绸之路经济带"是在特定的地区发展环境中被提出的。作为一项新的地区发展计划,"新丝绸之路经济带"的观念需要被广大欧亚大陆国家认可、具备合法性之后,才能起到路线图的作用。而观念的制度化需要特定的场域,在中亚存在多元地区主义的竞争,基于历史合法性的"新丝绸之路经济带"观念还需要加以充实。尽管其界定了地区成员国的利益范畴,但并不足以成为集体行动的全部动力,观念的发明者还需提供更多的利益诱导来获取合作者的支持。这一过程展现了国家"文本"背后的意图,即如何建构一项合作观念、表达观念潜在的利益和寻求观念的制度化,从而为理解观念、利益与制度之间的关系提供一个新的可能维度。

从微观和国内区域经济来看,现有观点可以分为以下几个方面。

贾根良(2014)认为,"丝绸之路经济带"战略是很好的契机,环渤海经济圈的建设应当将以后的发展方向面向"丝绸之路经济带"战略和内需,以弥补流行的环渤海经济圈发展的思路缺陷;秦重庆(2014)通过基于我国8省区的数据的实证检验,证实了财政支出、城市化率、交通运输能力提升对于促进全要素生产率提升的正向作用,从而鼓励将其应用于"丝绸之路经济带"的建设中,更有利于政府转变角色,促进丝绸之路经济带的快速发展。

（2）着眼于中国和周边国家的外交、经济等相关领域合作在"丝绸之路经济带"框架下的展望。

高志刚（2014）认为,中国（新疆）与周边国家实现互联互通是深化中亚区域合作、构建"丝绸之路经济带"的优先领域和重点方向,是提升中国（新疆）与周边国家经贸合作水平、夯实中国与周边国家关系基础的重要途径,是实现我国能源安全战略和国家安全稳定的重要手段。

李铁（2014）分析了以"新丝绸之路经济带"的建设为契机,中国和蒙古国的战略利益发展,尤其是铁路建设需要调动俄罗斯的积极性。

郭琼（2014）阐述了中国和哈萨克斯坦的重要关系：首先是中哈的独特地缘,其次是哈萨克斯坦在中亚区域经济合作的重要地位不容忽视。再次是哈萨克斯坦可以在中俄之间起到沟通桥梁和战略纽带的作用。更进一步,周明（2014）对哈萨克斯坦参与丝绸之路经济带构建评估。他认为,虽然丝绸之路经济带的构想契合哈精英的地缘政治想象,能为哈发展交通等基础设施建设提供重要支持,但哈萨克斯坦部分人士担心与中国开展合作更有利于中国而不是哈萨克斯坦。因此,中国必须考虑在构建丝绸之路经济带的过程中增进哈民众对中国的理解,保障参与者均能获得相对公正的收益。

（3）从丝绸之路经济带的总体区位来分析丝绸之路经济带的意义并建言献策。

卫玲、戴江伟（2014）从区位阐释了"丝绸之路经济带"的形成机理,认为丝绸之路经济带的本质是一种经济活动的空间格局,包含两个层次：人口和产业集聚的特定空间；跨区域的合作框架。研究丝绸之路经济带的形成机理,必须直面空间的概念,地理空间分异导致包括自然资源、人口等在内的资源禀赋的非均匀分布。

朱环（2014）指出,"丝绸之路经济带"从地域位置上东牵亚太经济圈"中国—东盟自由贸易区",西系发达的欧洲经济圈,刚好起到衔接作用,成为重要枢纽。因此,"丝绸之路经济带"的构建,可将东亚印度尼西亚至西欧德国的东西两大经济圈链接到一起。

贾秀东(2013)认为,"丝绸之路经济带"建设运行的初始阶段将主要涉及中国和中亚各国,但未来将会逐步涵盖西亚、东欧更广泛的地域,而其辐射作用的范围还会更大、更广,最终会形成东至中国、西至西欧的架构,并辐射中东和北非的广阔地区。

赵东波(2014)把"丝绸之路经济带"以地理环境为依据,从空间布局上分为5个次区域:一是中亚五国;二是伊朗、伊拉克、约旦、叙利亚、沙特、土耳其等国,以油气能源生产和出口为主,面临单一经济结构的问题;三是高加索的阿塞拜疆、格鲁吉亚、亚美尼亚以及东欧的乌克兰、白俄罗斯和摩尔多瓦等国;四是俄罗斯;五是阿富汗、巴基斯坦和印度。同时还指出,新丝绸之路经济带主要依靠"中巴经济走廊"和"环阿尔泰经济走廊"两项战略规划。

(4)以某一特定产业为切入点,探讨"丝绸之路经济带"对该产业的带动作用以及战略价值。

从能源产业来看,袁培(2014)认为,我国与其他亚洲国家在能源领域的合作步伐相较于美国、俄罗斯较慢,并且合作模式单一、竞争激烈、各国之间存在较大的战略差异。未来在"丝绸之路经济带"框架下,对于亚洲国家的能源合作而言,以政府为主导,实现市场化、安全化和多手段融合渗透是开展并深化合作的有效思路。

从旅游产业来看,朱环(2014)认为,构建"丝绸之路经济带"无障碍旅游区,可以促进"丝绸之路经济带"的旅游业的更快发展。并且为了解决目前"丝绸之路经济带"客观上存在的壁垒(如交通发展的不均衡性、物流滞后以及签证政策两极分化突出等特点)、政策谅解争端处理效率不高、文化交流发展局部不畅通等问题,需要政府大力发展航空运输业、建立争端解决机制、着力培养区域建设人才、加强民间交流等。

从物流来看,高新才(2014)基于模糊物元方法对西北五省区物流能力进行了评估,发现西北五省区的物流水平在时间上虽然不断发展改善,但是在空间上极为不平衡。因此,为了促进"丝绸之路经济带"互联互通,五省的固定资产投资结构亟待优化,交通建设有待完善。同时,阿布都伟力·买合普拉(2014)指出,新疆本省的物流发展也存在不均衡的局面,空间地理条件和基础设施是主要限制因素。更进一步,魏修建、陈恒(2014)

通过对丝绸之路经济带西北地区面板数据模型的实证分析，得出了物流发展对经济增长具有较大贡献的结论。

（5）分析交通基础设施建设对于"丝绸之路经济带"的相关带动作用。

刘育红（2014）基于引力模型，对"新丝绸之路"经济带最重要的17个城市的交通基础设施数据进行实证分析，证明了经济带上城际贸易的边界效应值接近发达国家间贸易的边界效应值；交通基础设施的改善对区域贸易具有正向促进作用；交通基础设施增加了城际与区域贸易，促进了区域经济一体化。

李忠民、夏德水、姚宇（2014）采用DEA模型的Malmqusit指数分析法，对我国新丝绸之路经济带交通基础设施效率进行了分析。他们认为，从根本上改变对发达国家经济的从属性，坚定不移地发展新丝绸之路经济带、发展面对亚欧大陆的新型经济，是提高我国新丝绸之路经济带交通基础设施效率的关键；提高经济带交通基础设施对经济的贡献不应只关注新增交通基础设施，更应关注现有交通基础设施的运营效率。

（6）文化、宗教的视角。

古龙高、古璇（2013）将"丝绸之路经济带"的文化内涵概括为"开拓创新的精神""世界资源的意识""科技主义与人本主义相统一的特色"，并从国际性和民族性两个方面论述"丝绸之路经济带"的文化特质。

魏景波（2014）从"丝绸之路经济带"沿线的文化资源保护和利用、文化产业发展、文化发展战略三个方面对"丝绸之路经济带"的文化优势进行了论述。

刘金光（2014）认为，宗教作为一种软实力，在丝绸之路经济带建设中应起到积极作用，并且规划应当考虑宗教的多元布局。

卓新平（2014）阐述了宗教与丝绸之路的关联，并强调要发展丝绸之路经济带，可以借鉴历史思想，要"走出去"，宗教可以先行。

结合现有文献来看，目前尚缺乏对于"新丝绸之路经济带"沿线典型国家特点的归类分析，尤其是针对沿线国家产业所具有的不同比较优势的特点分析和金融领域合作的相关文献，同时，还缺乏对于沿线国家有机整合所产生的优势互补的论述。只有对沿线典型国家的产业特点等不同方面加以比较和分析,并由此进一步阐明"新丝绸之路经济带"的整合优势,形成具有完备体系的总体规划,才能使得丝绸之路经济带的建设更有战略意义,从而避免国家之间合作机制的碎片化和重叠化,以及国内各省市区之间对项目的争夺。

(三)研究思路

本文首先通过对基于各国视角的建设"丝绸之路经济带"的机遇和挑战的分析,从比较优势视角论述建设"丝绸之路经济带"对沿线各个国家的金融、贸易和产业发展等将会带来的利益,论证丝绸之路经济带的建设将会给各国带来的优势互补,尤其是在经济上的互补。与此同时,从沿线国家的地理条件、人口状况、产业分布、基础设施状况、反恐合作等方面阐述了建设"丝绸之路经济带"必须面临和解决的种种问题和挑战。

具体研究方法上,本文将根据"丝绸之路经济带"区域地理走向,选择五种类型的代表性国家进行深入的比较分析,分别是中国、俄罗斯、哈萨克斯坦、伊朗和德国。然后,将从安全环境、基础设施、贸易、金融、投资、产业结构等几个方面分析这5个代表性国家的现状和特点,之后通过比较分析,解读这些因素对于建设丝绸之路经济带形成的机遇和挑战。最后,本文对"丝绸之路经济带"发展策略提出了若干政策建议。

第二节 建设"丝绸之路经济带"给各国带来的优势互补性分析

经济全球化、区域经济一体化早已成为世界经济发展的主流趋势。在经济一体化潮流推动之下,各种多边经济合作机制不断涌现。在世界经济整体低迷、许多国家经济增长减速的国际大背景之下,深化区域经济合作成为推动经济发展的重要路径之一。当今,世界各国经济联系逐渐加深,相互影响越来越大,广大发展中国家的对外贸易依存度一路攀升。2008年爆发的全球金融经济危机几乎波及全球各个角落,殃及每个国家,这也反映了新形势下各国的金融和产业等领域的依存性较高。因此,世界各国面临的一个艰巨任务就是,既要加入各种多边合作机制,尽享时代发展机遇,又要共同应对各种挑战。"丝绸之路经济带"的提出就是要谋求共同发展,融合不同国家的利益,实现优势互补,共同应对外部的威胁和挑战。

(一)"丝绸之路经济带"区位分析

从空间分布来看,"新丝绸之路"地跨亚欧两大板块,连接着中国、哈萨克斯坦、吉尔吉斯斯坦、乌兹别克斯坦、俄罗斯、德国等国家,影响范围涉及东亚、中亚、欧洲等区域。"新丝绸之路"作为著名的国际联运大通道——"新亚欧大陆桥"的重要组成部分,不仅是我国的东西"大动脉",而且成为连接沿线各国城市的纽带。[1]

"丝绸之路经济带"的空间范围可划分为核心区、扩展区和辐射区[2]。丝绸之路经济带的核心区——中亚五国和俄罗斯,事关建设丝绸之路的成败。丝绸之路经济带的扩展区包括土耳其、伊朗等国,是非常重要的战略支撑。丝绸之路经济带离不开扩展区各国的政治支持和经济支持。而欧洲、亚洲等辐射地区是彻底打通丝绸之路的最后环节,是实现经贸合作的关键合作方。

"丝绸之路经济带"自西向东以中国为起点,首先经过了中亚五国——哈萨克斯坦、吉尔吉斯斯坦、塔吉克斯坦、乌兹别克斯坦和土库曼斯坦。中亚五国属于地广人稀的内陆国家,地势宽广,矿产丰富。中亚五国与中国一衣带水,中国与沿线国家经济互补性强,在交通、金融、能源、通信、农业、旅游等各大领域互利合作,是中国的重要能源与资源供应地,因而是开发互补优势的首选,也是建设丝绸之路经济带的重点。其次是经过俄罗斯。俄罗斯作为世界领土面积最大的国家,地形地貌不一,以其地理上与"经济带"联系较为紧密的地区来说,处于叶尼塞河的起始部分,而叶尼塞河为俄罗斯地形分区,所以以河为界,东西地理以平原和山地分异。虽然俄罗斯是丝绸之路的"局部路经国家"[3],但是俄罗斯对于中国、中亚、

---

① 赵东波、李英武:《中俄及中亚各国"新丝绸之路"构建的战略研究》,《东北亚论坛》,2014(01):106-112.
② 胡鞍钢等:《"丝绸之路经济带":战略内涵、定位和实现路径》,新疆师范大学学报(社会科学版),第35卷第2期,2014年4月.
③ 赵东波、李英武:《中俄及中亚各国"新丝绸之路"构建的战略研究》,《东北亚论坛》,2014(01):106-112.

高加索和西亚有着密切的关系,因而俄罗斯在经济带的地位在很多时候反而成为解决很多问题的关键。再次是经过伊朗、土耳其、沙特等国。伊朗古时称为波斯,是古丝绸之路曾经过的重要国家之一。伊朗地貌大多是由高原、盆地或山脉所构成,只有在海边的一小部分是平原,其人口主要聚集在西部多山地区。总体来说,这些国家虽然油气资源丰富,但仍然面临着总体上的产业结构单一等问题,因此中国能够成为其产业转移和开发市场的承接地。最后是丝绸之路经济带的末端——中欧。以德国为例,虽然自然资源较为贫乏,在原料供应和能源方面很大程度上依赖进口,但其对外贸易和工业化水平均排在世界前列。欧盟作为中国第一大贸易伙伴,德国占其总规模的三分之一;同时中德两国也是俄罗斯的前两大贸易伙伴。而在产业合作领域,德国和俄罗斯也是能够向中国提供技术的先进国家。

从区位理论来看,产业布局和人口集聚对于丝绸之路经济带的建设至关重要,因为丝绸之路经济带的跨度极为广阔,沿线的自然地理条件迥异,而沿线国家的人口和其他资源非均匀分布必然导致人口集聚和产业分布的非均衡性。因此,根据工业区位理论,建设丝绸之路经济带能够更好、更灵活地联通沿线国家,使得国家和产业沿着经济带规划和现有的铁路、公路等干线集聚,有利于节约生产成本、实现资源最大化利用。

从区位空间结构来看,丝绸之路经济带沿线以各大城市为"点"(包括乌鲁木齐、兰州等中心城市,也包括中亚石油主要产区城市,还包括中欧的主要工业产区),以管道运输、亚欧大陆桥、公路等为代表的交通的"线",再到丝绸之路经济带的整体协调区位布局的"面",三者有机联动,互相呼应和支撑。因此从区位来分析,丝绸之路经济带的建设颇具意义。

(二)"丝绸之路经济带"在各国发展战略上的契合点

1. "丝绸之路经济带"对中国的意义

(1)全面建设小康社会,提高西部人民生活水平

中国以2020年实现全面建设小康社会为目标,而西部地区的发展是关键,尤其是西北地区的人民生活改善和经济发展。在党的十六大、十七大确立的全面建设小康社会目标的基础上,中共十八大报告中指出"更具

明确政策导向、更加针对发展难题、更好顺应人民意愿的新要求,以确保到2020年全面建成小康社会"。中国广大西部地区,尤其是西北地区,发展水平较低,是实现全面小康社会的难点。

根据国家统计局的数据,在中国的西北五省区中,甘肃省是收入水平最低的地区,该省的城镇居民人均可支配收入与农村居民家庭人均纯收入分别相当于全国平均水平的69.84%和56.93%。西北其他省区的收入水平均低于全国平均收入水平。"丝绸之路经济带"贯通欧亚,是欧亚大陆内陆地区新的更大机遇。所以,建设"丝绸之路经济带"能够起到对国内对外开放重大举措和相关战略目标实现的强大促进作用。

(2) 全面深化改革和经济转型

一方面,多个行业产能过剩是中国正面临的严峻问题,经济的粗放型增长模式从长远来看使经济社会矛盾日益加剧;另一方面,中国现阶段已步入改革开放的"深水区",因此十八大报告提出要"全面深化改革"。解决当前我国发展面临的一系列重大问题,继续保持经济社会持续健康发展势头,迫切要求全面深化改革。当前,我国发展面临一系列突出矛盾和问题,如东部和西部发展不平衡、不协调、不可持续,产业结构不合理问题,资源环境约束加剧问题。"丝绸之路经济带"的构建,可以从更长远的意义上搭建起中国经济转型的新的增长点,探索出一条中国特色经济转轨之路。

(3) 国际影响力的提升

2010年公布的《中共中央关于制定国民经济和社会发展第十二个五年规划的建议》指出,"我国社会生产力快速发展,综合国力大幅提升,人民生活明显改善,国际地位和影响力显著提高。"应该说,中国改革开放30年的成就举世瞩目。今后中国要想在世界舞台中拥有发言权,就必须继续不断地提升国际影响力,而国际影响力的构建以国内经济实力为基础,与中国对世界经济的贡献直接相关。提升中国对全球经济增长的贡献,一方面应当充分利用好现有平台,另一方面应当逐步敢于主动在国际上为自己也为别人搭建舞台,并且成为领导者。这是中国提升国际影响力的最佳方案,也是中国现在应当着手去实践的。"丝绸之路经济带"的构建契合这一发展战略。

（4）对外开放战略

全方位对外开放需要加大西部内陆地区的对外开放水平。1978年以来，中国30多年改革开放的空间分布是很不均衡的。西部地区的对外开放程度在时间上落后于东部地区，而且水平和层次也低于东部。为了实现真正全方位开放，中国必须实现东西两翼张开、海陆并举的新格局。实现"丝绸之路经济带"的建设是关系到中国对外开放格局优化的战略设计。

2. "丝绸之路经济带"对俄罗斯"欧亚一体化"战略的作用

俄罗斯希望通过在"互利基础上的平等合作，自愿重建政治和国际关系，保持在中亚的传统影响力"。从政治制度角度来说，大多数中亚国家的政治制度比任何其他国家都接近俄罗斯的政治制度，恢复俄罗斯与中亚间数十年的经济文化联系完全符合双方发展利益。俄罗斯的经济问题在很大程度上是因为没有实行真正的一体化战略。2000年，普京开始执政。根据他的规划，到21世纪的第一个十年结束，俄罗斯经济和政治足够强大时将开始细化"一体化"的实际措施。2010年，俄罗斯创建了同白俄罗斯、哈萨克斯坦等国的关税同盟，规定了统一的海关界限，在此边界内的相互贸易不必缴税，也不受经济特性的限制。因此，中国提出建设"丝绸之路经济带"无疑大部分契合了俄罗斯的"欧亚一体化"战略的利益。

3. 中亚国家发展战略中的国家经济和跨国经济合作

总体来说，中亚各国愿意支持中国"丝绸之路经济带"建设。根据哈萨克斯坦工业与新技术部目前正在拟定的《2015—2019工业发展规划》，哈萨克斯坦下一步的重点是在以下几个领域实施升级措施：①在石油、天然气的深加工领域引进新加工技术和相应的设备生产技术；②矿产开采领域要使哈萨克斯坦具有生产高附加值产品的能力；③农业领域重点发展食品加工技术；④建筑领域：新材料、环保科技的应用；⑤机械制造业领域：重型运输车辆以及建筑机械制造等。作为内陆国家，哈萨克斯坦等国的技术引进和设备进口从成本节约和资源利用效率的角度来说，无疑是与从西与中亚接壤、东临太平洋的中国开展合作，关键是平台的搭建和相关配套的完善。

4. 德国"第四次工业革命"政策下的国际经济合作

2010年7月，德国政府发布《德国2020高技术战略》报告，战略汇集了联邦政府各部门的研究和创新举措，重点关注气候/能源、保健、交通、安全和通信5个领域。

第四次工业革命，就是《德国2020高技术战略》所确定的十大项目之一，目前已经上升为国家战略，旨在推进以德国为中心的"工业4.0计划"。德国的制造业是世界上最具竞争力的产业部门之一，这归功于德国制造业能够管理复杂的工业生产过程，不同任务由位于不同地点的合作伙伴完成。近二三十年来，德国制造业已成功地利用信息通信技术（ICT）实现对工业生产过程的管理。如今，大约90%的工业生产过程已应用ICT技术。工业4.0计划，不仅将增强德国的竞争地位，而且有助于应对全球挑战（如资源和能效）和国内挑战（如人口结构的变化），因为它并不是简单的某一行业的技术革新或科学进步，而是以信息物力融合为中心，打造全球智能工厂（CPS）。要实现这一愿景，需要德国拥有领先的供应商战略和市场战略，现有的基本技术和经验将需要适应制造工程的需求，并在一个宽阔的基础上迅速铺开。与此同时，德国需要积极在海外开拓新生产基地和新市场，为开发创新和生产奠定条件。如果工业4.0计划能够成功实施，德国将成为工业4.0的领先供应商。德国作为丝绸之路中东欧的末端，建立起沟通欧亚的陆上联动机制，将有利于德国对外输出，同时使得德国与俄罗斯、中国等大国间的联系更为紧密，合作领域更为宽广。

随着全球贸易和国际投资的增长，德国把就业和繁荣作为其最重要的先决条件之一。而无论是对外贸易还是投资，其背后的驱动力是与之紧密相连的德国对外经济政策。德国是世界领先的出口国，其出口额占到了GDP的1/3以上。德国对外经济政策的目标是积极支持建立自由贸易和提升国际竞争优势。根据德国联邦经济及科技部（BMWi）编制的对外经济政策，德国将会利用全球化提供的巨大商机，并积极应对挑战，维护在重要行业的固有领导地位。

（三）"丝绸之路经济带"各国的贸易现状和区域机会

1. 中亚国家与中国的贸易关系

中亚是欧亚大陆的心脏地带，以油气为主的自然资源极为丰富，战略位置极为重要，与中国共有3 000多千米的边境线，是丝绸之路经济带的核心地区。2012年中亚地区人口达到6 500万，国内生产总值（GDP）规模约为

2 987亿美元。中国与中亚地缘接近,具有较强的贸易互补、金融支持等经济优势。

中国与中亚五国双边货物贸易额增长迅速,已经成为中亚国家最主要的贸易伙伴之一。根据国际货币基金组织的数据,2013年中国已经成为中亚五国的最大进口国和第二大出口国。

哈萨克斯坦历年主要进出口国家对比情况和中国历年向中亚国家进出口情况分别见图12-2、12-3、12-4、12-5。

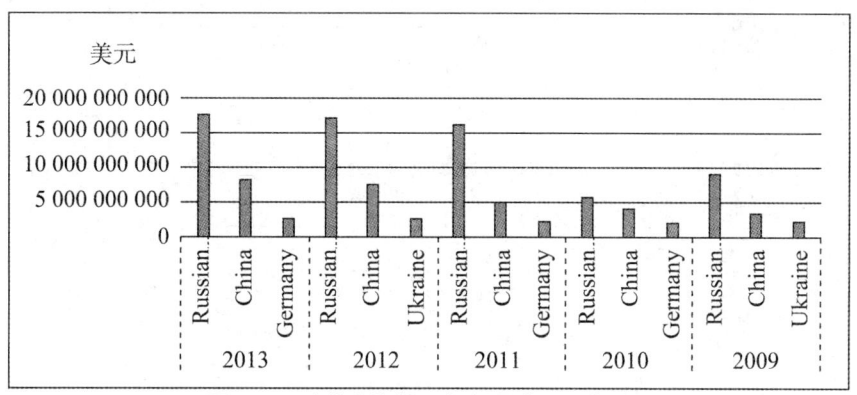

图12-2 哈萨克斯坦历年主要进口国家对比

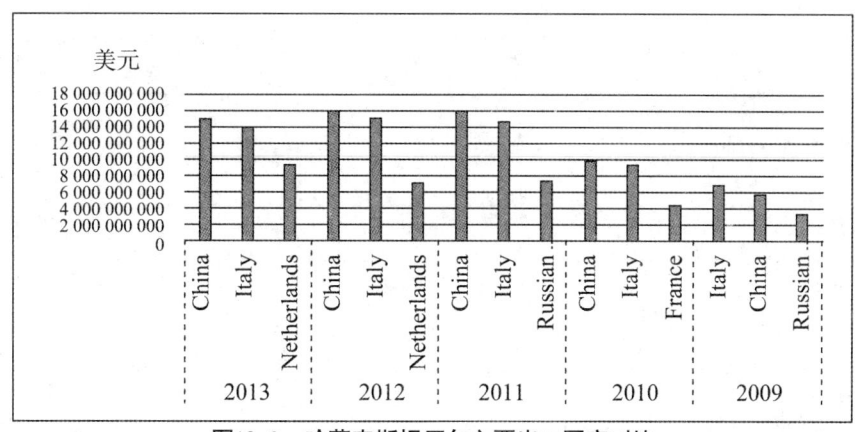

图12-3 哈萨克斯坦历年主要出口国家对比

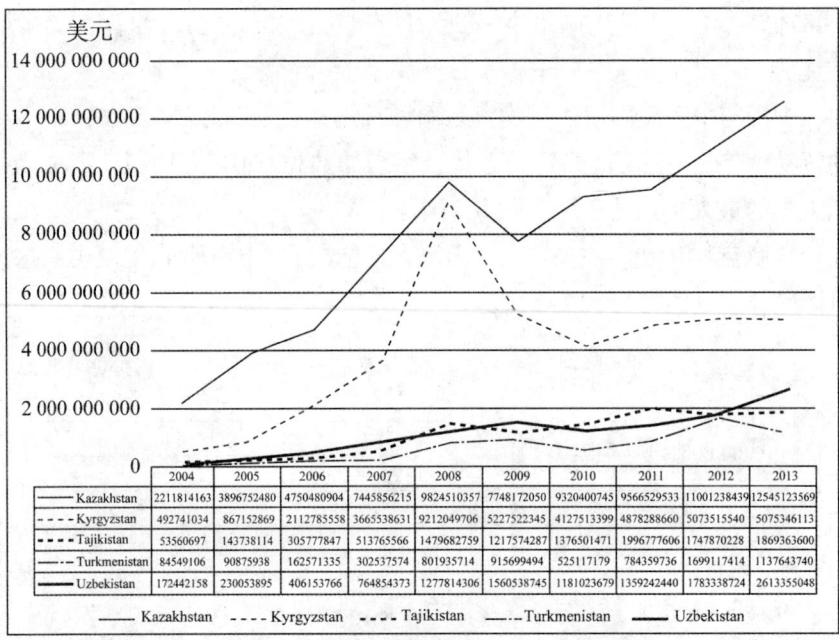

	2004	2005	2006	2007	2008	2009	2010	2011	2012	2013
Kazakhstan	2211814163	3896752480	4750480904	7445856215	9824510357	7748172050	9320400745	9566529533	11001238439	12545123569
Kyrgyzstan	492741034	867152869	2112785558	3665538631	9212049706	5227522345	4127513399	4878288660	5073515540	5075346113
Tajikistan	53560697	143738114	305777847	513765566	1479682759	1217574287	1376501471	1996777606	1747870228	1869363600
Turkmenistan	84549106	90875938	162571335	302537574	801935714	915699494	525117179	784359736	1699117414	1137643740
Uzbekistan	172442158	230053895	406153766	764854373	1277814306	1560538745	1181023679	1359242440	1783338724	2613355048

图12-4 中国向中亚国家历年出口情况

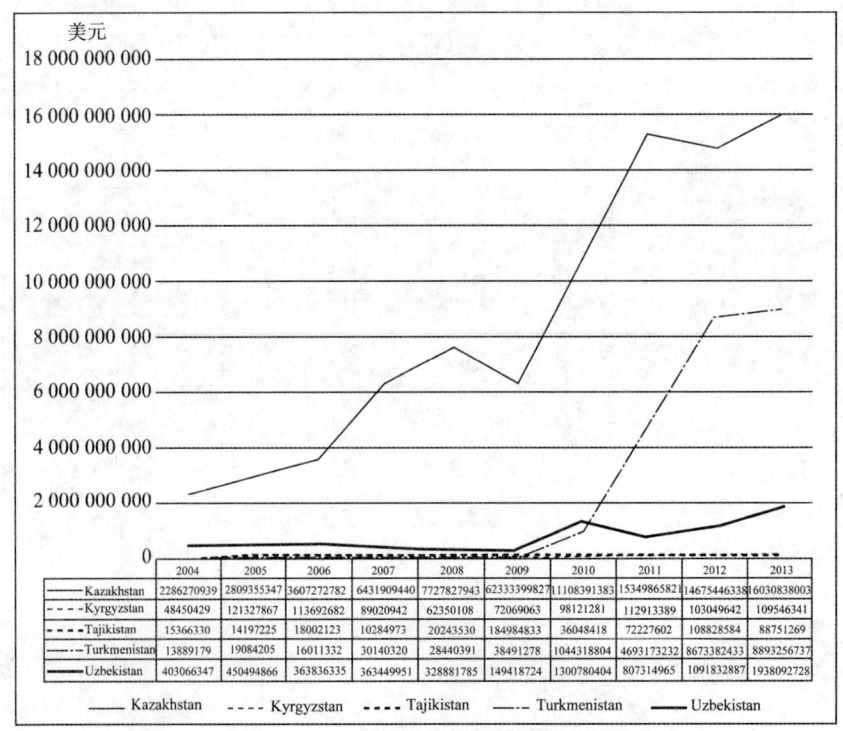

	2004	2005	2006	2007	2008	2009	2010	2011	2012	2013
Kazakhstan	2286270939	2809355347	3607272782	6431909440	7727827943	6233339982	11108391383	15349865821	14675446338	16030838003
Kyrgyzstan	48450429	121327867	113692682	89020942	62350108	72069063	98121281	112913389	103049642	109546341
Tajikistan	15366330	14197225	18002123	10284973	20243530	184984833	36048418	72227602	108828584	88751269
Turkmenistan	13889179	19084205	16011332	30140320	28440391	38491278	1044318804	4693173232	8673382433	8893256737
Uzbekistan	403066347	450494866	363836335	363449951	328881785	149418724	1300780404	807314965	1091832887	1938092728

图12-5 中国向中亚国家历年进口情况

*以上数据均来源于UN Comtrade Database。

1992年建交之初，双方贸易总额仅为4.6亿美元，到2012年就已经达到459亿美元，增长了近100倍。2012年，来自中亚的天然气供应占中国天然气全年使用量的18%。目前中国已经成为中亚五国最大的贸易伙伴。在中亚五国中，又以哈萨克斯坦与中国贸易关系最为密切。2012年中哈贸易总额达到267亿美元，占中国与中亚五国贸易总额的一半以上。

中国与中亚国家贸易互补性强，成为贸易增长的重要原因。中亚国家对中国商品需求相当旺盛，中国对中亚国家的石油、天然气有着极大的需求。油气管道开通运营，极大地促进了中亚国家对中国的油气出口。中国已经成为中亚油气资源最大的购买国。

2. 中国经济增长和转型对外贸需求的拉动

中国从20世纪80年代开始转变经济发展战略，从自给自足转向出口导向，大力发展国际贸易。这一转变发展战略的决策非常重要，显著加快了中国国民生产总值（GNP）的增速。同时，中国大力促进国内消费，未来中国将拥有强大且发展良好的国内国际市场。2014年5月与俄罗斯签订的数千亿美元的天然气合同将极大地补充中国的能源需求。根据中国"十二五"规划，中国将大力发展非化石燃料，这可能会使中国成为世界能源出口的领导者，在世界市场提供价格上无人匹敌的替代能源，促进丝绸之路沿线国家人均收入趋同。

然而，值得指出的是，目前中国的贸易畅通，总量大，但是结构分化严重，因此也面临转型的问题。中国新疆是第二亚欧大陆桥在中国的出口，具有特殊的通道优势。虽然近年来通过新疆产生的对外贸易总量总体上呈现快速扩大的趋势，不过新疆自身对外贸易量相对不大，而且贸易的方式多为一般贸易、边境小额贸易。此外，中国在能源资源对外合作方面总体深度不够，当前多以单纯的生产与销售链条上的合作关系为主，产业深加工不足。中国需要完成贸易结构的优化和转型，尤其是进一步发展以新疆为代表的边境和西部贸易，需要有"丝绸之路经济带"的引导，而中国经济转型的完善必然会凭借其每年巨大的贸易量，反过来对丝绸之路经济带沿线国家的贸易总量和结构调整做出贡献。

（四）"丝绸之路经济带"各国的金融合作现状和潜力

1. 中国与中亚国家的金融合作成为建设"经济带"的良好基础

建设丝绸之路经济带的难题之一就是融资问题。尤其是基础设施建设项目需要大量资金投入，而且短期内很难收回。而最需完善基础设施建设的中亚国家相对缺乏资金。虽然中国金融尤其是西部的金融系统建设仍面临供给不足、结构不均衡等诸多问题，但中国近年来相关政策的实施和远景规划十分有利于丝绸之路经济带沿线国家的金融发展。

首先，货币流通便利化和自由化。2003年、2005年中国先后与吉尔吉斯斯坦、哈萨克斯坦签署双方货币支付结算的协定。随着中国人民币国际化进程加快，2011年，中国分别与乌兹别克斯坦签署了7亿元的双边本币互换协议，与哈萨克斯坦签署了70亿元的双边本币互换协议，为跨境结算业务的开展奠定了良好的基础。此外，2010年6月，新疆成为全国第二批跨境贸易人民币结算试点省区，9月又成为全国第一个获准开展跨境直接投资人民币结算的试点省区，为中国与中亚的经贸往来提供了便利。

其次，金融合作。货币流通的便利化、自由化促进了中国与中亚国家的金融合作，并形成以国家开发银行、中国进出口银行等金融机构为先导，以境外人民币贷款和直投为尝试，以毗邻中亚的新疆为"支点"的金融合作路径[①]。2008年爆发的全球金融危机对中亚国家造成巨大冲击，实体经济和金融业损失严重，促使中国与中亚国家加快金融合作。例如，中国与哈萨克斯坦签署了金融合作协议，向其提供100亿美元石油换贷款和30亿美元的信贷支持。

最后，金融支持中亚基础设施建设。目前，中国的金融机构已经覆盖中亚五国。其中，国家开发银行在中亚共支持70余个项目，贷款近200亿美元，涉及油气、有色金属、航空、农业、中小企业等领域。2013年中国开始联合相关国家筹划设立的亚洲基础设施开发银行，主要是为亚洲发展中国家基础设施建设提供资金支持，也必然加深中国与中亚地区的金融合作，

---

① 《新疆：为亚欧经济带撑起新支点》，新华网，http://new.xinhuanet.com/2014-06/10/c_1111064143.htm，2014年6月20日。

促进中亚地区基础设施的建设。

2. 中俄金融领域合作

时至今日,在中俄两国政府的积极推动下,两国金融合作的双边机制从无到有,主要围绕金融市场发展、银行监管及政策对话等方面来开展合作。其中,银行业合作是金融合作的重要内容。中俄两国市场开放程度的不断提高及双边贸易与投资的快速增长,推动了银行互设分支机构及代理行业务的开展,不仅经营业务不断向多元化方向发展,合作主体也从政策性银行扩大到商业银行。在政策性银行中,中国进出口银行和中国国家开发银行是对俄金融合作的主力军,特别是国开行表现尤为积极,后来居上。在"上合银联体"成立之后,国开行分别与一批俄罗斯大型银行进行了卓有成效的合作,并与一些大型企业建立了合作平台。截至2007年,国开行实现对俄贷款余额55亿美元,涉及油、气、电力、矿产、林业、基础设施等诸多领域,支持了一系列中俄两国政府共同关注的大型合作项目。而中国进出口银行主要采取向金融机构提供授信额度和买方信贷的方式开展对俄合作,以解决结算不畅和信贷不力等制约两国经贸发展的难题。中俄两国政策性银行之间的合作一方面可以给商业银行带来派生业务,另一方面也起到了示范作用,对推动两国商业银行之间的合作十分有益。

目前,中国和俄罗斯在金融领域的合作也存在很多瓶颈,尤其是与中俄战略伙伴关系和经贸关系发展的内在需求相去甚远,与中俄经贸合作发展速度不相称。中俄经贸合作缺乏大型项目支撑,而大型项目如"丝绸之路经济带"今后的项目规划,不但需要双方有实力的大型公司投入,更需要以银行为主的金融机构的支持。因此金融服务总体滞后的现状是中俄金融合作中必须被正视并予以突破的瓶颈问题。

(五)"丝绸之路经济带"各国的经济结构特点和能源合作机会

石油、天然气资源丰富的哈萨克斯坦、乌兹别克斯坦和土库曼斯坦三国经济严重依赖资源出口。哈萨克斯坦的石油、天然气产品出口在其总出口中比重占25%左右,对国家财政收入贡献占比约为60%。乌兹别克斯坦能源和成品油出口占出口总额的比重也从2011年的19.8%增至2012年的35.5%。而石油、天然气资源较为贫瘠的塔吉克斯坦和吉尔吉斯斯坦两国的经济结构更为脆弱。塔吉克斯坦的经济严重依赖劳务输出。据塔吉克斯坦的官方机构统计，2012年在俄罗斯务工的塔吉克斯坦劳动移民为87.8万人。而根据俄罗斯的统计，该数字超过100万人。这些劳动移民2012年总共向塔吉克斯坦国内汇款36亿美元，占该国GDP总额的48%。而对于吉尔吉斯斯坦来说，占全国经济总量10%的库姆托尔金矿的产量就是该国经济的晴雨表。如果不计库姆托尔金矿的产值，吉尔吉斯斯坦2012年的GDP增长率还为5%；但是该金矿2012年产量骤减46%，致使吉尔吉斯斯坦全年的GDP比2011年下降0.9%。

在经济发展难寻稳定增长点的同时，吉尔吉斯斯坦和塔吉克斯坦还需要偿还相当大数额的外部债务。截至2012年年底，吉尔吉斯斯坦的外债总额为33亿美元，占其GDP的一半以上，在今后几年中，吉尔吉斯斯坦计划每年拿出至少5%的GDP用于偿还外债；塔吉克斯坦的外债总额约为21.69亿美元，占其GDP的28.9%。2013年的上海合作组织峰会原定于6月在吉尔吉斯斯坦首都比什凯克召开，但最后却被推迟到了9月，有内部消息称就是因为吉尔吉斯斯坦政府没有足够的财力组织召开峰会以及为峰会提供必要的安保措施。很多成员国对于这样的做法也感到十分无奈。畸形的经济结构导致中亚国家经济很容易受到外部冲击。

此外，对中国而言，过去中国是从国内的角度配置资源和市场，未来将从全球视角去配置。①目前国内很多产业的产能过剩很严重，产能利用率平均只有72%。以往我们认为钢铁等传统产业要淘汰、转移，但是从全球来讲，却是英雄大有用武之地。对于"丝绸之路经济带"沿线国家而言，中国产能过剩的设备都是先进的技术，因此国内市场可以沿着"丝绸之路经济带"进行资源的全球配置。按照克鲁格曼的经济学理论，"丝绸之路经济带"的增量部分，定价只需要覆盖固定成本，销量增加就可以摊薄固定成本，实现边际收益递增，也就可以增强竞争力。

从另一方面来说，丝绸之路经济带沿线的许多国家有着丰富的油、

---

① 张燕生、黄益平：《"一带一路"战略下对外投资新格局》，http://www.21ccom.net/articles/world/zlwj/20141126116659_all.html。

气、煤资源,客观上为"丝绸之路经济带"框架下的能源合作奠定了基础。同时,中国天然气需求的上升、油气生产国家的设备换代、煤炭资源的开发和电力建设,无论是对中国还是他国都会形成互补性的优势。

(1)中国清洁能源需求上升

中国国内新一轮城镇化建设的推进、"绿色经济"的发展以及节能减排的压力,都使得天然气成为能源中的优选种类。在可预见的时期内,中国对天然气的需求量将迅速攀升,天然气在能源结构中的比重将不断抬升,这就为中国与俄罗斯、中亚在天然气领域的长期合作提供了稳定的契机。

严重的雾霾迫使中国逐渐放弃碳排放较高、PM2.5较高的煤能源,因此石油、天然气需求猛增。而中亚国家石油、天然气资源丰富,可以满足中国的进口需求。因此,能源产业是中国与中亚国家经济合作的亮点。中石油在哈萨克斯坦油气领域的投资累计已经超过100亿美元,正在进行的油气合作项目还有10个。中国和哈萨克斯坦原油管道2005年12月15日正式投产以来,进口原油量以年均20%的速度递增,成为名副其实的中国西部能源大动脉。至2012年年底,哈萨克斯坦向中国累计输送原油5 080万吨。中国—中亚天然气管道C线已于2013年年底竣工,D线正在规划建设中,预计到2020年土库曼斯坦每年向中国出口天然气量可以达到650亿立方米[1]。

(2)俄罗斯与中亚主要油气出产国的生产设备的升级换代

俄罗斯、中亚国家将进入工业设备大规模的更新换代期。金融危机后,油气价格的回升给这些国家带来油气基础设施升级换代的资金。中亚国家工业设备的升级换代,给中国企业出口相关设备、进行技术改造、开展经济合作带来了新机遇。从现实条件来说,中国与中亚国家存在经济发展和技术水平的台阶差,有利于中国对中亚输出技术,使双方进行纵向的产业整合,从而为未来的经济一体化创造必要条件。

(3)煤炭资源开发与电力建设

---

[1] 庞昌伟:《能源合作"丝绸之路经济带"战略的突破口》,新疆师范大学学报(哲学社会科学版),2014年第2期。

中亚贫油气国家吉尔吉斯斯坦和塔吉克斯坦为实现能源独立而大力发展煤炭和电力工业,客观上给中国提供了合作的机遇。塔吉克斯坦煤的储量非常丰富,但国内煤产量甚至无法满足本国需求,工业生产依然依靠进口天然气。塔吉克斯坦决定大力发展煤炭工业,以减少对进口天然气和石油产品的依赖。这一点为中国企业进入塔吉克斯坦煤炭产业领域创造了良好的条件。2012年塔吉克斯坦采煤量达到了37万吨,比2011年同期增长了80%;但煤的销售量为40万吨,比2011年同期增长了81%。[1]据塔吉克斯坦统计局数据,2012年前5个月固定资产投资为11亿索莫尼,约合2.41亿美元;电力工业为主要投资领域,占投资总额的33%。[2]

中国与中亚国家能源合作的顺利进行,为全面振兴丝绸之路经济带建设奠定了坚实的基础。随着丝绸之路经济带建设的推进,中国与中亚国家在经贸、金融、投资、能源等领域的合作规模将继续扩大,合作的内容将更加丰富。

(4)德国国际能源政策

根据德国联邦经济及科技部(BMWI)资料,德国目前有2/3的能源需求需要靠国外途径满足,因而现阶段的能源政策是逐步过渡,力求在中长期减轻对能源进口的依赖。[3]德国的能源政策主要有三个中心目标:一是培养对德国最重要的能源生产国和过境国家的良好关系;二是与中国、巴西、印度(主要的能源消费国)和俄罗斯(主要的能源生产国)合作,在能源利用效率、可再生能源、清洁能源方面进行突破;三是加强与国家多边组织合作,注重能源发展的前瞻性对话。除此之外,德国也强调双边能源合作,目前已经与中国、巴西、哈萨克斯坦、俄罗斯、土耳其等国签订了能源合作伙伴协议。

德国的能源政策与"丝绸之路经济带"的建设有特别的契合点,"丝绸

---

[1] 中华人民共和国商务部网站:《塔煤产量同比增长80%》,2012—11—16。
[2] 中华人民共和国商务部网站:《2012年前5个月塔吉克斯坦主要投资领域为电力工业》,2012—06—20;索莫尼为塔吉克斯坦货币名称。
[3] http://www.bmwi.de/EN/Topics/Energy/European-and-International-Energy-Policy/international-energy-policy,did=668078.html,访问时间:2014年12月11日。

之路经济带"对德国已有的同中国、俄罗斯、哈萨克斯坦的合作以及未来发掘多元化的能源需求满足方式有极大的价值,同时也使得德国在经济带中大有作为。

(六)"丝绸之路经济带"各国的投资特点

1. 中亚

随着中国参与哈萨克斯坦等国的基础设施建设和非能源领域合作,中国对中亚五国投资也在迅速提高。目前中国是乌兹别克斯坦第一、吉尔吉斯斯坦第二大投资来源国。哈萨克斯坦已经成为中国海外第三大投资目的地国家,中国对哈萨克斯坦投资额已经累计超过200亿美元,对哈萨克斯坦各类形式的金融信贷则超过300亿美元。

2008年金融危机以来,为了保持中长期的经济增长,中亚各国纷纷投入巨额资金加强非能源领域的建设。2011年,乌兹别克斯坦国家铁路公司与西班牙TALGO公司合作修建了乌境内时速高达254千米的高速铁路,这也是中亚地区第一条高铁线路。将3/4以上的财政支出用于民生建设的土库曼斯坦,则将重点放在了住宅、学校、医院等公共设施的建设上。然而,中亚地区的市场目前并没有能够吸引中国投资者足够的注意力。对于经济总量占中亚70%的哈萨克斯坦来说,其境内从2009年开始大规模翻修和新建公路和铁路时,1 700千米的施工工程,中国公司只参加了其中73千米的项目,除此之外没有其他中国公司参与工程竞标。根据哈萨克斯坦中央银行的统计数据,1993—2012年的20年间,中国对哈萨克斯坦的累计直接投资只有77.93亿美元,位列第六,远远落后于前两位的荷兰(427.29亿美元)和美国(238.01亿美元)。

"远亲不如近邻",中国和中亚国家虽然一衣带水,然而在非能源领域投资合作却并没有体现出地理、生产、技术等方面的比较优势,这是值得讨论的话题。习近平主席在APEC工商领导人峰会上表示,未来10年中国对外投资将达到1.25万亿美元,这意味着未来10年中国对外直接投资将增长近3倍。尤其在中亚国家大规模产业升级和基础设施建设的巨大需求面前,来自中国的投资仍然集中于石油、天然气开采,输油输气管道铺设等;在非资源领域,只有华为、中兴这样的实力较强的企业在中亚国家的通信设备市场有较大的投入。事实上,中亚国家的很多政府规划项目如住房、学校、医院、水净化工程等同样非常适合中小型企业的加入。

2. 俄罗斯

从全面实现与亚太国家的经济合作的目标来看,中国的协作对俄罗斯极为重要。俄罗斯经济发达的欧洲部分远离亚太地区,在此情况下,中国就扮演了主要的中介角色。如果有中国的参与,俄罗斯向亚太出口能源的许多项目就能变得更加可行,中国可以为其提供基础设施和过境运输。

与亚太国家建立密切的经济联系是俄罗斯促进远东地区和东西伯利亚发展以及现代化的契机。俄罗斯缺乏足够的人力和物力开发东部地区丰富的自然资源,而这些地区在地理上属于亚太,并且亚太国家对进口自然资源的需求增长。所以,从亚太地区吸引资金成为俄罗斯远东地区发展问题的合理解决方案。

3. 德国

德国的投资环境优越。根据德国联邦外贸与投资署的规划,德国致力于打造世界最值得投资地区,以构建"一流的基础设施、极具吸引力的激励机制、极具竞争力的税收政策、安全的投资框架、高品质的生活、强大的创新能力、高素质的劳动力"为目标。

据联合国贸易和发展会议(UNCTAD)统计,在国外直接投资接受国中,德国位居世界第七。德国中央银行的数据显示,其中57%的投资(3 130亿欧元)来自欧盟27国,还有9%来自欧盟以外的其余欧洲国家。来自非欧洲国家的直接投资额连年增长。来自北美的国外直接投资共计23%,亚洲国家的投资比例达到6%。可以看出,亚洲投资项目近年来呈明显上升趋势。德国对于中国来说是全球最重要的绿地投资地。

第三节　建设"丝绸之路经济带"面临的挑战

古代丝绸之路之所以会逐步衰落,是因为地理大发现和海上贸易的发展。现如今之所以要重提丝绸之路经济带的倡议,其原因是多方面的。一方面有客观原因，如丝绸之路经济带沿线国家的地缘特点，更重要的是由于当今的国际贸易和金融状况正发生着深刻变革，而这种新的变化使得各国对于在丝绸之路经济带沿线形成一体化的安排和建设的主观需求愈发强烈。然而，丝绸之路经济带的建设仍面临许多挑战，具体论述如下。

（一）构建"丝绸之路经济带"的前提条件：基础设施和安全保障

1. 基础设施

（1）中国与中亚

中亚的地理位置决定了其可以成为亚太地区与欧洲其他国家经贸联系的重要纽带。就哈萨克斯坦而言，近几年，"欧洲—中国"的国际过境运输走廊建立，对哈萨克斯坦过境运输能力的发展具有重要意义①。该项目的实施，以及亚太地区和欧洲国际货运的往来，不仅使政府坐收税收、线路维护服务费，而且能通过减少运输成本提高哈萨克斯坦的综合竞争力。哈萨克斯坦地理位置偏远，限制了其与亚太国家经贸往来的规模，一般只同邻国——中国和俄罗斯有联系。要进入亚太市场，利用中国的运输线路过境是理想的方式，中国有先进的基础设施，这些设施又与亚太地区很多国家相联通。

然而，丝绸之路经济带沿线的交通基础设施建设，尤其是新亚欧大陆桥的建设是丝绸之路经济带经济繁荣的希望，更是现实的难题。

在苏联时期，建设了经西伯利亚连接西太平洋的第一条亚欧大陆桥。但是这条线路距离过长，太平洋的出发点符拉迪沃斯托克（海参崴）又是冬季封冻的港口，经济价值有限。20世纪90年代，独立后的中亚国家积极推动第二条亚欧大陆桥的建设，即从中国经亚洲到欧洲。由于中亚国家都是内陆国，其中乌兹别克斯坦更是要经过两个国家的领土才能到达出海口。

第二亚欧大陆桥干线有1万多千米，在接通过程中，中国、中亚、俄罗

---

① 《跨洲走廊"西方的欧洲—西部的中国"——通往欧洲的新途径：从梦想到现实》，http://www.europe-china。

斯等铁路轨距的统一面临困难。由于第二亚欧大陆桥途经的7个国家铁路轨距不同，列车需要经过两次换装、6次代理才能到达目的地，导致运费高、时间长。具体地说，火车从东段进入中段（哈萨克斯坦、俄罗斯和白俄罗斯段，采用的是宽轨）之前，必须进行第一次换装，即将标准轨换成宽轨；从中段驶入西段（波兰、德国和荷兰段，采用的是标准轨）之前，又必须进行第二次换装，即将宽轨换成标准轨。两次换装不仅耽误了大量的时间（约10小时），而且必须支付一笔巨额的换装费用。6次代理也必须支付相当高额的代理费。据有关科研部门宏观测算，从太平洋西岸的港口到大西洋东岸的港口，一个标准集装箱的运费大致是：海运为1 500美元（运期30天），第二亚欧大陆桥为3 000美元（运期30天）。通过比较可以明显地看出，在运时完全相同的情况下，第二亚欧大陆桥的运费比海运高出一倍。①

根据对阿拉山口口岸过货的国别抽样统计，该口岸的物流状况大致是：韩国、日本、美国和印度等国流向中亚五国的货物约占总重量的4%，中亚五国流向中国新疆的货物约占总重量的92%，中国新疆流向中亚五国（以哈萨克斯坦为主）的货物约占总重量的4%。再往西去的货物就比较少。严格地说，真正意义上横跨亚欧两大洲的大陆桥运输尚未形成。

同样，中国的交通基础设施尤其是位于经济带沿线城市的基础设施也存在问题，道路联通仍然比较落后。在过去十多年的西部大开发中，尽管以新疆为代表的西部交通运输业发生了翻天覆地的变化，特别是高速铁路、支线航空网取得突破性进展，但在承接中国内地与欧亚大陆经贸往来方面仍存在巨大发展空间。

(2) 德国

德国的基础设施状况与中国、中亚、俄罗斯都不同。德国拥有一流的基础设施，这一点在多项研究报告中得到确认，其中包括瑞士洛桑国际管理学院（IMD）的全球竞争力年鉴和联合国贸易与发展会议（UNCTAD）各种有关投资者的研究报告。

---

① 蒲开夫：《第二亚欧大陆桥的发展与创新》，《俄罗斯中亚东欧市场》，2011（10）.

表12-2　世界部分国家和地区整体基础设施排名（2010年）

1 中国香港	14 西班牙
2 德国	15 美国
3 阿拉伯联合酋长国	…
4 法国	39 捷克共和国
5 新加坡	…
6 瑞士	50 中国内地
7 荷兰	51 匈牙利
8 英国	…
9 加拿大	57 斯洛伐克共和国
10 瑞典	…
11 日本	72 波兰
…	

*资料来源：世界经济论坛（2010年）。

世界经济论坛公布的2010/2011年度全球竞争力报告证实，德国的基础设施具世界一流水平。研究报告尤为推崇德国四通八达的交通网络，从而实现货运和客运的高效率运作。同样，道路、空港、海港和轨道交通网络的建设质量也得到了高度评价。处于世界前列的还包括高水准的通信基础设施和能源供应网络。

德国的物流网络不仅包括欧洲第二大货运港口汉堡港，还有欧洲最大的汽车运输港口不来梅和欧洲大陆最大的内河港口杜伊斯堡。德国水道系统将这些货运枢纽与其他250个港口连成一体。通过这个网络，货物在欧洲最大的市场上高效流通。同时，莱茵河与易北河为驶向深海港口的货运驳船构建了一张交通主动脉网，这些港口分布于各个河湾和北方及西北部绵延的海岸线上。

德国拥有密集的空港网络。其中23个是国际机场。法兰克福机场是全球第七大货运枢纽，也是第九大客运空港。德国铁路网的密度之高，在欧洲也尤为出众。火车驰骋在全长37 900千米的铁轨上，长度几乎足够绕地球一周。

2009年，德国物流业营业额总计2 000亿欧元。这个巨大的数字，是欧洲其他任何国家都难以望其项背的。德国占欧洲物流市场的份额无可匹敌,它是实现欧洲经济增长的一个决定性因素。与任何其他欧洲国家相比,更多货物运输取道德国。北方海港是通向英国、斯堪的纳维亚和波罗的海国家的重要门户。辛布里半岛(日德兰半岛)上蜿蜒的公路和铁路纽带同样将德国与丹麦和其他斯堪的纳维亚国家紧密相连。同时,一张公路、铁路和水路相互交织的网络向西通往法国和比卢荷三国。

从上述中国、中亚、德国三个国家和地区的交通基础设施现状来看,要真正形成繁荣的"丝绸之路经济带",就必须面对和解决这个区域中的两端,即中国和德国基础较好,但是中间广阔的连接部分交通基础设施薄弱的问题,以及两端运输周转需求量大,而中间地带经济存量和货物物流需求量小的实际问题。

2. 安全保障

实现国家利益、确保地区安全、保障合作伙伴利益是对于丝绸之路经济带的必然要求。尤其是经济带建设和运行的安全保障方面,没有安全保障就不能构建和谐的投资环境、吸引外资,没有安全保障就无法顺利实现国家战略,促进地区经济繁荣,维护地区政治稳定。

根据澳大利亚经济学与和平研究所(Institute for Economics and Peace, IEP)的研究,全球恐怖主义指数最高的区域就集中在伊拉克、巴基斯坦、阿富汗、印度。这些区域或在"丝绸之路经济带"中,或在"经济带"周围。

中亚地区恐怖主义势力是丝绸之路经济带建设的重要外部威胁,中亚地区恐怖势力的壮大又加大了中国境内反恐的难度。近年来,境内恐怖主义与境外恐怖势力相勾结,新疆安全形势恶化,暴力恐怖事件频发,且大有波及内地之势。恐怖主义势力已经成为威胁中国国家安全、经济发展、社会稳定的重要因素。以丝绸之路经济带建设的前沿新疆为例,恐怖主义的威胁不仅直接制约新疆的经济发展,而且成为我国开放大西北、建设丝绸之路经济带的重要障碍。

随着中国海外利益在中亚地区的延伸,越来越多的中国人在中亚从事经济和商贸活动,中亚各国内部的有组织犯罪活动对中国人的人身安全和经贸活动的开展构成了威胁。近年来,吉尔吉斯斯坦的有组织犯罪呈上升态势。进入2012年以来,有组织犯罪依然猖獗,对社会治安和居民安全构成巨大威胁。2014年9月,吉尔吉斯斯坦南部连续发生两起抢劫中资企业案件。2013年8月,多名中国公民在吉尔吉斯斯坦遭遇抢劫致重伤。中国在与中亚开展经济合作的同时,也需要开展政府治理领域的合作,提供必要的警务、技术援助,以维护中国海外利益。

(二)其他可能面临的困难

1. 政策安排

无论俄罗斯、美国还是中国,具有外部影响力的国家都将中亚新兴国家纳入"一体化"战略。对于中国来说,一些邻国与中国的政治体制不同,其文化历史很难得到双边的认同,甚至有些国家与恐怖主义有千丝万缕的联系。处于经济带中的有些国家,如叙利亚、阿富汗、伊朗等国内局势不稳定,其社会政治局势具有不可预测性。而中国要想与经济带沿线国家的关系更进一步深化,其难度可见一斑。欧亚大陆幅员辽阔,"丝绸之路经济带"跨度极大。中国虽然与一些中亚国家关系良好,但是建立新的丝绸之路经济带需要和沿线国家、相关的非沿线国家都建立互信和可持续的良好关系,因此,还有很长的路要走。

(1)中亚政体稳定性分析

目前,中亚各国基本保持了政治和社会稳定。但需要注意的是,吉尔吉斯斯坦的国内政局仍然存在继续动荡的可能性。2012年8月,共和国党退出四党执政联盟。9月3日,议会五党之中的社会民主党、祖国党和尊严党签署协议,正式组成执政联盟。吉尔吉斯斯坦虽然较为平稳地成立了新政府,但未来的利益冲突和议会纷争难免带来国内政局动荡,冲击其内外政策,从而为中国与其顺利开展合作带来不利因素。事实上,民族主义情绪高涨并扩散至经济领域已经在2012年就有所显示。2012年8月28日,吉尔吉斯斯坦历史上首次矿权公开拍卖会刚开始,原计划拍卖11个金矿和1个煤矿,中国企业也参加了拍卖会,但有多家社会机构组织的50余名示威者高喊"国家不能卖"的口号闯入会场,强行将参加拍卖的人员冲散,拍卖会被迫取消。吉尔吉斯斯坦国内的经济民族主义情绪在中亚地区并非个例。

随着中亚各国经济和市民社会的发展,以及地区宗教势力的发展,再加上媒体有意无意地误导,经济民族主义还在扩散之中,中国需要提前把握,妥善应对。

(2)"丝绸之路经济带"项目对中国和俄罗斯关系的影响

近年来,中俄关系在各个领域快速发展。2013年,中俄双边贸易额达到历史性的892亿美元,两国正着手修建第二条跨界河铁路大桥,卢布和人民币正式在两国银行间外汇市场买卖。所有这些成就对于"丝绸之路经济带"的建立都有特别的意义,为中国、俄罗斯以及其他经济带上的国家之间的合作打下了坚实的基础。中国国家主席习近平和俄罗斯总统普京在索契会晤后共同表示,未来双边关系发展的中心任务,就是要实现将成功的政治关系转化为在其他合作领域取得具体成果,如经济、文化和社会领域。两国在建设"丝绸之路经济带"上的合作,将为中俄合作发展提供新的动力。

俄罗斯将中国的"丝绸之路经济带计划"理解为"一项欧亚地区国家都应参加的大规模长期计划",并将这种"中国理念"理解为"开展广泛合作、联合经济发展计划、发展贸易和形成新运输走廊的建议"。因此,在俄罗斯看来,经济带这一概念有待进一步充实,"应在广阔的欧亚空间内建立富裕、繁荣和稳定的区域"。

2. 宗教文化

尽管阿拉伯帝国有过非常辉煌的历史,然而,中国对阿拉伯文化、伊斯兰宗教的了解比较匮乏。文化交流较少,加上对阿拉伯国家人民的生活习惯、价值观不熟悉,中国与丝绸之路经济带沿线国家进行贸易以及金融合作时很可能遇到许多非经济的障碍。例如,伊斯兰金融模式具有特殊性,借贷双方可以参与投资和合作共赢,但不应收利息。这与中国人熟悉的银行模式在运作上有很大的差异,这就要求中国与中亚、伊斯兰国家进行合作时熟悉不同的规则,适应并尊重当地的金融模式。

3. 地区发展不平衡

丝绸之路经济带的基本情况是,西边是欧洲密度很高的铁路网,东边(西安以东)也形成了密度比较高的铁路网,而两者中间这段(中国西北和中亚地区）由于人口密度低、产业密度低、经济发展贫弱，与两边很不协调。而低产业密度、人口密度就很难形成一个真正意义上的"经济带"。最能证明这一点的是，第二亚欧大陆桥开通的第三年，中国和整个中亚地区的贸易总额不到3亿美元。究其原因，主要是因为西北地区和中亚地区缺乏资金、技术、人才。

此外，"丝绸之路经济带"是历史上从未有过的。以亚欧第二大陆桥的长度来计算，东起我国连云港，向西直抵荷兰北海边的鹿特丹港，全长10 900千米。若以"经济带"开发的重心来看，长度也超过5 000千米，被称为"万里开发走廊"。中亚国家沿用前苏联1.5米的宽轨，中国使用的是1.4米的标准轨道，造成运输过程中换轨耗费了大量的人力、物力和时间。

国家政治控制能力的衰弱和社会治理经验的缺乏，致使独立后的中亚各国经济生活水平严重下滑。数据显示，中亚国家1992年的GDP普遍比1991年下降，哈萨克斯坦下降了13%，乌兹别克斯坦下降了11.1%，吉尔吉斯斯坦下降了16.4%。直到2000年前后，中亚五国的经济才普遍恢复了增长。苏联为中亚国家留下的服务于联盟中央的计划经济模式，致使这一地区的国家经济模式单一，在独立后的20年内都未能形成有效的自我发展机制。

第四节 建设"丝绸之路经济带"政策建议

（一）发展模式：梯度规划和分层发展

从上文分析可见，在这个地域广泛的"丝绸之路经济带"范围内，一个显著的特点是居于两端的中国和德国等国家经济基础较好，贸易、投资和金融环境领先于其他国家，这个区域呈现出明显的"哑铃"型特点。因此，"丝绸之路经济带"的发展需要采用"紧固两端、带动中间"的模式。另外，由于"丝绸之路经济带"涉及国家多、地理跨度大、人口密度不均、产业分布不一、沿途国家经济发展水平差距较大，所以要实现"丝绸之路经济带"区域整体协调发展的目标，梯度规划和发展是构建"丝绸之路经济带"的最优选择。大体来说，可以从时间上分为以下三个阶段。

第一阶段：构建"通道型"重心区，沟通东西

世界上的交通隘道为数众多，但是只有少数几个才称得上是通道型重心区。古时候，陆地上的交通隘道依靠峡谷或是自然障区，因而虽然陆地上的隘道两端可能出现大的城市群落，但是至今还没有出现过沿交通线路要道而延伸的经济中心区。因此，在"丝绸之路经济带"的构建上，首先应当超越地理和其他因素的限制，以新亚欧大陆桥为基础打造通道型重心区，建立起铁路、公路、管道三位一体的通道，以交通的"线"带动丝绸之路经济带的"面"的成熟和发展。

第二阶段：大国牵头发挥带动作用

中国、俄罗斯、德国作为丝绸之路经济带上的大国应该主动承担起协调和领导作用。从历史来看，任何一个多边机制的达成，无论是布雷顿森林体系还是WTO世界贸易组织，都是在两个或者几个大国的双边机制的基础上逐步发展而成的。中德、中俄和俄德的双边合作和多边合作都将有利于"丝绸之路经济带"长远构想的细化和实现。

第三阶段：各国联动，协调发展

"丝绸之路经济带"最终不是个别国家的关系，而是涉及横跨欧亚至少14个国家的政治、经济等领域协调。"丝绸之路经济带"说到底是要为各国带来经济利益，同时兼顾诸如地缘政治平衡、安全等问题的解决。因此，从国际经济学的两个次级领域——金融和贸易来看，在构建丝绸之路经济带的最后一步，必须构建一个由各个国家参与的国际贸易和国际金融双重机制，合理、高效地利用其各种资源，最终形成世界"最具价值的发展区"。

（二）奠定基础：开发基础设施，保障区域安全

一个可持续发展的经济区域，必须有良好的基础条件保障。而在"丝绸之路经济带"地区，目前十分迫切的问题是部分地区基础设施建设落后，同时区域内复杂的国家民族和宗教构成造成安全环境隐患。所以，"丝绸之路经济带"发展的基础首先是解决基础设施建设和完善问题,重点是中亚地区的基础设施改善。其中,比较重要的是优化现有欧亚大陆桥的铁路运输方式,提高各国的运输统一程度,在可能的情况下,利用中国和德国在高速铁路建设方面的领先经验,建设亚欧高速铁路,使这种大容量、高速度的运输方式,成为连接中国和欧洲地区的新动脉。可由中国和德国的企业牵头成立联合的亚欧高速铁路企业,从两个方向同时推动这个世界工程的建设。

"丝绸之路经济带"还要特别关注区域内的安全环境。这个问题近些年越发影响到区域内的发展投资环境。对于区域安全的管理,必须通过跨国协调组织专题推动,形成联合的反恐怖机构,推动国家的经济建设,将发展和安全协调统一起来。

(三)组织体系:成立"丝绸之路合作开发组织"

推进"丝绸之路经济带"建设,只有形成区域内相关国家共同的目标和协调的行动,才能够得到广泛的响应和支持。所以,应该从一开始就建立一个由相关国家共同参与、开放的组织体系,来规划蓝图、建设体系、完善环境。这样,才能够保证这样的计划不只是少数国家的个体意愿,而成为相关区域国家发展本国经济的重要共同方向。

目前,在"丝绸之路经济带"区域内比较有代表性的区域性组织是上海合作组织,主要包括中国、俄罗斯和中亚相关国家,在欧亚大陆的范围内,涵盖了"丝绸之路"亚洲区域的主要部分,但是还没有包括欧洲国家,特别是类似于德国这样的国家。上海合作组织更多的是一种区域政治和安全性组织,在其机构目标中,区域和跨国经济合作的主题相比政治来讲处于从属性的位置。也正是因为这种原因,一些欧洲国家出于历史安全合作机制(比如北约组织)的考虑,参与上海合作组织的可能性并不大。

因此,为了"丝绸之路经济带"的区域合作更有效率,我们认为设立一个跨大洲的国际性经济合作组织"丝绸之路合作开发组织"具有重要的理论和现实意义。

"丝绸之路合作开发组织"应该是一个开放的经济合作组织,它的目标是帮助区域内相关国家发展经济,推动区域内的基础设施建设,升级区域内的贸易、投资和金融体系,推动跨国经济交流,通过系统规划推动各国的比较经济优势实现和发展。这个组织是现有联合国相关经济合作组织的一种新的延伸和补充,它的构成可以参考APEC成员国模式,但是其应该具有更加实际的政策规划、经济开发、金融支持等功能。它应该由与"丝绸之路经济带"相关的30多个国家构成,成为国际区域经济组织中一个重要的组成部分。

第十三章　21世纪海上丝绸之路
——发展中国家参与全球经济治理的新模式[①]

全球化给整个人类社会带来了深远的影响。当今，几乎世界的各个角落都能分享到全球化带来的成果。然而，全球化也带来了一系列急需解决的全球性经济问题。为了应对这些新的问题，全球经济治理应运而生。

第一节　全球经济治理结构与发展中国家参与

（一）当前全球经济治理的基本问题

作为早期全球经济治理的中心，布雷顿森林体系在应对战后一系列亟待解决的问题时发挥了极为重要的作用。随着20世纪50年代至70年代"资本主义黄金时期"的发展，战后初期的世界经济态势被打破，布雷顿森林体系内在的致命缺陷致使整个体系最终崩溃。20世纪90年代，冷战的结束标志着国际秩序进入了一个新的阶段。但直至2008年金融危机以前，美国作为唯一的超级大国在全球经济治理中一直保持着绝对的领导地位。

东南亚金融危机引发的一系列混乱在当时已经对全球经济治理结构提出了警告。2008年爆发的全球性金融危机，使各国将注意力集中在全球经济治理结构的问题上。金融危机是全球经济治理发生转变的一个分水岭，体现在这次危机打破了原有的国际经济体系：仅以经济规模来看，以欧美为代表的发达国家由于受到金融危机的影响，其在全球经济总量的比重有所下降；而另一方面，发展中国家，尤其是以中国为代表的"新兴经

[①] 作者：强彬彬，国际关系学院国际经济系硕士研究生。

济体"国家在全球经济总量的比重持续上升,发展中国家成为危机后世界经济增长的重要引擎。这一变化使得以下情形难以继续维持下去:在"二战"后直至金融危机以前,虽然美国相对处于下降的趋势,但从全球经济治理这一层面来看,基本还是围绕着美国这一超级大国而形成的"霸权体系"来运作,以发达国家作为领头羊,发展中国家在大多数时间内只能消极参与全球经济治理,被动接受由发达国家主导的国际经济规则。

此次金融危机的爆发,让现有经济治理的代表性和合法性遭到了普遍质疑。治理结构的变化滞后于全球经济格局的变化,治理的结果也不尽如人意,产生了很多问题。现行的全球经济治理机制难以解决全球经济失衡问题,在南北差距、全球金融一体化发展、经济金融风险应对上存在很大的局限性,国际金融、货币、贸易体系的无序化显现。在此基础上,不仅发展中国家自身要求,甚至连发达国家也意识到,没有发展中国家参与的全球经济治理将是不完善的。正如战后的民族解放运动一样,在全球经济治理领域,发展中国家借由金融危机迎来了"参与觉醒"。为保障自身的利益,发展中国家对发言权的诉求推动了全球经济治理走向更为开放、公正、民主的新阶段。

(二)发展中国家参与治理的现状

全球经济治理的平台主要包括正式与非正式的全球经济机制。发展中国家在全球经济治理中的参与,也正是体现在这些平台中的作用上。

正式的全球经济治理机制主要是建立于"二战"后建立和发展起来的一系列国际组织的基础上,包括国际货币基金组织、世界银行、世贸组织等较为固定的机构。这些正式的经济机制在全球经济治理体系中所产生的影响也是不断变化的,最突出的就是发展中国家在其中的参与度不断提高,主要表现在以下几个方面:首先,越来越多的发展中国家成为这些国际组织的成员,这些机制所包含的范围也逐步扩大;其次,发展中国家在这些正式的国际机制中的影响力不断提高,由这些组织所做出的决议中越来越多地考虑到发展中国家的因素,同时,越来越多的机构领导层和工作人员来自发展中国家；最后，发展中国家对这些现有机制的利用率不断提高，一方面是对现有规则的理解和遵守，另一方面，发展中国家更多地利用现有机制维护自身的利益，如利用WTO的贸易规则来解决贸易纠纷等问题。

非正式的全球经济治理机制主要是一些没有固定的组织机构成员的合作对话机制，包括双边多边的领导人会谈等。非正式的治理机制在全球经济治理中扮演的角色越来越重要，也越来越被各国所重视，发展中国家在其中的参与也越来越多。首先体现在发展中国家在现有非正式的全球经济治理机制中的参与率。2007年，G8峰会在德国海利根达姆召开。在这次会议中，与会8国领导人一致同意德国提出的加强与新兴发展中国家合作的倡议，被称为"海利根达姆进程"。随后，为应对金融危机，20国集团从2008年起召开领导人峰会以商讨对策。这是对以往全球经济治理议题中缺乏发展中国家参与的重大修正，G20的成立成为发展中国家参与全球经济治理中的一个崭新标志。另外，发展中国家之间也建立起一系列非正式经济治理机制，这其中最具代表性的就是金砖五国之间的合作。2009年，金砖国家峰会在俄罗斯召开。经过多年的发展，金砖国家峰会的运作使得在一系列国际性问题上实现了金砖国家之间的合作与协调，标志着发展中国家参与全球经济治理的一个新时代到来。

虽然在新的趋势下，发展中国家参与全球经济治理的意愿和能力都得到了极大的提高，且在很多方面取得了成就，但发展中国家参与全球经济治理的缺失也是较为严重的。

首先，在全球经济治理中，发达国家仍然占据着首要地位。在很多问题上，发达国家起着决定性的作用。发展中国家虽然参与度不断提升，但影响力始终较为欠缺，尤其是经济实力快速发展的新兴国家，本国实力与参与能力的不均衡表现得更为明显："虽然世界都在谈论新兴国家的崛起，但全球权力的转移并没有想象的那么大，美国依然占据主导地位，G7

国家依然扮演首要角色。"[1]对中国而言，更为严重的是，由于发达国家仍然持有意识形态等问题上的偏见和看法，在很多涉及中国参与的国际性问题上一直保有猜疑和防备。在涉及G20成立的海利根达姆会议上，一些重要的发达国家领导人对中国的参与是否能够起到足够的积极作用持怀疑态度，其原因主要是中国和主要发达国家存在"社会意识形态和外交理念的差距"。用西方国家自己的观点来看，即中国缺乏"我们的感觉"[2]。这使得全球经济治理中中国的参与成为一种不确定因素，长期制约着中国在一些现有全球经济治理体制中的话语权。

其次，虽然发展中国家对现有治理规则越来越趋于适应，但治理规则的制定权大多掌握在发达国家手中。这产生了一个较为严重的问题，掌握治理规则的决定权意味着掌握治理规则的未来走向，在新的治理规则的制定中，发达国家往往具备更为领先的技术和充足的实力，治理规则和标准被不断拔高，使得发展中国家被迫长期陷入不断跟进、适应新规则的过程。以中国而言，在入世后的十多年发展中，不断适应世贸组织的一系列规则并获得了惊人的成就。与此同时，美国参与并主导了TPP谈判，将TPP的谈判内容提高到一个更为严格、超前的水平，这明显是中国等发展中国家难以在短时间内适应的。因此，治理规则制定权的缺失使发展中国家长期陷入被动，并成为全球经济治理中一个较为突出的问题。

此外，在金融危机后，全球经济形势并不是非常乐观的背景下，发达国家有推卸治理责任的倾向。为尽快摆脱金融危机的影响，发达国家大多在经济政策上出现向保护主义转变的倾向，同时采取了一些不利于其他国家的货币政策和财政政策。最为典型的就是美国为应对危机而采取的一整套量化宽松政策，通过仍然以美元为基础的国际经济体系将较多

---

[1] Robert H.Wade: "Emerging World Order? From Multipolarity to Multilateralism in the G20", "the World Bank, and the IMF: Politics & Society", vol. 39, No.3, 2011, p.347.
[2] 安德鲁·库珀, 阿加塔·安特克维茨:《全球治理中的新兴国家》, 上海人民出版社2009年版, 第4页。

的经济冲击传导转嫁到其他国家，尤其是对近几年通过对外贸易等方式实现经济增长的发展中国家产生了较大的冲击。不仅仅是在经济方面，在其他方面，发达国家也表现出推卸责任的倾向。例如，在全球环境问题上，发达国家表现出对"共同但有差别的责任"共识的背离，施加压力以使中国等发展中国家承担更多的义务。而由于种种局限，发展中国家面对发达国家这样一种倾向往往不能有效地应对，从而陷入被动，遭受损失。

（三）全球经济治理结构的未来方向

无疑，传统的由发达国家主导的全球经济治理结构需要进行改革，这已成为国际社会的共识，全球经济治理的运作在未来必须解决有效性、代表性和合法性的问题。过去，在霸权稳定理论的指导下，美国作为霸权国，以其超强的实力保证了全球经济治理的代表性和合法性。如查尔斯·金德尔伯格在当时指出的，开放和自由的世界经济需要有一个居霸权和支配地位的强国来维持秩序；世界经济要稳定，则必须要有起"稳定器"作用的国家。随着美国霸权的日益衰落，全球经济治理体系的有效性、代表性和合法性随之减弱，虽然通过扩大G7为G20等方式进行了修补，但远远无法从根本上解决这个问题。有学者认为，G20只是七国集团将其倡议和政策合法化的工具——通过它来提高G7在全球金融治理过程中的合法性。G20只是一种暂时性的缓和性计策，G7及国际货币基金组织一直占据全球经济治理的主导权，而G20并没有完全发挥其实质效力。

另一方面，在G20中作为发展中国家代表的E11国（中国、印度、巴西、俄罗斯、南非、印尼、韩国、沙特阿拉伯、土耳其、墨西哥、阿根廷），在总体经济规模、经济发展速度、国际贸易、国际资本流动、大宗商品市场稳定以及对世界经济发展的贡献等方面已经具有世界性影响力和系统重要性。根据世界银行2013年的数据，2012年G20中E11的经济总量达到21.4万亿美元，约占到G20全体19个主权国家和世界经济总量的38.3%和29.6%。"金砖五国"GDP已占全球总量的近20%，贸易额占全球贸易额的15%，对全球的经济贡献率接近一半。预计到2030年"金砖五国"的经济总量将与西方七国相当。①事实上，世界各国也逐步清醒地认识到，发展中国家如果没有参与到全球经济治理的过程中来，任何治理都是没有意义和无法产生实效的，全球经济治理的变革更离不开发展中国家的积极参与。此外，随着发展中国家在国际经济中重要性的提升，发展中国家更有义务参与到全球经济治理的过程中来，承担一部分全球经济治理的责任。

发展中国家必须积极参与到全球经济治理中来，而实现发展中国家的参与，最终还是需要发展中国家自身的努力。作者认为，"21世纪海上丝绸之路"的建设，为发展中国家参与全球经济治理提供了一个新的平台。在这个平台上，发展中国家通过合作向国际社会表达诉求和意愿，通过融入治理过程，无论是在全球经济治理的有效性、代表性还是合法性上都注入了新的力量，对增进全球经济治理的效率和权威将起到极其重要的作用。

第二节　21世纪海上丝绸之路的合作模式框架

（一）海上丝绸之路的历史和地理

"海上丝绸之路"的概念最早由法国汉学家埃玛纽埃尔—爱德华·沙畹（Edouard Chavannes）在1913年提出："丝路有陆海两道，北道出康居，南道为通印度诸港之海道"。1967年，日本学者三杉隆敏在探索海上的丝绸之路时，正式使用了"海上丝绸之路"这一名称。

海上丝绸之路的发展历史可以追溯到秦汉时期。西汉时期，汉王朝便已开通东起朝鲜半岛、日本，西至印度次大陆的海上贸易路线，并通过这条贸易路线进行丝绸、象牙、犀角等货物的贸易活动。两晋南北朝时期，海上丝绸之路的范围扩展到波斯地区。在唐朝，丝绸之路由陆上转向海

---

① 黄仁宇：《全球经济治理机制变革与金砖国家崛起的新机遇》，《国际关系研究》2013年第1期，第55页。

上[①]。在这一时期,整个海上丝绸之路的范围扩展到中东叙利亚、北非亚历山大港等地区。元朝时期,福建泉州的刺桐港成为"东方第一大港",与亚历山大港齐名于世界。明朝随着郑和七下西洋,海上丝绸之路迎来历史上最为引人注目的兴盛时期,《明会典》中记录了130个朝贡国,其中海上东南夷就有62个,基本涵盖了现在的东亚、东南亚地区。然而,伴随着明清闭关政策的实施,海上丝绸之路遭遇了沉重的打击。从明太祖1370年罢"太仓黄渡市舶司"开始,到1757年以后清朝正式全面实行"闭关锁国"政策,海上丝绸之路日渐衰微,只保有广州一港进行有限的贸易活动。

海上丝绸之路在地理概念上涵盖东亚、东南亚、南亚、中东、北非、东非海岸以及巴尔干半岛地区,横跨三大洲、连通三大洋。中国现存也有较多记录海上丝绸之路范围的史料,如元人汪大渊的《岛夷志略》等书中就记录了当时元朝利用海上丝绸之路进行对外贸易的国家和地区名称。明朝郑和在下西洋的过程中记录了所经过地区的国情和民俗风貌(表13-1),从他所经过的地区基本就可以得出明朝最鼎盛时期海上丝绸之路的地理范围。

表13-1 郑和下西洋访问地区[②]

东南亚			
古城(越南)	安南(越南)	真腊(柬埔寨)	暹罗(泰国)
满剌加(马来西亚马六甲)	彭坑(马来西亚彭亨)	急兰丹(马来西亚吉兰丹)	爪哇(印尼爪哇)
渤泥(加里曼丹、文莱)	旧港(印尼巨港)	苏门答剌(印尼苏门答腊)	重迦逻(印尼松巴哇岛)
古麻剌朗(菲律宾棉兰老岛)	合猫里(菲律宾甘马磷省)	吕宋(菲律宾吕宋)	三屿(菲律宾坎当)
麻逸(菲律宾民都洛岛)	苏禄(菲律宾苏禄群岛)		

---

① 陈炎:《海上丝绸之路与中外文化交流》,北京大学出版社1996年版,第25页。
② 陈炎:《海上丝绸之路与中外文化交流》,北京大学出版社1996年版,第45页。

续表

南亚			
孟加拉	印度奎隆	印度柯钦	印度科泽科德
印度科摩林角	斯里兰卡	马尔代夫	
中东			
伊朗阿巴斯港	阿曼	佐法儿	南也门亚丁
北也门萨那	埃及	沙特阿拉伯麦加	
东非			
索马里摩加迪沙	索马里准博	肯尼亚马林迪	

综合史料，整个海上丝绸之路经济带除了中国以外，所覆盖的地区主要为：①东南亚地区，目前存在11个国家，包括泰国、越南、马来西亚、印度尼西亚、文莱、柬埔寨、老挝、缅甸、菲律宾、新加坡和东帝汶；②南亚地区[①]，包括印度、巴基斯坦、马尔代夫、斯里兰卡、尼泊尔、孟加拉国以及不丹；③中东地区，以明代为准的海上丝绸之路所覆盖的地区，介于当前狭义上的中东（传统中东地区）和广义上的中东（大中东地区）之间，除了传统中东地区的17国[②]，还包括苏丹、索马里、吉布提等东非各国以及阿富汗。

（二）区域合作现状和利用

由于海上丝绸之路经济带涉及的各地区内国家关系、经济条件和宗教文化存在差异，各合作组织的发展也存在差别。

1. 区域合作组织的发展

东南亚地区的区域合作发展相对顺利，是亚太地区区域一体化的先锋，主要以东盟为平台。虽然在东盟自由贸易区建立之前，一些人做出了悲观的预测，然而东盟自由贸易区计划不仅坚持了下来，而且东盟区域经济一体化的速度、广度和深度都比以前有很大的进展。不过，东盟一体化并

---

① 依据联合国定义，阿富汗和伊朗属于南亚国家，这里将阿富汗和伊朗划为中东地区国家。
② 包括巴勒斯坦和以色列两个国家。

非一帆风顺、毫无阻力，东盟国家在计划的实施过程中也遇到了各方面的阻力，东盟一体化的进程陷入了框架协议、工作安排和宏大计划的困境之中，从而削弱了东盟经济一体化努力的成果。总体看来，东南亚地区的基本经济特征是经济水平差异较大但发展速度较快，部分产业国际竞争力相对欠缺但已开始初步转型，外向型经济为主导且区域一体化趋势明显。

南亚地区的区域合作则较为缓慢且艰难：1985年12月，南亚区域合作联盟（简称南盟）正式成立，标志着南亚的区域经济合作开始走向系统化。南亚联盟的成立有助于推动南亚地区国家之间的相互谅解，然而，在成立初期一度发展较为缓慢。随后，在经历20世纪90年代印巴核试验冲击之后，2001年美国领导的反恐战争成为南亚主要国家印度和巴基斯坦重新发展国际合作的重要契机。由于印巴之间长期紧张的关系是南亚国家合作极大的阻碍，因此，南亚各国对区域外国家之间的合作远多于南亚国家之间的合作，同时，政治、安全层面远多于经济层面的合作。

中东地区由于各国在经济、社会、文化上存在着一定的相似性，区域性合作组织的发展有相对良好的社会文化基础，因此发展较快。最主要的几个地区组织——1945年成立的阿盟（阿拉伯国家联盟）、海合会（海湾阿拉伯国家合作委员会）以及大部分成员国都位于海湾地区的OPEC（石油输出国组织）。同时，中东地区的一些国家也是非洲联盟成员国，因此中东地区与非洲之间的联系也较为密切。但长期民族宗教冲突和中东各国国内普遍存在的局势动荡，成为影响区域合作的最大阻力。总体来说，中东地区的对外经济合作始终以石油为中心，与世界其他地区联系非常紧密，但由于存在大国因素和区域局势紧张的影响，发展步伐受到拖累。

2. 其他国家的类似合作提议

应当看到，类似海上丝绸之路合作的构想，其他国家也提出过。美国政府曾支持美国学者弗雷德里克·斯塔尔提出的"大中亚"思想和"新丝绸之路"构想。2011年7月，时任美国国务卿希拉里访问阿富汗、巴基斯坦、塔吉克斯坦和乌兹别克斯坦四国，极力推销"新丝绸之路"提议，未获相关国家的积极响应。近几年,美国在"亚太再平衡"战略的指导下,高调参与并推进跨太平洋伙伴关系协议(TTP)的建设,同时联合欧洲国家构建跨大西洋贸易与投资伙伴关系协定(TTIP),由此推进更高的国际贸易标准,这对中国通过海上丝绸之路推进对外合作产生了一定影响。

印度、伊朗和阿富汗3国曾共同推进南亚"南方丝绸之路"建设行动,试图打通"海上丝绸之路"和"陆上丝绸之路",但是受美国对伊朗制裁的影响,加之印巴两国关系不佳,以致南亚"南方丝绸之路"建设和运行受阻。[①]此外,巴基斯坦、伊朗、土耳其等其他国家也利用其"世界通道"的地理区位优势,通过合作等形式促进欧亚大陆之间的合作。以上各国的雄心计划和合作行为大部分都并没有获得预期的收益,说明这些地区复杂的国际环境和较多的合作阻碍,但另一方面也表现出各国均有一定程度的合作意愿,对合作本身并没有明显的抵制态度,这是中国推进海上丝绸之路合作的有利条件。

3. 现有合作基础的利用和发展

"21世纪海上丝绸之路"并不是建立在一个区域合作真空状态的基础之上的,在整个区域内现已存在不少双边、多边合作协议和组织。一批区域合作组织存在于本地区,有些合作组织已经发展到了较高的水平,如东盟、海合会等。这些组织在本地区有着较大的影响力,在一些国际事务上做到了为成员国集体发声、争取利益的作用。中国在这一区域也几乎和所有国家都已有一定程度的合作,包括重大合作项目和合作机制。例如,中国与东盟十国均签订合作机制,也有不同的合作项目。中国与南亚国家印度、孟加拉、缅甸等国正积极筹划"孟中印缅经济走廊"计划,与海合会各国签订了一系列贸易投资协定,对非洲各国也有大量的投资项目和经贸协定。但该地区面临的问题是,急需对现有的合作体制进行整合和升级,如果缺乏系统性的规划,将会使区域合作陷入"意面效应",合作将受到很大的限制,也无法激发区域合作给经济带来活力。

---

① 陈万灵:《海上丝绸之路的各方博弈及其经贸定位》,《改革》2014年第3期。

首先，必须加强中国与东盟之间的关系，在中国—东盟自贸区合作的基础上继续升级合作。东南亚地区是海上丝绸之路经济合作带的第一段。中国与东盟交往密切、合作基础良好，应是建设21世纪海上丝绸之路的重点。自2010年中国与东盟建立自由贸易区以来，经济合作发展良好，应在深化发展的基础上推进合作，继续鼓励东盟发挥一定的主导作用。在传统的关税、贸易自由化之外，中国还应加强基础设施、航线运输能力的建设，积极成为航路安全、信息等国际公共物品的提供者。在金融领域，应利用合作契机推行区域内的人民币国际化，建立国际合作基金，以有助于各国便利国际结算、调整外汇储备结构、增强国际金融危机的应对能力等，保障区域经济安全。

其次，要增进中国与南亚及波斯湾航线各国经贸合作。印度洋航线是海上丝绸之路的运输动脉，其畅通与否将直接关系到整个经济带合作的成败。南亚是航线的中段，中国在过去已经给予高度重视并打下了较为牢固的合作基础：中国与巴基斯坦已经建立了自由贸易区，同时也与印度合作完成了建立自由贸易区的可行性研究。波斯湾作为重要的石油产区，对经济带合作各国都有着极为重要的作用。中国已经与海合会国家签订各类经贸协定，双方相互投资也呈上升趋势，保障能源供给能力和投资通畅将是合作的重点内容。未来，经贸合作的影响还将辐射到安全领域。安全领域将是本地区治理的重点内容，以减少区域不稳定因素，保证经济合作的长效性和持续性。

最后，要加强对东非沿岸航线的研究。中国与东非各国的经济交往并不是非常密切，但并不代表这一地区不具有重要性。重视对非合作是中国对外工作的基本思想。新中国成立以来，中国与非洲的合作就没有停止过。在新的条件下，中国以往的对非援助机制转变为经济合作机制，中国对非投资也不断增多。但对非投资大多集中在基础领域，投资的边际收益不断降低，对当地社会发展的带动作用不够明显，尤其是近些年来更是引起了一些较大的国际争论。因此，在未来的合作中，应重点强调对这一地区投资结构的升级,促进投资对当地产业的升级作用和对劳动力的吸纳能力,同时在教育、基础设施、疾病防治、社会安全稳定等东非地区较为薄弱的环节上增进合作,为投资提供一个良好的当地环境。

(三) 21世纪海上丝绸之路的合作框架

道格拉斯·诺斯在其著作《制度、制度变迁与经济绩效》中认为,"制度构造了人们在政治、社会或经济方面发生交换的激励结构,制度变迁决定了社会演进的方式,因此,它是理解历史变迁的关键。"制度不仅仅是理解人类历史变迁的关键,更是开启未来世界的钥匙。一个新的、关键的国际制度的建立,往往能够对新的国际环境的塑造产生决定性的影响。作为一个设想中的未来国际制度,21世纪海上丝绸之路的建立应当立足于未来国际体制,并对其产生积极的影响。

1. 21世纪海上丝绸之路的合作原则

首先,应采取逐步推进的方针。在缺乏类似"世界政府"一样的权威组织的条件下,国家之间的联合都是依靠一系列的国际制度和规则实现的,其中就包括一些不同层次上的区域合作机制。海上丝绸之路经济带涉及20多个不同的国家,作为一个较大范围的区域性合作组织,通过一次性的全员谈判是几乎难以在短时间内实现的。

不同国家依据自身的人文自然条件和发展水平,势必会对参与区域合作有自身的需求。这些国家持有的不同"偏好"往往会拖延谈判进程,无法达成一致。基于孔多塞的"投票悖论"之上,阿罗通过分析认为,超过一定数量、拥有不同偏好的参与者在投票过程中往往无法达成一致,最终可能陷入"循环投票"的过程。现实中可以看到,往往在涉及全球性的问题,比如气候、环保议题时,总会因为参与国利益诉求和意见不一,最终难以实现突破性的进展。另外,这些制度和规则制定与执行的过程往往是参与制定的国家之间通过集体行动来实现的,而非由外在的权威力量迫使各国接受这些制度和规则。这样一来,在制度规则制定和实施过程中不得不面对集体行动的问题。奥耶将行为体数目与合作之间关系的分析从制定规则扩展到规则执行的过程中,认为:第一,合作既要辨别促进共有利益的机会,也要辨别一旦这些机会出现时的政策协调。当参与者数目增加时,交易和信息成本也会上升。用简单的术语来说,多人情势的复杂性减少了辨识和实现共同利益的机会。第二,随着参与者数目的增加,自动背叛的可能性和辨别与控制问题的可能性也会增加。第三,随着行为体数目的增加,制裁背叛者的可能性会下降。[1]但另一方面,合作范围越大,收益越高。制度分析告诉我们,制度矩阵往往具有报酬递增的特征[2],合作的参与者越多,合作的层次越深,带来的收益也就越高,因此这使行为体数目与合作之间的关系陷入两难的悖论。

阿克塞罗德和基欧汉认为,有助于使未来影响有效促进合作的具体因素包括长时间范围、利害的规则性、关于其他行为体行动信息的可靠性以及依据其他行为体的变化而做出的反馈[3]。渐进式的合作能够令小范围的合作产生示范效应,这将会提高其他国家对合作收益的预期,同时对行为体的行动预期提供参照,有助于减少不确定性,进而降低为合作而产生合作的交易成本。

在这样的合作过程中,还能够提高中国的国际信誉。信誉在国际合作中是一个国家软实力的重要组成部分,良好的信誉在构建国际合作的过程中将会给国家带来极大的收益。因此,为了解决这样一个问题,一个较为现实可行的方法就是将整个海上丝绸之路经济带的建设划分为几步,先利用现有的资源,在现有合作基础上分别与海上丝绸之路经济带中的各个国家和地区加强双边或多边合作关系,随后将各个合作关系联结起来,推广到整个区域,打通整个经济带的合作。

其次,要灵活选择前期合作的领域,最终实现全方位合作。海上丝绸

---

[1] 肯尼斯·奥耶:《无政府状态下的合作》,上海世纪出版集团2010年版,第16—17页。
[2] 道格拉斯·诺斯:《制度、制度变迁与经济绩效》,格致出版社2014年版,第8页。
[3] 肯尼斯·奥耶:《无政府状态下的合作》,上海世纪出版集团2010年版,第238页。

之路经济带所涉及的各个国家和地区之间的关系突出表现为复杂性。一是由于历史、种族、宗教、领土等问题，国家之间和国家内部存在着较多的矛盾和冲突，典型的包括阿以冲突和印巴冲突等。这些冲突有些趋于缓和，有些仍在继续，甚至还有新冲突的出现。例如，叙利亚内战以及新近ISIS（伊拉克和沙姆伊斯兰国）在伊拉克境内的兴起，导致伊拉克和叙利亚局势持续恶化。而中国也与一些沿线国家存在着较大的问题争议。但是，存在着不和谐的争议才是合作能够产生的前提条件。正如基欧汉分析所说的那样："合作只会在行为者认为它们的政策出于实际或潜在冲突的情况下，而不是和谐的情况下才会发生。"[①]二是地区的发展存在极大的不平衡性。在所涉及的国家和地区中，大部分都属于中等或中等偏下收入水平的国家。虽然这些国家大多数都表现出较为良好的增长势头，经济增长率普遍高于世界平均水平，但由于受制于薄弱的社会经济基础以及国内政治条件，很多国家和地区缺乏必要的基础设施，人力资本积累也相对落后，导致生产效率不高，产业结构处于国际分工的较低水平。另一些国家和地区则拥有较高的收入水平，一部分包括中东地区的几大主要产油国，这些国家主要依靠石油产业来获取高额收益，另一部分包括新加坡、以色列等拥有较高技术水平的工业化国家，这些国家往往拥有较高的人均收入和充裕的资本，成为国际投资的主要来源。

上述特征给区域合作带来了较大的复杂性，因此在合作的过程中，尤其是在合作的最初阶段必须依照现实，以经贸合作为中心，选择不同的合作维度和合作方略来针对不同的国家。有选择性的合作，好处在于可以明晰参与者在合作过程中的定位，更为充分、具体地了解合作可以获得的收益，更为有效地激励合作的实现，在合作初期减少合作的阻力。同时，合作不是静态的，而是一个动态发展的过程：合作具有一定程度上的"外溢"效果。如基欧汉就认为，通过将某一领域里的合作成效"外溢"到其

---

① 基欧汉：《霸权之后——世界政治经济中的合作与纷争》，上海世纪出版集团2012年版，第53页。

他领域，进而就能够催生出新的合作。"外溢"效应是一种能够扩大合作范围的途径，有限领域或与个别国家的合作并不是建立海上丝绸之路经济带的最终目标，而只有实现了全方位、多领域的合作，才能说是完成了海上丝绸之路经济带的建设。这样的合作理念将体现出合作的显著特点：在机制安排上非常灵活，将现有制度安排与未来发展相结合，具有巨大的可塑性，同时能够尊重政治经济和社会文化差异性。这是中国与西方大国不同的地方，与美国TPP安排的排他性形成强烈对比[1]。

再次，21世纪海上丝绸之路要以互惠共赢、共同发展为追求。在国家间的合作交往上，往往优先将是否有利于本国的国家利益作为是否参与合作的重要标准。这个标准几乎对所有国家都是适用的，中国也是如此。有学者曾经提到，中国的外交有三种基本的利益与需求：发展的利益及需求、主权利益及需求、责任需求及利益。[2]虽然学术界不同流派对于国家利益并没有给出统一的精确定义，但国家利益的理念在很多方面都确实表现出来，并且能够解释一些国际问题产生的原因。很多批评者通过国际气候大会等例子来说明国际合作在很多时候往往是失败的。但必须看到的是，虽然国家之间协调的能力是软弱的，但有足够经济利益激励下的治理是可以实现的，尤其是经济领域的治理。

从现实收益上看，国家间的合作与交往是追求互惠共赢的，尤其是在相互依赖程度越来越高的情况下，各国之间的合作，甚至单纯的国家间贸易行为也逐渐摆脱重商主义所认为的"零和"状态。事实上，不仅是零和博弈这样的理念逐渐不适用于国家间的行为，甚至一些经典的用于解释国家间困境的博弈模型也越来越缺乏足够的解释力。哈里森·瓦格纳就认为，猎鹿、胆小鬼和囚徒困境经常不适于摹画国际形势：当观察冲突时，在困惑于为什么共有利益未实现之前应先想到僵局，即缺乏共同利益；当观

---

[1] 全毅：《21世纪海上丝绸之路的战略构想与建设方略》，《国际贸易》2014年第8期。
[2] 王逸舟：《面向21世纪的中国外交：三种需求的寻求及其平衡》，《战略与管理》1999年第6期。

察合作时,在困惑于国家为什么能够抵制背叛的诱惑之前应想到和谐,即背叛不能带来收益。然而国家间的交往复杂性之一就在于各国往往看待利益的标准不同。其中的原因有很多,一个比较合理的解释是由帕特南提出的"双层博弈"理论。他认为,国际谈判和国际政治常可以被描述为一种"双层博弈"。执政者在制定外交政策时必须兼顾国内政治和国际政治两个层面。在国内政治这一层面上,各种利益集团试图对政策形成过程施加影响,以使最终出台的政策对自己最有利;执政者则审时度势,通过与不同利益集团结盟,使自己的合法性最大化。在国际层面,各国执政者派出的谈判代表甚至是执政者本人追求的,是在谈判中尽量满足本国各利益集团的要求,在可能的范围内尽量使本国多得、外国少得。[①]各国利益集团的特殊性和复杂性,往往导致各国重点关注的领域出现偏差,进而利益观不尽相同。很多具有潜力的合作难以实现,往往是因为参与的一方对于未来由合作产生的收益没有较为合理的预期,进而导致很多合理的国际组织和制度并没有被建立起来。在这样一个复杂的条件之下,更需要一个强调互惠互利的合作标准。只有这样,才能尽可能减少不必要的干扰因素,使合作能够顺利进行。因此,互利是海上丝绸之路经济带的一个重要原则,是其能够长期存在的一个基本保证。

2. 21世纪海上丝绸之路的基本合作内容

第一,经贸合作是海上丝绸之路经济带合作的最主要领域,是其他领域合作所围绕的核心。亚洲地区取得较为快速的经济发展,是与依靠外向型经济、积极参与国际贸易分不开的,也造就了中国、印度这样的世界出口大国。由于所涉及的国家几乎都属于发展中国家,南南合作成为海上丝绸之路经济带的一个明显标志。

经济水平的相对变化,造成的一个结果是发展中国家分别处于不同的发展阶段,各国之间国内产业水平产生差距,经济互补性在这个过程中实际上有所增强,这种互补性的提高有助于扩大贸易的规模,同时参与经济

[①] 张宇燕、李增刚:《国际经济政治学》,上海人民出版社2008年版,第124页。

合作的国家也将能够从中获得更大的收益。因此，新形势下的南南合作将会跨入一个新的格局，参与南南合作的国家在合作中的收益分配将会更加平均，都会享受到合作带来的收益。

第二，国家间合作的另一个重要方面是政治领域的合作。海上丝绸之路经济带努力打造的目标是一个具有深度的、全方位的区域合作，深化各国之间的政治合作是一个不可或缺的部分。但需要看到的是，就目前的条件来看，政治合作可能是合作中最困难的问题。亚洲各国普遍存在的一个特征是国家之间社会文化具有一定的相似性，但向心力不足，尤其是在邻近的国家之间往往表现得更为明显。这是由于长期的历史和社会问题导致的，在短期之内很难改变。但另一方面，必须看到的是，在当前新的国际形势之下，存在着改变这一现状的有利条件，在海上丝绸之路经济带地区，各国已经有一定政治合作的基础。这些合作的动因各不相同，可以简单划分为以下几种：一是出于政治军事安全考虑以应对有威胁性的邻国而产生的合作；二是小国为了获取话语权和维护自身利益而组成的区域集团；三是具有相似的宗教信仰、社会文化和经济利益的国家组成的合作组织。更重要的是，国家间复合相互依赖关系是推动合作的最主要动因。当罗伯特·基欧汉和约瑟夫·奈提出"复合相互依赖"概念后，国际关系确实在一定程度上逐渐显现出这一特征。这种特殊的国家间关系使各国不同问题的决策领域相互交叠，给国家的行为带来了很大的影响：各国在进行某一项决策时需要处理的信息更多，并很难发现国家之间会采取极端的行为。尤其是在大多数仍处于发展中国家阶段的亚洲国家，经济利益往往影响到国家在很多问题上的决策，甚至改变对长期敌对国家的态度，缓解了地区间发生冲突的可能性，这也给实现地区政治层面上的互信和合作提供了可能性。因此在政治合作上，机遇和挑战并存是主要现状，要建立一个全方位的合作组织，实现地区政治上的和谐、互信，需要付出极大的努力。

第三，非传统安全合作是一个重要的领域。在新形势下，各国受到威胁的国家安全领域主要在非传统国家安全问题上，并且某些领域的非传统国家安全挑战对海上丝绸之路相关国家来说已经上升为非常严重的问题。比如经济安全，尤其是金融安全问题，海上丝绸之路经济带上的国家大多属于外向型国家，一旦世界经济发生较大动荡，这些国家往往首先遭受沉重打击，因此经济安全领域合作尤其重要。爆发于20世纪90年代的东南亚金融危机令泰国、印度尼西亚等东南亚国家受损严重，并引起了一系列社会危机；2008年的金融危机更是令全世界都难以幸免，各国经济增长速度纷纷下降甚至出现负增长的情况。因此，各国经济政策需要相互协调，以应对国际性的经济冲击，保障国家经济安全。又如反恐怖主义和分裂主义的合作，包括中国在内，大部分东南亚、南亚、中东国家和地区都长期受恐怖主义、宗教极端势力和民族分裂主义的困扰。但就目前的情形而言，最主要的国际性反恐行动多是由美国主导，导致国际反恐合作存在很大的局限性：其一，反恐的主要精力都集中在阿富汗、伊拉克地区，其他地区存在的恐怖主义大多由各国自己负责，缺乏较普遍的国际性合作；其二，对恐怖主义的定义也主要由西方主导，以至于一些组织打着民主、自治等旗号得到纵容而从事某些与恐怖主义相关的活动；其三，当前的国际反恐行动明显表现出不足，虽然美国成功击毙基地组织领导人本·拉登，但恐怖主义不仅没有得到抑制，甚至在某些地区愈演愈烈。因此，各国必须加强反恐合作，合作可以有效提升区域及自身反恐力量，提高自身的实力才是根治恐怖主义最为有效的办法。再如流行疾病的防控和自然灾害救助，在面对印度洋海啸、汶川地震等天灾时，国际人道主义合作表现出了极其重要的作用，为快速应对灾害、减少人员和财产损失做出了积极的贡献。实际上，海上丝绸之路经济带上的国家已经在很多安全领域实现了一些卓有成效的合作。例如，在打击国际性海盗活动问题上，各国从政治、军事上通力合作，已有效遏制了一度猖獗的索马里海盗问题，维护了国际商路的安全与畅通，保护了各国在海洋上的经济利益。

第四，海上丝绸之路经济带涉及的一个较为具体的合作领域就是能源领域的合作，其重点就是中东地区的能源生产国家和中国、印度等能源消费国家之间的合作关系。由于经济的发展,中国成为海上丝绸之路经济带中最大的石油消费国,对于石油的依赖程度也越来越高,能源合作因此成为一个重要的合作议题。能源合作主要涉及两个方面:供求问题和运输问题。中东地区的石油主要通过印度洋、马六甲海峡和南海输入中国和其他东亚地区。为了保障这样一条重要的海上石油通道的畅通,需要相关的国家参与到其中来。对中国而言,至少必须处理好与三方的关系:首先是确保中东石油供应国的石油供应,主要方式包括签订石油贸易协议、实现双方投资自由化,一方面国内资本要积极参与当地石油相关领域项目的投资,另一方面欢迎其对华进行投资,加强双方经贸联系。其次要处理好与印度为主的南亚印度洋国家之间的关系。印度作为崛起的大国,其石油需求量不断增长,成为中东地区石油供应的重要地区之一。同时,印度追求大国地位的外交思想,不断力图提升其对印度洋的控制力,因此如何实现一个共享的印度洋航路是同南亚国家之间合作的一个重要议题。最后要处理好与东南亚国家之间的关系,通过与东南亚国家间的合作确保马六甲航线的安全和畅通。

第三节　21世纪海上丝绸之路合作的意义

(一) 对全球经济治理的意义

建设21世纪海上丝绸之路最大的政治经济学意义在于,给发展中国家参与全球经济治理提供了一个新的模式。海上丝绸之路经济带包含的成员国几乎均为发展中国家,且发展水平存在差异。在这样的条件下,通过发展中国家之间的合作,由发展中国家自己主导,解决区域内的经济治理问题,进而影响全球经济治理进程。可以合理地预想,21世纪海上丝绸之路的成功,必将给全球经济治理带来全面深远的影响。

1. 改变南北国家在全球经济治理过程中的基本格局

海上丝绸之路沿线国家将作为全球经济治理结构的改革者而非挑战

者,对全球经济治理结构产生重要的影响,并改变南北国家在全球经济治理中的基本格局。过去的全球经济治理结构是以美国为核心,发达国家作为主要参与者,通过建立一系列国际经济组织,在经济组织中以经济实力获取相应的话语权,围绕国家利益展开谈判并决定重大世界经济事件。在这个过程中,发展中国家由于经济实力较弱,因此没有足够的话语权,更多时候只能被动适应作为国际组织产出品的一系列规则制度。

在这一过程中,信息的获取与交流非常重要。由于国际组织大多由发达国家主导和建立,因此,发达国家自然有更多的信息交换渠道,有成熟的内部对话机制,在重大问题的意见上较为团结,在国际谈判中往往能够以较少的成本获取较大的利益。而发展中国家由于缺乏足够的团结和合作,信息交换不通畅,往往只能取得有限的合作,因此在谈判中处于不利的地位。用成本—收益分析,发展中国家作为分散的谈判主体在谈判过程中将承担总和更大的成本,而获得较低的收益。

解决这一问题的出路就是建立一个有足够代表性的、内部信息交流通畅的大规模发展中国家的合作机制。这将使发展中国家有一个团结的基础,在这个组织内通过发展中国家间的合作和对话,充分交流信息,发表意见,最终在全球重大议题中形成统一的意见,这能够有效地降低参与全球经济治理过程中的谈判成本,同时在谈判中更好地维护各国的利益。这样一来,传统的全球经济治理的基本格局将发生变革,传统各国的谈判地位的不平等将得到调整,将大大提高全球经济治理的科学性和有效性。

2. 21世纪海上丝绸之路将成为全球经济治理民主化的标志

20世纪50年代,中国以"和平共处五项原则"作为外交的基本思想和指导方针,推动了我国外交事业的不断发展。在新的时代背景下,国际秩序的民主化和平等化成为较多数国家,尤其是长期在国际合作领域中被边缘化的发展中国家一致的要求。我国作为最大的发展中国家,长期致力于建设一个新的国际政治经济秩序,以改变以发达国家为中心的旧秩序。这也是我国参与全球经济治理的一个重要目标。作为参与全球经济治理的一个重要环节,海上丝绸之路经济带的建设也应当遵循这样一个基本理念,即保障区域内的民主平等,反对霸权主义。

在国际政治中存在一个具有领导地位的霸权国家会有助于国际秩序的建立和稳定,这是霸权稳定论的中心思想。然而基欧汉在对这一命题的思考中就提出:"对霸权稳定论的一般有效性的看法,常常被过分夸大了。单一大国的主导地位也许在特定的情况下对世界政治中秩序的形成是有意义的,但是这并不是世界秩序形成的一个充分条件,我们也没有理由相信这是个必要条件。"[1]在逐步走向多极化的当下,尤其是亚洲地区,以地区霸权国家的姿态出现是不现实也是不必要的,其结果极有可能弊大于利。首先,位于海上丝绸之路经济带上的国家,相比较而言并没有一个具有压倒性优势的国家。霸权国家被定义为有能力且有意愿去建立并维持国际秩序的国家。从国家实力上来看,中国和印度是相对而言实力较强的两个国家;从总体实力上来看,中国要略高于印度。然而即便如此,中国和印度都还是发展中国家,其经济发展还面临较多的问题,就综合实力而言还远不足以成为一个霸权国家。从意愿上来看,我国向来反对搞霸权,将推进国际政治民主、平等作为基本目标。印度奉行独立自主的外交政策,但称霸南亚的外交战略让周边邻国始终对其保持戒心。

亚洲地区长期存在的另一个问题是地区向心力的不足,各国之间缺乏信任感,并且在很多时候导致合作难以进行,尤其是对地区性大国提出的倡议或理念更为敏感。因此,如果以强势姿态实现区域合作,打造"亚洲门罗主义"的话,势必会受到大多数国家的反感和抵触,不仅难以实现合作,甚至有可能导致原有国家间关系的恶化,影响国际声誉和未来对外交往活动的开展。

3. 21世纪海上丝绸之路将成为南南合作的新模式

亚洲和非洲是发展中国家集中的地区,海上丝绸之路所包含的国家和地区几乎都是发展中国家,因此,海上丝绸之路经济带可以被看成一个典型的南南合作的平台。在过去的研究中,南南合作的前景并不被看好。

---

[1] 基欧汉:《霸权之后——世界政治经济中的合作与纷争》,上海世纪出版集团2012年版,第44页。

尤其在经贸领域的合作,有学者通过研究得出,南北型合作组织内,成员国经济绩效差距逐渐缩小,而南南型合作组织内,成员国经济绩效差距逐渐拉大。因此认为南北型区域经济合作有助于成员国经济增长,南南型则无助于成员国经济增长。[1]这主要是由于受历史和地理等因素的限制,在区域内实现合作的发展中国家往往经济结构较为相近,且大多集中于第一、第二产业,相似的经济结构和发展水平严重影响到经济合作的收益。例如,南亚的经济合作之所以长期发展较为缓慢,除了政治等因素外,经济结构过于相似,使南亚各国同区域外国家合作的积极性远大于同区域内国家之间的合作。而相反的是,在有成效的南北合作过程中,北方国家往往充当技术转让者和市场提供者,南方国家则扮演原料供应者和产品制造者。在这种互补性的合作过程中,北方国家实现了技术和资金的充分利用,发展中国家则实现了资源和劳动力的充分利用,进而实现经济发展。

但是,南南合作的潜力远不止过去认识的那样有限。国家间的经济合作实质是资源的国际再分配,合作之所以能够产生收益在于通过资源的流动能够实现产出的最大化,以更低的成本取得更高的收益。金融危机对国际政治经济形势造成了极大的冲击,新兴经济体成为全球经济增长的一大重要引擎。但无论是从国内经济发展还是全球经济发展的角度来看,新兴经济体的经济发展不能脱离国际因素而单独存在。中国积极推进与周边国家的经济合作,已经取得了较为显著的成绩,无论是对中国经济产业升级和转型还是其他国家的经济发展,都表现出了显著的未来潜力。因此,应当转变对南南合作的传统认识,南南合作在未来必然会成为发展中国家实现经济发展的一个重要助力,而21世纪海上丝绸之路合作正是对新的南南合作模式的积极探索。

(二) 对中国的意义

无疑,海上丝绸之路经济带将提升中国参与全球经济治理的能力。中国参与全球经济治理,一直存在着"实力"和"能力"的落差。近些年,中

---

[1] 李向阳:《全球化时代的区域经济合作》,《世界经济》2002年第5期。

国的整体实力上升,参与全球经济治理的实力不断提高,但参与全球经济治理的能力却始终滞后于实力的增强。这其中的重要原因在于中国缺少一个参与全球经济治理的有效平台。要参与全球经济治理,国际组织是一个最为基本的平台。一方面,中国应当积极参与现有国际组织的改革过程;另一方面也应当通过创立新的组织,主动建立新的治理平台。具体而言,海上丝绸之路经济带的建立,将给中国带来四个方面的重大意义。

第一,提升中国在全球经济治理过程中的意愿表达能力。通畅的意愿表达是国家参与全球经济治理的重要内容,是一国能否有效参与全球经济治理的关键因素。通畅的意愿表达需要一个长期稳定的表达机制,通过新的由中国发起的国际组织平台,海上丝绸之路经济带的建立将给中国提供一个新的全球经济治理的意愿表达机制,这将整体提高中国参与全球经济治理的能力和效果。

第二,提升中国的国际影响力。海上丝绸之路合作将能够使中国和周边各国同享发展带来的成果,实现区域发展,各国经济联系更加紧密,无疑提高了中国在区域内的影响力。更为重要的是,中国要在参与全球经济治理的过程中,从全球经济规则的适应者转变为全球经济规则的制定者,在全球经济规则中注入"中国元素",不能仅仅考虑到中国自身的利益,还要考虑到其他发展中国家的利益诉求,成为全体发展中国家集体利益的表达者。

第三,实现中国成为全球公共物品提供者的大国责任。长期以来,中国通过国际援助等形式承担了不少的全球治理责任,但大多集中在基础设施建设、疾病灾害防治等问题上,对发展中国家的教育、生态、安全等方面的援助较为欠缺。因此,中国作为一个大国,必须坚持"互利共赢"和"包容性发展"的理念,承担增进合作各方利益的责任,通过建立多领域的合作机制,提供更多更为有效的全球公共产品,树立起地区大国的形象。

第四,提升中国抵御经济风险的能力。海上丝绸之路经济带建设的重要一环,是建立起一个国际性的应对国际经济冲击的机制。无论是东南亚金融危机还是美国次贷危机，发展中国家在历次的全球经济危机的冲击下，总是作为受害者承担了本不应由本国承担的经济成本。其中重要的原因在于发展中国家本身经济影响力较小，缺乏应对国际经济危机冲击的有效应对机制。因此，发展中国家只有通过合作建立一个广泛的应对机制，才能改变这一现状。海上丝绸之路经济带的建立，通过发展中国家间的经贸往来，降低了发展中国家对发达国家的过分依赖，从而从传导机制上减轻了发达国家向发展中国家转嫁经济危机的危害。同时，在经贸合作的基础上建立一个各国共同参与的应对国际经济风险的基金，将有助于保持各国在经济危机条件下的国内经济稳定，更好地应对外部经济风险。

第四节　结语

21世纪海上丝绸之路是一个极具深度的设想和倡议，如果能够成功建立并长期稳定运行，将会改变整个国际政治经济形势，尤其是对亚洲地区起到极其重要的积极意义。海上丝绸之路经济带并不是空想，有其现实的基础和条件。就当前而言，如何面对机遇与挑战并存的现状，整合已有的零散的合作机制，是启动海上丝绸之路经济带的关键。中国必须在建立21世纪海上丝绸之路上发挥关键性作用，开启一个互信、共赢、和谐的全球经济治理新篇章。

(代跋) 做大全球治理变革的"耐克区"[①]

陶 坚

2015年是全球治理变革的重要一年。增长疲弱的世界经济,动荡不安的中东局势,肆虐的非洲埃博拉疫情,汹涌的欧洲难民潮,法国巴黎的血腥恐怖袭击,等等,传统和非传统安全挑战交织,凸显现行全球治理体系的严重缺陷。国际社会在促进经济转型发展、推进联合国2030发展议程和巴黎气候变化大会、促成伊朗核协议、打击"伊斯兰国"等问题上,达成了众多共识并付诸具体行动。联合国及其安理会五个常任理事国、二十国集团、金砖国家等,在应对全球性挑战、重大国际和地区问题方面,发挥了各自不同的引领和推动作用,特别是推动形成全球治理新格局,成为中国2015年外交主线之一。可谓问题使然,共识推动,大国和国际组织引领。借用哈佛大学肯尼迪政府学院学者创立的"三圈理论",全球治理变革正在进入"耐克区"。

"三圈理论"认为,公共管理的终极目的是为社会创造公共价值。首先,好的公共政策要具有公共价值;其次,政策的实施者要具备一定的能力,以提供相应的管理和服务;最后,相关政策需得到政策作用的对象或民众的支持。如下图所示,上边的圈是指公共价值,左边的圈是指能力,右边的圈是指支持,只有三圈相交,该政策才可得到有效执行,达到预期效

[①] 这是笔者发表于《世界知识》2015年第24期的一篇短文,权作本书的收尾,不另写后记了。故在此我要向张士铨教授、付卡佳教授、张澜涛教授、杨大鹏副教授、刘斌副教授、史亚东副教授,王朔研究员、刘明礼副研究员、王博文研究员,刘兰芬博士,孟凯、强彬彬、徐轲、穆芳芳同学,表达由衷的感谢。张士铨教授分担了本应由我自己来做的统筹工作,强彬彬同学协助处理了不少具体事务,责任编辑细心修改,避免了多处硬伤和错误,在此一并致谢。另外,国际关系学院国际经济系2011—2014级选修"中国对外经济关系"研讨式课程的同学们,以出色表现和积极互动,深化了我对该研究领域的认识。

果。反之，缺少任何一个圈，政策都将无法实施。在三个圈相互重叠的部分（所谓的"耐克区"），既表示决策方案具有价值，同时又表示组织具备足够的能力，同时还得到利益相关者的支持，于是就可以"just do it"（耐克公司著名的广告词）了。

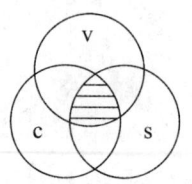

v-value（价值） c-capability（能力） s-support（支持）
"三圈理论"示意图

放大到全球治理的视野，这三个圈的问题同样存在。随着全球性挑战增多，现行国际体系难以有效应对，已经到了必须改革的时候，而国际共识的达成加快了全球治理体系的建设步伐。只不过与变革的需求和长期以来的呼声相比，这个交叉区域还不够大，未来的任务就是做大全球治理变革的"耐克区"。

一、弘扬"共商、共建、共享"的全球治理理念

长期以来，西方发达国家主导着现行国际秩序与治理规则，广大发展中国家缺少实质性的治理参与。尽管随着新兴国家的"群体性崛起"，新兴和发展中经济体以购买力平价折算的经济总规模已经超过发达国家，非西方力量的治理意愿和能力显著增强，但阻挠国际秩序和全球治理变革的势力仍很强大，主要来自发达国家。这些势力利用自身的实力优势，抵制和反对发展中国家的改革主张和要求，在一系列根本问题上拒绝做出让步和妥协。① 发达国家竭力维护的核心是制度与规则，包括旧规则的修订权，比如对国际货币基金组织的份额改革方案迟迟未见落实②，以及新规则的制定权，比如2015年达成的跨太平洋伙伴关系协议（TPP）就拉开了经贸领域"规则之争"的大幕。更为重要的是，制度一旦形成，制度的各参与

---

① 张伯里：《当代世界经济》，中共中央党校出版社2015年版，第303页。
② 国际货币基金组织于2010年12月出台改革方案，核心内容是扩大新兴经济体的表决权，但美国国会延宕5年之久，才于2015年12月18日批准。

方就会产生"路径依赖",进而会维持这种制度的存在。由此可见,在面对全球和地区挑战时,各国达成共识的过程并不顺利,全球治理变革的"耐克区"迟迟不能扩大,是有其深刻根源的。

多极化的时代必然导致全球治理规则制定与参与的多元化。当经济全球化、世界多极化取得明显进展时,权力的再分配势在必行。全球治理体制的破旧立新,关键要抓住"公平"和"效率"两个关键词。一方面,推动各国在国际合作中的权利平等、机会平等、规则平等,推进全球治理规则民主化、法治化,通过践行联合国宪章和原则,消除对抗和不公,凝聚起世界各国权益的最大公约数,特别是要更加平衡地反映大多数国家意愿和利益。另一方面,日益严峻的全球问题,要求改革全球治理体系,以更有针对性、更加高效率地处理各种难题。

全球治理体制变革离不开理念的指导。要避免出现"谁治谁"的新分化和不公平,构建以合作共赢为核心的新型国际关系就成为不可或缺的基石。而全球治理的目标则应从立足国家利益最大化,转向共存共赢,争取人类共同利益。为此,中国提出,全球治理的目标是共同发展,全球治理体制的变革应弘扬"共商、共建、共享"的理念。

二、加强协同合作,实现多边共治

推动全球治理各项变革形成共识不易,为新共识寻找相应的支持力量也同样困难。主导大国如何保持影响力,新兴大国如何发挥领导力,诸如联合国等国际组织如何富有成效地从各方获得支持等,都有待观察。

近年来,二十国集团、亚太经合组织、金砖国家等新兴经济体积极参与并占重要份额的国际组织正在形成越来越强的合力,为改进、完善全球经济治理的顶层设计发声。这一趋势至少说明两点,一是面对西方国家的联合阻挠,群体性崛起的新兴国家正在依靠集体行动的力量,应对现存国际秩序和全球治理的制度惯性问题。新兴经济体正在国际事务中扮演更加重要的角色、承担更多的责任,以期在能力范围内主动推动全球治理变革。其中,巩固金砖国家在完善全球治理、加强多边主义等方面的重要作用,具有特殊重要意义。二是说明了以美国为主导,以国际货币基金组织、世界银行和世贸组织为支柱,以八国集团会议为协调平台的现存经济治理结构,已经失去往日的垄断地位,要维系其全球影响力,必须接受全面的改革。

发达国家对于新兴国家成立金砖国家新开发银行、亚洲基础设施投资银行,另起炉灶"搞一套平行机构",自然怀有很深的战略戒备和疑虑。但金砖国家领导人共同发表的《福塔莱萨宣言》声明:"金砖国家是对现行机制进行渐进式变革的重要力量。"这一表述,再清楚不过地表明了金砖国家在现有全球经济治理体系里的战略诉求只是改良和改善,而非推倒重来,更不是取而代之。所以说,发达国家特别是美国,到了更多地考虑如何在现有体系下让金砖国家发挥更多和更大的积极作用的时候了。全球治理体系要实现真正的"多边共治",离不开主要大国和国际组织等各方力量的共同推动,协同合作。一句话,凡事都应大家商量着办。

三、从大乱到大治必须标本兼治

当全球治理变革经过努力具备条件进入"耐克区"时,变革的路径仍是摆在各国面前的大事。要实现从大乱到大治,"标本兼治"是必由之路。用习近平主席的话来说,"既要治标以求眼下稳增长,又要治本以谋长远添动力;既要落实好以往成果,又要凝聚新的共识;既要采取国内措施、做好自己的事,又要精诚合作、共同应对挑战"。[①]

稳增长是前提。当前世界经济仍处在深度调整期,国际金融危机深层影响还在继续,复苏动力不足,有效需求不振,现有经济治理机制和架构的缺陷逐渐显现,复杂程度远超以往,解决起来需要综合施策,绝非一日之功。这里头,首当其冲是要稳增长。而"稳"字当头,就应当科学分工、因地制宜,主要发达国家和新兴市场国家需要携起手来,力争在宏观经济政策的协调中形成合力。

发展是硬道理。消除发展不平衡、根除贫困、增强发展后劲等,都要用发展来破题。推进公平、包容发展是二十国集团肩负的共同责任。联合国发展峰会已核准2030年可持续发展议程,经济大国必须在落实上先行一步。作为世界上第二大经济体和最大的发展中国家,中国正在发挥着独

---

① http://www.chinanews.com/gn/2015/11-16/7624317.shtml.

特的作用。李克强总理说，世界数十亿人民还没有享受到大规模工业化和良好基础设施的便利，中国正在推动"一带一路"建设来改变这种现状，涉及数十亿人的增长将为大宗商品市场、制造业以及更广泛的领域带来巨大的机遇。[①]一方面，建设"一带一路"有助于创造全球经济增长新动力，培育新增长点，提振全球经济。另一方面，新兴国家主动积极作为，推动全球治理结构调整，也将开辟改进全球治理的新途径。

行动力是关键。全球治理变革是国际社会的实践课题，靠行动来体现、实践来检验。2015年11月18日，习近平主席在马尼拉亚太经合组织工商领导人峰会上的主旨演讲中承诺，未来5年将使中国现行标准下7 000多万农村贫困人口全部脱贫，作为中国落实2030年可持续发展议程的重要一步；11月24日，中央政治局会议审议通过《关于打赢脱贫攻坚战的决定》；11月27日至28日，中央扶贫开发工作会议予以部署落实，层层立下军令状。其行动之迅速，堪称典范。

展望未来，相信全球治理的"耐克区"会更加扩大，成效将更为明显，为世界各国的发展与和平创造更加有利的条件。

这是一个全球治理的坏时代，也将是一个全球治理的好时代。

---

① http://finance.people.com.cn/n/2015/1127/c1004-27861360.html.